李玲　尚群◎著

乡村旅游景点导游词创作理论与实践

中国旅游出版社

资助项目：江苏高校哲学社会科学优秀创新团队（苏教社政函〔2020〕20号）

前　言

随着城市化进程的加速和人们生活水平的提高，乡村旅游作为乡村产业的重要业态，以其独特的魅力逐渐受到广大游客的青睐。乡村旅游不仅为人们提供了亲近自然、体验乡村生活的机会，更成为推动乡村振兴、传承乡村文化的重要途径。在这一背景下，乡村旅游景点的导游词创作显得尤为重要。它不仅是游客了解乡村、感受乡村的窗口，更是展示乡村魅力、推广乡村文化的重要媒介。

本书旨在系统探讨乡村旅游景点导游词的创作理论与方法，结合国内乡村旅游发展的实际案例，为乡村旅游景点的导游词创作提供理论支持和实践指导。全书分为上下两篇，上篇为理论篇，下篇为实践篇。上篇理念篇当中，第一章至第四章由李玲撰写，第五章由尚群撰写；下篇实践篇当中，李玲承担下苑村、凤凰镇、旺山村、小杨村、恒北村、许阳村、谷里街道、大埝社区、不老村9个乡村旅游景点导游词的撰写，尚群承担绿华镇、东极村、茅山镇、黄龙岘、李巷、三条垄田园慢村6个乡村旅游景点导游词的撰写。

在理论篇中，我们首先界定了乡村旅游及乡村旅游景点的相关概念，阐述了乡村旅游与乡村振兴、乡村文化的关系，分析了乡村旅游及乡村旅游景点的发展现状。随后，详细阐述了导游词的概念、特点、撰写原则与格式及创作的技巧。尤为重要的是第四章，广泛引入了乡村性、地方感、原真性、乡土文学、乡村空间、乡村达人等多个维度的理论视角，不仅极大地拓宽了乡村旅游景点的认知视野，更为导游词的创作提供了多元化、深层次的思考角度与灵感源泉。最后，基于前述丰富的理论基础，从乡村旅游振兴、乡村旅游地和乡村旅游者三个角度出发，探讨了乡村旅游景点导游词的创作方法和技巧，分析了导游词对乡村旅游景点的作用、影响、意义和价值。

在实践篇中，我们依据全国乡村旅游重点村和全国乡村旅游重点镇的名单，选取全国15个乡村旅游景点进行个案研究，详细分析了北京市昌平区兴寿镇下苑村，上海市崇明区绿华镇，广东省潮州市潮安区凤凰镇，浙江省舟山市普陀区东极镇东极村，江苏省苏州市吴中区越溪街道旺山村、镇江市句容市茅山镇、泰州市姜堰区三水街道小杨村、盐城市大丰区大中街道恒北村、徐州市贾汪区茱萸山街道许阳村，南京市江宁区谷里街道、浦口区永宁街道大埝社区、江宁区江宁街道黄龙岘茶文化村、浦口区江浦街道不老村、溧水区白马镇李巷村和高淳区东坝街道三条垄田园慢村的特色与亮点，从总体情况、景点特色、导游词撰写三个方面进行实践创作。这一系列实践创作，不仅是对乡村旅游景点的一次全面展示，更是对导游词创作艺术的一次深刻探索，旨在为未来的乡村旅游导览注入更多灵感与活力，让每一位游客的旅程都能成为一次难忘的心灵之旅。

本书力求理论与实践相结合，既注重理论的系统性和深刻性，又强调实践的实用性和可操作性，为乡村旅游景点导游词创作提供宝贵参考，助力乡村旅游事业的持续进步。我们寄望于本书，不仅能为读者深入理解乡村旅游提供窗口，更能激发社会各界对乡村振兴与发展的积极参与。

在编写此专著时，广泛参考了乡村旅游领域的理论研究、实践成果及多方资料，包括学术论文、专业书籍、官方网站、公众平台、新闻报道等，在此深表感谢。

李　玲

2024 年 11 月 16 日

目　录

上篇　乡村旅游景点导游词创作理论

下篇　乡村旅游景点导游词创作实践

上篇

乡村旅游景点导游词创作理论

第1章　乡村旅游发展现状

党的二十大报告指出："加快建设农业强国，扎实推动乡村产业、人才、文化、生态、组织振兴。"乡村旅游作为乡村产业的重要业态，成为全面推进乡村振兴的重要着力点。乡村旅游作为乡村产业的重要组成部分，横跨一、二、三产业，兼容生产生活生态，融通工农城乡，是实现产业兴旺的重要途径。一方面，发展乡村旅游不仅可以拓宽农民就业空间、提高农民经济收入，还可以促进乡村基础设施建设、推动乡村文明进步、调整乡村产业结构并拉动乡村经济增长。另一方面，发展乡村旅游对增进城乡交流，推动社会主义新农村建设，以及促进城乡和谐繁荣发展具有重要的现实意义，是加快新型城镇一体化进程的重要手段。

1.1 乡村旅游相关概念界定

乡村旅游起源于欧洲，显现于19世纪，快速发展于20世纪中期，逐步走上规模化、多产业整合的发展道路。我国的乡村旅游兴起于20世纪80年代末，从最初的吃农家饭、看乡土风光开始，到体验农家生产生活方式的乡村度假，逐步深度发展为助力"三农"问题解决，突出乡村旅游的功效，持续发展，走乡村振兴的高质量发展道路。乡村旅游自产生以来，乡村旅游基本概念的界定一直受到专家学者的广泛关注，但目前国内外各界人士对乡村旅游还没有完全统一的定义，说法很多。

1.1.1 国外乡村旅游的概念研究

国外乡村旅游概念的界定，比较典型的如下：1990年，西班牙学者

3

Gilbert and Tung 认为乡村旅游是农户为旅游者提供食宿等条件，使其在农场、牧场等典型的乡村环境中从事各种休闲活动的一种旅游形式。1994 年，世界经济合作与发展组织（OECD）认为在乡村开展的旅游，田园风味是乡村旅游的中心和独特的卖点，强调乡村旅游在乡村区域发生。同年，英国的 Bramwell and Lane 较为全面地对乡村旅游进行了综合性描述，认为乡村旅游不仅是基于农业的旅游活动，而是一个多层面的旅游活动，包括基于农业的假日旅游、自然旅游、生态旅游、假日旅游、探险运动旅游、健康旅游、教育旅游以及一些区域的民俗旅游活动。1996 年，Opperman 提出乡村旅游就是"旅游者在人们从事各种活动的非城市区域进行旅游"等。1997 年，世界旅游组织将乡村旅游定义为旅游者在乡村及其附近逗留、学习、体验乡村生活模式的活动；以色列的 Fleischer 和 Pizam 认为人们在乡村旅游的过程中可以获得愉悦，这些愉悦来自乡村环境的吸引。1999 年，以色列的 Arie Reichel 与 Oded Lowengart 和美国的 Ady Milman 认为乡村旅游就是位于农村区域的旅游，具有规模小、区域开阔和可持续发展等特点。2004 年，世界著名的乡村旅游专家 Nulty 认为乡村旅游依赖于提供旅游场所的农村地区，它的遗产和文化，乡村活动和乡村生活。

与此同时，国外在乡村旅游的研究上集中在经营主体、经济及社会的影响、乡村旅游的影响因素以及可持续发展等方面。Pearce（1990）认为经营形式是农民以农场所有者身份与旅游企业合作。A.Hjalager（1996）认为，乡村旅游是在综合性的农业产业基础上，通过多种经营方式的农业延伸，其经营主体规模小、产业特色明显及绿色环保，富有创意和社会意义。Fleischer（2000）认为发展乡村旅游让农民更有工作效率。Johnston（2005）认为过度保护生态环境的政策和破坏生态环境的政策都会造成乡村旅游的不可持续性。Choi（2006）提出乡村旅游的可持续发展与经济、村集体利益、游客利益、生态环境、政治、生产技术等因素有关。Stern（2009）认为乡村旅游业的快速发展是由于市场需求，如回归需求、求知需求、怀旧需求等。同时，国外学者认为乡村旅游产业的质变也需要国家的政策干预。Garcia（2014）认为在前往西班牙的欧洲旅客流量下降后，政府制定了当地的乡村旅游业政策规划，进而推动了西班牙的旅游业发展。Bramwell（2014）觉得在面对各种危机时可以制定乡村旅游产业政策以平稳度过危机。Niloofar Hashemi（2017）提出了评估可持续性的指标体系。Sabine Panzer-Krause（2020）研究了北爱尔兰的乡村，发现了不同的游客群体会影响乡村旅游热门区域的可持续发展。ADKovács，PGulyás，FarkasJZ（2021）等人认为新冠感染疫情极大地影响了旅游业并引发了相互矛盾的过程，但这一现象从乡村发展的角度为自然旅游开辟了新的机遇，疫情后必须加强跨部门协作，为政策协调、联合谋划提供依据。Zhang Shitao（2022）提出了一种新的行为多属性群体决策（MAGDM）方法，将Wasserstein 距离测量法整合到 TODIM 方法中。Ariyani Nafiah（2023）对印度尼西亚地区的乡村旅游进行研究，介绍了发展中国家可持续农村旅游的转型途径。

1.1.2　国内乡村旅游的概念研究

国内乡村旅游概念研究在 20 世纪末期才逐渐开展起来，比较有代表性的如下：1992 年，杨旭较早地提出乡村旅游是以乡村的农业生态、经济及社会三大资源所构成的立体感知的旅游活动。1995 年，马波认为乡村旅游活动的主要目的是体验乡村独特的生产生活形态及欣赏田园风光。1999 年，王兵提出乡村旅游具有独特性，以农耕文化、村庄生态等作为吸引物，融合了休闲、观光、度假、感觉等于一身的旅游活动；杜江、向萍认为，乡村旅游是以农村的风光为吸引物，以都市居民为目标市场，以满足旅游者娱乐、求知和回归自然等方面需求为目的的一种旅游方式。2001 年，贺小荣认为，乡村旅游是指以乡村范围内所有能吸引游客的资源为载体，让游客增长知识、买商品和度假休闲等一系列活动所引起的行为关系的总称；肖佑兴则认为，乡村旅游是指乡村独有的生产生活、风土人情、民居房屋、周围环境和农民文化作为主要内容，把乡村空间环境当作依托，按照城乡差别来打造的商品，是综合游览观光、休闲娱乐、度假购物为一体的方式。2002 年，何景明认为乡村旅游是在乡村地区以具有乡村性的自然和人文客体为吸引物的旅游活动。2005 年，李肇荣认为村庄是乡村旅游活动的所在地，有其特殊的生态、生产、生活环境与模式，以乡村社区居民提供旅游服务的模式。2006年，王云才、郭焕才认为乡村旅游是都市居民为领略乡野风光、体验农事劳作、了解风土民俗和回归自然所进行的以乡村资源为背景的旅游方式；刘德谦认为，乡村旅游是指乡村地域的风土、风物、风俗、风景组合而成的乡村风情作为吸引物，吸引旅游者前往休息、观光、体验及学习等的旅游活动。2007年，冯淑华和沙润对乡村旅游概念的研究是对乡村性的内涵从五个方面进行了归纳，包括地域条件、旅游资源特性、社区参与、旅游产业本地化及可持续发展。2009年，陶玉霞从地域范围、景观和活动内容、规模层级以及客源市场四个方面综合对乡村旅游加以界定。

与此同时，国内众多学者对乡村旅游某些主题进行了梳理，包括乡村旅游的发展、乡村旅游与产业融合以及乡村振兴背景下乡村旅游的产业升级等。张建雄（2003）采用了根据不同地区、不同地理环境、不同乡村旅游开发模式的概念，得出了以昆明、大理、罗平三个地区为例的开发模式。程道品和梅虎（2004）根据桂林当地乡村旅游资源的差异性，提出了观景体验、住宿体验和民俗体验三种不同的乡村旅游开发模式。李德明（2005）主要是探讨乡村旅游、乡村发展及其互动模式，得出以政府为主导的乡村旅游开发模式最为合适。单新萍、魏小安（2008）在对乡村旅游相关产业延伸的研究中，提出了林业产业、渔业产业和房地产开发产业三种延伸发展模式。刘孝蓉、胡明扬（2013）发现农旅的融合提升了农产品价值，让农业自然生态环境得到了更好的保护，也带动了当地经济的发展。赵华（2015）等认为，要通过创新引导乡村旅游与文化创意的产业融合，并通过互联网来营销，同时要保持整体协调发展的全局观念。杨柳（2017）认为，政府需要提供政策和资金等支持，培养相关人才，并利用科技推动乡村旅游与文化创意的融合。宋慧娟（2018）提出多元化、主体化、本土化、生态化、社区化是乡村旅游提质增效的关键。仇叶（2020）认为在全域动员的推动模式下，发展有特色的、能对接当地产业的、符合农民利益的乡村旅游产业是地区乡村旅游产业脱颖而出的前提。肖黎明（2021）等通过乡愁理论的视角来构建评价指标体系，以此对经过黄河的 9 个省区乡村旅游高质量发展水平、空间差异及演变进行了实证研究。吴坚平等（2022）从城市大脑"数据协作、直接指挥"的角度，对旅游者、乡村和政府的行为数据进行分析和整合，实现数智赋能乡村旅游高质量发展。耿松涛等（2023）以海南为例，发现识别资源优势、提升产业吸引力和塑造品牌文化是乡村旅游高质量发展的内生动力，技术创新、关系网络重构和乡村性意义建构是打造乡村旅游差异化的重要手段。

由此可以得出，国内外研究者根据视角不同分别给出了乡村旅游的概念，但是在总体层面上还是依赖于以下几个方面：第一，乡村旅游具有地域限制性，乡村旅游活动的唯一载体是乡村；第二，乡村旅游具有景观独特性，具体体现在乡村生态景观、乡村聚落景观、农事劳作景观、乡村经济景观、农耕文化及民俗文化景观、乡村民居建筑景观等；第三，乡村旅游具有农事体验性，具体内容包括乡村观光、休闲度假、农业劳动体验、民俗节庆体验等活动；第四，乡村旅游具有特定客源市场，来乡村旅游的大多数是城市市民，也可以是居住地域、环境生活方式劳作方式有别于乡村旅游地的其他社区居民或境外游客。根据上述分析，笔者认为，乡村旅游是以乡村为活动载体，以其独特的乡村自然资源、农耕文化为卖点，以周边都市居民为主要消费对象，通过满足其休闲、学习、农事体验等需求，获得经济、社会和环境效益的一种旅游方式。

1.2 乡村旅游与乡村振兴

实施乡村振兴战略是党的十九大作出的重大决策部署，报告指出农业农村农民问题是关系国计民生的根本性问题，必须始终把解决好"三农"问题作为全党工作的重中之重，实施乡村振兴战略。从表 1-1 可见，"三农"始终是贯穿现代化建设进程和社会经济发展全局的根本性问题，可见乡村振兴是历史的必然选择，也是发展的必经之路。与此同时，国务院直属机构国家乡村振兴局正式挂牌，中国第一部直接以"乡村振兴"命名的法律《乡村振兴促进法》正式施行。习近平总书记在党的二十大报告中再次对推进乡村振兴作出了深刻论述和全面部署，既论述了推进乡村振兴在全面建设社会主义现代化国家全局中的地位、作用和意义，又全面部署了当前推进乡村振兴必须抓紧落实的各项主要任务，为各行各业在推进乡村振兴中如何找准自己的位置并做出贡献，提供了明确的指导方针和基本遵循。

表 1-1　2018—2023 年中央一号文件

时间	中央一号文件名称
2018 年 1 月 2 日	《关于实施乡村振兴战略的意见》
2019 年 2 月 20 日	《关于坚持农业农村优先发展做好"三农"工作的若干意见》
2020 年 2 月 5 日	《关于抓好"三农"领域重点工作确保如期实现全面小康的意见》
2021 年 2 月 21 日	《中共中央　国务院关于全面推进乡村振兴加快农业农村现代化的意见》
2022 年 2 月 22 日	《中共中央　国务院关于做好 2022 年全面推进乡村振兴重点工作的意见》
2023 年 2 月 13 日	《中共中央　国务院关于做好 2023 年全面推进乡村振兴重点工作的意见》

1.2.1　乡村旅游与乡村振兴的关系

随着乡村振兴工作向纵深推进，乡村旅游已成为促进乡村产业兴旺、生态宜居、乡风文明、治理有效、生活富裕的重要抓手和可行路径，这也正是乡村振兴的总要求。乡村振兴旨在加快农业现代化、打造美丽乡村、提高农村居民生活水平和推动城乡一体化发展，而乡村旅游正是乡村振兴的一个重要支撑，可以带来很多优势。首先，乡村旅游可以推动农村经济的发展。旅游是一个多产业联动的产业，一条旅游线路可以促进当地餐饮、住宿、交通、文化等多个产业的发展。由此可以产生大量的就业机会，缓解农村就业难的问题，提高农村居民的收入水平。其次，乡村旅游可以带动乡村建设。为了满足旅游客人的需求，农村建设会更加美丽、宜居，更能符合旅游客人的需求。例如，改善路灯、垃圾处理、污水治理、公共设施等，可以采用新材料、新技术，产生良好的环境效益。最后，乡村旅游可以推动文化传承。农村的文化传承是中国乃至全球文化传承的一个重要组成部分。通过丰富的文化活动，弘扬当地传统文化，既可以提高居民文化素养，也可以增加旅游的文化内涵。

乡村旅游与乡村振兴的关系，是两个相对独立的发展主体和研究对象，但发展的区域和发展目标要求是相同的，并且它们之间是相辅相成、相互促进的。一方面，乡村振兴是乡村旅游建设的党建引领，是促进乡村旅游优质发展的核心支撑。发展乡村旅游可以促进产业发展、传承文化、保护生态的发展，增加村民收入，从而实现乡村振兴的机理效应。另一方面，乡村旅游的发展促进乡村振兴战略的有效实施，作为第三产业的"乡村旅游"在发展过程中可以起到"以三促二，由二带一"的一体化统筹的产业融合发展模式，再以"产业融合""产业兴旺"带动乡村经济发展，提高村庄生态、生产、生活条件，从而逐步实现"乡村振兴"。

1.2.2 乡村旅游助推乡村振兴的理论内核

乡村旅游有利于带动农村产业结构升级。随着经济社会的持续发展，乡村旅游作为一种新型旅游模式，其产业链的竞争价值和竞争优势逐渐凸显。乡村旅游在发展的同时，刺激农村地区的农业创新力和竞争力不断提高，推动乡村经济水平增长，以实现产业兴旺的目标，进而助推乡村振兴。具体来说，乡村旅游的发展要求地区农业资源丰富，这必然推动处于乡村旅游覆盖范围内的农业大幅提升其生产效率和农业附加值，与此同时区域的交通运输、信息服务等行业也会同步发展。乡村旅游所覆盖的行业内容涉及衣食住行等核心行业，其在发展中不断推进一、二、三产业之间的相互融合和创新，带动农村产业结构升级，实现产业兴旺，助推乡村振兴。

乡村旅游有利于改善农村生态环境。乡村旅游产业在发展初期，会逐渐完善乡村地区的旅游景观，同时进一步改善乡村地区的居住环境，推动乡村的生态宜居建设，而打造宜居体系正是乡村振兴战略实施过程中的必要环节。因此，在"生态宜居"的中间作用下，乡村旅游和乡村振兴之间存在着紧密的联系。具体来说，乡村旅游保持核心竞争力的重中之重是其不同于城市的绿水青山和田园风光，这要求乡村旅游在发展过程中必须有效保护和治理农村地区的生态资源和文化景观，从而使乡村地区拥有更多的生态内涵和绿色优势，进而吸引大量游客前来旅游消费，将生态资源优势转化为具体的经济效益，逐渐衍生出完整的绿色生态乡村旅游产业链。

乡村旅游有利于推动乡风文明建设发展。注重乡风文明的建设是实施乡村振兴战略的总要求之一，乡风文明的建设必然要求乡土文化得以复兴和重建。乡村旅游产业以乡村传统文化为核心，其在发展的同时，迎来了传承乡土文化的新局面，有利于推动乡风文明的建设，实现乡村振兴的战略目标。一方面，乡村旅游在发展过程中为了打造特色旅游文化，会在吸收先进外来文化优势的同时保存和发展优秀传统文化，对其中的传统道德教育资源进行开发利用，推动普及乡村地区的社会主义核心价值观。另一方面，乡村旅游产业主打以乡土文化为核心的旅游产品，在吸引游客到来的同时，也使得当地乡村的中青壮年人重新认识"乡土性"的价值，从而留在乡村，继承传统文化和技艺，实现乡土文化的现代可持续发展。

乡村旅游有利于完善乡村治理机制。治理有效是夯实乡村振兴的重要基础。乡村旅游产业在发展过程中，必然会诞生各类多主体参与的运营模式，这要求在具体实践工作的开展过程中推动完善村民自治机制和利益分配机制。首先，乡村旅游产业的发展激活了当地的本土资源，产生了巨大的经济效益，使大多数外出务工居民返乡创业就业，为乡村治理提供了充实的人力。其次，乡村旅游产业在运营中的模式大多是"公司＋农户""农户＋农户"的形式，这些模式要求农户自身的积极参与，调动了农户的创新性和积极性，进而推动村民自治机制的发展。最后，乡村旅游在发展过程中吸引了不少外来投资者，这要求当地的治理机制不断发展完善，协调本地村民和经营投资者的利益达到均衡。

乡村旅游有利于提高农民收入水平。乡村旅游业形成的产业链及其对于产业结构的影响，推动了整个农村经济水平的发展，使得农村地区的居民收入水平得到大幅增长，居民生活富裕水平提升，助推实现乡村振兴的战略目标。具体表现在三个方面：一是乡村旅游在发展产业的过程中带动了衣食住行、交通运输以及娱乐服务等行业的发展，为当地参与到旅游服务相关行业中的居民带来了直接的收入。二是乡村旅游产业链在发展过程中创造了很多的就业岗位，为当地的农村居民带来了更多的就业机会，实现自身就业技能的增加，从而获得更多的收入。三是乡村旅游产业可以在政府规划以及政策扶持的情况下，系统性开发经济欠发达地区的旅游资源，建立精品乡村旅游品牌，所带来的经济收入就可以成为助力乡村发展的重要资金支持。

1.3 乡村旅游与乡村文化

中华民族五千多年的文明源自乡村，中国传统文化和城市文化的根基也在乡村，乡村对于中国人来说具有特殊且重要的意义。乡村文化是传统文化生民的家园，是乡民在日常生活或生产劳动中创造出来的一切物质财富和精神财富的总和。从本质上看，乡村文化建立在农耕经济基础上，反映的是农民与土地之间的关系，表现的是人与自然、人与社会以及人与人之间简单、淳朴、和谐的人文情感。乡村有着更多诗意与温情，它承载着乡音、乡土、乡情以及古朴的生活、恒久的价值和传统。乡村文化所包含的内容十分广泛，我们同样可以从物质文化、精神文化和制度文化等不同层次来归纳、解读（见表 1-2）。

表 1-2　乡村文化的内容

乡村文化的层次	具体内容
物质文化	田园风貌、乡村聚落、历史遗迹、民宅祠堂、民族服饰、乡村饮食、手工艺品等
精神文化	神话传说、民间文学、游艺杂技、习俗礼仪、节庆活动、地方曲艺等
制度文化	宗法制度、乡约村规、治理模式、信仰禁忌、生产组织方式等

1.3.1 乡村旅游与乡村文化的关系

习近平总书记强调要推动乡村文化振兴，加强农村思想道德建设和公共文化建设，以社会主义核心价值观为引领，深入挖掘优秀传统农耕文化蕴含的思想观念、人文精神、道德规范，培育挖掘乡土文化人才，弘扬主旋律和社会正气，培育文明乡风、良好家风、淳朴民风，改善农民精神风貌，提高乡村社会文明程度，焕发乡村文明新气象。总书记这番话对乡村文化振兴提出了要求，并给予了方向性指导。

乡村旅游作为乡村振兴的重要抓手，在中华传统文化的传承、保护与振兴上，也有着新的使命和担当。中华传统文化的根在农村，有没被污染的青山绿水，有诗情画意的田园生活，有延续千年的农耕文明，有令人魂牵梦萦的乡愁文化。乡村文化是乡村旅游的灵魂，农村深厚的文化积淀是打造乡村旅游、助力乡村振兴的基础资源，通过深入挖掘乡村特色文化，提升乡村文化的魅力，变文化优势为经济优势，在乡村旅游发展中继承和发扬乡村优秀传统文化的道路，使乡村旅游成为弘扬乡村文化的重要渠道。

农村深厚的文化积淀彰显了我国乡村发展的悠久历史，乡村旅游就是以乡村文化为核心，根植于乡村传统文化。通过发展乡村旅游，挖掘、整理乡村文化遗存，理顺乡村传统文化和现代文明的关系，是积极保护乡村文化，实现文化长远利益的重要手段；通过发展乡村旅游可以最大限度地激发当地农民对乡村文化的认同感和自豪感，从而从保护整个乡村文化空间的高度实现乡村文化的传承和保护；通过旅游者的亲身感受和体验，可以拓宽乡村优秀文化对外传播的领域和渠道，扩大先进文化的影响，增强优良文化的实力和渗透作用。

1.3.2 乡村旅游发展对乡村文化建设的积极影响

乡村旅游的发展有利于激励农民加强对乡村文化和历史遗产的保护。随着城镇化的快速发展，乡村的历史传承和独特文化逐渐淡出人们的视野，处于衰微的状态。乡村旅游的起步和发展，美丽乡村的创建和完善，当地政府和乡村旅游的经营者逐步意识到乡村文化在旅游业中的核心作用，人们的乡村文化意识逐渐增强，认识到保护本地乡村文化特色的重要性。在乡村旅游的发展过程中，人们发现乡村文化和历史遗产最好的保护方法就是让它们成为乡村旅游的组成部分，通过挖掘、继承、保护和宣传农村的历史传承和乡村文化，丰富乡村旅游产品的文化内涵，提高乡村的知名度。

乡村旅游的发展有利于增强农民的生态环境保护意识。乡村文化的丰富内容是乡村旅游的重要依托，良好的生态环境和宜人的生态景观是旅游者去乡村旅游的重要因素，当地乡民珍惜资源和爱护环境的意识日益增强。虽然原生态的乡村文化具有独特魅力，但乡民传统的乡村生活方式和卫生习惯阻碍了乡村旅游的发展。乡村旅游地住宿餐饮的卫生状况和乡村从业者的接待服务水平，极大地影响乡村旅游者的旅游体验感。这必然促使乡村旅游地加大基础设施投入力度，督促住宿餐饮经营者搞好卫生环境，提高乡村从业人员的接待服务水平，这样生态价值才会逐渐显现，农民的生态环境保护意识会逐步增强。

乡村旅游的发展有助于提高农民的科学文化素养。乡村旅游的客源为大中城市中知识层次较高的群体，他们参与乡村旅游主要是为了寻找宁静的乡村空间，感受淳朴的乡村文化，亲近自然，放松身心。在乡村旅游发展过程中，农民耳濡目染，会潜移默化地受到游客高品位精神追求的影响。与此同时，乡村旅游在给农民带来物质利益的同时，也对他们从业素质提出了新的要求。学文化、学技术成了一些农民的自觉行动，许多村民学起了普通话、外语和电脑，互联网也已进入一些农民家庭，成为他们收集和传递信息的重要手段。乡村旅游地把村民联系起来，传统道德的约束和行政、行业组织的管理交互作用，农民遵纪守法、诚实守信、家庭和睦、邻里互助的观念和习惯得到强化。

1.4 乡村旅游的发展现状分析

1855 年，法国参议员欧贝尔带领一群贵族到巴黎郊外农村度假，他们品尝野味，乘独木舟，伐木种树，清理灌木丛，挖池塘淤泥，赏游鱼飞鸟，与当地农民同吃同住。在这些活动中，他们重新认识了大自然的价值，加强了城乡居民之间的交往。此后，乡村旅游在德国、意大利、荷兰、保加利亚、英国、美国、巴西、日本等国家兴起并盛行起来。20 世纪 30 年代，匈牙利以乡村旅游闻名世界；20 世纪 60 年代，西班牙的乡村旅游在国际旅游上享有盛名；20 世纪 70 年代，法国农庄旅游给农民带来相当于法国旅游业收入四分之一的收入；20 世纪 80 年代，欧美国家的学者对乡村旅游进行了大量的研究，并指导乡村旅游实践，乡村旅游得以大规模开展。

我国的乡村旅游起步较晚，萌芽于 20 世纪 50 年代，山东省石家庄村为了外事接待率先开展乡村旅游活动。随后，广西的阳朔县、河北的赞皇县嶂石岩景区、安徽的黄山汤口村纷纷加入其中。1987年，成都郫县农科村农户通过花卉种植和销售、餐饮接待服务，逐步发展起农家乐旅游。1989年，中国农民旅游协会第三次全国代表大会在河南郑州召开，会上中国农民旅游协会被更名为中国乡村旅游协会。中国乡村旅游协会的正式命名反映了20世纪80年代我国乡村旅游业的兴起。

1.4.1 假日休闲的萌芽阶段（2002年以前）

我国乡村旅游业萌芽于20世纪50年代。最早是因为外事接待需要，在山东省石家庄村开展乡村旅游活动。真正将市场需要与供给结合，作为经济活动的乡村旅游，萌芽于20世纪80年代深圳举办的一届荔枝节。而将乡村旅游作为产业发展，起源于1984年珠海白藤湖农民度假村开业。之后成都"徐家大院"的诞生标志着"农家乐"以及观光农业正式在南方兴起。除此之外，特别是1995年国家实行双休日，1999年又将春节、五一、十一调整为7天长假，为乡村旅游发展提供了机遇。但在2002年之前的萌芽阶段的乡村旅游的经济主体，是以自发经营农家乐以及休闲观光农业的农民为主。农家乐是农民干农活后的副业，很多区域没有乡村旅游业概念，更多是通过口碑相传的食宿招待。发展食宿招待的农户数量有限，很难形成集聚，导致旅游者随机到访很大，没有稳定的客源，供需很难有效衔接。

1.4.2 农村观光的起步阶段（2002—2007年）

2002年原国家旅游局发布施行《全国工农业旅游示范点检查标准（试行）》，并确定以"农业旅游"为核心的乡村旅游，标志着乡村旅游开始拥有走向规范化、规模化的意识。此时乡村旅游的方向与地位的确定，逐渐开始与城市旅游相提并论。但是，该阶段的乡村旅游目的地主要集中于城市近郊、城乡接合地、少数民族村寨、古镇以及古村落等。乡村旅游开发规模仍是以农家乐为主的小农经营方式，乡村旅游点管理者及经营者多是当地居民，乡村旅游产品停留在提供住宿、餐饮层面。在这种准入门槛较低的状况下，乡村旅游产品数量不断增多，但重复建设情况严重，缺乏特色，旅游六要素（食、住、行、游、购、娱）链条发展以及当地旅游管理与服务水平都处于较低状态。乡村旅游多以国内游客利用节假日进行旅游活动，具有明显的季节性，经济效益不够显著。

1.4.3 农家乐旅游的成长阶段（2008—2016 年）

2006 年，原国家旅游局将全国旅游主题确定为"中国乡村旅游年"。2007年，原国家旅游局和原农业部联合发布《关于大力推进全国乡村旅游发展的通知》，为乡村旅游步入规范发展提供了政策指导与政策保障。特别是 2007 年随着美国次贷危机的到来，经济脱实向虚的问题出现，一些社会资本的转型与调整需求，加大了乡村旅游业扶持力度，为发展乡村旅游创造宽松的政策环境，也为企业投资提供了方向，乡村旅游投资热潮被激发，并于 2008 年步入快速发展、规范提升的轨道。自 2011 年公布首批 40 家全国休闲农业与乡村旅游星级企业后，2016 年，全国农家乐数量达 192 万家。乡村旅游大规模、快速普遍兴起，量与质、长远规划与短期利益、本质与表象的矛盾也逐步凸显，呈现出乡村旅游开发火热但产业动力不足、成长整体乏力的现实。

1.4.4 投资带动的转型阶段（2017 年至今）

党的十九大报告指出："中国特色社会主义进入新时代，我国社会主要矛盾已经转化为人民日益增长的美好生活需要与不平衡不充分的发展之间的矛盾。"也就是说，随着消费结构不断调整升级，人民群众生活品质不断提高，对产业产品结构以及产品质量提出新的要求。特别是乡村旅游业大发展的阶段，乡村旅游企业数量、乡村旅游业投融资金额大幅增加，如 2017 年全国乡村旅游实际投资 3857 亿元，占旅游业投资的比重的 15.7%。有 10 万个村开展休闲农业与乡村旅游活动，休闲农业与乡村旅游经营单位达 290 万家，其中农家乐超过 200 万家。据国家发展改革委发布的数据，2017—2021 年，全国农村居民人均可支配收入实际增长 28.9%，城乡居民收入倍差由 2.71 缩小到 2.5，这其中乡村旅游的贡献不可忽视。乡村旅游的发展促进了农业、加工业、服务业等产业的融合发展。以"三瓜公社"为例，该地将电商、民俗、美食等产业相结合，形成了集一、二、三产业与农旅相结合的"美丽乡村"发展系统。一些乡村旅游目的地通过品牌化建设，提升了自身的知名度和影响力。如袁家村通过打造"袁家村"品牌，实现了品牌价值的快速增值，并带动了相关产业的发展。自 2017 年至今，乡村旅游在政策的推动下进入了快速发展的转型阶段，不仅促进了农村经济的多元化和农民收入的增加，还带动了乡村的全面振兴。未来，随着乡村振兴战略的深入实施和乡村旅游市场的不断扩大，乡村旅游的发展前景将更加广阔。

第2章 乡村旅游景点发展现状

乡村一般风景宜人，空气清新，民风淳朴，以从事农业为主，是一个相对独立的经济、社会、人文与自然景观的空间综合体。近年来，随着我国经济社会的快速发展，城市居民休闲、生态、体验需求的日益增长，乡村旅游已成为新兴的旅游热点。乡村旅游景点具有丰富的自然资源和浓厚的历史文化氛围，塑造了独具特色的乡村景观，成为吸引城市居民休闲体验、寻访自然、感知民俗文化的重要物质载体和吸引物。

2.1 乡村旅游景点的定义

旅游景点是指具有一定的优质景观资源，能够满足游客参观游览、休闲度假、康乐健身等旅游需求，具备相应的旅游设施并提供相应的旅游服务的独立管理区。旅游景点是旅游业的核心要素，是旅游产品的主体成分，是旅游产业链中的中心环节，是旅游消费的吸引中心，是旅游产业的辐射中心。

乡村旅游景点是指以具有乡村性的自然和人文客体为旅游吸引物，依托乡村区域的优美景观、自然环境、建筑和文化等资源，在传统乡村休闲游和农业体验游的基础上，拓展开发会务度假、休闲娱乐等项目的新兴旅游方式的旅游景点。

2.2 乡村旅游景点的类型

2.2.1 城郊型

这是我国最普遍、最成熟、市场潜力最可观的一种乡村旅游类型。这种类型是依托大、中城市，利用都市近郊相对良好的自然生态环境和独特的人文环境、地理优势和便利的交通条件，以城市居民为具体目标市场，直接面对周末度假、民俗佳节庆典活动等需求的稳定而庞大的客源市场。比如，现代科技农业景观、融入现代美观念的各种观光农园，以及自然环境构成大都市郊区的农业观光特色务农旅游。

2.2.2 景区依托型

我国著名的风景名胜区均处于乡村的包围中，景区周围的山林需要保护，周围农民自发涌入景区经商，景区依托型就是基于上述诱因发展起来的。依托某一级的风景名胜区，以景区游客为主要的目标市场，属于一些著名的风景名胜区发展起来的附属产品，是游客在对自然风景观光之余，对周围村庄的乡村景观的一种派生旅游。这些也是我国乡村旅游业开展最早的地区。

2.2.3 村寨型

在国家政策的指导下，我国的特色村寨乡村旅游在老、少、边、山区发展较快。这些地区多为山区，缺少发展第一、二产业经济发展的自然条件，又不具备交通优势。因此，多是工业文明尚未辐射到的地方。这些地区至今还保留着近乎原始而秀美的自然环境、传统的农耕文化和醇厚的民族习俗。原始的自然生态、人文生态景观与原始的乡情习俗，构成一个个特色浓郁，带有极强的文化与生态色彩的乡村旅游地。

2.3 乡村旅游景点的特征

2.3.1 自然乡土性

乡村旅游景点是从乡村发展而来的，其自然乡土性是吸引众多都市游客的重要因素之一，吃农家饭、住农家舍、体验农家情都是乡村旅游开发的重要项目依托，所以自然乡土性是乡村旅游独一无二的特性之一。乡村旅游大多都没有经过商业开发，保留着原始自然的气息。放眼望去，所看到的就是乡村的日常生活场景，旅游就是看心情，原始风景正好满足人们的需求。各地乡村的生产活动和生活方式，古老、朴实、神奇的乡土文化艺术，深受旅游者的欢迎。

2.3.2 地域差异性

乡村旅游景点的地域差异性体现在其独特的自然风光、文化背景和历史遗迹上。每个乡村都有其特有的地理特征，如山脉、河流、森林或草原，这些自然元素为乡村带来了不同的景观和气候条件。此外，乡村的文化传统和习俗也各具特色，从建筑风格到当地美食，从民间艺术到节庆活动，都反映了各自地区的历史和文化。因此，探索不同乡村旅游景点时，游客可以体验到丰富多样的自然美景和深厚的文化底蕴，感受到每个地方独有的魅力和故事。

2.3.3 项目多样性

乡村旅游景点以其丰富多彩的项目吸引着各类游客。游客可以参与农耕体验，亲手种植和收获农作物，感受传统农业的魅力。同时，乡村的手工艺活动也非常吸引人，如陶艺、编织和木工等，让游客亲手制作独一无二的纪念品。此外，对于爱好户外活动的游客，徒步、骑行和野营等活动提供了与大自然亲密接触的机会。而文化爱好者则可参观历史悠久的古迹和博物馆，深入了解乡村的历史和文化。乡村旅游景点的项目多样性确保了每位游客都能找到适合自己的活动，享受一次难忘的旅行体验。

2.3.4 短时短距性

乡村旅游景点就在开阔的农村大地，对于那些生活在高楼大厦里，不知农村烟火的大城市人们来说，旅行的距离较小，利用周末来摆脱高楼峡谷、水泥森林，缓解工作高负荷的压力，满足怀旧和对自然的向往的需求。乡村旅游活动内容也以乡村自然风光和乡村生活的观光或体验为主，而旅游的接待者主要是农民，这就使得乡村旅游与其他旅游形式相比，在时间和距离成本上比较有优势。

2.3.5 持续发展性

2015 年至 2023 年的"中央一号文件"中，曾多次涉及乡村旅游相关内容。2023 年中央一号文件重点提到了实施文化产业赋能乡村振兴计划，实施乡村休闲旅游精品工程，推动旅游景区、乡村旅游重点村一体化建设。因此，乡村旅游成为国家各个层面政策支持的重要经济项目。同时，由于现代乡村旅游景点融乡村自然意象、文化意象和现代科技为一体，融旅游发展与农业生产为一体，融城市旅游与乡村旅游为一体，因而是可持续旅游。

2.4 乡村旅游景点的功能

2.4.1 生产观光功能

生产观光是乡村旅游景点的最基本功能，主要是进行各种经济作物的生产和开展各种农业观光的活动。例如，展示果品、花卉、蔬菜、茶叶等的栽培技术和生产过程，同时开放让游客摘果、拔菜、赏花、采茶等。亲手采摘新鲜的水果和蔬菜，品尝到刚刚从田地里采摘下来的美味，这种独特的体验让游客更加了解农业生产过程和食物的来源。乡村旅游景点在保留农业的生产观光的基础上，突出利用生产的主观能动性，在景观改造中突出其产业优势。

2.4.2 农事体验功能

农事体验功能一般是附加在生产观光项目中所体现的功能。乡村旅游景点依据农业生产而开发的一些简单轻松的农业劳作活动和民俗活动，为游客提供诸如水稻种植、果蔬采摘、养蜂酿蜜、田园织耕、药圃采药等体验功能，让游客体验具有趣味性的农事活动，满足人们的猎奇心。游客可以参与农业劳动，亲手体验种植、耕作等农田劳作，感受农民辛勤劳动的同时也感受到大自然的力量。在这个过程中，游客还可以学习到一些有关农业知识和技能，增加对农业发展的了解。

2.4.3 度假憩息功能

乡村的美能给当地居民提供宜居宜业宜游的家园，也能为游客提供休闲度假的旅游场所，满足游客回归乡村、回归大自然的需求。乡村旅游景点为游客提供各种餐饮和住宿服务，让游客吃在农家、住在农家。乡村旅游景点清新的空气质量、植被景观、生态环境等多种要素的质量都比大城市高，长时间待在这样的环境中能不自觉地提升人的抵抗力，帮助游客保持健康的体魄。在这里，游客可以走进老屋老院，聆听长辈们讲述往事；也可以参观当地的文化遗址和历史建筑，感受时间的沉淀。同时，景点也能为游客提供运动健身、娱乐休憩、修身养性等相关服务。

2.4.4 科普教育功能

乡村旅游景点就是一个天然的自然科普园，它以最生动形象的方式向游人传递农业和当地民俗知识，进行农业知识的科普和宣传教育。游客可以了解各种作物、劳作工具及使用方法，了解到无公害蔬菜的好处、怎样辨别水果或蔬菜是否用了催熟剂、怎样清洗才能减少维生素的流失、如何搭配才有营养等生活常识。对于青少年学生及城镇家庭居民，农业作为自然科学的重要组成部分，与人类的日常生活息息相关，可以通过寓教于乐的方式，让他们学到更多的科学知识。

2.5 乡村旅游景点的发展现状分析

乡村旅游的发展离不开对家乡自然和文化资源的保护。在保护家乡的自然和文化资源的基础上，可以通过开发独特的乡村旅游景点来吸引游客。乡村旅游景点，可以开展农民市集，让游客品尝当地的农产品；举办乡土文化节，让游客感受家乡的传统文化；举办民俗表演或民俗游戏，让游客融入家乡的民俗风情。乡村旅游景点的这些活动不仅可以让游客参与其中，还可以促进乡村旅游的发展，并提升游客对家乡的认同感。根据艾媒数据中心，2019—2022 年，乡村旅游重点村数量最多的省份为新疆维吾尔自治区及新疆生产建设兵团，总量达到 80 个；浙江省位列第二，乡村旅游重点村数量为 55 个；江苏省紧随其后，乡村旅游重点村数量为 54 个。

全国乡村旅游重点村是文化和旅游部按照《"十三五"旅游业发展规划》《国务院关于促进乡村产业振兴的指导意见》提出的乡村名单，由文化和旅游部、国家发展改革委联合负责全国乡村旅游重点村遴选工作。

根据文化和旅游部要求，全国乡村旅游重点村应当具备的标准包括：文化和旅游资源富集、开发合理；乡村文化传承保护、转化发展较好；旅游产品体系成熟、品质较高；民宿建设主题突出、规范有序；生态环境优美宜居；基础设施和公共服务较完善；体制机制完善合理、运营高效；带动创业就业、经济社会发展等效益明显。

2.5.1 第一批全国乡村旅游重点村

2019 年 7 月 25 日，文化和旅游部、国家发展改革委联合印发《关于公布第一批全国乡村旅游重点村名单的通知》。按照建立乡村旅游重点村名录要求，在各地遴选推荐的基础上，经专家评审和公示，文化和旅游部、国家发展改革委决定将北京市怀柔区渤海镇北沟村等 320 个乡村列入全国乡村旅游重点村名录（表 2-1）。列入名录的全国乡村旅游重点村，将优先享受国家有关支持政策。同时，文化和旅游部会同国家发展改革委，以全国乡村旅游重点村名录为基础，加强对全国乡村旅游的模式总结和分类指导，充分发挥重点村的典型示范和带动引领作用，树立乡村旅游品牌意识，推出一批特色鲜明、优势突出的乡村旅游品牌，构建全方位、多层次的乡村旅游品牌体系，推动全国乡村旅游高质量发展。

表 2-1　第一批全国乡村旅游重点村名单

序号	地区	乡村名称
1	北京市	怀柔区渤海镇北沟村
2	北京市	延庆区井庄镇柳沟村
3	北京市	密云区古北口镇古北口村
4	北京市	房山区周口店镇黄山店村
5	北京市	怀柔区喇叭沟门满族乡中榆树店村
6	北京市	门头沟区斋堂镇灵水村
7	北京市	顺义区龙湾屯镇柳庄户村
8	北京市	延庆区刘斌堡乡姚官岭村
9	北京市	门头沟区斋堂镇马栏村
10	天津市	蓟州区下营镇常州村
11	天津市	蓟州区渔阳镇西井峪村
12	天津市	蓟州区下营镇郭家沟村
13	天津市	蓟州区穿芳峪镇小穿芳峪村
14	天津市	蓟州区穿芳峪镇毛家峪村

续表

序号	地区	乡村名称
15	天津市	蓟州区穿芳峪镇大巨各庄村
16	天津市	蓟州区上仓镇程家庄村
17	河北省	石家庄市平山县岗南镇李家庄村
18	河北省	邯郸市馆陶县寿山寺乡寿山寺东村
19	河北省	衡水市武强县周窝镇周窝村
20	河北省	保定市涞水县三坡镇百里峡村
21	河北省	张家口市蔚县暖泉镇西古堡村
22	河北省	雄安新区雄县张岗乡王村
23	河北省	唐山市曹妃甸区十里海养殖场
24	河北省	邢台市沙河市柴关乡王硇村
25	河北省	保定市竞秀区江城乡大激店村
26	河北省	石家庄市正定县正定镇塔元庄村
27	河北省	秦皇岛市北戴河区北戴河村
28	山西省	晋中市昔阳县大寨镇大寨村
29	山西省	吕梁市汾阳市贾家庄镇贾家庄村
30	山西省	阳泉市平定县娘子关镇娘子关村
31	山西省	长治市上党区振兴新区振兴村
32	山西省	忻州市岢岚县宋家沟乡宋家沟村
33	山西省	晋城市城区北石店镇司徒村
34	山西省	晋中市平遥县段村镇横坡村
35	山西省	临汾市乡宁县关王庙乡坂儿上村
36	内蒙古自治区	巴彦淖尔市临河区狼山镇富强村
37	内蒙古自治区	呼伦贝尔市额尔古纳市蒙兀室韦苏木室韦村
38	内蒙古自治区	鄂尔多斯市乌审旗无定河镇巴图湾村
39	内蒙古自治区	赤峰市喀喇沁旗西桥镇雷家营子村
40	内蒙古自治区	呼和浩特市新城区保合少镇恼包村
41	内蒙古自治区	兴安盟乌兰浩特市义勒力特镇义勒力特嘎查
42	内蒙古自治区	包头市土默特右旗沟门镇西湾村
43	内蒙古自治区	呼伦贝尔市鄂伦春自治旗大杨树镇多布库尔猎民村

序号	地区	乡村名称
44	内蒙古自治区	通辽市科左后旗散都苏木车家窝堡村
45	辽宁省	丹东市凤城市凤山区大梨树村
46	辽宁省	沈阳市沈北新区石佛寺街道石佛一村
47	辽宁省	大连市旅顺口区水师营街道小南村
48	辽宁省	本溪市本溪满族自治县小市镇同江峪村
49	辽宁省	锦州市凌海市翠岩镇牤牛屯村
50	辽宁省	阜新市细河区四合镇黄家沟村
51	辽宁省	鞍山市千山风景名胜区温泉街道上石桥村
52	辽宁省	丹东市东港市北井子镇獐岛村
53	辽宁省	抚顺市新宾满族自治县永陵镇赫图阿拉村
54	吉林省	松原市前郭尔罗斯蒙古族自治县查干湖渔场查干湖屯
55	吉林省	延边朝鲜族自治州和龙市东城镇光东村
56	吉林省	延边朝鲜族自治州和龙市西城镇金达莱村
57	吉林省	吉林市龙潭区乌拉街满族镇韩屯村
58	吉林省	吉林市舒兰市上营镇马鞍岭村
59	吉林省	长白山保护开发区管理委员会池南区漫江村
60	吉林省	长春市净月高新技术产业开发区玉潭镇友好村
61	吉林省	辽源市东辽县安石镇朝阳村
62	黑龙江省	双鸭山市饶河县西林子乡小南河村
63	黑龙江省	大兴安岭地区漠河市北极镇北红村
64	黑龙江省	哈尔滨市宾县宾州镇友联村
65	黑龙江省	牡丹江市宁安市渤海镇小朱家村
66	黑龙江省	大庆市杜尔伯特蒙古族自治县连环湖镇南岗村
67	黑龙江省	七台河市勃利县青山乡奋斗村
68	黑龙江省	伊春市新青区松林林场
69	黑龙江省	双鸭山市饶河县四排乡四排赫哲族村
70	黑龙江省	牡丹江市西安区海南乡中兴村
71	黑龙江省	齐齐哈尔市铁锋区扎龙镇查罕诺村
72	上海市	金山区山阳镇渔业村

续表

序号	地区	乡村名称
73	上海市	奉贤区青村镇吴房村
74	上海市	崇明区竖新镇仙桥村
75	上海市	闵行区浦江镇革新村
76	上海市	崇明区竖新镇前卫村
77	上海市	嘉定区马陆镇大裕村
78	江苏省	徐州市贾汪区潘安湖街道马庄村
79	江苏省	无锡市宜兴市湖㳇镇洑西村
80	江苏省	南京市江宁区江宁街道黄龙岘茶文化村
81	江苏省	常州市溧阳市戴埠镇李家园村
82	江苏省	苏州市张家港市南丰镇永联村
83	江苏省	淮安市洪泽区老子山镇龟山村
84	江苏省	常州市金坛区薛埠镇仙姑村
85	江苏省	无锡市锡山区东港镇山联村
86	江苏省	南京市浦口区江浦街道不老村
87	江苏省	苏州市常熟市支塘镇蒋巷村
88	江苏省	盐城市大丰区大中街道恒北村
89	江苏省	南通市海门市常乐镇颐生村
90	江苏省	泰州市泰兴市黄桥镇祁巷村
91	浙江省	湖州市长兴县水口乡顾渚村
92	浙江省	湖州市安吉县天荒坪镇余村
93	浙江省	杭州市淳安县枫树岭镇下姜村
94	浙江省	舟山市嵊泗县花鸟乡花鸟村
95	浙江省	金华市兰溪市诸葛镇诸葛八卦村
96	浙江省	衢州市开化县华埠镇金星村
97	浙江省	丽水市龙泉市宝溪乡溪头村
98	浙江省	宁波市宁海县前童镇鹿山村
99	浙江省	嘉兴市秀洲区新塍镇潘家浜村
100	浙江省	衢州市江山市大陈乡大陈村
101	浙江省	台州市仙居县淡竹乡下叶村

续表

序号	地区	乡村名称
102	浙江省	宁波市奉化区萧王庙街道滕头村
103	浙江省	丽水市遂昌县湖山乡红星坪村
104	浙江省	温州市泰顺县竹里畲族乡竹里村
105	安徽省	黄山市黟县宏村镇宏村
106	安徽省	滁州市凤阳县小溪河镇小岗村
107	安徽省	宣城市泾县桃花潭镇查济村
108	安徽省	宿州市砀山县良梨镇良梨村
109	安徽省	黄山市徽州区西溪南镇西溪南村
110	安徽省	合肥市巢湖市半汤街道汤山村
111	安徽省	安庆市太湖县晋熙镇梅河村
112	安徽省	滁州市天长市铜城镇龙岗村
113	安徽省	安庆市岳西县黄尾镇黄尾村
114	安徽省	安庆市潜山市天柱山镇茶庄村
115	安徽省	宣城市宁国市云梯畲族乡千秋村
116	安徽省	宣城市广德县太极洞风景区桃园村
117	福建省	三明市泰宁县杉城镇际溪村
118	福建省	龙岩市连城县宣和乡培田村
119	福建省	漳州市南靖县梅林镇官洋村
120	福建省	宁德市寿宁县下党乡下党村
121	福建省	平潭综合实验区流水镇北港村
122	福建省	三明市尤溪县洋中镇桂峰村
123	福建省	宁德市寿宁县犀溪镇西浦村
124	福建省	漳州市长泰县马洋溪生态旅游区山重村
125	福建省	泉州市惠安县崇武镇大岞村
126	福建省	宁德市福安市溪潭镇廉村
127	福建省	南平市政和县石屯镇石圳村
128	江西省	上饶市婺源县江湾镇栗木坑村
129	江西省	赣州市大余县黄龙镇大龙村
130	江西省	上饶市婺源县赋春镇源头村

续表

序号	地区	乡村名称
131	江西省	吉安市井冈山市大陇镇大陇村
132	江西省	新余市仙女湖风景名胜区仰天岗办事处孝头村
133	江西省	宜春市靖安县中源乡三坪村
134	江西省	抚州市资溪县乌石镇新月村
135	江西省	赣州市龙南县临塘乡东坑村
136	江西省	鹰潭市余江区杨溪乡珀溪村
137	江西省	九江市永修县柘林镇易家河村
138	江西省	吉安市井冈山市厦坪镇菖蒲村
139	江西省	南昌市南昌县黄马乡凤凰村
140	山东省	淄博市博山区池上镇中郝峪村
141	山东省	威海市荣成市宁津街道东楮岛村
142	山东省	临沂市沂南县铜井镇竹泉村
143	山东省	潍坊市青州市王府街道井塘村
144	山东省	临沂市沂水县院东头镇桃棵子村
145	山东省	泰安市岱岳区道朗镇里峪村
146	山东省	济宁市邹城市石墙镇上九山村
147	山东省	济宁市梁山县大路口乡贾堌堆村
148	山东省	临沂市兰陵县苍山街道压油沟村
149	山东省	日照市莒县东莞镇赵家石河村
150	河南省	洛阳市栾川县潭头镇重渡村
151	河南省	南阳市西峡县太平镇东坪村
152	河南省	焦作市温县赵堡镇陈家沟村
153	河南省	三门峡市卢氏县官道口镇新坪村
154	河南省	开封市兰考县东坝头乡张庄村
155	河南省	信阳市新县八里畈镇丁李湾村
156	河南省	郑州市新郑市龙湖镇泰山村
157	河南省	驻马店市平舆县东皇街道大王寨村
158	河南省	周口市淮阳县城关回族镇从庄村
159	河南省	鹤壁市淇县灵山街道赵庄村

续表

序号	地区	乡村名称
160	湖北省	荆州市石首市桃花山镇李花山村
161	湖北省	黄冈市蕲春县檀林镇雾云山村
162	湖北省	襄阳市保康县马桥镇尧治河村
163	湖北省	十堰市竹山县文峰乡太和村
164	湖北省	咸宁市通山县南林桥镇石门村
165	湖北省	孝感市大悟县新城镇金岭村
166	湖北省	荆门市钟祥市客店镇南庄村
167	湖北省	恩施土家族苗族自治州利川市南坪乡营上村
168	湖北省	恩施土家族苗族自治州恩施市白杨坪乡洞下槽村
169	湖北省	宜昌市五峰县采花乡栗子坪村
170	湖北省	神农架林区宋洛乡盘龙村
171	湖南省	湘西土家族苗族自治州花垣县双龙镇十八洞村
172	湖南省	郴州市汝城县文明瑶族乡沙洲瑶族村
173	湖南省	湘潭市韶山市银田镇银田村
174	湖南省	益阳市南县乌嘴乡罗文村
175	湖南省	张家界市慈利县三官寺土家族乡罗潭村
176	湖南省	长沙市长沙县果园镇浔龙河村
177	湖南省	娄底市双峰县杏子铺镇双源村
178	湖南省	常德市安乡县安康乡仙桃村
179	湖南省	永州市江永县兰溪瑶族乡勾蓝瑶村
180	湖南省	衡阳市衡阳县西渡镇新桥村
181	湖南省	岳阳市汨罗市白水镇西长村
182	广东省	梅州市大埔县西河镇北塘村
183	广东省	湛江市霞山区特呈岛村
184	广东省	茂名市信宜市镇隆镇八坊村
185	广东省	河源市源城区埔前镇陂角村
186	广东省	惠州市龙门县南昆山生态旅游区中坪尾村
187	广东省	东莞市茶山镇南社村
188	广东省	佛山市顺德区杏坛镇逢简村

续表

序号	地区	乡村名称
189	广东省	韶关市仁化县丹霞街道瑶塘新村
190	广东省	江门市台山市斗山镇浮石村
191	广东省	汕尾市陆河县水唇镇罗洞村
192	广西壮族自治区	贺州市富川瑶族自治县朝东镇岔山村
193	广西壮族自治区	崇左市大新县堪圩乡明仕村
194	广西壮族自治区	桂林市龙胜各族自治县龙脊镇大寨村
195	广西壮族自治区	柳州市三江侗族自治县八江镇布央村
196	广西壮族自治区	河池市巴马瑶族自治县那桃乡平林村
197	广西壮族自治区	贵港市覃塘区覃塘街道龙凤村
198	广西壮族自治区	南宁市马山县古零镇小都百屯
199	广西壮族自治区	来宾市金秀瑶族自治县六巷乡大岭村
200	广西壮族自治区	桂林市灵川县大圩镇袁家村
201	广西壮族自治区	柳州市融水苗族自治县四荣乡荣地村
202	广西壮族自治区	百色市田阳县五村镇巴某村
203	海南省	琼中黎族苗族自治县红毛镇什寒村
204	海南省	三亚市吉阳区中廖村
205	海南省	澄迈县老城镇罗驿村
206	海南省	白沙黎族自治县元门乡罗帅村
207	海南省	儋州市木棠镇铁匠村
208	海南省	海口市美兰区演丰镇山尾头村
209	海南省	定安县龙湖镇高林村
210	海南省	海口市秀英区永兴镇冯塘村
211	重庆市	永川区南大街街道黄瓜山村
212	重庆市	武隆区仙女山镇荆竹村
213	重庆市	合川区涞滩镇二佛村
214	重庆市	万盛经济技术开发区关坝镇凉风村
215	重庆市	大足区宝顶镇慈航社区
216	重庆市	垫江县新民镇明月村
217	重庆市	沙坪坝区曾家镇虎峰山村

序号	地区	乡村名称
218	重庆市	荣昌区万灵镇大荣寨社区
219	重庆市	巫溪县古路镇观峰村
220	四川省	成都市蒲江县甘溪镇明月村
221	四川省	德阳市绵竹市孝德镇年画村
222	四川省	成都市郫都区唐昌街道战旗村
223	四川省	凉山彝族自治州昭觉县支尔莫乡阿土列尔村
224	四川省	眉山市丹棱县顺龙乡幸福村
225	四川省	甘孜藏族自治州丹巴县聂呷乡甲居二村
226	四川省	成都市彭州市龙门山镇宝山村
227	四川省	乐山市峨边县黑竹沟镇底底古村
228	四川省	南充市阆中市天林乡五龙村
229	四川省	成都市都江堰市柳街镇七里社区
230	四川省	泸州市纳溪区大渡口镇民强村
231	四川省	达州市宣汉县三墩土家族乡大窝村
232	贵州省	遵义市播州区枫香镇花茂村
233	贵州省	铜仁市江口县太平镇云舍村
234	贵州省	黔东南苗族侗族自治州台江县老屯乡长滩村
235	贵州省	六盘水市盘州市淤泥乡岩博村
236	贵州省	安顺市平坝区乐平镇塘约村
237	贵州省	黔南布依族苗族自治州惠水县好花红镇好花红村
238	贵州省	遵义市播州区平正仡佬族乡团结村
239	贵州省	遵义市新蒲新区新舟镇槐安村
240	贵州省	贵阳市开阳县南江布依族苗族乡龙广村
241	贵州省	黔西南布依族苗族自治州兴义市万峰林街道上纳灰村
242	贵州省	六盘水市水城县蟠龙镇百车河村
243	贵州省	毕节市大方县核桃乡木寨村
244	云南省	大理白族自治州大理市双廊镇双廊村
245	云南省	大理白族自治州大理市双廊镇大建旁村
246	云南省	文山壮族苗族自治州丘北县双龙营镇仙人洞村

续表

序号	地区	乡村名称
247	云南省	普洱市宁洱哈尼族彝族自治县同心镇那柯里村
248	云南省	昆明市安宁市温泉街道温泉小村
249	云南省	红河哈尼族彝族自治州建水县西庄镇团山村
250	云南省	昆明市宜良县耿家营乡河湾村
251	云南省	西双版纳傣族自治州勐海县打洛镇勐景来村
252	云南省	玉溪市红塔区大营街道大营街社区
253	云南省	丽江市古城区大研街道义尚社区文林村民小组
254	云南省	西双版纳傣族自治州勐腊县勐腊镇曼龙勒村民小组
255	云南省	曲靖市罗平县鲁布革乡腊者村
256	云南省	普洱市思茅区南屏镇曼连社区高家寨村民小组
257	西藏自治区	拉萨市尼木县卡如乡卡如村
258	西藏自治区	林芝市波密县古乡巴卡村
259	西藏自治区	林芝市巴宜区林芝镇真巴村
260	西藏自治区	昌都市江达县岗托镇岗托村
261	西藏自治区	那曲市尼玛县文部乡南村
262	西藏自治区	拉萨市当雄县羊八井镇巴嘎村
263	西藏自治区	拉萨市达孜区德庆镇白纳村
264	西藏自治区	山南市隆子县玉麦乡玉麦村
265	西藏自治区	山南市错那县麻麻门巴民族乡麻麻村
266	陕西省	咸阳市礼泉县烟霞镇袁家村
267	陕西省	商洛市商南县金丝峡镇太子坪村
268	陕西省	商洛市柞水县营盘镇朱家湾村
269	陕西省	榆林市佳县坑镇赤牛坬村
270	陕西省	铜川市耀州区石柱镇马咀村
271	陕西省	渭南市白水县杜康镇和家卓村
272	陕西省	汉中市留坝县火烧店镇堰坎村
273	陕西省	安康市石泉县饶峰镇胜利村
274	陕西省	宝鸡市太白县黄柏塬镇黄柏塬村
275	陕西省	韩城市西庄镇党家村

序号	地区	乡村名称
276	陕西省	安康市岚皋县四季镇天坪村
277	甘肃省	酒泉市敦煌市月牙泉镇月牙泉村
278	甘肃省	庆阳市华池县南梁镇荔园堡村
279	甘肃省	甘南藏族自治州卓尼县木耳镇博峪村
280	甘肃省	武威市天祝藏族自治县天堂镇天堂村
281	甘肃省	临夏回族自治州临夏市折桥镇折桥村
282	甘肃省	甘南藏族自治州碌曲县尕海乡尕秀村
283	甘肃省	酒泉市敦煌市阳关镇龙勒村
284	甘肃省	陇南市康县长坝镇花桥村
285	甘肃省	张掖市民乐县民联镇东寨村
286	甘肃省	甘南藏族自治州夏河县曲奥乡香告村
287	甘肃省	庆阳市西峰区显胜乡毛寺村
288	甘肃省	张掖市临泽县板桥镇红沟村
289	青海省	西宁市湟中县拦隆口镇拦一村
290	青海省	海东市互助土族自治县东和乡麻吉村
291	青海省	西宁市湟中县土门关乡上山庄村
292	青海省	西宁市大通回族土族自治县朔北藏族乡边麻沟村
293	青海省	西宁市湟中县田家寨镇田家寨村
294	青海省	海西蒙古族藏族自治州乌兰县茶卡镇莫河骆驼场
295	青海省	海东市互助土族自治县威远镇卓扎滩村
296	青海省	西宁市湟源县日月藏族乡兔儿干村
297	宁夏回族自治区	中卫市沙坡头区迎水桥镇沙坡头村
298	宁夏回族自治区	固原市西吉县吉强镇龙王坝村
299	宁夏回族自治区	固原市隆德县陈靳乡新和村
300	宁夏回族自治区	银川市永宁县闽宁镇原隆村
301	宁夏回族自治区	固原市隆德县城关镇红崖村
302	宁夏回族自治区	石嘴山市大武口区长胜街道龙泉村
303	宁夏回族自治区	吴忠市利通区上桥镇牛家坊村
304	宁夏回族自治区	银川市西夏区镇北堡镇镇北堡村

序号	地区	乡村名称
305	宁夏回族自治区	吴忠市盐池县高沙窝镇兴武营村
306	新疆维吾尔自治区	乌鲁木齐市乌鲁木齐县水西沟镇平西梁村
307	新疆维吾尔自治区	阿勒泰地区布尔津县禾木喀纳斯蒙古族乡禾木村
308	新疆维吾尔自治区	伊犁哈萨克自治州特克斯县喀拉达拉镇琼库什台村
309	新疆维吾尔自治区	吐鲁番市高昌区亚尔镇上湖村
310	新疆维吾尔自治区	塔城地区额敏县加尔布拉克农场酒花村
311	新疆维吾尔自治区	巴音郭楞蒙古自治州库尔勒市巴州阿瓦提农场
312	新疆维吾尔自治区	克拉玛依市乌尔禾区乌尔禾镇哈克村
313	新疆维吾尔自治区	哈密市巴里坤哈萨克自治县石人子乡石人子村
314	新疆维吾尔自治区	阿克苏地区阿瓦提县英艾日克镇恰其村
315	新疆生产建设兵团	第四师可克达拉市 62 团金边镇
316	新疆生产建设兵团	第十师北屯市 185 团 3 连
317	新疆生产建设兵团	第二师铁门关市 31 团 2 连
318	新疆生产建设兵团	第一师阿拉尔市 11 团 13 连
319	新疆生产建设兵团	第八师石河子市 152 团 10 连
320	新疆生产建设兵团	第四师可克达拉市 78 团 5 连

2.5.2 第二批全国乡村旅游重点村

2020 年 8 月 26 日，文化和旅游部、国家发展改革委联合发布了《关于公布第二批全国乡村旅游重点村名单的通知》。按照《"十三五"旅游业发展规划》《国务院关于促进乡村产业振兴的指导意见》等文件提出的建立全国乡村旅游重点村名录要求，经专家评审和公示，文化和旅游部、国家发展改革委决定将北京市门头沟区斋堂镇爨底下村等 680 个乡村列入全国乡村旅游重点村名录。此次 680 个全国乡村旅游重点村遍布全国各省区市，湖北省入选数量最多，为 27 个，入选数量最少的为上海市、天津市，分别为 11 个。福建省、贵州省、江苏省、江西省、浙江省等省重点村落入选超过 25 个（表 2-2）。

表 2-2　第二批全国乡村旅游重点村名单

序号	地区	乡村名称
1	北京市	门头沟区斋堂镇爨底下村
2	北京市	延庆区刘斌堡乡小观头村
3	北京市	延庆区八达岭镇石峡村
4	北京市	怀柔区渤海镇六渡河村
5	北京市	密云区溪翁庄镇金叵罗村
6	北京市	顺义区龙湾屯镇焦庄户村
7	北京市	延庆区旧县镇东龙湾村
8	北京市	怀柔区琉璃庙镇双文铺村
9	北京市	怀柔区九渡河镇西水峪村
10	北京市	怀柔区怀柔镇芦庄村
11	北京市	房山区十渡镇平峪村
12	北京市	顺义区马坡镇石家营村
13	北京市	平谷区镇罗营镇玻璃台村
14	北京市	延庆区张山营镇后黑龙庙村
15	北京市	房山区张坊镇穆家口村
16	北京市	怀柔区琉璃庙镇白河北村
17	北京市	平谷区山东庄镇鱼子山村
18	北京市	昌平区十三陵镇仙人洞村
19	北京市	怀柔区雁栖镇官地村
20	北京市	平谷区镇罗营镇张家台村
21	北京市	密云区巨各庄镇蔡家洼村
22	北京市	平谷区金海湖镇黄草洼村
23	北京市	延庆区井庄镇三司村
24	天津市	西青区辛口镇水高庄村
25	天津市	北辰区西堤头镇赵庄子村
26	天津市	宝坻区黄庄镇小辛码头村
27	天津市	蓟州区下营镇东山村
28	天津市	蓟州区官庄镇砖瓦窑村

续表

序号	地区	乡村名称
29	天津市	西青区辛口镇大杜庄村
30	天津市	蓟州区穿芳峪镇英歌寨村
31	天津市	蓟州区官庄镇联合村
32	天津市	宝坻区牛家牌镇赵家湾村
33	天津市	蓟州区下营镇青山岭村
34	天津市	西青区辛口镇第六埠村
35	河北省	承德市滦平县巴克什营镇花楼沟村
36	河北省	保定市阜平县龙泉关镇骆驼湾村
37	河北省	承德市围场县御道口乡御道口村
38	河北省	唐山市迁安市大五里乡山叶口村
39	河北省	保定市易县安格庄乡安格庄村
40	河北省	邢台市内丘县南赛乡神头村
41	河北省	邯郸市涉县井店镇刘家村
42	河北省	廊坊市香河县蒋辛屯镇北李庄村
43	河北省	石家庄市灵寿县南营乡车谷砣村
44	河北省	秦皇岛市北戴河区戴河镇西古城村
45	河北省	唐山市迁安市大崔庄镇白羊峪村
46	河北省	邢台市信都区浆水镇前南峪村
47	河北省	石家庄市井陉县南障城镇吕家村
48	河北省	石家庄市晋州市周家庄乡第九生产队
49	河北省	承德市丰宁县大滩镇小北沟村
50	河北省	沧州市青县曹寺乡张广王村
51	河北省	邯郸市邯山区河沙镇小堤村
52	河北省	秦皇岛市北戴河区海滨镇陆庄村
53	河北省	保定市阜平县龙泉关镇顾家台村
54	河北省	邢台市信都区路罗镇英谈村
55	河北省	邯郸市峰峰矿区和村镇东和村
56	河北省	秦皇岛市青龙满族自治县隔河头乡花果山村
57	河北省	保定市易县西陵镇凤凰台村

序号	地区	乡村名称
58	河北省	邯郸市涉县关防乡后池村
59	山西省	朔州市怀仁市马辛庄乡鲁沟村
60	山西省	太原市阳曲县黄寨镇上安村
61	山西省	长治市武乡县蟠龙镇砖壁村
62	山西省	长治市壶关县桥上乡大河村
63	山西省	临汾市安泽县府城镇飞岭村
64	山西省	晋城市陵川县附城镇丈河村
65	山西省	忻州市忻府区合索乡北合索村
66	山西省	阳泉市城区义井镇小河村
67	山西省	晋中市介休市龙凤镇南庄村
68	山西省	晋城市城区钟家庄街道洞头村
69	山西省	晋中市榆次区乌金山镇后沟村
70	山西省	阳泉市郊区平坦镇桃林沟村
71	山西省	晋城市泽州县金村镇东六庄村
72	山西省	大同市灵丘县红石塄乡下车河村
73	山西省	运城市永济市开张镇东开张村
74	山西省	临汾市曲沃县里村镇朝阳村
75	山西省	太原市娄烦县天池店乡河北村
76	山西省	晋城市阳城县润城镇中庄村
77	内蒙古自治区	呼伦贝尔市额尔古纳市恩和俄罗斯族民族乡恩和村
78	内蒙古自治区	锡林郭勒盟太仆寺旗宝昌镇边墙村
79	内蒙古自治区	乌海市海南区西卓子山街道赛汗乌素村
80	内蒙古自治区	通辽市经济技术开发区河西街道湛路村
81	内蒙古自治区	呼和浩特市回民区攸攸板镇东乌素图村
82	内蒙古自治区	锡林郭勒盟多伦县滦源镇大孤山村
83	内蒙古自治区	乌兰察布市凉城县岱海镇三苏木村
84	内蒙古自治区	鄂尔多斯市伊金霍洛旗伊金霍洛镇布拉格嘎查
85	内蒙古自治区	呼和浩特市赛罕区黄河少镇石人湾村
86	内蒙古自治区	兴安盟阿尔山白狼镇林俗村

续表

序号	地区	乡村名称
87	内蒙古自治区	巴彦淖尔市五原县塔尔湖镇联丰村
88	内蒙古自治区	赤峰市喀喇沁旗十家乡林营子村
89	内蒙古自治区	通辽市奈曼旗白音他拉苏木庙屯村
90	内蒙古自治区	呼和浩特市托克托县河口管理委员会郝家窑村
91	内蒙古自治区	阿拉善盟阿右旗巴丹吉林镇额肯呼都格嘎查
92	辽宁省	辽阳市弓长岭区汤河镇柳河汤村
93	辽宁省	本溪市桓仁满族自治县向阳乡和平村
94	辽宁省	丹东市东港市孤山镇大鹿岛村
95	辽宁省	本溪市桓仁满族自治县雅河朝鲜族乡湾湾川村
96	辽宁省	本溪市南芬区思山岭街道解放村
97	辽宁省	鞍山市千山风景名胜区韩家峪村
98	辽宁省	营口市盖州市双台镇思拉堡村
99	辽宁省	大连市庄河市步云山乡步云山村
100	辽宁省	大连市金普新区石河街道石河村
101	辽宁省	阜新市阜新蒙古族自治县佛寺镇佛寺村
102	辽宁省	沈阳市法库县大孤家子镇半拉山子村
103	辽宁省	盘锦市大洼区荣兴街道荣兴村
104	辽宁省	锦州市义县瓦子峪镇大铁厂村
105	辽宁省	本溪市本溪满族自治县草河掌镇胡堡村
106	辽宁省	鞍山市千山区东鞍山街道对桩石村
107	辽宁省	本溪市明山区卧龙街道韩家村
108	辽宁省	朝阳市北票市大黑山特别管理区西苍村
109	辽宁省	大连市庄河仙人洞镇马道口村
110	辽宁省	朝阳市喀喇沁左翼蒙古族自治县平房子镇小营村
111	辽宁省	本溪市桓仁满族自治县普乐堡镇老漫子村
112	辽宁省	铁岭市银州区龙山乡七里屯村
113	吉林省	延边朝鲜族自治州珲春市敬信镇防川村
114	吉林省	长春市莲花山生态旅游度假区泉眼镇泉眼村
115	吉林省	吉林市丰满区江南乡孟家村

序号	地区	乡村名称
116	吉林省	长春市九台区土门岭街道马鞍山村
117	吉林省	通化市柳河县安口镇青沟子村
118	吉林省	通化市集安市太王镇钱湾村
119	吉林省	延边朝鲜族自治州安图县万宝镇红旗村
120	吉林省	延边朝鲜族自治州汪清县大兴沟镇红日村
121	吉林省	长春市农安县华家镇战家村
122	吉林省	四平市伊通满族自治县河源镇保南村
123	吉林省	延边朝鲜族自治州敦化市雁鸣湖镇大山村
124	吉林省	延边朝鲜族自治州敦化市雁鸣湖镇小山村
125	吉林省	通化市辉南县金川镇金川村
126	吉林省	延边朝鲜族自治州图们市石岘镇水南村
127	吉林省	吉林市蛟河市漂河镇富江村
128	吉林省	通化市通化县西江镇岔信村
129	吉林省	白山市临江市四道沟镇坡口村
130	吉林省	吉林市永吉县北大湖镇草庙子村
131	吉林省	通化市东昌区金厂镇上龙头村
132	黑龙江省	黑河市爱辉区瑷珲镇外四道沟村
133	黑龙江省	伊春市上甘岭林业局溪水林场
134	黑龙江省	哈尔滨市尚志市鱼池乡新兴村
135	黑龙江省	鸡西市虎林市虎头镇虎头村
136	黑龙江省	大兴安岭地区漠河县北极镇洛古河村
137	黑龙江省	佳木斯市桦川县星火朝鲜族乡星火村
138	黑龙江省	七台河市勃利县勃利镇元明村
139	黑龙江省	牡丹江市海林市横道河子镇七里地村
140	黑龙江省	齐齐哈尔市讷河市兴旺鄂温克族乡索伦村
141	黑龙江省	伊春市铁力市年丰朝鲜族乡长山村
142	黑龙江省	黑河市五大连池市朝阳乡边河村
143	黑龙江省	鸡西市密山市白鱼湾镇湖沿村
144	黑龙江省	黑河市爱辉区新生乡新生村

续表

序号	地区	乡村名称
145	黑龙江省	鹤岗市萝北县东明乡红光村
146	黑龙江省	齐齐哈尔市甘南县兴十四镇兴十四村
147	黑龙江省	大庆市杜蒙县胡吉吐莫镇东吐莫村
148	黑龙江省	绥化市兰西县兰西镇永久村
149	黑龙江省	佳木斯市抚远市乌苏镇抓吉赫哲族村
150	黑龙江省	伊春市大箐山县朗乡镇达里村
151	黑龙江省	佳木斯市汤原县汤旺朝鲜族乡金星村
152	黑龙江省	大兴安岭地区呼玛县白银纳鄂伦春族乡白银纳村
153	上海市	金山区廊下镇山塘村
154	上海市	崇明区绿华镇绿港村
155	上海市	浦东新区大团镇赵桥村
156	上海市	青浦区朱家角镇张马村
157	上海市	宝山区罗泾镇塘湾村
158	上海市	崇明区横沙乡丰乐村
159	上海市	崇明区陈家镇瀛东村
160	上海市	金山区朱泾镇待泾村
161	上海市	宝山区罗泾镇海星村
162	上海市	金山区枫泾镇中洪村
163	上海市	浦东新区祝桥镇邓三村
164	江苏省	南京市江宁区横溪街道石塘村
165	江苏省	常州市溧阳市溧城镇礼诗圩村
166	江苏省	泰州市姜堰区三水街道小杨村
167	江苏省	镇江市句容市茅山镇丁庄村
168	江苏省	苏州市高新区通安镇树山村
169	江苏省	南通市如东县栟茶镇三园村
170	江苏省	盐城市东台市五烈镇甘港村
171	江苏省	徐州市铜山区汉王镇汉王村
172	江苏省	泰州市兴化市千垛镇东罗村
173	江苏省	常州市武进区雪堰镇城西回民村

序号	地区	乡村名称
174	江苏省	连云港市连云区西连岛村
175	江苏省	南京市溧水区白马镇李巷村
176	江苏省	镇江市丹徒区江心洲生态农业园区五套村
177	江苏省	徐州市铜山区柳泉镇北村
178	江苏省	南京市高淳区东坝街道三条垄田园慢村
179	江苏省	无锡市滨湖区马山街道群丰社区
180	江苏省	无锡市江阴市华士镇华西新市村
181	江苏省	常州市溧阳市南渡镇庆丰村
182	江苏省	南通市如皋市城北街道平园池村
183	江苏省	连云港市灌云县伊山镇川星村
184	江苏省	徐州市睢宁县姚集镇高党村
185	江苏省	无锡市宜兴市西渚镇白塔村
186	江苏省	盐城市盐都区郭猛镇杨侍村
187	江苏省	淮安市金湖县前锋镇白马湖村
188	江苏省	南京市江宁区谷里街道双塘社区大塘金村
189	江苏省	徐州市贾汪区茱萸山街道磨石塘村
190	浙江省	湖州市德清县莫干山镇劳岭村
191	浙江省	湖州市安吉县递铺街道鲁家村
192	浙江省	金华市磐安县尖山镇乌石村
193	浙江省	衢州市江山市石门镇清漾村
194	浙江省	衢州市江山市廿八都镇浔里村
195	浙江省	丽水市缙云县新建镇河阳村
196	浙江省	杭州市西湖区转塘街道上城埭村
197	浙江省	宁波市象山县墙头镇方家岙村
198	浙江省	湖州市安吉县灵峰街道横山坞村
199	浙江省	杭州市建德市大慈岩镇新叶村
200	浙江省	温州市文成县南田镇武阳村
201	浙江省	湖州市南浔区和孚镇荻港村
202	浙江省	台州市天台县赤城街道塔后村

续表

序号	地区	乡村名称
203	浙江省	舟山市定海区干览镇新建村
204	浙江省	台州市三门县横渡镇岩下潘村
205	浙江省	绍兴市新昌县镜岭镇外婆坑村
206	浙江省	金华市浦江县虞宅乡新光村
207	浙江省	宁波市宁海县桥头胡街道双林村
208	浙江省	丽水市松阳县大东坝镇茶排村
209	浙江省	杭州市临安区高虹镇石门村
210	浙江省	金华市东阳市南马镇花园村
211	浙江省	绍兴市上虞区岭南乡东澄村
212	浙江省	绍兴市柯桥区漓渚镇棠棣村
213	浙江省	温州市永嘉县岩头镇苍坡村
214	浙江省	宁波市宁海县大佳何镇葛家村
215	浙江省	嘉兴市海宁市丁桥镇新仓村
216	安徽省	黄山市徽州区呈坎镇呈坎村
217	安徽省	六安市金寨县花石乡大湾村
218	安徽省	黄山市黟县西递镇西递村
219	安徽省	合肥市长丰县杨庙镇马郢社区
220	安徽省	芜湖市南陵县烟墩镇霭里村
221	安徽省	六安市霍山县磨子潭镇堆谷山村
222	安徽省	铜陵市义安区西联镇犁桥村
223	安徽省	亳州市谯城区古井镇药王村
224	安徽省	安庆市潜山市官庄镇官庄村
225	安徽省	黄山市休宁县溪口镇祖源村
226	安徽省	马鞍山市当涂县护河镇桃花村
227	安徽省	六安市霍山县太阳乡金竹坪村
228	安徽省	滁州市明光市张八岭镇柴郢村
229	安徽省	黄山市黄山区汤口镇山岔村
230	安徽省	黄山市黟县宏村镇塔川村
231	安徽省	宣城市绩溪县家朋乡尚村

序号	地区	乡村名称
232	安徽省	六安市金安区张店镇洪山村
233	安徽省	宣城市旌德县白地镇江村
234	安徽省	合肥市庐江县万山镇长冲村
235	安徽省	芜湖市芜湖县红杨镇珩琅山村
236	安徽省	淮北市烈山区烈山镇榴园村
237	安徽省	亳州市涡阳县曹市镇辉山村
238	福建省	泉州市晋江市金井镇围头村
239	福建省	漳州市华安县新圩镇官畲村
240	福建省	厦门市海沧区海沧街道青礁村
241	福建省	莆田市涵江区白沙镇坪盘村
242	福建省	平潭综合实验区苏平片区上攀村
243	福建省	莆田市湄洲岛湄洲镇下山村
244	福建省	宁德市古田县城东街道桃溪村
245	福建省	漳州市平和县芦溪镇蕉路村
246	福建省	南平市邵武市和平镇和平村
247	福建省	龙岩市武平县城厢镇云寨村
248	福建省	福州市罗源县霍口畲族乡福湖村
249	福建省	龙岩市新罗区小池镇培斜村
250	福建省	漳州市南靖县书洋镇塔下村
251	福建省	泉州市德化县国宝乡佛岭村
252	福建省	三明市清流县林畲镇林畲村
253	福建省	三明市大田县济阳乡济中村
254	福建省	宁德市屏南县熙岭乡龙潭村
255	福建省	三明市泰宁县上青乡崇际村
256	福建省	南平市武夷山市五夫镇兴贤村
257	福建省	龙岩市永定区陈东乡岩太村
258	福建省	厦门市同安区莲花镇军营村
259	福建省	南平市建瓯市小松镇湖头村
260	福建省	福州市永泰县嵩口镇月洲村

续表

序号	地区	乡村名称
261	福建省	福州市永泰县梧桐镇春光村
262	福建省	龙岩市武平县万安镇捷文村
263	福建省	南平市武夷山市兴田镇南源岭村
264	江西省	景德镇市浮梁县瑶里镇瑶里村
265	江西省	南昌市安义县石鼻镇罗田村
266	江西省	萍乡市芦溪县宣风镇竹垣村
267	江西省	萍乡市湘东区麻山镇幸福村
268	江西省	吉安市万安县高陂镇高陂村
269	江西省	抚州市南丰县市山镇包坊村
270	江西省	九江市武宁县罗坪镇长水村
271	江西省	宜春市明月山温泉风景名胜区（袁州区）温汤镇水口村
272	江西省	吉安市安福县章庄乡章庄村
273	江西省	吉安市永新县高市乡滨江村（洲塘书画村）
274	江西省	抚州市广昌县驿前镇姚西村
275	江西省	上饶市德兴市香屯街道杨家湾村楼上楼村
276	江西省	上饶市婺源县紫阳镇考水村
277	江西省	上饶市婺源县溪头乡西岸村江岭村
278	江西省	赣州市上犹县梅水乡园村
279	江西省	宜春市明月山温泉风景名胜区（袁州区）洪江镇古庙村
280	江西省	赣州市大余县新城镇周屋村
281	江西省	抚州市资溪县乌石镇草坪村
282	江西省	抚州市资溪县马头山镇永胜村
283	江西省	鹰潭市贵溪市雷溪镇南山村
284	江西省	赣州市石城县琴江镇大畲村
285	江西省	上饶市婺源县蚺城街道上梅洲村塘村
286	江西省	九江市修水县杭口镇双井村
287	江西省	吉安市井冈山市茅坪镇神山村
288	江西省	吉安市井冈山市黄坳乡黄坳村
289	山东省	济南市长清区万德街道马套村

序号	地区	乡村名称
290	山东省	临沂市沂南县马牧池乡常山庄村
291	山东省	临沂市兰陵县卞庄街道代村
292	山东省	临沂市蒙阴县岱崮镇笊篱坪村
293	山东省	威海市荣成市俚岛镇烟墩角村
294	山东省	临沂市平邑县地方镇九间棚村
295	山东省	威海市环翠区张村镇王家疃村
296	山东省	潍坊市寒亭区杨家埠旅游开发区西杨家埠村
297	山东省	泰安市肥城市孙伯镇五埠村
298	山东省	日照市山海天旅游度假区卧龙山街道李家台村
299	山东省	临沂市沂水县院东头镇四门洞村
300	山东省	潍坊市临朐县五井镇隐士村
301	山东省	济宁市泗水县圣水峪镇东仲都村
302	山东省	滨州市滨城区里则街道西纸坊村
303	山东省	淄博市淄川区昆仑镇牛记庵村
304	山东省	潍坊市坊子区坊安街道洼里村
305	山东省	威海市文登区高村镇慈口观村
306	山东省	济南市南部山区西营街道黄鹿泉村
307	山东省	菏泽市巨野县核桃园镇前王庄村
308	山东省	泰安市岱岳区道朗镇东西门村
309	山东省	青岛市崂山区沙子口街道东麦窑社区
310	山东省	潍坊市青州市王坟镇胡林古村
311	山东省	枣庄市山亭区徐庄镇葫芦套村
312	山东省	济宁市曲阜市石门山镇石门山庄村
313	河南省	郑州市新密市米村镇朱家庵村
314	河南省	信阳市罗山县铁铺镇何家冲村
315	河南省	商丘市民权县北关镇王公庄村
316	河南省	信阳市新县田铺乡田铺大塆村
317	河南省	巩义市竹林镇石鼓村
318	河南省	驻马店市遂平县嵖岈山镇红石崖村

续表

序号	地区	乡村名称
319	河南省	郑州市二七区侯寨乡樱桃沟社区
320	河南省	漯河市临颍县城关镇南街村
321	河南省	鹤壁市淇县灵山街道凉水泉村
322	河南省	安阳市林州市石板岩镇高家台村
323	河南省	许昌市襄城县紫云镇雷洞村
324	河南省	安阳市林州市黄华镇庙荒村
325	河南省	南阳市南召县云阳镇铁佛寺村
326	河南省	洛阳市栾川县庙子镇庄子村
327	河南省	焦作市孟州市西虢镇莫沟村
328	河南省	南阳市淅川县仓房镇磨沟村
329	河南省	焦作市修武县云台山镇岸上村
330	河南省	三门峡市渑池县段村乡赵沟村
331	河南省	洛阳市嵩县黄庄乡三合村
332	河南省	洛阳市栾川县陶湾镇协心村
333	河南省	信阳市新县周河乡西河村
334	湖北省	宜昌市夷陵区太平溪镇许家冲村
335	湖北省	武汉市黄陂区姚家集街道杜堂村
336	湖北省	鄂州市梁子湖区涂家垴镇万秀村
337	湖北省	武汉市蔡甸区大集镇天星村
338	湖北省	十堰市郧西县上津镇津城村
339	湖北省	武汉市黄陂区木兰乡双泉村
340	湖北省	襄阳市谷城县五山镇堰河村
341	湖北省	宜昌市长阳县龙舟坪镇郑家榜村
342	湖北省	宜昌市秭归县屈原镇西陵峡村
343	湖北省	襄阳市老河口市仙人渡镇李家染坊村
344	湖北省	宜昌市宜都市高坝洲镇青林寺村
345	湖北省	武汉市江夏区五里界街道童周岭村
346	湖北省	鄂州市华容区段店镇武圣村
347	湖北省	宜昌市夷陵区龙泉镇青龙村

续表

序号	地区	乡村名称
348	湖北省	十堰市郧阳区柳陂镇龙韵村
349	湖北省	荆门市钟祥市客店镇马湾村
350	湖北省	十堰市郧阳区茶店镇樱桃沟村
351	湖北省	荆州市洪湖市老湾回族乡珂里村
352	湖北省	荆州市石首市团山寺镇过脉岭村
353	湖北省	孝感市安陆市烟店镇碧山村
354	湖北省	襄阳市保康县店垭镇格栏坪村
355	湖北省	黄石市阳新县兴国镇南市村
356	湖北省	宜昌市五峰县长乐坪镇白岩坪村
357	湖北省	黄石市大冶市保安镇沼山村
358	湖北省	十堰市郧西县涧池乡下营村
359	湖北省	恩施土家族苗族自治州恩施市盛家坝镇二官寨村
360	湖北省	宜昌市宜都市枝城镇全心畈村
361	湖南省	永州市宁远县湾井镇下灌村
362	湖南省	怀化市通道侗族自治县坪坦乡皇都村
363	湖南省	常德市桃源县枫树维回乡维回新村
364	湖南省	株洲市攸县酒埠江镇酒仙湖村
365	湖南省	永州市双牌县茶林镇桐子坳村
366	湖南省	益阳市桃江县大栗港镇刘家村
367	湖南省	衡阳市南岳区南岳镇红星村
368	湖南省	株洲市炎陵县十都镇密花村
369	湖南省	岳阳市屈原区河市镇三和村
370	湖南省	常德市津市市毛里湖镇青苗社区
371	湖南省	湘西土家族苗族自治州永顺县灵溪镇司城村
372	湖南省	长沙市长沙县开慧镇锡福村
373	湖南省	益阳市资阳区长春镇紫薇村
374	湖南省	邵阳市新宁县崀山镇石田村
375	湖南省	湘潭市韶山市韶山乡韶山村
376	湖南省	岳阳市临湘市羊楼司镇龙窖山村

续表

序号	地区	乡村名称
377	湖南省	郴州市安仁县永乐江镇山塘村
378	湖南省	永州市祁阳县茅竹镇三家村
379	湖南省	长沙市浏阳市张坊镇田溪村
380	湖南省	怀化市鹤城区黄岩区大坪村
381	湖南省	张家界市永定区尹家溪镇马儿山村
382	湖南省	张家界市武陵源区协合乡龙尾巴村
383	湖南省	张家界市武陵源区天子山街道泗南峪社区
384	广东省	珠海市斗门区斗门镇南门村
385	广东省	梅州市梅县区雁洋镇长教村
386	广东省	梅州市平远县泗水镇梅畲村
387	广东省	东莞市寮步镇陈家埔村
388	广东省	清远市英德市九龙镇河头村
389	广东省	惠州市博罗县横河镇上良村
390	广东省	揭阳市揭西县金和镇山湖村
391	广东省	湛江市雷州市龙门镇足荣村
392	广东省	广州市从化区温泉镇南平村
393	广东省	肇庆市德庆县官圩镇金林村
394	广东省	江门市台山市海宴镇五丰村
395	广东省	广州市从化区吕田镇莲麻村
396	广东省	阳江市阳东区东平镇大澳渔村
397	广东省	汕头市澄海区隆都镇前美村
398	广东省	韶关市南雄市珠玑镇灵潭村
399	广东省	佛山市南海区西樵镇上金瓯村松塘村
400	广东省	肇庆市四会市江谷镇老泗塘村
401	广东省	广州市番禺区石楼镇大岭村
402	广东省	江门市开平市塘口镇强亚村
403	广东省	茂名市高州市根子镇柏桥村
404	广东省	河源市东源县康禾镇仙坑村
405	广东省	江门市台山市水步镇草坪村

序号	地区	乡村名称
406	广西壮族自治区	柳州市融水苗族自治县融水镇新国村
407	广西壮族自治区	南宁市西乡塘区石埠街道忠良村
408	广西壮族自治区	崇左市宁明县城中镇耀达村
409	广西壮族自治区	百色市田东县祥周镇模范村
410	广西壮族自治区	桂林市恭城瑶族自治县莲花镇红岩村
411	广西壮族自治区	崇左市江州区新和镇卜花村
412	广西壮族自治区	桂林市灌阳县新街镇江口村
413	广西壮族自治区	柳州市三江侗族自治县丹洲镇丹洲村
414	广西壮族自治区	南宁市马山县古零镇羊山村三甲屯
415	广西壮族自治区	来宾市金秀瑶族自治县长垌乡平道村
416	广西壮族自治区	梧州市藤县象棋镇道家村
417	广西壮族自治区	桂林市阳朔县阳朔镇骥马村
418	广西壮族自治区	柳州市鹿寨县中渡镇大兆村
419	广西壮族自治区	梧州市蒙山县新圩镇古定村
420	广西壮族自治区	桂林市阳朔县阳朔镇鸡窝渡村
421	广西壮族自治区	来宾市金秀瑶族自治县长垌乡滴水村
422	广西壮族自治区	百色市靖西市新靖镇旧州村
423	广西壮族自治区	北海市海城区地角街道新营社区流下村
424	广西壮族自治区	百色市德保县城关镇那温村
425	广西壮族自治区	玉林市陆川县沙坡镇高庆村
426	广西壮族自治区	防城港市东兴市江平镇交东村
427	广西壮族自治区	贺州市平桂区沙田镇龙井村
428	海南省	三亚市吉阳区博后村
429	海南省	三亚市吉阳区大茅村
430	海南省	琼海市嘉积镇官塘村北仍村
431	海南省	三亚市海棠区湾坡村
432	海南省	琼海市博鳌镇沙美村
433	海南省	儋州市那大镇石屋村
434	海南省	琼海市博鳌镇朝烈村南强村

续表

序号	地区	乡村名称
435	海南省	海口市秀英区石山镇施茶村
436	海南省	文昌市龙楼镇好圣村
437	海南省	儋州市那大镇屋基村
438	海南省	澄迈县大丰镇大丰村
439	海南省	陵水黎族自治县本号镇小妹村
440	海南省	文昌市东路镇葫芦村
441	海南省	三亚市天涯区文门村
442	海南省	海口市龙华区新坡镇仁里村
443	海南省	海口市琼山区红旗镇苏寻三村泮边村
444	重庆市	武隆区后坪苗族土家族乡文凤村
445	重庆市	武隆区芙蓉街道堰塘村
446	重庆市	石柱土家族自治县中益乡华溪村
447	重庆市	铜梁区土桥镇六赢村
448	重庆市	巴南区二圣镇集体村
449	重庆市	巫溪县红池坝镇茶山村
450	重庆市	梁平区竹山镇猎神村
451	重庆市	丰都县双路镇莲花洞村
452	重庆市	綦江区永城镇中华村
453	重庆市	涪陵区大木乡迎新社区
454	重庆市	酉阳土家族苗族自治县板溪镇扎营村
455	重庆市	黔江区小南海镇新建村
456	重庆市	南川区木凉镇汉场坝村
457	重庆市	南岸区南山街道放牛村
458	重庆市	荣昌区仁义镇瑶山社区
459	重庆市	彭水苗族土家族自治县润溪乡樱桃井村
460	重庆市	巫山县两坪乡朝元村
461	重庆市	长寿区龙河镇保合村
462	重庆市	北碚区东阳街道西山坪村
463	重庆市	巫山县曲尺乡柑园村

序号	地区	乡村名称
464	四川省	成都市崇州市白头镇五星村
465	四川省	阿坝藏族羌族自治州黑水县沙石多乡羊茸村
466	四川省	泸州市纳溪区大渡口镇凤凰湖村
467	四川省	广元市利州区白朝乡月坝村
468	四川省	成都市龙泉驿区山泉镇桃源村
469	四川省	阿坝藏族羌族自治州理县桃坪镇桃坪村
470	四川省	成都市彭州市桂花镇蟠龙村
471	四川省	攀枝花市米易县新山傈僳族乡新山村
472	四川省	凉山彝族自治州德昌县德州镇角半村
473	四川省	甘孜藏族自治州丹巴县墨尔多山镇基卡依村
474	四川省	资阳市乐至县劳动镇旧居村
475	四川省	广安市武胜县飞龙镇高洞村
476	四川省	广元市青川县青溪镇阴平村
477	四川省	宜宾市筠连县腾达镇春风村
478	四川省	广安市广安区协兴镇牌坊社区
479	四川省	成都市都江堰市龙池镇飞虹社区
480	四川省	绵阳市涪城区杨家镇杨家社区
481	四川省	南充市蓬安县相如街道油房沟社区
482	四川省	遂宁市大英县卓筒井镇为干屏村
483	四川省	乐山市峨眉山市胜利街道月南村
484	四川省	德阳市绵竹市九龙镇新龙村
485	四川省	广元市青川县乔庄镇张家村
486	四川省	成都市都江堰市青城山镇泰安社区
487	贵州省	六盘水市盘州市普古彝族苗族乡舍烹村
488	贵州省	黔东南苗族侗族自治州黎平县肇兴镇肇兴村
489	贵州省	贵阳市乌当区偏坡布依族乡偏坡村
490	贵州省	黔东南苗族侗族自治州榕江县平阳乡丹江村
491	贵州省	铜仁市玉屏侗族自治县田坪镇田坪村
492	贵州省	六盘水市水城县营盘苗族彝族白族乡高峰村

续表

序号	地区	乡村名称
493	贵州省	黔南布依族苗族自治州贵定县盘江镇音寨村
494	贵州省	六盘水市六枝特区落别布依族彝族乡牛角村
495	贵州省	遵义市赤水市复兴镇凯旋村
496	贵州省	黔西南布依族苗族自治州贞丰县者相镇纳孔村
497	贵州省	遵义市凤冈县永安镇田坝村
498	贵州省	铜仁市石阡县坪山仡佬族侗族乡佛顶山村
499	贵州省	六盘水市盘州市两河街道岩脚村
500	贵州省	黔南布依族苗族自治州都匀市毛尖镇坪阳村
501	贵州省	铜仁市松桃苗族自治县正大镇薅菜村
502	贵州省	黔西南布依族苗族自治州兴仁市屯脚镇鲤鱼村
503	贵州省	遵义市湄潭县兴隆镇龙凤村
504	贵州省	毕节市织金县官寨苗族乡屯上村
505	贵州省	贵阳市花溪区青岩镇龙井村
506	贵州省	黔东南苗族侗族自治州从江县丙妹镇岜沙村
507	贵州省	安顺市镇宁布依族苗族自治县宁西街道高荡村
508	贵州省	毕节市金海湖新区响水白族彝族仡佬族乡青山村
509	贵州省	黔西南布依族苗族自治州兴义市万峰林街道下纳灰村
510	贵州省	贵阳市花溪区高坡苗族乡扰绕村
511	贵州省	遵义市赤水市天台镇凤凰村
512	贵州省	安顺市西秀区双堡镇大坝村
513	云南省	丽江市玉龙纳西族自治县拉市镇美泉村
514	云南省	红河哈尼族彝族自治州弥勒市西三镇可邑村
515	云南省	临沧市沧源佤族自治县勐角乡翁丁村
516	云南省	保山市腾冲市清水乡中寨司莫拉佤族村
517	云南省	昆明市石林彝族自治县圭山镇大糯黑村
518	云南省	丽江市玉龙纳西族自治县白沙镇玉湖村
519	云南省	保山市腾冲市固东镇江东社区
520	云南省	西双版纳傣族自治州景洪市基诺乡巴亚村巴坡村
521	云南省	昭通市彝良县小草坝镇小草坝村

续表

序号	地区	乡村名称
522	云南省	玉溪市澄江市右所镇小湾村
523	云南省	曲靖市师宗县五龙乡狗街村
524	云南省	大理白族自治州洱源县凤羽镇江登村佛堂村
525	云南省	楚雄彝族自治州南华县龙川镇岔河村
526	云南省	曲靖市会泽县娜姑镇白雾村
527	云南省	临沧市凤庆县凤山镇安石村
528	云南省	德宏傣族景颇族自治州芒市芒市镇回贤村
529	云南省	红河哈尼族彝族自治州元阳县新街镇阿者科村
530	云南省	怒江傈僳族自治州贡山县丙中洛镇秋那桶村
531	云南省	昆明市宜良县九乡彝族回族乡麦地冲村
532	云南省	普洱市澜沧拉祜族自治县酒井哈尼族乡勐根村老达保村
533	云南省	普洱市西盟佤族自治县勐卡镇马散村永俄寨
534	云南省	迪庆藏族自治州香格里拉市尼西乡汤堆村
535	云南省	迪庆藏族自治州维西傈僳族自治县塔城镇启别村
536	西藏自治区	拉萨市达孜区邦堆乡叶巴村
537	西藏自治区	拉萨市堆龙德庆区乃琼镇波玛村
538	西藏自治区	林芝市巴宜区鲁朗镇东巴才村
539	西藏自治区	拉萨市尼木县吞巴乡吞达村
540	西藏自治区	林芝市工布江达县错高乡错高村
541	西藏自治区	日喀则市亚东县康布乡上康布村
542	西藏自治区	拉萨市城关区柳梧新区达东村
543	西藏自治区	那曲市班戈县青龙乡东嘎村
544	西藏自治区	拉萨市城关区夺底乡维巴村
545	西藏自治区	林芝市巴宜区林芝镇立定村
546	西藏自治区	拉萨市曲水县曲水镇俊巴村
547	西藏自治区	昌都市江达县同普乡夏乌村
548	西藏自治区	拉萨市城关区娘热乡加尔西村
549	西藏自治区	阿里地区普兰县普兰镇科迦村
550	西藏自治区	山南市桑日县增期乡雪巴村

续表

序号	地区	乡村名称
551	西藏自治区	日喀则市亚东县下亚东乡夏日村
552	西藏自治区	昌都市芒康县纳西民族乡觉龙村
553	西藏自治区	阿里地区札达县托林镇扎布让村
554	西藏自治区	山南市错那县勒布乡勒村
555	西藏自治区	日喀则市仁布县切瓦乡嘎布久嘎村
556	西藏自治区	山南市乃东区昌珠镇扎西曲登社区
557	陕西省	西安市长安区王曲街道南堡寨村
558	陕西省	宝鸡市眉县汤峪镇汤峪村
559	陕西省	延安市延川县文安驿镇梁家河村
560	陕西省	咸阳市泾阳县安吴镇龙源村
561	陕西省	安康市石泉县后柳镇中坝村
562	陕西省	商洛市丹凤县棣花镇棣花社区
563	陕西省	铜川市印台区金锁关镇何家坊村
564	陕西省	渭南市潼关县太要镇秦王寨社区
565	陕西省	渭南市临渭区桥南镇天刘村
566	陕西省	咸阳市旬邑县张洪镇西头村
567	陕西省	汉中市佛坪县长角坝镇沙窝村
568	陕西省	汉中市汉台区河东店镇花果村
569	陕西省	安康市宁陕县筒车湾镇七里村
570	陕西省	铜川市宜君县哭泉镇淌泥河村
571	陕西省	宝鸡市凤县红花铺镇永生村
572	陕西省	渭南市华阴市孟塬镇司家村
573	陕西省	汉中市勉县勉阳街道天荡山社区
574	陕西省	商洛市洛南县四皓街道南沟社区
575	陕西省	杨凌示范区杨陵区五泉镇王上村
576	陕西省	渭南市华阴市华山镇仙峪口村
577	陕西省	榆林市绥德县满堂川镇郭家沟村
578	陕西省	韩城市板桥镇王村
579	陕西省	商洛市柞水县小岭镇金米村

序号	地区	乡村名称
580	甘肃省	临夏回族自治州临夏市南龙镇马家庄村
581	甘肃省	陇南市康县王坝镇何家庄村
582	甘肃省	平凉市泾川县汭丰镇郑家沟村
583	甘肃省	陇南市康县岸门口镇街道村（朱家沟）
584	甘肃省	兰州市皋兰县什川镇上车村
585	甘肃省	张掖市肃南裕固族自治县康乐镇榆木庄村
586	甘肃省	临夏回族自治州临夏县北塬镇钱家村
587	甘肃省	敦煌市月牙泉镇杨家桥村
588	甘肃省	张掖市甘州区长安镇前进村
589	甘肃省	酒泉市肃州区泉湖镇永久村
590	甘肃省	天水市秦州区玉泉镇李官湾村
591	甘肃省	庆阳市宁县瓦斜乡永吉村
592	甘肃省	嘉峪关市峪泉镇黄草营村
593	甘肃省	甘南藏族自治州迭部县达拉乡高吉村
594	甘肃省	武威市天祝藏族自治县大红沟镇大红沟村
595	甘肃省	金昌市金川区宁远堡镇龙景村
596	甘肃省	陇南市两当县杨店镇灵官村
597	甘肃省	甘南藏族自治州迭部县电尕镇谢协村
598	甘肃省	张掖市山丹县李桥乡高庙村
599	甘肃省	白银市景泰县喜泉镇大水磫村
600	青海省	海东市民和回族土族自治县古鄯镇山庄村
601	青海省	黄南藏族自治州尖扎县昂拉乡德吉村
602	青海省	西宁市湟源县和平乡小高陵村
603	青海省	海北藏族自治州门源回族自治县仙米乡桥滩村
604	青海省	海东市循化撒拉族自治县查汗都斯乡红光村
605	青海省	海北藏族自治州门源回族自治县珠固乡东旭村
606	青海省	西宁市湟中区拦隆口镇卡阳村
607	青海省	海南藏族自治州贵德县尕让乡松巴村
608	青海省	西宁市湟中区李家山镇柳树庄村

续表

序号	地区	乡村名称
609	青海省	海西蒙古族藏族自治州格尔木市郭勒木德镇红柳村
610	青海省	海南藏族自治州贵德县河阴镇红柳滩村
611	青海省	海东市民和回族土族自治县官亭镇喇家村
612	青海省	海南藏族自治州贵德县尕让乡二连村
613	青海省	黄南藏族自治州泽库县和日镇和日村
614	青海省	玉树藏族自治州治多县立新乡叶青村
615	青海省	海东市互助土族自治县南门峡镇磨儿沟村
616	青海省	海北藏族自治州门源回族自治县东川镇麻当村
617	青海省	海北藏族自治州祁连县八宝镇白杨沟村
618	青海省	海东市互助土族自治县五十镇班彦村
619	青海省	西宁市湟源县申中乡前沟村
620	宁夏回族自治区	银川市西夏区镇北堡镇华西村
621	宁夏回族自治区	固原市泾源县泾河源镇冶家村
622	宁夏回族自治区	银川市西夏区镇北堡镇昊苑村
623	宁夏回族自治区	固原市隆德县温堡乡新庄村
624	宁夏回族自治区	吴忠市青铜峡市叶盛镇地三村
625	宁夏回族自治区	银川市贺兰县常信乡四十里店村
626	宁夏回族自治区	固原市隆德县神林乡辛平村
627	宁夏回族自治区	吴忠市利通区东塔寺乡石佛寺村
628	宁夏回族自治区	中卫市中宁县石空镇倪丁村
629	宁夏回族自治区	固原市西吉县将台堡镇毛沟村
630	宁夏回族自治区	固原市泾源县大湾乡杨岭村
631	宁夏回族自治区	石嘴山市惠农区礼和乡银河村
632	宁夏回族自治区	石嘴山市惠农区红果子镇马家湾村
633	宁夏回族自治区	固原市彭阳县城阳乡杨坪村
634	宁夏回族自治区	固原市原州区河川乡寨洼村
635	宁夏回族自治区	吴忠市盐池县花马池镇曹泥洼村
636	宁夏回族自治区	中卫市中宁县石空镇太平村
637	宁夏回族自治区	固原市隆德县观庄乡前庄村

序号	地区	乡村名称
638	宁夏回族自治区	石嘴山市平罗县黄渠桥镇黄渠桥村
639	宁夏回族自治区	中卫市沙坡头区迎水桥镇北长滩村
640	新疆维吾尔自治区	阿勒泰地区喀纳斯景区禾木哈纳斯蒙古族乡哈纳斯村
641	新疆维吾尔自治区	伊犁哈萨克自治州新源县那拉提镇阿尔善村
642	新疆维吾尔自治区	巴音郭楞蒙古自治州和静县巴音布鲁克镇巴西里格村
643	新疆维吾尔自治区	昌吉回族自治州木垒哈萨克自治县英格堡乡月亮地村
644	新疆维吾尔自治区	阿克苏地区新和县依其艾日克镇加依村
645	新疆维吾尔自治区	伊犁哈萨克自治州霍城县芦草沟镇四宫村
646	新疆维吾尔自治区	和田地区洛浦县恰尔巴格乡阔恰艾日克村
647	新疆维吾尔自治区	克孜勒苏柯尔克孜自治州阿克陶县奥依塔克镇奥依塔克村
648	新疆维吾尔自治区	巴音郭楞蒙古自治州尉犁县兴平镇达西村
649	新疆维吾尔自治区	喀什地区泽普县国营林场长寿村
650	新疆维吾尔自治区	阿克苏地区温宿县柯柯牙镇塔格拉克村
651	新疆维吾尔自治区	阿勒泰地区富蕴县可可托海镇塔拉特村
652	新疆维吾尔自治区	和田地区于田县达里雅布依乡达里雅布依村
653	新疆维吾尔自治区	阿克苏地区拜城县康其乡阿热勒村
654	新疆维吾尔自治区	昌吉回族自治州阜康市城关镇山坡中心村
655	新疆维吾尔自治区	巴音郭楞蒙古自治州博湖县乌兰再格森乡乌图阿热勒村
656	新疆维吾尔自治区	巴音郭楞蒙古自治州博湖县才坎诺尔乡拉罕诺尔村
657	新疆维吾尔自治区	喀什地区岳普湖县岳普湖乡喀拉玉吉买村
658	新疆维吾尔自治区	和田地区和田市吉亚乡阔恰村
659	新疆维吾尔自治区	伊犁哈萨克自治州昭苏县昭苏镇吐格勒勤布拉克村
660	新疆维吾尔自治区	喀什地区莎车县米夏镇夏玛勒巴格村
661	新疆维吾尔自治区	昌吉回族自治州吉木萨尔县北庭镇古城村
662	新疆维吾尔自治区	博尔塔拉蒙古自治州温泉县扎勒木特乡博格达尔村
663	新疆维吾尔自治区	喀什地区喀什市帕哈太克里乡尤喀尔克喀库拉村
664	新疆生产建设兵团	第十二师西山农牧场2连（烽火台小镇）
665	新疆生产建设兵团	第十师北屯市185团2连
666	新疆生产建设兵团	第十师北屯市185团1连

序号	地区	乡村名称
667	新疆生产建设兵团	第十二师头屯河农场 3 连
668	新疆生产建设兵团	第一师阿拉尔市 10 团 5 连
669	新疆生产建设兵团	第八师石河子市 121 团 7 连
670	新疆生产建设兵团	第九师 161 团 6 连
671	新疆生产建设兵团	第四师可克达拉市 76 团 1 连
672	新疆生产建设兵团	第九师 165 团 4 连
673	新疆生产建设兵团	第五师双河市 83 团 1 连
674	新疆生产建设兵团	第四师可克达拉市 71 团 7 连
675	新疆生产建设兵团	第十三师红星一场 3 连
676	新疆生产建设兵团	第十师北屯市 188 团 4 连
677	新疆生产建设兵团	第五师双河市 86 团 22 连
678	新疆生产建设兵团	第十三师红星二场 3 连
679	新疆生产建设兵团	第四师可克达拉市 62 团 3 连
680	新疆生产建设兵团	第十二师 104 团畜牧连

2.5.3 第三批全国乡村旅游重点村和第一批全国乡村旅游重点镇（乡）

2019 年以来，按照《"十三五"旅游业发展规划》等国务院文件要求，文化和旅游部会同国家发展改革委开展了全国乡村旅游重点村名录建设工作，已先后推出了两批 1000 个全国乡村旅游重点村。目前，全国乡村旅游重点村已经成为乡村旅游领域具有影响力的品牌，受到业界和社会广泛关注，示范引领作用初步显现。2021 年 6 月，文化和旅游部、国家发展改革委联合制订《全国乡村旅游重点村镇名录建设工作方案》，印发了《关于做好第三批全国乡村旅游重点村镇遴选推荐工作的通知》，将全国乡村旅游重点村名录拓展为全国乡村旅游重点村镇名录，并首次开展了全国乡村旅游重点镇（乡）的遴选推荐工作。两部委将全国乡村旅游重点村名录拓展为全国乡村旅游重点村镇名录，是按照 2021 年中央 1 号文件《中共中央　国务院关于全面推进乡村振兴加快农业农村现代化的意见》和"十四五"规划纲要关于全面推进乡村振兴和促进城乡融合的相关要求，一方面充分发挥乡镇连城带村的衔接功能和要素优势，把乡镇建设成为服务乡村旅游发展的区域中心，带动乡村旅游集群化、规模化、品牌化发展，另一方面充分利用乡村旅游的辐射作用，带动城乡间人员、资本、信息、资源交流互通，助力打通城乡要素平等交换、双向流动的通道，促进县域内城乡融合发展。

2021 年 8 月 2 日，文化和旅游部发布《关于公示第三批全国乡村旅游重点村名单和第一批全国乡村旅游重点镇（乡）名单的公告》。199 个村拟入选第三批全国乡村旅游重点村，100 个镇（乡）拟入选第一批全国乡村旅游重点镇（乡）（表 2-3，表 2-4）。

表 2-3　第三批全国乡村旅游重点村名单

序号	地区	乡村名单
1	北京市	密云区古北口镇司马台村
2	北京市	延庆区旧县镇盆窑村
3	北京市	平谷区金海湖镇将军关村
4	北京市	房山区大石窝镇王家磨村
5	北京市	门头沟区清水镇洪水口村
6	北京市	怀柔汤河口镇庄户沟门村
7	天津市	蓟州区穿芳峪镇东水厂村
8	天津市	蓟州区下营镇前干涧村
9	天津市	津南区北闸口镇前进村
10	天津市	北辰区青光镇韩家墅村
11	天津市	宁河区板桥镇盆罐庄村
12	河北省	邯郸市武安市淑村镇白沙村
13	河北省	张家口市张北县小二台镇德胜村
14	河北省	石家庄市平山县西柏坡镇北庄村
15	河北省	衡水市故城县房庄镇吴梧茂村
16	河北省	邢台市内丘县侯家庄乡岗底村
17	河北省	承德市隆化县七家镇温泉村
18	河北省	邢台市宁晋县贾家口镇黄儿营西村

续表

序号	地区	乡村名单
19	山西省	太原市娄烦县静游镇峰岭底村
20	山西省	忻州市偏关县老牛湾镇老牛湾村
21	山西省	阳泉市盂县孙家庄镇王炭咀村
22	山西省	晋中市寿阳县宗艾镇下洲村
23	山西省	长治市平顺县石城镇岳家寨村
24	山西省	临汾市永和县乾坤湾乡东征村
25	山西省	运城市河津市清涧街道龙门村
26	内蒙古自治区	赤峰市松山区大庙镇小庙子村
27	内蒙古自治区	呼和浩特市和林格尔县新店子镇胶泥湾村
28	内蒙古自治区	兴安盟阿尔山市明水河镇西口村
29	内蒙古自治区	呼伦贝尔市鄂温克族自治旗巴彦塔拉达斡尔民族乡伊兰嘎查
30	内蒙古自治区	乌兰察布市兴和县店子镇卢家营村
31	内蒙古自治区	巴彦淖尔市杭锦后旗双庙镇太荣村
32	辽宁省	锦州市凌海市温滴楼镇边墙子村
33	辽宁省	朝阳市凌源市大王杖子乡宫家烧锅村
34	辽宁省	辽阳市辽阳县刘二堡镇前杜村
35	辽宁省	营口市鲅鱼圈区芦屯镇小望海村
36	辽宁省	葫芦岛市兴城市三道沟满族乡头道沟村
37	吉林省	长春市双阳区太平镇小石村
38	吉林省	吉林市桦甸市桦郊乡晓光村
39	吉林省	延边朝鲜族自治州龙井市智新镇明东村
40	吉林省	白山市长白朝鲜自治县马鹿沟镇果园民俗村
41	吉林省	通化市东昌区金厂镇夹皮沟村
42	吉林省	白城市通榆县向海蒙古族乡向海村
43	黑龙江省	齐齐哈尔市梅里斯达斡尔族区雅尔塞镇哈拉新村
44	黑龙江省	牡丹江市穆棱市下城子镇孤榆树村
45	黑龙江省	佳木斯市同江市八岔赫哲族乡八岔村
46	黑龙江省	大庆市林甸县四合乡联合村
47	黑龙江省	黑河市爱辉区瑷珲镇外三道沟村

续表

序号	地区	乡村名单
48	黑龙江省	伊春市铁力市工农乡北星村
49	上海市	青浦区金泽镇莲湖村
50	上海市	金山区漕泾镇水库村
51	上海市	嘉定区安亭镇向阳村
52	上海市	宝山区月浦镇聚源桥村
53	上海市	崇明区新河镇井亭村
54	江苏省	南京市浦口区永宁街道大埝社区
55	江苏省	苏州市吴中区越溪街道旺山村
56	江苏省	徐州市沛县大屯街道安庄社区
57	江苏省	盐城市东台市弶港镇巴斗村
58	江苏省	扬州市邗江区方巷镇沿湖村
59	江苏省	泰州市高港区白马镇陈家村
60	江苏省	宿迁市宿城区耿车镇刘圩村
61	浙江省	杭州市余杭区径山镇小古城村
62	浙江省	湖州市吴兴区妙西镇妙山村
63	浙江省	绍兴市柯桥区湖塘街道香林村
64	浙江省	金华市武义县俞源乡俞源村
65	浙江省	舟山市定海区马岙街道马岙村
66	浙江省	台州市天台县街头镇后岸村
67	浙江省	丽水市云和县赤石乡赤石村
68	安徽省	黄山市徽州区潜口镇唐模村
69	安徽省	滁州市南谯区施集镇井楠村
70	安徽省	芜湖市湾沚区六郎镇官巷村
71	安徽省	池州市青阳县朱备镇将军村
72	安徽省	安庆市岳西县河图镇南河村
73	安徽省	淮北市杜集区矿山集街道南山村
74	安徽省	蚌埠市怀远县龙亢镇龙亢村
75	福建省	泉州市晋江市新塘街道梧林社区
76	福建省	宁德市福鼎市磻溪镇赤溪村

续表

序号	地区	乡村名单
77	福建省	漳州市华安县高安镇坪水村
78	福建省	三明市沙县区夏茂镇俞邦村
79	福建省	龙岩市永定区湖坑镇南江村
80	福建省	平潭综合实验区君山镇磹水村
81	江西省	赣州市于都县梓山镇潭头村
82	江西省	上饶市婺源县思口镇思溪村延村
83	江西省	赣州市瑞金市叶坪镇华屋村
84	江西省	九江市庐山市白鹿镇秀峰村
85	江西省	景德镇市浮梁县瑶里镇五华村
86	江西省	抚州市黎川县德胜镇德胜村
87	江西省	南昌市新建区溪霞镇店前村
88	山东省	济南市莱芜区雪野街道房干村
89	山东省	日照市岚山区岚山头街道官草汪村
90	山东省	济宁市曲阜市尼山镇鲁源村
91	山东省	烟台市蓬莱区大辛店镇木兰沟村
92	山东省	淄博市高青县常家镇蓑衣樊村
93	山东省	青岛市崂山区王哥庄街道晓望社区
94	山东省	潍坊市临朐县嵩山生态旅游发展服务中心淹子岭村
95	河南省	郑州市巩义市小关镇南岭新村
96	河南省	郑州市巩义市大峪沟镇海上桥村
97	河南省	洛阳市嵩县车村镇天桥沟村
98	河南省	焦作市修武县西村乡大南坡村
99	河南省	濮阳市清丰县双庙乡单拐村
100	河南省	信阳市浉河区浉河港镇郝家冲村
101	河南省	周口市西华县红花集镇龙池头村
102	湖北省	襄阳市襄城区尹集乡姚庵村
103	湖北省	宜昌市远安县花林寺镇龙凤村
104	湖北省	荆州市松滋市涴水镇樟木溪村
105	湖北省	孝感市孝昌县小悟乡田堂村

续表

序号	地区	乡村名单
106	湖北省	黄冈市罗田县骆驼坳镇燕窝垸村
107	湖北省	咸宁市通城县大坪乡内冲瑶族村
108	湖北省	随州市广水市武胜关镇桃源村
109	湖南省	湘西土家族苗族自治州凤凰县麻冲乡竹山村
110	湖南省	怀化市溆浦县统溪河镇穿岩山村
111	湖南省	邵阳市洞口县罗溪瑶族乡宝瑶村
112	湖南省	娄底市新化县吉庆镇油溪桥村
113	湖南省	衡阳市珠晖区茶山坳镇堰头村
114	湖南省	常德市津市市金鱼岭街道大关山村
115	湖南省	张家界市永定区王家坪镇马头溪村
116	广东省	广州市从化区城郊街西和村
117	广东省	肇庆市封开县江口街道台洞村
118	广东省	惠州市惠阳区秋长街道周田村
119	广东省	汕头市潮南区陇田镇东华村
120	广东省	中山市南朗街道左步村
121	广东省	湛江市徐闻县角尾乡放坡村
122	广东省	潮州市潮安区凤凰镇叫水坑村
123	广西壮族自治区	柳州市融水苗族自治县香粉乡雨卜村
124	广西壮族自治区	桂林市兴安县华江瑶族乡龙塘江村
125	广西壮族自治区	钦州市浦北县北通镇那新村
126	广西壮族自治区	百色市凌云县伶站瑶族乡浩坤村
127	广西壮族自治区	贺州市昭平县黄姚镇北莱村
128	广西壮族自治区	河池市南丹县里湖瑶族乡朵努社区
129	广西壮族自治区	来宾市金秀瑶族自治县金秀镇六段村
130	海南省	琼海市博鳌镇留客村
131	海南省	万宁市兴隆华侨农场57队
132	海南省	儋州市中和镇七里村
133	海南省	昌江黎族自治县王下乡浪论村
134	海南省	文昌市潭牛镇大庙村

序号	地区	乡村名单
135	重庆市	万州区长岭镇安溪村
136	重庆市	九龙坡区铜罐驿镇英雄湾村
137	重庆市	江津区先锋镇保坪村
138	重庆市	巫山县竹贤乡下庄村
139	重庆市	奉节县兴隆镇回龙村
140	重庆市	潼南区崇龛镇明月社区
141	四川省	成都市邛崃市平乐镇花楸村
142	四川省	乐山市金口河区永和镇胜利村
143	四川省	宜宾市翠屏区李庄镇高桥村
144	四川省	广安市岳池县白庙镇郑家村
145	四川省	雅安市石棉县安顺场镇安顺村
146	四川省	眉山市青神县青竹街道兰沟村
147	四川省	阿坝藏族羌族自治州小金县四姑娘山镇长坪村
148	贵州省	毕节市黔西市新仁苗族乡化屋村
149	贵州省	六盘水市水城区米箩镇俰么村
150	贵州省	安顺市平坝区夏云镇小河湾村
151	贵州省	贵阳市开阳县禾丰布依族苗族乡马头村
152	贵州省	遵义市湄潭县鱼泉街道新石社区
153	贵州省	黔东南苗族侗族自治州锦屏县敦寨镇雷屯村
154	贵州省	黔南布依族苗族自治州龙里县龙山镇龙山社区
155	云南省	大理白族自治州鹤庆县草海镇新华村
156	云南省	丽江市玉龙纳西族自治县拉市镇均良村
157	云南省	玉溪市澄江市龙街镇禄充社区
158	云南省	临沧市双江拉祜族佤族布朗族傣族自治县沙河乡允俸村
159	云南省	西双版纳傣族自治州勐海县打洛镇曼掌村
160	云南省	曲靖市宣威市东山镇芙蓉村
161	云南省	文山壮族苗族自治州丘北县双龙营镇普者黑村
162	西藏自治区	日喀则市定结县琼孜乡姆村
163	西藏自治区	日喀则市亚东县帕里镇四居委会

续表

序号	地区	乡村名单
164	西藏自治区	山南市洛扎县色乡色村
165	西藏自治区	山南市洛扎县拉郊乡拉郊村
166	西藏自治区	林芝市米林县南伊珞巴民族乡南伊村
167	陕西省	西安市鄠邑区石井街道蔡家坡村
168	陕西省	宝鸡市金台区金河镇周家庄村
169	陕西省	渭南市合阳县黑池镇南社社区
170	陕西省	汉中市南郑区汉山街道汉山村
171	陕西省	商洛市山阳县法官镇法官庙村
172	陕西省	延安市宝塔区万花山镇佛道坪村
173	甘肃省	兰州市榆中县小康营乡浪街村
174	甘肃省	定西市渭源县田家河乡元古堆村
175	甘肃省	武威市凉州区高坝镇蜻蜓村
176	甘肃省	白银市白银区水川镇顾家善村
177	甘肃省	临夏回族自治州康乐县八松乡纳沟村
178	甘肃省	庆阳市庆城县庆城镇药王洞村
179	青海省	西宁市大通回族土族自治县朔北藏族乡东至沟村
180	青海省	青海省海东市化隆回族自治县群科镇安达其哈村
181	青海省	青海省黄南藏族自治州同仁市扎毛乡扎毛村
182	青海省	青海省海东市乐都区高庙镇新庄村
183	青海省	青海省海南藏族自治州贵德县河西镇团结村
184	宁夏回族自治区	吴忠市青铜峡市大坝镇韦桥村
185	宁夏回族自治区	吴忠市红寺堡区红寺堡镇弘德村
186	宁夏回族自治区	石嘴山市平罗县高仁乡六顷地村
187	宁夏回族自治区	中卫市中宁县余丁乡黄羊村
188	宁夏回族自治区	固原市隆德县凤岭乡李士村
189	新疆维吾尔自治区	阿勒泰地区喀纳斯景区铁热克提乡白哈巴村
190	新疆维吾尔自治区	阿勒泰地区吉木乃县托斯特乡塔斯特村（石头村）
191	新疆维吾尔自治区	伊犁哈萨克自治州新源县那拉提镇拜依盖托别村
192	新疆维吾尔自治区	昌吉回族自治州昌吉市六工镇十三户村

续表

序号	地区	乡村名单
193	新疆维吾尔自治区	克拉玛依市乌尔禾区乌尔禾镇查干草村
194	新疆维吾尔自治区	吐鲁番市高昌区葡萄镇巴格日社区
195	新疆生产建设兵团	第一师 16 团 1 连
196	新疆生产建设兵团	第二师 27 团 8 连
197	新疆生产建设兵团	第六师红旗农场 11 连
198	新疆生产建设兵团	第九师 161 团 8 连
199	新疆生产建设兵团	第十四师皮山农场 1 连

表 2-4　第一批全国乡村旅游重点镇（乡）名单

序号	第一批全国乡村旅游重点镇（乡）名单
1	北京市怀柔区渤海镇
2	北京市延庆区八达岭镇
3	北京市顺义区龙湾屯镇
4	天津市蓟州区下营镇
5	天津市蓟州区官庄镇
6	天津市西青区辛口镇
7	河北省保定市阜平县龙泉关镇
8	河北省廊坊市香河县蒋辛屯镇
9	河北省张家口市蔚县暖泉镇
10	山西省阳泉市平定县娘子关镇
11	山西省长治市壶关县大峡谷镇
12	山西省晋城市阳城县润城镇
13	内蒙古自治区通辽市奈曼旗白音他拉苏木
14	内蒙古自治区锡林郭勒盟多伦县滦源镇
15	内蒙古自治区鄂尔多斯市伊金霍洛旗伊金霍洛镇
16	辽宁省本溪市南芬区思山岭街道
17	辽宁省辽阳市弓长岭区汤河镇
18	辽宁省本溪市桓仁满族自治县普乐堡镇

续表

序号	第一批全国乡村旅游重点镇（乡）名单
19	吉林省延边朝鲜族自治州敦化市雁鸣湖镇
20	吉林省通化市通化县西江镇
21	吉林省通化市东昌区金厂镇
22	黑龙江省齐齐哈尔市铁锋区扎龙镇
23	黑龙江省牡丹江市宁安市渤海镇
24	黑龙江伊春市铁力市年丰朝鲜族乡
25	上海市金山区山阳镇
26	上海市崇明区绿华镇
27	上海市宝山区罗泾镇
28	江苏省南京市江宁区谷里街道
29	江苏省无锡市滨湖区马山街道
30	江苏省常州市金坛区薛埠镇
31	江苏省镇江市句容市茅山镇
32	浙江省温州市永嘉县岩头镇
33	浙江省湖州市德清县莫干山镇
34	浙江省金华市磐安县尖山镇
35	浙江省台州市仙居县淡竹乡
36	安徽省黄山市黟县宏村镇
37	安徽省安庆市潜山市天柱山镇
38	安徽省芜湖市湾沚区红杨镇
39	福建省平潭综合实验区君山镇
40	福建省福州市永泰县嵩口镇
41	福建省厦门市同安区莲花镇
42	江西省吉安市井冈山市茅坪镇
43	江西省上饶市婺源县江湾镇
44	江西省南昌市湾里管理局太平镇
45	山东省临沂市沂水县院东头镇
46	山东省泰安市岱岳区道朗镇
47	山东省威海市荣成市宁津街道

续表

序号	第一批全国乡村旅游重点镇（乡）名单
48	河南省郑州市巩义市竹林镇
49	河南省安阳市林州市石板岩镇
50	河南省鹤壁市淇县灵山街道
51	湖北省武汉市黄陂区木兰乡
52	湖北省十堰市郧西县上津镇
53	湖北省荆门市钟祥市客店镇
54	湖北省恩施土家族苗族自治州利川市南坪乡
55	湖南省湘潭市韶山市韶山乡
56	湖南省长沙市长沙县开慧镇
57	湖南省郴州市汝城县文明瑶族乡
58	广东省韶关市南雄市珠玑镇
59	广东省梅州市梅县区雁洋镇
60	广东省东莞市寮步镇
61	广西壮族自治区南宁市马山县古零镇
62	广西壮族自治区柳州市鹿寨县中渡镇
63	广西壮族自治区桂林市灵川县大圩镇
64	海南省琼海市博鳌镇
65	海南省文昌市龙楼镇
66	海南省海口市秀英区石山镇
67	重庆市武隆区仙女山街道
68	重庆市铜梁区土桥镇
69	重庆市梁平区竹山镇
70	四川省成都市彭州市龙门山镇
71	四川省南充市阆中市天宫镇
72	四川省广安市武胜县飞龙镇
73	贵州省黔西南布依族苗族自治州兴义市万峰林街道
74	贵州省铜仁市江口县太平镇
75	贵州省黔南布依族苗族自治州贵定县盘江镇
76	贵州省毕节市织金县官寨苗族乡

续表

序号	第一批全国乡村旅游重点镇（乡）名单
77	云南省大理白族自治州大理市双廊镇
78	云南省丽江市玉龙纳西族自治县白沙镇
79	云南省曲靖市师宗县五龙壮族乡
80	西藏自治区日喀则市亚东县下亚东乡
81	西藏自治区山南市错那县麻麻门巴民族乡
82	西藏自治区阿里地区普兰县普兰镇
83	陕西省安康市石泉县后柳镇
84	陕西省商洛市商南县金丝峡镇
85	陕西省咸阳市礼泉县烟霞镇
86	甘肃省酒泉市敦煌市月牙泉镇
87	甘肃省陇南市康县长坝镇
88	甘肃省庆阳市华池县南梁镇
89	青海省海东市互助土族自治县威远镇
90	青海省西宁市湟源县日月藏族乡
91	青海省海南藏族自治州贵德县尕让乡
92	宁夏回族自治区银川市永宁县闽宁镇
93	宁夏回族自治区银川市西夏区镇北堡镇
94	宁夏回族自治区固原市泾源县泾河源镇
95	新疆维吾尔自治区伊犁哈萨克自治州新源县那拉提镇
96	新疆维吾尔自治区昌吉回族自治州木垒哈萨克自治县英格堡乡
97	新疆维吾尔自治区阿勒泰地区喀纳斯景区禾木哈纳斯蒙古族乡
98	新疆生产建设兵团第四师 71 团
99	新疆生产建设兵团第十师 185 团
100	新疆生产建设兵团第十二师头屯河农场

2.5.4 第四批全国乡村旅游重点村和第二批全国乡村旅游重点镇（乡）

为贯彻落实党的二十大精神，推动文化和旅游深度融合发展，助力全面推进乡村振兴，文化和旅游部公布了第四批 200 个全国乡村旅游重点村和第二批 98 个全国乡村旅游重点镇（乡）名单（表2-5，表2-6）。一批生态环境优美、文化底蕴深厚、生活方式美好、特色产业兴旺的村镇，呈现出新时代乡村旅游以文塑旅、以旅彰文，带动乡村全面振兴的美丽图景。

全国乡村旅游重点村镇建设是列入《中华人民共和国乡村振兴促进法》《"十四五"旅游业发展规划》的重点任务。2019 年以来，文化和旅游部会同国家发展改革委已先后推出四批 1399 个全国乡村旅游重点村和两批 198 个全国乡村旅游重点镇（乡），并在政策倾斜、人才培训、宣传推广、金融贷款等方面加大支持力度。经过多年培育建设，全国乡村旅游重点村镇日益成为带动乡村旅游恢复发展、助力全面推进乡村振兴、满足人民美好生活需要、展示美丽中国的重要力量，受到社会各界的广泛认可和好评。

表 2-5　第四批全国乡村旅游重点村名单

序号	地区	乡村名单
1	北京市	门头沟区妙峰山镇炭厂村
2	北京市	房山区史家营乡金鸡台村
3	北京市	昌平区兴寿镇下苑村
4	北京市	密云区新城子镇遥桥峪村
5	北京市	延庆区康庄镇火烧营村
6	北京市	延庆区四海镇大吉祥村
7	天津市	蓟州区罗庄子镇赵家峪村
8	天津市	宁河区丰台镇岳秀庄村
9	天津市	西青区杨柳青镇白滩寺村
10	天津市	宝坻区黄庄镇李宦庄村
11	天津市	津南区八里台镇西小站村
12	河北省	石家庄市井陉县秀林镇南横口村
13	河北省	秦皇岛市海港区房庄村
14	河北省	邢台市信都区路罗镇小戈廖村
15	河北省	承德市兴隆县大水泉镇迷子地村
16	河北省	保定市易县安格庄乡田岗村
17	河北省	邯郸市涉县更乐镇大洼村
18	河北省	唐山市遵化市团瓢庄乡山里各庄村

序号	地区	乡村名单
19	山西省	阳泉市郊区西南舁乡咀子上村
20	山西省	长治市壶关县石坡乡南平头坞村
21	山西省	晋城市阳城县北留镇皇城村
22	山西省	临汾市曲沃县北董乡南林交村
23	山西省	运城市万荣县高村乡闫景村
24	山西省	忻州市宁武县宁化镇宁化村
25	内蒙古自治区	赤峰市喀喇沁旗河南街道马鞍山村
26	内蒙古自治区	呼伦贝尔市阿荣旗新发朝鲜族乡东光村
27	内蒙古自治区	鄂尔多斯市达拉特旗树林召镇林原村
28	内蒙古自治区	赤峰市松山区老府镇大乌良苏村
29	内蒙古自治区	包头市青山兴胜镇东达沟村
30	内蒙古自治区	乌海市乌达区乌兰淖尔镇泽园新村
31	辽宁省	大连市金州区向应街道土门子村
32	辽宁省	丹东市宽甸满族自治县青山沟镇青山沟村
33	辽宁省	抚顺市清原满族自治县大苏河乡南天门村
34	辽宁省	锦州市义县大榆树堡镇石匣子村
35	辽宁省	阜新市彰武县大德镇大德村
36	辽宁省	朝阳市喀喇沁左翼蒙古族自治县水泉镇南亮子村
37	吉林省	白山市抚松县漫江镇锦江村
38	吉林省	松原市前郭尔罗斯蒙古族自治县查干湖镇西索恩图村
39	吉林省	吉林市永吉县北大湖镇南沟村
40	吉林省	延边朝鲜族自治州龙井市东盛涌镇东明村
41	吉林省	长春市九台区龙嘉街道红光村
42	吉林省	辽源市龙山区工农乡大良村
43	黑龙江省	哈尔滨市延寿县玉河镇新城村
44	黑龙江省	牡丹江市宁安市渤海镇上官地村
45	黑龙江省	佳木斯市汤原县汤原镇北靠山村
46	黑龙江省	鸡西市城子河区永丰朝鲜族乡丰安村
47	黑龙江省	伊春市金林区丰茂林场

续表

序号	地区	乡村名单
48	黑龙江省	大兴安岭地区塔河县十八站鄂伦春族乡鄂族村
49	上海市	宝山区月浦镇月狮村
50	上海市	嘉定区华亭镇毛桥村
51	上海市	金山区吕巷镇和平村
52	上海市	松江区石湖荡镇东夏村
53	上海市	奉贤区庄行镇潘垫村
54	江苏省	无锡市惠山区阳山镇桃源村
55	江苏省	徐州市贾汪区茱黄山街道许阳村
56	江苏省	盐城市盐都区潘黄街道仰徐村
57	江苏省	扬州市高邮市菱塘回族乡清真村
58	江苏省	镇江市丹徒区世业镇世业村
59	江苏省	泰州市姜堰区溱潼镇湖南村
60	江苏省	宿迁市泗阳县卢集镇成河村
61	浙江省	杭州市淳安县姜家镇姜家村
62	浙江省	舟山市普陀区东极镇东极村
63	浙江省	衢州市柯城区沟溪乡余东村
64	浙江省	丽水市青田县方山乡龙现村
65	浙江省	嘉兴市平湖市林埭镇徐家埭村
66	浙江省	温州市苍南县矾山镇福德湾村
67	浙江省	丽水市松阳县三都乡上田村
68	安徽省	合肥市庐江县汤池镇百花村
69	安徽省	马鞍山市含山县铜闸镇太湖村
70	安徽省	宣城市广德市卢村乡笄山村
71	安徽省	池州市石台县矶滩乡洪墩村
72	安徽省	黄山市黟县碧阳镇丰梧村
73	安徽省	安庆市宿松县洲头乡金坝村
74	福建省	三明市永安市曹远镇霞鹤村
75	福建省	莆田市荔城区西天尾镇后黄社区
76	福建省	福州市永泰县嵩口镇大喜村

序号	地区	乡村名单
77	福建省	宁德市霞浦县三沙镇东壁村
78	福建省	龙岩市长汀县南山镇中复村
79	福建省	厦门市翔安区金海街道澳头社区
80	江西省	新余市渝水区良山镇下保村
81	江西省	赣州市全南县龙源坝镇雅溪村
82	江西省	萍乡市芦溪县银河镇紫溪村
83	江西省	南昌市新建区太平镇雷港村
84	江西省	上饶市广信区望仙乡望仙村
85	江西省	赣州市崇义县上堡乡水南村
86	江西省	抚州市资溪县鹤城镇大觉山村
87	山东省	青岛市平度市大泽山镇响山潘家村
88	山东省	临沂市蒙阴县桃墟镇百泉峪村
89	山东省	淄博市沂源县鲁村镇龙子峪村
90	山东省	泰安市新泰市龙廷镇掌平洼村
91	山东省	枣庄市山亭区冯卯镇李庄村
92	山东省	济宁市兖州区新兖镇牛楼村
93	山东省	德州市乐陵市朱集镇后周村
94	河南省	济源市承留镇花石村
95	河南省	郑州市巩义市米河镇明月村
96	河南省	鹤壁市淇滨区上峪乡桑园村
97	河南省	新乡市辉县市拍石头乡张泗沟村
98	河南省	平顶山市鲁山县尧山镇上坪村
99	河南省	安阳市汤阴县韩庄镇部落村
100	河南省	安阳市滑县道口镇街道顺南村
101	湖北省	武汉市新洲区仓埠街道项山村
102	湖北省	黄石市阳新县王英镇高山村
103	湖北省	十堰市丹江口市官山镇吕家河村
104	湖北省	荆门市东宝区子陵铺镇金泉村
105	湖北省	黄冈市红安县七里坪镇八一村

续表

序号	地区	乡村名单
106	湖北省	咸宁市崇阳县白霓镇浪口村
107	湖北省	恩施土家族苗族自治州巴东县东瀼口镇牛洞坪村
108	湖南省	张家界市慈利县三官寺土家族乡株木岗村
109	湖南省	益阳市赫山区泉交河镇菱角岔村
110	湖南省	岳阳市汨罗市屈子祠镇新义村
111	湖南省	永州市江永县千家峒瑶族乡刘家庄村
112	湖南省	湘西土家族苗族自治州吉首市矮寨镇德夯村
113	湖南省	长沙市浏阳市古港镇梅田湖村
114	湖南省	湘潭市岳塘区昭山镇七星村
115	广东省	佛山市禅城区南庄镇紫南村
116	广东省	广州市增城区增江街道大埔围村
117	广东省	韶关市仁化县石塘镇石塘村
118	广东省	中山市三乡镇雍陌村
119	广东省	阳江市阳西县织篢镇谷围村委会鸡㙟塱村
120	广东省	云浮市云城区腰古镇城头村
121	广西壮族自治区	柳州市三江侗族自治县林溪镇平岩村
122	广西壮族自治区	梧州市苍梧县六堡镇大中村
123	广西壮族自治区	南宁市上林县大丰镇东春村
124	广西壮族自治区	河池市巴马瑶族自治县甲篆镇百马村
125	广西壮族自治区	崇左市大新县硕龙镇德天村
126	广西壮族自治区	防城港市东兴市东兴镇竹山村
127	广西壮族自治区	玉林市北流市民安镇丰村
128	海南省	海口市美兰区演丰镇演东村委会芳园村
129	海南省	五指山市水满乡毛纳村委会毛纳村
130	海南省	昌江黎族自治县王下乡洪水村委会俄力村
131	海南省	澄迈县福山镇敦茶村委会侯臣村
132	海南省	保亭黎族苗族自治县响水镇陡水河村委会毛真村
133	重庆市	沙坪坝区丰文街道三河村
134	重庆市	南川区大观镇金龙村

序号	地区	乡村名单
135	重庆市	璧山区七塘镇将军村
136	重庆市	忠县新立镇文笔社区
137	重庆市	云阳县清水土家族乡歧山村
138	重庆市	秀山土家族苗族自治县梅江镇兴隆坳村
139	四川省	成都市崇州市道明镇竹艺村
140	四川省	广元市昭化区昭化镇城关村
141	四川省	遂宁市安居区常理镇海龙村
142	四川省	雅安市汉源县九襄镇三强村
143	四川省	绵阳市安州区桑枣镇齐心村
144	四川省	南充市高坪区江陵镇江陵坝村
145	四川省	甘孜藏族自治州稻城县香格里拉镇亚丁村
146	贵州省	遵义市桐梓县九坝镇山堡社区
147	贵州省	安顺市西秀区幺铺镇阿歪寨村
148	贵州省	毕节市大方县鹏程街道鹏程社区
149	贵州省	铜仁市江口县太平镇梵净山村
150	贵州省	黔东南苗族侗族自治州黎平县双江镇黄岗村
151	贵州省	黔南布依族苗族自治州荔波县瑶山瑶族乡高桥村
152	贵州省	黔西南布依族苗族自治州兴义市万峰林街道双生村
153	云南省	楚雄彝族自治州楚雄市紫溪镇紫溪社区紫溪彝村
154	云南省	昭通市水富市云富街道邵女坪社区
155	云南省	昆明市富民县赤鹫镇永富村
156	云南省	临沧市双江拉祜族佤族布朗族傣族自治县勐库镇公弄村
157	云南省	大理白族自治州大理市湾桥镇中庄村委会古生村
158	云南省	德宏傣族景颇族自治州盈江县太平镇雪梨村
159	云南省	怒江傈僳族自治州福贡县匹河乡老姆登村
160	西藏自治区	拉萨市曲水县才纳乡才纳村
161	西藏自治区	日喀则市定日县扎西宗乡巴松村
162	西藏自治区	山南市浪卡子县白地乡扎玛龙村
163	西藏自治区	林芝市墨脱县墨脱镇墨脱村

续表

序号	地区	乡村名单
164	西藏自治区	昌都市八宿县然乌镇来古村
165	西藏自治区	那曲市嘉黎县尼屋乡依嘎村
166	陕西省	榆林市榆阳区古塔镇赵家峁村
167	陕西省	汉中市留坝县留侯镇营盘村
168	陕西省	西安市蓝田县汤峪镇塘子村
169	陕西省	安康市旬阳市仁河口镇水泉坪村
170	陕西省	铜川市王益区黄堡镇孟姜塬村
171	陕西省	宝鸡市凤县双石铺镇兴隆场村
172	甘肃省	兰州市西固区河口镇河口村
173	甘肃省	武威市凉州区张义镇灯山村
174	甘肃省	天水市秦州区平南镇孙集村
175	甘肃省	临夏回族自治州和政县城关镇咀头村
176	甘肃省	甘南藏族自治州临潭县冶力关镇池沟村
177	甘肃省	甘南藏族自治州迭部县益哇镇扎尕那村
178	青海省	西宁市湟源县东峡乡下脖项村
179	青海省	海东市乐都区洪水镇李家壕村
180	青海省	海东市民和回族土族自治县中川乡峡口村
181	青海省	海北藏族自治州海晏县甘子河乡达玉村
182	青海省	海南藏族自治州共和县龙羊峡镇德胜村
183	青海省	黄南藏族自治州同仁市隆务镇吾屯村
184	宁夏回族自治区	银川市金凤区丰登镇润丰村
185	宁夏回族自治区	固原市原州区彭堡镇姚磨村
186	宁夏回族自治区	吴忠市红寺堡区柳泉乡永新村
187	宁夏回族自治区	石嘴山市平罗县头闸镇西永惠村
188	宁夏回族自治区	中卫市海原县关桥乡关桥村
189	宁夏回族自治区	吴忠市盐池县麻黄山乡何新庄村
190	新疆维吾尔自治区	伊犁哈萨克自治州伊宁市巴彦岱镇苏勒阿勒玛塔村
191	新疆维吾尔自治区	昌吉回族自治州奇台县半截沟镇腰站子村
192	新疆维吾尔自治区	吐鲁番市托克逊县夏镇南湖村

序号	地区	乡村名单
193	新疆维吾尔自治区	巴音郭楞蒙古自治州库尔勒市阿瓦提乡吾夏克铁热克村
194	新疆维吾尔自治区	克孜勒苏柯尔克孜自治州阿克陶县塔尔塔吉克民族乡巴格艾格孜村
195	新疆维吾尔自治区	喀什地区疏附县托克扎克镇阿亚格曼干村
196	新疆生产建设兵团	第二师 21 团 8 连
197	新疆生产建设兵团	第三师 44 团 18 连
198	新疆生产建设兵团	第十师 181 团 1 连
199	新疆生产建设兵团	第八师石总场清泉集 11 连
200	新疆生产建设兵团	第十四师一牧场 1 连

表 2-6 第二批全国乡村旅游重点镇（乡）名单

序号	第二批全国乡村旅游重点镇（乡）
1	北京市门头沟区斋堂镇
2	北京市房山区十渡镇
3	北京市密云区古北口镇
4	天津市蓟州区穿芳峪镇
5	天津市蓟州区渔阳镇
6	天津市蓟州区罗庄子镇
7	河北省保定市易县安格庄乡
8	河北省保定市涞水县三坡镇
9	河北省邢台市信都区路罗镇
10	山西省大同市灵丘县红石塄乡
11	山西省晋中市榆次区乌金山镇
12	山西省临汾市永和县乾坤湾乡
13	内蒙古自治区鄂尔多斯市达拉特旗树林召镇
14	内蒙古自治区呼和浩特市新城区保合少镇
15	内蒙古自治区兴安盟阿尔山市白狼镇
16	辽宁省抚顺市新宾满族自治县永陵镇
17	辽宁省本溪市本溪满族自治县小市镇

续表

序号	第二批全国乡村旅游重点镇（乡）
18	辽宁省大连市庄河市步云山乡
19	吉林省通化市辉南县金川镇
20	吉林省白城市通榆县向海蒙古族乡
21	吉林省松原市前郭尔罗斯蒙古族自治县查干湖镇
22	黑龙江省黑河市五大连池市朝阳山镇
23	黑龙江省大庆市杜尔伯特蒙古族自治县连环湖镇
24	黑龙江省大兴安岭地区漠河市北极镇
25	上海市崇明区竖新镇
26	上海市崇明区横沙乡
27	江苏省南京市浦口区永宁街道
28	江苏省常州市溧阳市戴埠镇
29	江苏省南通市海门区常乐镇
30	浙江省绍兴市上虞区岭南乡
31	浙江省宁波市宁海县前童镇
32	浙江省台州市天台县街头镇
33	安徽省芜湖市南陵县烟墩镇
34	安徽省池州市青阳县朱备镇
35	安徽省安庆市岳西县河图镇
36	福建省福州市平潭县苏平镇
37	福建省龙岩市永定区湖坑镇
38	福建省泉州市惠安县崇武镇
39	江西省萍乡市湘东区麻山镇
40	江西省吉安市安福县羊狮慕镇
41	江西省鹰潭市余江区杨溪乡
42	山东省济南市长清区万德街道
43	山东省潍坊市临朐县五井镇
44	山东省临沂市沂南县铜井镇
45	河南省洛阳市嵩县车村镇
46	河南省郑州市二七区侯寨乡

序号	第二批全国乡村旅游重点镇（乡）
47	河南省信阳市浉河区浉河港镇
48	湖北省襄阳市谷城县五山镇
49	湖北省宜昌市远安县花林寺镇
50	湖北省孝感市安陆市烟店镇
51	湖南省衡阳市南岳区南岳镇
52	湖南省张家界市武陵源区协合乡
53	湖南省永州市宁远县湾井镇
54	广东省惠州市惠阳区秋长街道
55	广东省潮州市潮安区凤凰镇
56	广东省河源市源城区埔前镇
57	广西壮族自治区来宾市金秀瑶族自治县长垌乡
58	广西壮族自治区贵港市覃塘区覃塘街道
59	广西壮族自治区贺州市昭平县黄姚镇
60	海南省昌江黎族自治县王下乡
61	海南省五指山市水满乡
62	重庆市涪陵区大木乡
63	重庆市南岸区南山街道
64	重庆市永川区南大街街道
65	四川省阿坝藏族羌族自治州小金县四姑娘山镇
66	四川省宜宾市翠屏区李庄镇
67	四川省攀枝花市米易县新山傈僳族乡
68	贵州省贵阳市开阳县禾丰布依族苗族乡
69	贵州省遵义市红花岗区新舟镇
70	贵州省六盘水市六枝特区落别布依族彝族乡
71	云南省丽江市玉龙纳西族自治县拉市镇
72	云南省红河哈尼族彝族自治州元阳县新街镇
73	云南省文山壮族苗族自治州丘北县双龙营镇
74	西藏自治区日喀则市吉隆县吉隆镇
75	西藏自治区林芝市米林县派镇

续表

序号	第二批全国乡村旅游重点镇（乡）
76	西藏自治区昌都市江达县岗托镇
77	西藏自治区阿里地区普兰县巴嘎乡
78	陕西省汉中市留坝县火烧店镇
79	陕西省商洛市柞水县营盘镇
80	陕西省延安市宝塔区万花山镇
81	甘肃省武威市天祝藏族自治县天堂镇
82	甘肃省临夏回族自治州临夏市折桥镇
83	甘肃省白银市白银区水川镇
84	青海省西宁市湟中区拦隆口镇
85	青海省西宁市大通回族土族自治县朔北乡
86	青海省海东市互助土族自治县南门峡镇
87	青海省海南藏族自治州贵德县河西镇
88	宁夏回族自治区固原市西吉县将台堡镇
89	宁夏回族自治区中卫市沙坡头区迎水桥镇
90	宁夏回族自治区吴忠市利通区东塔寺乡
91	新疆维吾尔自治区克拉玛依市乌尔禾区乌尔禾镇
92	新疆维吾尔自治区昌吉回族自治州阜康市城关镇
93	新疆维吾尔自治区乌鲁木齐市乌鲁木齐县水西沟镇
94	新疆维吾尔自治区克孜勒苏柯尔克孜自治州阿克陶县塔尔塔吉克民族乡
95	新疆生产建设兵团第一师 11 团花桥镇
96	新疆生产建设兵团第十二师 104 团
97	新疆生产建设兵团第四师 78 团
98	新疆生产建设兵团第九师 161 团

第3章　导游词撰写的理论基础

3.1 导游词的概念与特点

3.1.1 导游词的概念

导游词是导游引导游客观光游览时的讲解词，是导游同游客交流思想，向游客传播文化知识的工具，也是吸引和招徕游客的重要手段。一篇好的导游词不仅能够让游客更好地了解景点的历史和文化背景，还能增加游览的趣味性和参与感，让游客在愉快的氛围中度过一段美好的时光。

导游词从形式上有书面导游词和现场口语导游词两种，通常意义上人们所说的导游词创作主要指书面导游词的创作。书面导游词，一般是根据实际的游览景观、遵照一定的游览线路、模拟游览活动而创作的，它是口语导游词的基础与脚本。掌握了书面导游词的基本内容，根据游客的实际情况，再临场加以发挥，即成为口语导游词。

导游与导游词（书面）的关系就如同演员与剧本的关系。剧本提供给演员一个基本的框架，一个表演的脚本。导游词提供给导游员一些基本的数据、知识及方法，但游客是千变万化的，不能以不变应万变，对所有的游客都背诵同一篇导游词。正如同演员要体验角色的情感经历一样，导游也要根据游客的年龄、身份、职业、修养、地区等不同而变换讲解的重点与方法，提供游客需要的知识与信息，这样才能做到有的放矢，满足游客了解旅游目的地的需求。

3.1.2 导游词的特点

导游词特点可以概括为"三性三化三感"。三性指真实性、生动性和针对性，三化指知识化、规范化和口语化，三感指层次感、方向感和趣味感。

3.1.2.1 真实性、生动性和针对性

在讲解景点时，确保导游词的真实性至关重要。因为游客通常会根据导游的讲解来了解和认识景点，导游词的真实性直接影响到游客的认知和评价。第一，准确描述景点：导游词需要准确地描述景点的特点、历史和文化背景等，不夸大、不缩小、不歪曲，尽可能地还原景点的真实面貌。第二，引用可靠资料：在编写导游词时，需要引用可靠的资料和数据，例如历史文献、官方网站、专业书籍等，以确保信息的准确性和可信度。第三，避免主观臆断：导游词需要客观地描述景点，避免加入过多的个人主观臆断和猜测，以免误导游客。第四，及时更新内容：随着时间的推移，景点的状况和相关信息可能会有所变化，导游词需要及时更新内容，以保证信息的准确性。第五，认真核实信息：在编写导游词之前，需要对相关信息进行认真核实，避免出现错误或不实的信息。

在讲解景点时，增加导游词的生动性至关重要。因为游客在游览过程中，更好的体验和感受是来自导游词的生动形象。第一，使用形象语言：使用生动、形象的语言来描述景点，可以让游客更深刻地理解和感受到景点的魅力。第二，运用修辞手法：恰当地运用比喻、比拟、夸张、象征等手法，可使静止的景观深化为生动鲜活的画面，揭示出事物的内在美，使游客沉浸陶醉。

在讲解景点时，提高导游词的针对性至关重要。因为不同游客群体的需求、兴趣和知识背景是不同的，所以导游词需要有所区别，以满足他们的需求。第一，了解游客群体：在编写导游词之前，需要了解游客群体的特点，例如他们的年龄、性别、兴趣、知识背景等，以便能够编写出适合他们的导游词。第二，考虑游客的需求：不同游客群体有不同的需求，例如有的游客可能更注重历史文化，有的游客可能更注重自然风光，导游词需要考虑到这些需求，提供满足游客需求的讲解。第三，使用适合游客的语言：针对不同游客群体的语言习惯，使用适合他们的语言来编写导游词，让游客能够容易理解。第四，调整讲解重点：针对不同游客群体的兴趣和知识背景，调整讲解的重点。例如，对于儿童群体，可以更多地讲解景点的趣味性和教育意义；对于老年人

群体，可以更多地讲解景点的历史文化背景和保健知识。

3.1.2.2 知识化、规范化和口语化

导游词的知识化对于一次成功的旅行至关重要。它不仅能让游客全面了解景点的历史背景、文化内涵和风土人情，还能让游客感受到旅游的趣味性和参与感。第一，历史背景：结合景点独特的历史事件和人物，讲述景点的形成和发展过程。这样不仅能吸引游客的注意力，还能让他们更好地理解景点背后的故事和意义。第二，文化内涵：深入挖掘景点的文化价值，包括建筑风格、艺术、风俗习惯等，为游客提供丰富的文化知识和体验。第三，风土人情：向游客介绍当地的风俗习惯、生活方式和民间传说，让他们感受到地方文化的独特魅力。一篇优秀的导游词一定是包含丰富知识信息的，唯有这样讲解的时候才能够旁征博引、融会贯通、引人入胜。

导游词的规范化对于确保游客们获得高质量的旅游体验至关重要。导游词的规范性主要体现在景点介绍、语言表达、专业知识以及情感文化方面。第一，准确介绍景点：在导游词中，对每个景点的介绍都应该规范、准确、详尽，确保对景点的地理位置、历史背景、文化意义、建筑风格等进行全面而准确的描述。第二，语言表述清晰：语言表达是导游词规范性的核心，使用清晰、准确、规范的语言，确保游客能够理解和接受信息，根据不同游客的知识水平和兴趣，调整语言表达方式，使其更加贴近游客的需求。第三，专业知识权威：注意内容的权威性和准确性，引用可靠的资料和文献来源，根据不同景点的特点和要求进行专业化的讲解和引导，以满足游客对于专业知识和深度体验的需求。第四，尊重情感文化：尊重游客的文化背景和价值观，尊重当地的风俗习惯和宗教信仰，注重传递景点所蕴含的情感和意义，让游客在游览过程中感受到景点的精神内涵和文化价值。

导游词的口语化表述让游客更容易理解、听起来轻松自然至关重要。导游词多采用口头传播方式，最终目的是讲解给游客听，语音、词汇、语法、修辞等都要服从口语化的表达方式，可以增加游客的亲切感。第一，语音方面：必须具有口语灵活的音步和轻快的节奏，这样使得导游词朗朗上口、易于入耳，

给人一定的美感享受。第二，词语方面：大量使用浅显易懂的基本词汇、常用词汇、口语词汇，以及人们喜闻乐见的成语、惯用语、歇后语、格言警句，避免过于复杂或生僻的词汇，确保游客能够容易理解。第三，语法方面：在运用现代汉语一般句法规则时可以表现出极大的灵活性和变通性，其名法格式应不拘一格，灵活多变，使导游词亲切自然。第四，修辞方面：多采用清爽、简洁的短句、散句，充分调遣并综合运用整句与散句、长句与短句，使它们错落有致，各尽其长，有利于游客对重要信息的捕捉。

3.1.2.3　层次感、方向感和趣味感

导游词具有层次感，从推介、诠释到创意，由表及里、由浅至深，才能满足旅游者认知、审美和情感体验不同层次的需求。第一，推介：向旅游者推举和介绍旅游景点的直观表象特征，主要包含景点整体概说和景点具体介绍，让旅游者对游览景点有最基本的认知。第二，诠释：依据旅游者的文化认知和欣赏水平，进一步对旅游景点展开适度的拓展，向旅游者传递恰当的文化和审美信息，引导旅游者发现和欣赏旅游景点美的价值。第三，创意：由"情景"到"意境"的创造，把旅游者的思想情感引入更广阔的精神境界之中，辅助旅游者在情景交融之中满足其精神需求。

导游词具有方向感，主要来自对旅游景点的熟悉程度和空间感的把握，以便导游在带领游客参观景点时能够准确、清晰地介绍各个方向上的景点和相关信息。第一，熟悉旅游景点的地图和布局，了解各个景点之间的相对位置和方向关系。第二，根据景点的空间布局和层次关系，合理地安排参观路线和讲解顺序。第三，多使用方位词（如东、南、西、北、中），更加准确、清晰地表达景点的方向和位置关系，提高游客的参观体验。

导游词具有趣味感，不仅可以提高游客的游览体验，还可以让导游工作更加轻松愉快。第一，引入历史故事：每个景点都有其独特的历史和文化背景，将景点信息与历史、传说、神话故事等相结合，用故事的方式来引导游客的兴趣，可以让游客更加深入地了解景点，增加趣味性。第二，语言幽默风趣：适当加入幽默、诙谐的语言，可以运用双关语、俏皮话等修辞手法，增加导游词

的趣味性。第三，设计互动环节：在导游词中增加互动环节，如提问、小游戏等，激发游客的参与热情，让游览过程更具趣味性，增加彼此的交流。

3.2 导游词撰写的原则

3.2.1 客观性原则

导游词必须以客观事实为基础，准确、真实地反映景点的实际情况。撰写导游词体现客观性原则的几个要点：第一，真实可信：在撰写导游词时，必须确保所描述的景点、历史和文化信息是真实可靠的。第二，全面客观：导游词应该全面介绍景点，既包括其自然景观，也涵盖人文历史，对景点的评价和介绍应保持客观。第三，尊重文化：在介绍不同地区的文化时，要尊重当地的文化传统和价值观。第四，避免政治和宗教问题：在撰写导游词时，应避免涉及政治和宗教问题，以免引起争议或不必要的误解。第五，使用准确的语言：使用清晰、准确的语言来描述景点和历史背景，避免使用模糊或容易产生歧义的措辞。第六，注明引用来源：如果引用了其他人的研究成果或观点，应注明出处，以体现客观性原则。第七，及时更新：随着时间的推移，景点的状况和历史背景可能发生变化，应定期更新，以确保其客观性和准确性。

3.2.2 规范性原则

导游词必须符合应用写作文体的规范，遵循一定的导游词撰写格式。撰写导游词时体现规范性原则的几个要点：第一，语言规范：使用标准、清晰、准确的语言，确保语法和拼写正确，避免出现错误或歧义。第二，结构规范：导游词应遵循一定的结构，包括开场白、景点介绍、互动环节和结束语等，每个部分应逻辑清晰，条理分明。第三，内容规范：在撰写导游词时，应确保内容真实、准确、完整，遵循行业标准和国家法律法规，避免涉及不当内容。第四，文化规范：导游词应尊重当地的文化传统和价值观，避免对其他文化进行贬低或比较。第五，格式规范：导游词的格式应统一、规范，包括标题、正文、引用来源等部分，标题应简洁明了，正文应按照一定的逻辑顺序组织，引用来源应注明出处。第六，专业规范：对于某些专业领域的景点，如博物馆、历史遗址等，导游词应符合专业规范和标准，应参考相关领域的研究成果和权威资料，以确保导游词的专业性和准确性。

3.2.3 生动性原则

导游词需要生动有趣，加入一些幽默元素，增加游客的兴趣和愉悦感。撰写导游词时体现生动性原则的几个要点：第一，语言生动：使用形象、生动的语言来描述景点和历史人物，用一些比喻、拟人等修辞手法，让语言更加有趣和富有感染力。第二，故事性强：在导游词中穿插一些有趣的历史故事、民间传说或人物轶事，增加游客的兴趣和好奇心。第三，情感表达：在导游词中融入情感表达，让游客感受到景点的魅力和文化底蕴。第四，细节描述：在介绍景点时，注重细节描述，通过细节的刻画让景点更加栩栩如生，使游客仿佛置身于景点之中。第五，使用口语化表达：在撰写导游词时，适当使用口语化表达，运用当地口语或俗语，增加导游词的地域特色和亲切感，使游客感受到更加真实的游览体验。第六，交互性互动：在导游词中设置适当的交互性互动，通过提问、小组讨论、角色扮演等形式，鼓励游客参与和体验。第七，节奏感把握：在撰写导游词时，注意把握节奏感，避免过于冗长或急促，使游客能够更好地吸收和理解信息。

3.2.4 针对性原则

导游词应根据不同的受众和景点类型进行有针对性的撰写。撰写导游词时体现针对性原则的几个要点：第一，了解游客需求：在撰写导游词之前，要了解游客的需求和兴趣点，根据游客的国籍、年龄、文化背景等信息，针对性地调整导游词的内容和风格，以满足不同游客的需求。第二，针对游客类型：针对不同类型的游客，编写不同的导游词。例如，对于儿童、老年人、学生等不同类型的游客，编写符合他们兴趣和理解能力的导游词，以提高他们的参与感和满意度。第三，突出景点特色：针对不同景点的特色和亮点，重点介绍景点的历史背景、文化内涵、自然景观等方面，使游客能够更加全面地了解景点的特色和魅力。第四，情感表达恰当：在编写导游词时，根据景点的特点和游客的情感需求，恰当地表达情感，使游客能够更好地感受到景点的魅力和文化底蕴。第五，适应性调整：在导游过程中，根据游客的反应和需求，适时调整导游词的内容和讲解方式，提高游览的趣味性和针对性。

3.2.5 知识性原则

导游词应具备一定的知识性，能够向游客传递有关景观、历史、文化等方面的知识。撰写导游词时体现知识性原则的几个要点：第一，内容准确：确保导游词中提供的信息是准确可靠的，在描述景点、历史事件和文化背景时，要参考权威的资料和学术研究成果，避免出现错误或误导。第二，知识全面：导游词应全面介绍景点的知识，包括历史背景、文化内涵、地理特色等，尽量涵盖与景点相关的各个方面，使游客能够获得完整而系统的知识。第三，信息深度：在撰写导游词时，应挖掘景点的深层信息和内涵，避免表面的描述和泛泛之谈。第四，逻辑清晰：导游词的叙述应逻辑清晰，层次分明，可以按照时间顺序、空间顺序或主题分类进行组织，使游客能够更好地理解和记忆。第五，持续更新：随着学术研究的进展和知识的更新，导游词也应不断修订和完善。及时更新相关内容，确保导游词的知识性和准确性。

3.2.6 创新性原则

导游词的撰写应注重创新，不断探索新的表达方式和内容，使导游词更具新颖性和时代感。撰写导游词时体现创新性原则的几个要点：第一，主题创新：不拘泥于传统的主题和观点，寻找新的、独特的角度来介绍景点，可以从景点的历史背景、文化内涵或自然景观中提炼出独特的主题，为游客带来全新的视角和体验。第二，语言创新：运用新颖、生动的语言风格，可以借鉴网络热梗、流行词汇或地方方言，使语言更加接地气，增强游客的代入感和亲近感。第三，文化创新：在导游词中融入当地的文化元素和创新理念，结合当地特色的艺术、音乐、手工艺等，为游客带来更加丰富多元的文化体验。第四，知识创新：不断更新和拓展导游词的知识内容，将最新的学术研究成果和观点融入其中，关注新兴领域和交叉学科的知识，为游客提供更加全面和深入的知识信息。第五，结构创新：打破传统的导游词结构模式，采用更加灵活和创新的结构形式，可以根据景点的特点和游客的需求，设计个性化的导游词结构，使导游词更加生动有趣。第六，表达方式创新：运用多样化的表达方式，如故事叙述、情景模拟、问题探究等，使导游词更加吸引人并具有启发意义。第七，技术应用创新：利用现代技术手段，如手机应用程序、电子导览等，为游客提供更加便捷、智能的导游服务，提高游客的游览体验和参与度。

3.3 导游词撰写的格式

3.3.1 导游词的要素

3.3.1.1 引言

引言是导游词中最重要的部分。好的导游词引言应该能够引起游客的兴趣，让他们对景点产生兴趣。引言的撰写应尽可能简练易懂，让作为听众的游客感到兴奋。

3.3.1.2 历史故事和文化背景

介绍历史故事和文化背景可以帮助游客更好地了解景点、地点或名胜古迹。这部分应该体现导游文化底蕴。导游可以讲述与景点相关的历史故事、古老的传说与传统等，这样能够使游客对景点更加关注。

3.3.1.3 地点特色和建筑结构

理解和知道景点的特征、建筑结构等对于游客有非常大的帮助。在介绍景点特征和建筑结构时，导游可以注重内容和讲解的细节，以便游客更好地了解和欣赏景点。

3.3.1.4 艺术表现和文化部分

讲解艺术表现和文化部分是导游词文化底蕴与技巧的体现之一，撰写要注意艺术表现和文化部分的细节。细节可以引导游客更好地了解景点背后的隐藏信息，有助于他们更好地欣赏和理解景点。

3.3.1.5 安全措施和景点服务

在导游词中，介绍安全措施和景点服务非常重要。导游在讲解景点和地点等信息的同时，必须明确介绍相关的安全措施和服务，以帮助游客确保安全和享受旅游过程。

3.3.2 导游词撰写的格式

3.3.2.1 由标题、正文两部分构成

标题有三种写法：第一种是直接以被介绍的地点、景物和古迹为标题，如《南京市》《故宫博物院》。第二种是以被介绍的地点、景物和古迹加"简介"、"介绍"为标题，如《桂林市简介》《苏州园林介绍》。第三种是文章标题法，如《中华文化瑰宝——莫高窟》。

导游词的正文写法因内容不同而各有差异。如果是介绍一座城市，可以先做总体介绍，再做具体介绍，包括它的地理位置、历史渊源、气候条件、著名景点、水陆空交通等。如果是介绍一处景物或古迹，则要突出其主要特点，包括有关建筑的特点及其历史、有关的传说故事等。

3.3.2.2 由引言、总述、分述和结尾四个部分构成

前言部分就是见面时的开头语，一般是导游在陪同游客参观、游览前，向大家表示问候、欢迎和自我介绍的话，实质上是一个开始，既简短、亲切，又有引出下文的作用。开头语包括问候语、欢迎语、介绍语、游览注意事项和对游客的希望五个方面，放在导游词的最前面。

总述是对将要参观游览的景点用精练的词句先作整体介绍，让游客对景点有个初步了解，以便让游客有一种见树先见林的感觉。概括介绍是用概述法介绍旅游景点的位置、范围、地位、意义、历史、现状和发展前景等，目的是帮助旅游者对景点先有个总体了解，引起游览兴趣，犹如"未成曲调先有情"。概括介绍应根据时间和游客情况，可长可短，可详可略。

分述是导游词的重点，它是按游览的先后顺序，对景观逐一进行生动、具体的陈述，使游客尽情饱览一个个景点的风韵和艺术魅力。每一个大景点会由很多小景点组成，要把重点放在介绍景区中最具有代表性的景点和景物，即对主要游览内容进行详细讲述。重点讲解是对旅游线路上的重点景观从景点成因、历史传说、文化背景、审美功能等方面进行详细的讲解，使旅游者对旅游目的地有一个全面、正确的了解，这是导游词最重要的组成部分。

做事要善始善终，写导游词有开头也一定要有结尾，即导游词的结束语，

包括总结、回顾、感谢和美好祝愿。

3.4 导游词创作的技巧

3.4.1 导游词创作的思路和步骤

3.4.1.1 了解背景信息，确定目标受众

导游词是向游客介绍景点历史、文化、自然景观以及人文特色的重要媒介。写一篇精彩的导游词，需要对景点的背景进行深入了解，包括景点的历史沿革、文化传承、地理特点、建筑风格、民俗风情等。此外，还需要了解景点的相关传说、故事和名人轶事，以便在导游词中穿插使用，增加游客的兴趣。

在撰写导游词之前，明确目标受众也是非常重要的。不同的受众群体对导游词的内容和风格有不同的需求。例如，年轻人可能更喜欢富有激情和活力的讲解风格，而老年人可能更偏好于平实、详细的介绍。此外，游客的国籍、文化背景和语言水平也会影响导游词的编写。因此，需要根据目标受众的特点来调整导游词的内容和表达方式，确保导游词能够满足游客的需求，提升他们的游览体验。

3.4.1.2 选定明确主题，组织整理信息

在了解了景点的背景信息和明确了目标受众之后，需要选定一个明确的主题来组织导游词。主题的选取可以根据景点的特点、历史文化背景或相关人物故事等方面入手，这个主题应该是景点最具代表性、最能吸引游客的特色。例如，如果一个景点以自然风光为主题，那么导游词就应该重点突出其山水之美、生态保护等方面的内容。如果一个景点以历史文化为主题，那么导游词就应该重点介绍其历史遗迹、文化传承等方面的内容。

在确定了主题之后，需要开始搜集和整理相关的信息，为撰写导游词做准备。这些信息包括景点的历史背景、文化传承、地理特点、建筑风格、民俗风情等。在整理信息的过程中，需要遵循逻辑性和条理性，按照一定的顺序和层次来组织这些信息。例如，可以按照时间顺序、空间顺序或者重要性程度来组织信息，使得游客能够更好地理解和接受。同时，还需要注意信息的筛选和提

炼。在众多的信息中需要选择那些最具代表性、最能反映景点特色的内容，对其进行深入的挖掘和阐述。对于一些次要的信息，可以进行适当的舍弃或简略介绍，避免信息过于冗长和繁琐。

3.4.1.3 设计好的开场，讲好景点概况

导游词的开场设计非常重要，一个引人入胜的开场可以立刻吸引游客的注意力，使他们对接下来的讲解充满兴趣。可以悬念开场，通过提出一个问题，或者讲述一个与景点相关的有趣故事来引起游客的好奇心。可以使用生动的描绘开场，用生动的语言描述景点的美丽景色或特色，让游客在脑海中形成初步印象。可以引用名言或诗词开场，用著名人物或诗词来赞扬景点，提升讲解的文学性。可以与游客互动开场，问游客一些关于景点的问题，或者邀请他们参与一个小游戏，以此增强游客的参与感。

景点概况好比交响乐中的序曲，能起到引导游客进入特定旅游意境，初步领略游览景点奥秘的作用。根据景点的地理、历史、特点等情况向游客进行概要性的介绍，具体包括：景点名称与位置、景点的历史文化背景、景点的自然景观特色、景点的人文景观特色、景点的游览路线与主要景点等内容。景点概况应简洁明了，避免冗长的描述，重点突出景点的特色和亮点。按照一定的逻辑顺序（如时间顺序、空间顺序）来介绍景点，使游客更容易理解和接受。使用生动、形象的语言来描述景点，增强讲解的趣味性和吸引力。

3.4.1.4 详述景点特色，穿插传说故事

这是导游词的核心部分，应详述景点的独特之处、历史背景、文化意义等。景点特色是每个景点的独特之处，也是吸引游客的关键所在。在导游词中，需要对每个景点的特色进行详细介绍，使游客能够深入了解景点的魅力所在。首先，需要对景点的自然景观进行描述，包括地形地貌、山水风光、动植物资源等。对于一些特殊的自然景观，如奇石、瀑布、湖泊等，可以进行重点介绍，并解释其形成的原因和历史。其次，需要介绍景点的建筑风格和人文景观，包括古建筑、民居、园林、雕塑等。对于不同风格的建筑，可以对其结构、材料、装饰等方面进行详细描述，使游客能够感受到建筑的独特之处。此

外，还可以介绍景点的文化内涵和民俗风情。这包括当地的历史文化、传统习俗、民间艺术等。通过介绍这些内容，可以让游客更加深入地了解当地的文化底蕴和风土人情。

传说故事是导游词中的一大亮点，可以增加游览的趣味性和参与感。在介绍景点时，可以穿插一些与景点相关的传说和故事，使游客能够更加深入地了解景点的历史和文化背景。对于一些具有传奇色彩的景点，可以讲述一些神秘的传说和故事。例如，一些古建筑的历史传说、山水的神话故事等。这些故事不仅可以增加游客的兴趣，还可以让游客更加深入地了解景点的历史和文化背景。

3.4.1.5 增加互动参与，完美结束收尾

导游词创作过程中，多加入一些游客参与和互动的环节，能让游客更深入地了解景点的特色和文化内涵，并增加他们的参与感。可以提出一些与景点相关的问题，邀请游客回答，这样既能测试游客对景点的了解程度，也能增加互动性。可以根据景点的特色，设计一些简单有趣的活动或游戏，例如知识竞答、拍照打卡等，让游客能够更加积极地参与到游览中来。可以组织游客进行小组讨论，分享他们对于景点的感受和见解，提高游客的参与感和归属感。可以增加游客亲身体验景点的特色活动或项目，例如手工艺制作、地方美食品尝等，让游客能够更加深入地了解当地的文化和风俗。

导游词的结束部分也非常重要，一个完美的收尾可以给游客留下深刻的印象。在结束时，对整个导游词进行简要的总结，回顾景点的特色和亮点，这样可以帮助游客加深对景点的印象。给游客留下一些温馨的赠言或寄语，表达对他们的祝福和希望，这样可以增强游客的归属感和情感共鸣。向游客表达感谢，感谢他们的参与和支持，可以提升游客的满意度和忠诚度。同时，也可以留下一些开放性问题或建议，引导游客进一步探索和思考。

3.4.2 导游词创作的实用技巧

3.4.2.1 引申法

导游员在导游过程中，要善于针对游客可能提出的问题加以引申发挥，全面地介绍与有关问题相关的方针、政策和涉及的知识。引申法作为一种实用的

导游词创作技巧，能够拓展景点的背景知识，增加导游词的趣味性，从而提升游客的参与感和游览体验。

3.4.2.2 故事法

故事法即在导游词中穿插一些故事、典故与传说，可以激起游客的兴趣。故事可以是古老的民间故事，其中往往含有一些人生哲理，要注意游客的文化传统及与旅游目的地的文化差异，避开一些敏感问题。也可以根据客观现实，"制造"一些具有说明性的故事，借此来说明一些僻涩的问题。

3.4.2.3 情景法

情景法是使导游词中表达的情和景物达到和谐统一，使游客感到景中有情、情中有景的方法。做到情景交融，一定要尽可能地寻找、发掘景物中所隐含的深层文化及其引申意义，通过不同途径尽可能了解客源地的景物与文化，寻找客源地与旅游目的地的文化关联，了解游客的经历和情感世界，有的放矢，才能做到真正的情景交融。

3.4.2.4 巧设悬念法

巧设悬念法即设疑，是指在导游词的开头或中间提出问题、造成悬念、摆出矛盾，引起游人关注，在关键的地方故意留下使游者感兴趣的问题，激发游客的好奇心。其特点是先将疑问悬在那里，然后"顾左右而言他"，故意不予理会，或作出种种猜想，蕴蓄较长时间后，再解悬念，回答提出的问题。

3.4.2.5 虚实结合法

"虚"，是指民间传说、神话故事、奇闻趣事等。"实"，即客观存在的景物及其他旅游客体。虚实结合，就是把以上两个方面有机地联系穿插在一起进行讲解、介绍。这种手法一般多用于名胜古迹、园林景观等游览点的导游讲解，此法可以收到烘托气氛、增添情趣、引起对方共鸣和思考的效果。虚实结合要以"实"为主，"虚"只是加深"实"的存在意义、强调其价值的一种手段。

3.4.2.6 渲染激情法

渲染激情法是一种能够激发游客情感共鸣的导游词创作技巧。通过深入描述、修辞运用和情感渲染等方式，可以创作出富有感染力的导游词，让游客更加深入地了解和感受景点的魅力。特点是句子短，整散结合，为了造成气势可用排比句、反问句等抒情色彩较浓的句式。

3.4.2.7 妙喻显趣法

妙喻显趣法即比喻说明，是一种形象的说明方法。运用比喻，可以把抽象复杂的事物介绍得具体生动，浅显易懂；把陌生的事物解释得形象清晰，简明通俗，易于认识和了解。妙喻显趣法作为一种有效的导游词创作技巧，能够通过具象化概念、突出景点特点等方式，提高导游词的趣味性和参与感。

3.4.2.8 烘托类比法

烘托类比法，在修辞手法中，人们也把这种方法称为"映衬"，即在介绍眼前景物时，先简叙有名景点中的同类景物，以引起游客的联想，唤起游过该地的游客美好的回忆，同时又对眼前景物烘托映衬，激起游客的游览兴趣和游览欲望。

3.4.2.9 寓幽于默法

幽默是人们表达思想感情的一种手段。幽默是一种机智、风趣、凝练的语言，是借助多种修辞手法进行的一种艺术表达。运用幽默法可以使导游词富有感染力和趣味性，在轻松愉快中给人知事明理的启迪。可以把景观、景物和游客巧妙地联系起来，用幽默的导游词和导游语言变困境为顺境、变紧张为缓和、变扫兴为高兴。

3.4.2.10 夸张饰美法

夸张是为了启发游客的想象力，具有加强语言效果的力量。夸张是用夸大的词句来形容事物的修辞手法。在导游词中夸张饰美，既可以唤起游客的想象力，又能较好地抒发导游员的情感，增强导游词和导游语言的感染力。运用夸张饰美法时，要注意运用色彩词，要注意以客观实际为基础，使夸饰具有真实感，语言要简明，让游客一听就明白。

第4章 乡村旅游景点导游词创作的理论基础

乡村是文化的发源地，承载着丰富的历史、民俗和传统。仅仅停留在表面的自然风景介绍是远远不够的，我们需要透过现象看本质，深入理解乡村文化的深层内涵。这就需要依托乡村性、地方感、原真性等理论基础，对乡村的得名、历史演变、民俗风情、景点特色、旅游资源等进行深入的研究，从而在导游词中呈现出一个真实而生动的乡村形象。同时，一个好的导游词不仅要传达信息，更要给游客带来美的享受。而理论基础的支撑正是提升导游词品位与层次的关键。通过运用乡村文学、乡村美学、乡村景观等理论知识，我们可以更加精准地捕捉乡村的美，用生动的语言和优美的词汇将其表达出来，使游客在欣赏乡村美景的同时，也能感受到语言的魅力。因此，只有建立在坚实的理论基础之上，我们才能更好地挖掘乡村文化的深度与广度，提升导游词的品位与层次，感受乡村旅游景点的那份独特魅力。

4.1 乡村性理论

乡村性理论在乡村旅游景点导游词创作中是核心要素。在旅游研究领域中，乡村性是乡村旅游景点吸引游客的基础和旅游发展的核心吸引力。正是因为乡村的独有特质，即区别于城市、根植于乡村的乡村性的存在，才满足了人们远离城市喧嚣，亲近乡村自然的心理需求。因此，在导游词创作中，我们应该充分运用乡村性理论，才能够引导游客更好地理解和体验乡村的风土人情，使乡村旅游更加具有吸引力和可持续性。

4.1.1 乡村性理论相关研究

乡村性（rurality）作为乡村（rural）的派生名词产生于 18 世纪，是描绘乡村空间与地域类型的重要概念，源于法语中的农村，意指"之所以成为乡村的条件"。

国外乡村性的概念是在 1977 年 Cloke 提出的，构建了人口结构、人口密度、就业结构、交通格局等多项乡村性指数。此后，Halfacree（1993）、Harrington 等（1998）、Woods（2005）、Edwards 等（2011）、Nelson 等（2021）对乡村性的方法与要点、指标选取、权重设置和类型边界的确定进行了补充研究，进一步完善了乡村性作为评判指标的科学性。

国内乡村性的概念是在 1998 年由张小林最早引入的，他指出乡村的定义应当让位于乡村性，城乡之间是连续的，可在一定区域内衡量乡村性的强弱，但并未深入研究乡村性的具体测度。此后，邹统钎（2006）、冯淑华和沙润（2007）、吴丽娟和李洪波（2010）、尤海涛等（2012）、刘敬华（2018）、朱运海和曹诗图（2020）、李志飞等（2021）、王铭杰（2021）、王公为（2022）对乡村性的功能、评价、主体、要素角度、景观化表征、评价指标、游客视角感知和乡村性表征进行了侧重点研究，进一步完善了乡村性在旅游语境下的概念界定，突出乡村旅游乡村性的本质内涵。

从国内外学者的研究中，总体上形成了地理学、社会学和文化学三种视角。从地理学的角度来看，乡村性主要指乡村地区的自然环境和人文景观特点。地理学家通过对乡村地区的地貌、气候、土壤等自然要素的研究，以及对乡村地区的建筑、文化、历史等人文要素的研究，来分析和解读乡村性的概念。从社会学的角度来看，乡村性主要指乡村地区的社会经济结构和乡土文化特点。社会学家通过对乡村地区的社会关系、经济发展、文化传承等方面的研究，来分析和解读乡村性的概念。从文化学的角度来看，乡村性主要指乡村地区的乡土文化特点和民俗传统。文化学家通过对乡村地区的传统艺术、民间习俗、宗教信仰等方面的研究，来分析和解读乡村性的概念。

4.1.2 乡村性的主要特征

4.1.2.1 自然环境原生性

乡村地区的自然环境通常保持着原生状态，山水田园风光优美。这里的地形地貌、植被覆盖、水体状况等自然元素均未受到过度开发，呈现出原始、自然的景象。同时，乡村地区的生态系统相对完整，生物多样性丰富，为人们提供了良好的生态环境。

4.1.2.2 社会结构单纯性

乡村社会的结构相对单纯，人际关系简单明了。这里的居民多以务农为生，彼此之间的社会关系较为简单，邻里关系和睦，互相帮助。此外，乡村社会的组织结构也较为简单，主要由家庭、村落和乡镇等层级构成。

4.1.2.3 经济活动农业性

乡村经济以农业为主导产业，农业生产占据重要地位。乡村地区的经济活动主要包括种植、养殖、林业、渔业等，这些产业与乡村的自然环境紧密相连，形成了独特的农业生态系统。此外，乡村地区也有一些手工业和副业，但这些产业通常依附于农业。

4.1.2.4 文化传承乡土性

乡村文化具有浓厚的乡土气息，传承着悠久的农耕文明。这里的居民有着独特的生活方式、语言、风俗习惯等，这些文化元素在乡村地区得到了保护和传承。同时，乡村地区的传统建筑、民间艺术、节庆活动等也体现了乡土文化的魅力。

4.1.2.5 空间布局分散性

乡村地区的空间布局具有分散性特点，村落和农田分布广泛。这种分散的布局使得乡村地区呈现出一种独特的空间形态，有利于保护自然生态和景观多样性。此外，乡村地区的交通网络相对简单，主要以乡村道路和农田小径为主。

4.1.2.6 生活节奏悠闲性

乡村生活节奏相对悠闲，居民的生活方式和城市有很大的不同。在乡村地区，人们通常过着慢节奏的生活，有充足的时间去享受自然、休闲和社交活动。

这种悠闲的生活节奏使得乡村居民能够更好地与自然和谐共生，保持身心健康。

4.2 地方感理论

地方感理论在导游词创作中的作用至关重要，它强调的是游客对地方特色、文化和历史的感知和情感体验。它不仅能够增强景点的吸引力和独特性，还能够建立游客与地方的情感联系，提升游客的参与感和体验感，以及促进文化的传承和发展。因此，在导游词创作中，我们应该充分运用地方感理论，为游客带来更加丰富、深刻、有趣的游览体验，激发游客对地方特色的感知和情感连接。

4.2.1 地方感理论相关研究

早期的环境心理和感知研究始于 20 世纪 50 年代。在游憩环境中，游憩者往往因对环境的使用（如休闲活动的参与）而对某个地方产生各种形式的情感联结和态度与行为的忠诚，这是地方感（sense of place）研究的范畴。

国外地方感的研究是 1966 年 Wright 首创敬地情结（geopiety）一词，用于表示人对自然界和地理空间的认识而产生的深切敬重之情。Tuan Y F 于 1976 年在"地方"概念的基础上提出"地方感"的概念——"地方感是地方本身所具有的特质及人们自身对地方的依附"。此后，Relph（1976）、Steele（1981）、Zube（1982）、Greene（1996）、Williams 和 Stewart（1998）、Bott（2000）、Stokowski（2002）、Sloan（2003）、Lobo（2004）、Blizard（2005）、Scannell 和 Gifford（2010）等学者在人与环境的关系、地方本质、地方感概念模型、人工环境地方感的测量、社会概念的地方感、地方感形成过程、地方感的解释方式、地方感形成的影响因素以及地方依恋三维模型等方面开展了深入研究，形成地方依恋、地方认同、机构忠实和地方意象的地方感研究重点。

我国学者高泳源（1991）在《诗人眼中的地方感》一文中指出："出现在眼前的景物，通过所有的感觉以及主动的和反映的意向，相互坠连系合，在我们的头脑中，一个地方就成为具体的实体，这幅外部世界的心象，称之为地方感。"这是"地方感"一词在国内文献中的最早出现。国内地方感的研究方面，

1997年张捷较早地指出了地方概念的意义和在阐释旅游地整体形象和增强旅游地吸引力中的重要作用。此后，范业正（1998）、邹统钎（2006）、唐文跃（2007）、张中华（2009）、周尚意（2011）、郑衡泌（2012）、朱竑（2013）、盛婷婷和杨钊（2015）、王逸潇（2016）、徐汉晖（2017）、卢松（2018）等在地方感的多维概念、地方认同的概念、地方性的探讨、地方性的特征、地方文脉以及地方感的建构与应用等方面开展了深入研究，研究内容涉及多学科，研究方法和模型多元化，维度与影响因子选择有针对性。

综合过往学者对于地方感的研究和应用可以得知，地方感是一种人地互动机制，是一种经过文化与社会改造的情感化的人与地方的关系。在旅游学研究领域，对于地方感理论的合理运用，能够为旅游目的地建设、地方景观构成、地方性呈现等相应问题提供研究基础。同时，地方感中人的感知要素能够为旅游学中"人—地"关系的研究提供理论支持，进而为普遍趋于同质化的旅游构成提供具有现实意义的解决方案。

4.2.2 地方感的主要特征

4.2.2.1 主观性

地方感是一种主观的情感体验，不同人对同一地方可能产生不同的感受。这种主观性源于个人的经历、文化背景、价值观等因素。

4.2.2.2 多维性

地方感包含多个维度，如地方依恋、地方认同、地方依赖等。其中，地方依恋又包含情感、认知、行为三个维度。这些维度相互交织，共同构成地方感的复杂性。

4.2.2.3 动态性

地方感不是一成不变的，它会随着时间和情境的变化而发生改变。例如，一个人对某个地方的情感联系可能会因为生活经历的变化而增强或减弱。

4.2.2.4 情感性

地方感具有强烈的情感色彩，它涉及人们对地方的热爱、依恋、归属感等积极情感，也可能包括疏离感、陌生感或恐惧感等消极情感。

4.2.2.5 文化性

地方感与文化背景密切相关，不同文化背景下的人们对地方的情感联系和认同感可能存在差异。

4.2.2.6 社会性

地方感具有社会性特征，它涉及个人与社区、群体之间的互动和联系。人们在特定地方形成的社区关系和社交网络会增强他们对该地方的情感联系。

总之，地方感是旅游目的地吸引力的基础。一个具有独特地方感的地方，往往能够吸引游客前来体验和探索。游客通过对地方文化的认同、对地理环境的感知以及对社会联系的建立，形成对旅游目的地的深厚情感和归属感，从而增强目的地的吸引力。

4.3 原真性理论

原真性理论，强调保持事物原有的、真实的状态和特性。原真性理论在导游词的编写中扮演着至关重要的角色，它确保了导游词内容的真实性、独特性和文化相关性，提升了导游词的可信度和专业性。因此，在导游词创作中，我们应遵循原真性原则，为游客提供准确、专业、有深度的旅游信息服务，以提升游客的旅游体验和地方旅游业的发展水平。

4.3.1 原真性理论相关研究

"Authenticity"一词最早出现在《威尼斯宪章》中，源于希腊语"自己做的""最初的"，直到《奈良原真性文献》的出现，学术界才将"Authenticity"统一翻译为"原真性"。"原真性"作为一个独立的科学研究概念被首次提出是在文化遗产研究领域，通常指遗产保持其原始、本真状态的程度，包括物质形态、历史价值、文化意义等方面。

国外对原真性的研究较早，主要集中在《威尼斯宪章》（1964）、《保护世界文化与遗产公约》（1972）、《实施世界遗产公约操作指南》（1977）、《华盛顿宪章》（1987）、《关于真实性的奈良文件》（1994）等会议文件。同时，Boorstin（1964）、Mac Cannell（1973）、Culler（1981）、Baudrillard（1983）、

Wang N（1999）等形成了客观主义、建构主义、后现代主义和存在主义四种原真性实践理论。这里特别要提到的是美国的 Mac Cannell 在 1973 年首次将原真性概念引入旅游研究领域，主要探讨旅游体验的真实性问题。随着研究的深入，旅游原真性理论不断发展，逐渐从单一的文化真实性扩展到多维度的体验真实性。

国内关于旅游原真性的研究，首推 1999 年王宁从旅游体验角度提出的基于主体导向的存在主义原真性的观点，之后有关研究不断增多。马炳坚（2002）、阮仪三等（2003）、曹丽娟（2004）、曹娟（2005）、竺雅莉（2006）、徐嵩龄（2008）、石坚韧（2009）、朱直君（2010）、易莲红（2017）、曹盼（2018）、韩暄（2019）、王英慧（2020）在原真性概论界定和范畴、旅游原真性感知、物质文化遗产原真性实践研究和非物质遗产实践研究等方面深入研究，旅游原真性理论结合了中国的文化特点和旅游实践，形成了具有中国特色的理论体系。

综上所述，在国内外原真性理论研究中，存在一些差异和共性。国内研究在吸收和借鉴国外理论的基础上，更加注重结合中国实际，探讨适合中国国情的原真性保护方法和路径。同时，国内外研究也在逐渐融合，共同推动原真性理论的发展和创新。

4.3.2 原真性的主要特征

4.3.2.1 物质性

原真性首先体现在物质层面，即文化遗产的物理属性和物质形态。这包括建筑、艺术品、文物等的历史原貌、材料、工艺等，这些物质特征是评估原真性的基础。

4.3.2.2 历史性

原真性强调文化遗产的历史背景和历史价值。这包括文化遗产的形成过程、历史演变以及与特定历史时期或事件的联系。

4.3.2.3 文化性

原真性不局限于物质层面，还涉及文化遗产所承载的文化意义和文化价值。这包括文化传统、民俗习惯、宗教信仰、艺术表现等方面。

4.3.2.4 社会性

原真性还与文化遗产所在社区或群体的社会认同有关。社区或群体对文化遗产的认同感和归属感是原真性的重要组成部分。

4.3.2.5 动态性

原真性不是静态不变的，而是随着时间和社会的发展而演变。这意味着原真性评估需要考虑到文化遗产在历史和社会发展过程中的变化。

4.3.2.6 主观性

原真性的判断往往受到主观因素的影响，如观察者的视角、文化背景、价值观等。因此，在原真性评估中需要考虑到不同利益相关者的观点和利益诉求。

4.3.2.7 可持续性

原真性保护需要考虑到文化遗产的可持续发展。这包括在保护过程中保持文化遗产的活性，促进其在现代社会中的传承和发展。

综上所述，原真性是一个复杂而多维度的概念，涉及物质、历史、文化、社会、动态、主观和可持续等多个方面。在文化遗产保护、旅游开发等领域中，理解和尊重原真性特征至关重要。

4.4 乡土文学理论

乡土文学作品往往以乡村为背景，通过对自然景观、人物故事、民俗风情的描绘，为景点注入了丰富的文化内涵。乡土文学是传承乡村文化的重要载体，通过导游词的创作和传播，可以促进乡土文化的传承和发展。因此，在导游词创作中，我们应融入乡土文学元素，可以使游客更加深入地了解景点的历史背景、文化内涵和社会价值，增强游客的文化认同感和审美体验。

4.4.1 乡土文学理论相关研究

乡土文学的起源可以追溯到古代文明时期，当时人们开始用文字记录自己的生活经验和观察到的社会现象。随着时间的推移，乡土文学逐渐发展成为一种独特的文学流派，受到了越来越多文学家的关注和创作。

在国外，乡土文学的发展历程可谓丰富多彩。从最初的口头传说、民间故事，到后来的文学作品，乡土文学在各个历史时期都留下了深刻的印记。特别是在 19 世纪和 20 世纪，随着工业化、城市化的进程加速，许多作家开始反思乡村的变迁，并通过文学作品表达了对乡土的眷恋和怀念。这些作品不仅描绘了乡村的美景，还深入挖掘了乡村社会的各种矛盾和问题。例如，美国的约翰·斯坦贝克，他的小说《愤怒的葡萄》通过描述农民在经济危机中的苦难和斗争，生动地展现了美国 20 世纪 30 年代的社会现实。还有法国的马塞尔·普鲁斯特，他的《追忆似水年华》以乡村为背景，通过主人公的回忆，展现了法国乡村的风土人情和社会变迁。

乡土文学，作为中国文学的一个重要分支，主要关注的是乡村、农民及其生活状态、文化传统、情感纠葛等。其起源可以追溯到古代中国的诗歌和散文，如《诗经》中的《国风》部分，就大量反映了当时的乡土生活和人民情感。从古代的诗歌、散文，到近代的小说、戏剧，乡土文学始终占据一席之地。特别是在 20 世纪初，随着中国社会经济的巨大变革，乡土文学逐渐成为一个独立的文学流派，并涌现出一批杰出的作家和作品。如鲁迅的《故乡》、沈从文的《边城》、茅盾的《春蚕》等，都是描写乡村生活、展现农民命运的经典之作。这些作品不仅描绘了乡村的自然风光和人文环境，还深入挖掘了乡村社会的各种矛盾和问题。

总之，乡土文学作为关注乡村生活和文化的重要文学流派，在国内外都有着广泛的研究价值和深远的社会影响。乡土文学中的乡村形象和乡村生活，往往蕴含着丰富的乡村发展经验和智慧。通过对这些形象和生活的深入剖析，我们可以从中获得许多关于乡村发展的启示和借鉴。这些启示和借鉴不仅有助于指导乡村的未来发展，还能够为城市发展和整个社会进步提供有益的参考。

4.4.2 乡土文学的主要特点

4.4.2.1 地方色彩浓厚

乡土文学的最显著特点就是其浓厚的地方色彩。作品往往以某一特定的乡村或地区为背景，通过对该地区自然风光、民俗风情、历史传统的细致描绘，展现出独特的地方魅力。这种地方色彩不仅增强了作品的可读性和吸引力，也使得读者能够更深入地了解和感受乡村生活的韵味。

4.4.2.2 生活真实反映

乡土文学注重对生活的真实反映，尤其是对乡村生活的细腻描绘。作品通过讲述乡村人的日常生活、劳作、交往等细节，生动地再现了乡村社会的真实面貌。这种真实反映不仅让读者感受到乡村生活的真实性和丰富性，也激发了人们对乡村生活的关注和思考。

4.4.2.3 语言质朴自然

乡土文学的语言风格往往质朴自然，贴近乡村生活的实际。作品中使用的词汇和句式简单易懂，语言流畅自然，没有过多的修饰和雕琢。这种质朴自然的语言风格使得作品更加贴近读者的生活体验，也更容易引发读者的情感共鸣。

4.4.2.4 人物形象鲜明

在乡土文学中，人物形象往往鲜明立体。作品通过对人物的性格、行为、心理等方面的深入刻画，塑造出一个个生动鲜活的人物形象。这些人物形象不仅具有浓郁的地方特色，也富有鲜明的个性和情感色彩，使得作品更加具有感染力和震撼力。

4.4.2.5 社会风情展示

乡土文学不仅关注个体的命运和情感，也关注整个乡村社会的风情和变迁。作品通过对乡村社会的描绘和展示，反映了乡村社会的风土人情、价值观念、道德伦理等方面的特点。这种社会风情的展示不仅丰富了作品的内涵和深度，也使得读者能够更全面地了解乡村社会的历史和文化。

4.4.2.6 历史传承意识

乡土文学往往承载着深厚的历史传承意识。作品通过对乡村历史文化的挖掘和传承，弘扬了乡村文化的独特价值和魅力。这种历史传承意识不仅有助于保护和传承乡村文化，也激发了人们对乡村历史文化的兴趣和尊重。

4.4.2.7 情感真挚深沉

乡土文学中的情感表达往往真挚深沉。作品通过对乡村生活的描绘和对人物命运的刻画，传达了作者对乡村的深厚情感和对人性的深刻思考。这种情感的真挚深沉不仅让作品具有更强的感染力和影响力，也使得读者能够更深入地理解和感受乡村生活的情感内涵。

4.5 乡村美学理论

乡村，作为人与自然和谐共生的典范，蕴藏着丰富的历史文化和自然美学。乡村美学理论强调对乡村自然风光、人文景观、乡土文化的深入挖掘和呈现。在创作导游词时，导游应运用美学理论，分析乡村景物的构图、色彩、线条等视觉要素，以及乡村生活的节奏、氛围等情感要素，从而构建出一幅幅充满魅力的乡村画卷。它不仅为导游提供了深入解读乡村文化的理论支撑，还使得导游词更加生动、有趣，增强了游客的参与感和体验感。

4.5.1 乡村美学理论相关研究

美国音乐评论家哈罗尔德·C.勋伯格（Harold C. Schonberg）在 1970 年出版的《作曲家生涯（五）现代乐派》一书中论及：美国作曲家艾伍士不满于法国作曲家德彪西的虚假，认为他"不过是一个偶尔标榜乡村美学的城市佬"。这里出现的"乡村美学"，是 1986 年由陈琳琳翻译的，是一个直觉感悟式的评论用语，还说不上美学范畴。

国外个别著作虽涉及乡村美学，但整体探讨和专题性研究尚未少见。比如，Arnold Berleant（1992）虽也论及乡村环境，但重点探讨的是"城市美学"问题。Randall Arendt（1994）虽意识到"在未来城镇规划工作中，美学潜在功能不能被忽视或者被低估"，具体论述的主要是乡村建筑、街道及相关设施的规划问题。Vos，Meekes 等人（1999）认为乡村拥有自然景观、传统农业景观和文化景观，这些景观是人类审美的来源，展现了乡村生活文化的特征。Allen Carlson（2000）论述了北美国家现代农庄、村镇的审美风貌，但本书的主旨是对人类整体生活环境的探讨，也非乡村美学研究。Klaus.C.Ewald（2001）

对美学景观元素构成分析，认为人们受乡村环境变化影响，对风景各类构成要素的感知与审美会发生变化。M. Arriaza，J. F. Canas-Ortega 等人（2004）从视觉审美的角度出发，认为乡村美在自然的景观，而自然中水与色彩两要素影响人类的对乡村景观的审美。Peter Howley（2011）从审美的角度探讨了人们对爱尔兰农村地区中不同景观美学要素的偏好，得出不同的环境下人们对景观偏好差异较显著。Linda R. Klein，William G. Hendrix 等人（2015）以美国华盛顿帕卢斯地区为例，认为植被景观视觉上可感知的结构属性可以潜在地提供生态功能、美学质量和农业可持续性，并鼓励对不同景观和土地利用背景下的生态美学关系进行比较研究。Brenda Maria Zoderer，Erich Tasser 等人（2019）从生态服务角度出发，认为乡村景观要素具有美学价值，并且可以造福于人类发展。

　　我国关于"乡村美学"的研究，最早出现在曾菊新（1996）《空间经济：系统与结构》一书中。虽迟但有走向兴盛之势，但就目前状况看，尚未出现系统性、理论性、专门性的成果。简德彬（2006）深入论述了"乡土美学"问题，并点明他所说的"乡土美学"，"即乡村美学、农村美学，而非本土美学"。2007 年，成远镜、朱晶在《生活美学》一书中，设有专节讨论了"乡村环境美的建造"；罗凯在《农业美学初探》一书中，比较集中深入地探讨了农产品、农业生产等方面的美学问题；陈威在《景观新农村》一书中，从景观角度，探讨了乡村美的建设问题。高建平（2010）明确地提出，"美起源于乡村"，"美存在于众多的领域之中"。郭昭第（2018）运用人类学的方法，基于美学视野对甘肃陇东南地区乡村中的"乡俗与器物美学智慧""乡俗与礼乐美学智慧""乡俗及生态美学智慧"的描述与阐释，不仅深入发掘了中国乡村特有的审美文化资源，且更为充分地证明乡村美学的价值在于使人们重新认识乡村。

　　综上所述，乡村美学仍是一项具有创新性的领域，是汇聚多种社会思潮的领域。乡村美学，其研究对象既与已有的环境美学、生态美学、民俗美学、农业美学密切关联，还包括乡村旅游、乡村艺术以及特色城镇等现实问题。

4.5.2 乡村美学的主要特点

4.5.2.1 自然景观独特

乡村地区通常拥有独特的自然景观，这些景观的形成源于大自然的鬼斧神工和时间的沉淀。山川、河流、湖泊、田野等自然元素相互交织，构成了乡村地区丰富多彩的风景画卷。这些自然景观不仅为乡村带来了美丽的外在形象，更为乡村文化注入了深厚的自然底蕴。

4.5.2.2 传统建筑风貌

乡村的传统建筑是乡村美学的重要组成部分。这些建筑往往采用当地的材料和工艺，体现了乡村人民的智慧和创造力。无论是古朴的民居、庄重的庙宇，还是实用的仓库、实用的农具房，都展现了乡村建筑的风貌特色。这些建筑在形式上与自然环境和谐共生，彰显了乡村文化的独特魅力。

4.5.2.3 生活方式简朴

乡村生活方式简朴而真实，是乡村美学的重要体现。乡村人民在日常生活中遵循自然规律，以劳动为生，以土地为根。他们的生活方式注重实用性和可持续性，体现了对自然的敬畏和尊重。这种简朴的生活方式不仅让人们感受到乡村的宁静与美好，也让人们更加珍惜生活中的点滴幸福。这种宁静和谐的氛围让人们感受到心灵的平静和满足，也使得乡村美学具有了独特的吸引力。

4.5.2.4 地域文化鲜明

乡村地区通常具有鲜明的地域文化特色。这些文化特色包括方言、民俗、节庆、手工艺等多个方面，是乡村人民在长期的生产生活中形成的独特文化表达。地域文化不仅为乡村增添了丰富的文化内涵，也为乡村美学注入了独特的审美元素。

4.5.2.5 动植物添生机

乡村地区的植物种类繁多，四季变换明显。春季万物复苏，绿意盎然；夏季鲜花盛开，五彩斑斓；秋季硕果累累，金黄一片；冬季白雪皑皑，银装素裹。这些植物的四季变换为乡村带来了不同的美景，也让乡村的美学价值更加丰富多彩。家禽、家畜、野生动物等都在乡村中找到了生存的空间。它们的存在不仅为乡村增添了生机与活力，也为乡村文化注入了生动的元素。动物们的活泼可爱、自由自在，使得乡村美学更加生动有趣。

4.6 乡村空间理论

乡村空间理论注重空间布局和景观特色，为导游词提供了丰富的内容和深刻的视角。通过对乡村空间的解读和分析，设计合理的游览路线和解说内容，导游词能够更全面地展现乡村的自然风貌、社会结构和历史文化，使游客在游览过程中能够更好地感受乡村的空间美和景观美。因此，在创作导游词时，应充分考虑乡村空间理论的应用，以更好地展现乡村的魅力和特色，提升游客的游览体验。

4.6.1 乡村空间理论相关研究

乡村空间的概念起源于乡村地理学的研究，乡村地理学起源于 20 世纪 50 年代，到 20 世纪 80 年代，乡村地理学成为多方法、多学科综合的地理学研究分支。

国外对乡村空间界定的探索由来已久，也是乡村地理学研究的重要命题。乡村地区的"存在"和范围问题成为国外学者在研究乡村空间时面临的重要问题。Copp（1972）认为乡村物质实践的空间正在消失，只剩下作为区分手段和研究对象的"乡村"。Hoggart（1977）提出识别乡村地区的两个标准，一个是空间尺度的标准，另一个是与城市有明确差别的相对立的标准。Mormont（1990）更是直接质疑乡村概念在全球视角的合法性。Halfacree（2003）认为，乡村空间要考量的不只有地理区位的差异，还应在协同视角描述下其文化和社会性特征，呈现一个完整的乡村。Halfacree（2006）在列斐伏尔空间生产理论的基础上建立了"乡村空间的三重模型"，即乡村物质性（地方性）、乡村的表征以及乡村中的日常生活。这个三重模型引入乡村空间，从物质、想象和实践三个层次出发，以"体验"和"生活"为核心，是当前国外乡村空间研究中比较系统的一种理论框架。

国内乡村空间的研究起源于 20 世纪 80 年代，与我国人文地理学科的发展紧密相连。李旭旦（1983）在《聚落地理》序言中，阐述了乡村地理的研究对象与研究渊源，认为乡村地理学是一门界限不很明确的学科，以农村聚落地理为其主要内容。郭焕成（1988）认为乡村本质上是一个空间地域系统，是指城市以外的一切地域，乡村地区即范围广大且以生产农副产品为主的地区。张小林（2002）将乡村社会空间、经济空间纳入乡村地理学的研究领域，认为乡村空间系统是由经济、社会、聚落三大空间结构组成。陈晓华等人（2008）在快速城市化背景下展开了多学科、全领域的乡村空间研究。单卓然（2013）、申明锐（2015）等研究者都对"新型城镇化"的概念和实践展开了讨论。房亚明（2019）则论证了乡村公共文化空间建设的现实意义，认为公共文化空间建设是乡村治理的"软实力"。

总体来说，乡村景观理论在国外的研究起源较早，经历了从文化景观到乡村景观的扩展过程。随着研究的深入和学科的交叉融合，乡村景观理论逐渐完善，既有理论分析也有实证研究，并开始关注乡村景观的多元价值及其在旅游业中的应用。

4.6.2 乡村空间的主要特点

4.6.2.1 田园风光优美

乡村地区通常拥有广袤的土地、多样的植被和清澈的水源，都展现了乡村空间的自然之美和生态价值。一望无际的麦田、金黄的稻田、翠绿的菜地等农田景观，以及点缀其中的农舍、小桥流水和古树名木，共同构成了一幅幅美丽的田园画卷。这种独特的田园风光给人以宁静、和谐与自然的感受，让人流连忘返。

4.6.2.2 建筑风格独特

乡村空间的建筑风格独特，反映了当地的历史文化和地理环境。乡村建筑通常采用传统的建筑材料和工艺，如土坯房、石头房等，形成了别具一格的建筑风貌。这些建筑不仅具有实用性，也具有一定的艺术价值，成为乡村空间的重要组成部分。

4.6.2.3 农业生产主导

乡村空间的主要经济活动以农业生产为主，包括种植、养殖、林业等产业。农业生产不仅是乡村居民的主要收入来源，也是乡村空间的重要特色。这里的土地肥沃，水资源丰富，为农业生产提供了良好的条件。在农业生产的过程中，乡村居民展现出了勤劳、智慧、团结等品质，也形成了丰富的农业文化和传统。

4.6.2.4 社会关系紧密

乡村空间的社会关系相对紧密，居民之间的互动频繁。由于地理位置相近、血缘关系紧密等原因，乡村居民之间形成了互助合作、共同发展的良好氛围。这种紧密的社会关系不仅增强了乡村社区的凝聚力，也为乡村的和谐稳定提供了保障。

4.6.2.5 空间布局分散

与城市的集中布局不同，乡村空间呈现出一种分散的布局特点。由于地形地貌、历史传统等原因，乡村居民点往往散落在田野、山林之间，形成了一种独特的空间景观。这种分散的空间布局既体现了乡村的自然特征，也为居民提供了更加宁静、舒适的居住环境。

4.6.2.6 社会结构稳定

乡村空间的社会结构相对稳定。乡村社区的居民通常以血缘、地缘关系为基础，形成了相对稳定的社会结构和组织形态。这种稳定的社会结构为乡村空间的秩序维护和社会发展提供了有力保障，也促进乡村居民之间的合作与共赢。

4.7 乡村扶贫理论

从精准脱贫转向乡村振兴，确保广大农村低收入群众的生活水平不断提高，是一项长期而艰巨的任务。在导游词中融入乡村扶贫理论，不仅可以丰富导游词的内容，让游客更加深入地了解乡村的发展变迁，更能提升游客的参与感和体验。

4.7.1 乡村扶贫理论相关研究

对于贫困问题，国外许多学者广泛关心，从内涵、分类、治理方式等进行深入研究。Paul Rosenstein-Rodan（1944）认为贫困地区要摆脱贫困，必须在国家层面上以政府为主导在全国范围内进行投资。Max Weber（1989）提出了"地方人"的角色，他探讨了中国传统的社会组织，认为中国农村的基层政权，是由"地方人"来扮演。Amartya Kumar Sen（2000）认为不能单纯把贫困定义为经济收入低下，而要纵深角度理解贫困包括能力不足、精神贫困等。Sabina Alkire（2010）认为贫困除了收入，健康状况、教育程度、就业、安全、心理等也是同样的衡量标准。James C. Scott（2011）阐述了底层视角，从社会的角度关注乡村社会结构，探究改善人类境况的工程失败的原因，认为要顾及地方实践的复杂性，加强地方性知识的考察。另外，国际知名反贫困专家美国人马克·罗伯特·兰克重点研究美国的贫困状况，他认为美国贫困的状况是结构性的贫困，重要是找到反贫困的对策。

中国农村扶贫工作大致经历了三个阶段：体制改革推动扶贫阶段（1978—1985年）、大规模的农村开发式扶贫阶段（1986—2000年）以及2001年以后的"开发式扶贫"和"保护式扶贫"共同发挥作用的阶段。我国"精准扶贫"工作自从2013年被提出以来，国内学者重点研究其政策解读、存在问题和原因对策等。邓维杰（2014）认为我国农村地区目前投入资金的扶贫工作模式不能彻底根除贫穷，只能起到缓解，应该建立一个系统的帮扶机制，要治标也要治本。莫光辉（2016）以精准扶贫为视角，提出了坚持"以人为本"理念，构建全程、全面、准确的脱贫攻坚机制，创新"创新、协调、绿色、开放、共享"五大新发展理念的扶贫模式。邢中先（2019）总结了民族地区七十年的扶贫工作和扶贫成效，认为民族地区直接关系到2020年全面实现小康的战略目标能否如期实现。另外，随着国家脱贫攻坚战的深入推进，精准扶贫与乡村振兴成为当前农村发展的重要战略，美丽乡村建设又是我国乡村振兴战略的重要组成部分。在精准扶贫的背景下，美丽乡村建设需要紧密结合扶贫政策与乡村发展的实际需求，以实现乡村经济、生态、文化等多方面的全面提升。

4.7.2 乡村扶贫的主要特点

4.7.2.1 突出变化与成果

导游词中可以强调乡村在扶贫政策下发生的显著变化，可以描述某个村落过去破旧不堪的景象，以及现在整洁、美观的新面貌。通过对比，游客能更加直观地感受到扶贫政策带来的实实在在的变化，增强对乡村扶贫的认同感。

4.7.2.2 结合历史与人物

将扶贫人物和故事融入导游词中，可以让乡村扶贫理论更具生动性和说服力。可以讲述一些在扶贫过程中做出杰出贡献的人物故事，他们是如何克服困难，带领村民走向富裕的。这样的故事不仅能够激发游客的兴趣，还能让游客更加深入地了解乡村的历史和文化。

4.7.2.3 强调可持续发展

在介绍乡村景点时，可以突出可持续发展的理念。可以讲述当地政府如何引导村民合理利用资源，保护生态环境，实现经济与环境双赢，感受到扶贫带来的积极变化。这些情感化的内容可以让游客更加容易被打动，增强游客对乡村扶贫的认同感和支持度。

4.8 社区参与理论

社区参与理论强调当地居民在旅游开发、规划和管理过程中的积极参与，旨在保护和传承乡村社区的文化、历史和环境资源。通过社区参与，当地居民能够提供第一手的资料和信息，更真实地反映乡村的风土人情。在导游词中融入社区参与理论，通过当地居民的积极参与和分享，导游词能够更加真实、生动地展现乡村的风土人情和文化底蕴，增强游客的旅游体验，推动乡村旅游的可持续发展。

4.8.1 社区参与理论相关研究

"社区"一词最早是 1881 年由德国社会学家斐迪南·腾尼斯提出的，得到许多学者的普遍认可。Seekings（1980）认为社区成员权益应成为决策的要素之一。Murphy（1985）认为社区与旅游规划相互融合，社区参与到旅游规划的环节中，旅游规划也需要深入社区的各系统。Keogh（1990）认为社区发展旅游前期，访谈法可以将社区居民的核心诉求引入到旅游规划的调查研究中。Taylor（1995）认为社区参与是旅游发展的一项重要影响因素。Wahab（1997）认为对社区居民进行旅游发展敏感性调查是实现旅游规划可持续发展的前提。Mitchella（2001）认为在旅游发展初期，社区参与通过制度的保障来实施，在此基础上提出旅游社区一体化理论。Anahita Khazaei（2015）在利益相关者理论的基础上，首次提出作为边缘利益相关者参与旅游规划，从而推进社区参与。Rasoolimanesh（2017）等认为居民的积极感知对社区参与有着显著的影响，居民负面感知对社区旅游发展的影响不显著。Gohori（2021）通过定性的研究方法，发现缺乏旅游知识、资金有限等的社区当地人会限制社区参与旅游业的发展。

我国关于社区参与概念是20世纪90年代提出的，而社区参与旅游的概念，是由唐顺铁（1998）基于旅游目的地社区化建设提出的。黎洁等（2001）对社区参与发展最终意见形成等问题提出疑问，不仅会面临经济学上的问题还有其他困难。王春雷等（2003）对社区居民参与旅游的一般范式进行探析，认为社区居民有权利对旅游规划和发展提供建议。孙九霞（2006）从乡村旅游中社区居民的作用来展开研究，认为乡村旅游必须从农民自身能力的提高出发，才能实现可持续发展。杜宗彬（2013）从社区归属感对乡村旅游中社区参与的影响展开研究，从而构建社区参与结构方程模型。张耀一（2017）从社区参与乡村旅游的六种开发模式进行对比分析，从而提出利益分配优化策略，提高社区居民的参与积极性。罗玉婵（2020）从增权理论的视角出发，认为乡村社区与旅游目的地存在高度重合，进而提出社区增权的方法。李涛、王磊（2022）等人以浙江省临安白沙村和山西乡宁大河村作为研究对象，分析乡村旅游社区化和景区化两种模式选择的影响要素和规律，从而为不同乡村社区发展乡村旅游提供借鉴参考。

4.8.2 社区参与的主要特点

4.8.2.1 居民为主体

在乡村旅游中，社区参与理论强调居民作为主体参与旅游活动的全过程。居民不仅是乡村旅游资源的拥有者和保护者，更是旅游服务的主要提供者。在导游词中，我们可以突出展现当地居民的积极参与和热情好客，让游客感受到乡村社区的活力和温暖。通过介绍居民在乡村旅游发展中所扮演的重要角色，以及他们为保护和传承乡村文化所做出的努力，可以加深游客对乡村社区的理解和认同。

4.8.2.2 利益相关性

社区参与理论强调居民与乡村旅游之间的利益相关性。居民通过参与乡村旅游活动，能够获得经济收益、改善生活环境、提高生活质量。在导游词中，我们可以描述乡村社区如何齐心协力，共同推动乡村旅游的发展。这包括居民之间的协作、互助以及共同参与乡村旅游项目的规划和实施等方面。通过强调群体行动的力量，可以激发游客对乡村社区的尊重和赞赏。

4.8.2.3 公共参与精神

在乡村旅游中，社区参与理论倡导公共参与精神。这意味着居民应积极参与乡村旅游的规划、开发、管理和监督等各个环节，共同维护旅游资源和社区环境的可持续性。这种公共参与精神有助于增强居民的责任感和归属感，促进社区内部的和谐与稳定。在导游词中，我们可以传达出乡村社区对旅游发展的长远规划和持续努力的信息，让游客看到乡村社区对未来的信心和承诺。

4.9 乡村达人理论

乡村旅游达人，是指那些对乡村旅游有着深厚了解、独特见解和丰富经验的人士。乡村达人理论在导游词创作中具有重要作用，它不仅能够丰富导游词的内容和视角，提升导游词的专业性和可信度，还能促进导游与游客之间的互动和沟通，推动乡村旅游的可持续发展。因此，在导游词创作过程中，应充分借鉴和运用乡村达人理论，为游客带来更加深入、全面和有趣的乡村旅游体验。

4.9.1 乡村达人理论相关研究

旅游当中的达人其实早在古代就有了，张骞、郑和、徐霞客等，他们将美景记录在诗词歌赋中。关于旅游达人的研究，可追溯到网络红人、KOL、粉丝经济的发展等。

国外对于乡村达人的相关研究较少，可查到的文献资料主要是对于旅游领域的关键意见领袖的研究。关键意见领袖（简称 KOL）最早是 1944 年社会学家拉扎斯菲尔德提出的两极传播理论，推动了"意见领袖"的研究发展。

在国内，许多学者专门针对网红现象的发展展开研究。高婷（2010）从网络自媒体角度对青年旅游者的决策影响进行研究，徐铭泽（2017）从自媒体平台角度研究自媒体对旅游决策方面的影响因素，两者的研究成果基本相同。刘梦冉、何知书（2018）等人认为网红、KOL、旅游达人等有依赖微博、微信、小红书、今日头条等网络平台生存的共同点。台雪纯（2019）认为微博平台的"意见领袖"与微博平台本身是互相成就的关系。随着研究的深入，开始关注三农短视频，乡村达人在乡村振兴中发挥重要角色。姜琳琳（2021）认为三农短视频在经历了逐渐规范化、多元价值群的发展阶段，应反思农民自己录制为主的三农短视频当下所缺少的，应引入专业力量，展现真实的农村，从而使其成为助力乡村振兴的重要推手。

4.9.2 乡村达人的主要特点

4.9.2.1 深入了解乡村文化

乡村旅游达人具备深厚的乡村文化知识，了解当地的历史、传统、民俗、风情等方面。他们通过对乡村文化的深入研究，能够向游客介绍乡村的独特魅力，让游客在旅行中感受到乡村的韵味和内涵。

4.9.2.2 擅长旅游线路规划

乡村旅游达人擅长根据游客的需求和兴趣，设计出既具有乡村特色又充满趣味性的旅游线路。他们能够充分考虑到游客的时间、交通、住宿等因素，确保旅游线路的合理性和实用性。

4.9.2.3 互动能力出众

乡村旅游达人具备良好的互动能力，能够与游客建立起亲密的关系。他们善于与游客沟通，了解游客的需求和反馈，并根据游客的意见和建议不断改进旅游服务。通过与游客的互动，乡村旅游达人能够更好地推广乡村旅游，提升游客的满意度和忠诚度。

4.9.2.4 精通多渠道营销

乡村旅游达人精通多种营销渠道，如社交媒体、博客、视频平台等。他们能够有效地利用这些渠道，宣传和推广乡村旅游产品，吸引更多的游客前来体验。同时，他们还能够与其他旅游从业者合作，共同推动乡村旅游的发展。

4.9.2.5 具备摄影技能

乡村旅游达人通常具备一定的摄影技能，能够用镜头捕捉乡村的美丽瞬间。他们通过拍摄乡村风景、民俗文化、人物故事等，为游客提供丰富的视觉享受。同时，这些摄影作品也能够成为乡村旅游的重要宣传资料，进一步提升乡村旅游的知名度和美誉度。

4.9.2.6 善于分享旅游经验

乡村旅游达人善于将自己的旅游经验和心得分享给游客。他们通过撰写游记、发布旅游攻略等方式，向游客传递乡村旅游的乐趣和价值。这些经验分享不仅能够激发游客的兴趣和好奇心，还能够为游客的旅行提供实用的参考和指导。

第5章 乡村旅游景点导游词的创作

5.1 从乡村振兴角度出发

乡村振兴战略与乡村旅游之间存在着密切的联系。乡村振兴战略是为了促进农业现代化、农村全面进步和农民全面发展而提出的一项重要国策。乡村旅游作为乡村振兴战略中的一个重要组成部分，对于推动农村经济的多元化发展、改善农村基础设施、提升农村居民生活质量等方面具有显著作用。

乡村振兴战略与乡村旅游相辅相成，乡村旅游的发展有助于实现乡村振兴战略的目标。通过科学规划、加强基础设施建设、保护和传承乡村文化、提升服务质量等措施，可以推动乡村旅游的可持续发展，为实现乡村振兴战略目标作出贡献。

因此从乡村振兴视角下进行乡村旅游导游词的创作，需要综合考虑乡村的绿色发展、文化传承、经济发展、社会和谐等多个方面。

5.1.1 生态修复和绿色发展

在乡村振兴战略的推动下，乡村旅游地注重生态保护和环境治理，让绿水青山成为金字招牌。通过改善生态环境、提升乡村旅游品质、促进产业融合发展等措施，生态修复能够推动乡村经济、文化、生态等多方面的振兴。这有助于缩小城乡差距，促进城乡协调发展，实现乡村振兴的战略目标。导游词可以重点介绍乡村如何通过退耕还林、水土保持等措施恢复和保护自然环境，发展绿色农业，推广有机种植，打造观光体验。例如，浙江省安吉县余村通过关闭矿山、加大生态修复力度、转变经济发展思路，大力发展乡村旅游，积极践行并诠释了"绿水青山就是金山银山"的绿色发展理念,在建设美丽乡村方面迈出了新步伐。重庆市南川区通过对黎香湖水环境的生态修复治理,带火了乡村游,成为助力乡村振兴的"打卡地"。河南新县以"山水红城、健康新县"为发展定位,通过"合作社 + 公司 + 农户"的模式,打造了田铺大湾创客小镇等典型案例,形成了农家乐餐饮、特色民宿、观光体验等多种业态,带动贫困户稳定脱贫。贵州兴义市万峰林街道探索了"石漠转绿成金"的脱贫致富道路,通过退耕还林、人工植树、飞播造林等措施,有效整治生态环境,发展绿色农业,并以民族传统文化为主的旅游开发,打造了具有特色的文旅业态。

5.1.2 文化传承与创新

乡村旅游中的文化传承与创新是推动乡村发展的重要途径,它不仅有助于保护和弘扬传统文化,还能为乡村带来新的活力和经济增长点。在进行导游词创作的时候,可以围绕乡村文化资源介绍、乡村旅游产品创新两个角度重点介绍。第一,深入挖掘乡村文化资源,展示文化魅力。乡村拥有丰富的文化资源,包括民俗、传统工艺、历史故事等。要提升游客体验,首先需要深入挖掘这些资源,并将其转化为游客可以直观感受和参与的活动。例如,可以设置民俗文化体验区,让游客亲身体验当地的传统手工艺、民间艺术等;也可以组织故事讲解、传统戏剧表演等活动,让游客在欣赏中感受乡村文化的魅力。很多乡村旅游景点都建立了乡村博物馆、非物质文化遗产展示区、乡村艺术创作中心、乡村发展史料馆等,我们在进行导游词创作的时候,要能将内容进行有效的串联。第二,创新乡村旅游产品,满足游客多元化需求。随着游客需求的多样化,单一的乡村旅游产品已经无法满足市场需求。因此,需要不断创新乡村旅游产品,以满足游客的多元化需求。可以结合当地的自然资源和文化特色,开发主题性、体验性的旅游产品,如生态农庄、文化民宿、乡村研学等。同时,还可以利用现代科技手段,如 VR、AR 等,为游客提供更加沉浸式的文化体验。这些创新的乡村旅游产品,也应该重点在导游词中对游客推介。

5.1.3 经济发展与产业振兴

产业振兴是乡村振兴战略的有力支撑,促进农村一、二、三产业融合发展，提升乡村建设水平，推动乡村全面振兴。乡村旅游是三产融合发展的典型，要在导游词中着力介绍乡村经济发展与产业振兴的表现形式。特色种植与养殖是开展特色农业的基础。乡村旅游地应根据当地的自然条件和资源优势，选择具有地域特色的农作物和畜禽品种进行种植与养殖。例如，山区可以种植特色水果、茶叶等，平原地区则可以发展特色蔬菜、花卉等。同时，也可以结合当地的传统养殖技术，发展特色养殖业，如土鸡、土猪等。导游词创作中，要介绍乡村的特色农产品，如有机蔬菜、特色水果等、特色茶叶等。可以从品种和产地、生长环境与条件、独特品质与口感、文化内涵与历史、生态环保特点、生产工艺与传承、销售渠道与方式对特色农产品展开描述。同时，农业产业升级旨在提高农业生产效率，增加农民收入，促进农村经济发展。它们通常包括现代农业设施建设、农业科技创新以及农产品深加工等方面。通过引进先进的农业技术和设备，推动农业现代化，提高农产品的附加值，从而增加农民的收入。农业产业升级是乡村振兴的重要动力之一。通过发展现代农业，推动农业与二、三产业的融合发展，可以吸引更多的资金和人才回流农村，促进农村经济的繁荣和发展。同时，农业产业升级还能够改善农村的生产生活条件，提升农民的生活品质，推动农村社会的全面进步。

5.1.4 社会和谐与幸福生活

乡村旅游作为连接城乡的重要纽带，不仅推动了乡村经济的发展，还对社会和谐产生了深远影响。第一，促进城乡一体化。乡村旅游的发展有助于缩小城乡差距，促进城乡一体化进程。通过吸引城市居民到乡村体验生活，增进了城乡居民之间的交流与理解，打破了城乡之间的隔阂，推动了城乡之间的融合。第二，助力解决就业问题，增加农民收入来源。乡村旅游的发展为乡村地区创造了大量的就业机会，为农民提供了除传统农业之外的新的收入来源。随着旅游业的繁荣，许多农民通过参与旅游接待、农产品销售等活动，能够获取更多的经济收益，提高生活水平，促进社会和谐稳定。第三，提升农民文化素质。为了更好地服务游客，农民需要不断提升自己的文化素质和服务能力。乡村旅游的发展促使农民学习新的知识和技能，提高自身的综合素质，为乡村社会的和谐发展提供有力保障。第四，促进人与自然和谐。乡村旅游倡导人与自然和谐相处的理念。在旅游过程中，游客可以近距离感受自然之美，增强对自然的敬畏之心；农民也能意识到生态环境的重要性，更加珍视自然资源，从而激发他们更加积极地参与环境保护工作，实现人与自然的和谐共生。

5.2 从乡村旅游地角度出发

5.2.1 生态美

乡村的生态美体现在其未经人工雕琢的自然环境和原始生态上。乡村旅游区往往拥有优美的山水风光、茂密的森林植被和多样的生物种群，这些构成了乡村独特的生态景观。游客在这里可以感受到大自然的神奇和美丽，体验到与城市截然不同的清新与宁静。同时，乡村地区的生态环境也相对较为原始，较少受到人类活动的干扰和破坏，这使得乡村的生态美更加纯粹和真实。

乡村旅游的四季变化是一幅丰富多彩的画卷，每个季节都有其独特的魅力和活动。乡村旅游导游词的创作，应基于对自然环境的介绍，引导游客欣赏美景。春季是万物复苏的季节，乡村的景色开始变得生机勃勃。田野里，冬眠的植物开始发芽，树木抽出嫩绿的新叶，花朵竞相开放，整个乡村充满了春天的气息。春天可以重点介绍赏花活动、春耕体验、踏青互动。春天是赏花的最佳时节，如桃花、樱花、油菜花等，乡村旅游可以举办赏花节，吸引游客前来观赏。游客可以参与到春耕活动中，体验播种的快乐，了解农作物的生长过程。可以组织踏青活动，让游客在乡村的田野间漫步，享受春天的温暖和清新的空气。夏季是炎热的季节，但乡村的自然环境为游客提供了避暑的好去处。夏季的乡村，绿树成荫，果实累累，是避暑和休闲的好地方。夏季可以重点介绍水果采摘、水上活动、夜晚观星。夏季是水果成熟的季节，乡村旅游可以提供水果采摘活动，如草莓、樱桃、桃子等。在乡村的河流、湖泊中开展划船、钓鱼等水上活动，为游客带来清凉的体验。夏季的夜晚，星空璀璨，可以组织观星活动，让游客在宁静的夜晚享受星空之美。秋季是收获的季节，乡村的景色变得金黄而丰收。稻田里，稻谷金黄，果园中，苹果、梨等水果成熟，整个乡村充满了丰收的喜悦。秋季可以重点介绍秋收体验、赏红叶、农产品市集等活动。游客可以参与到秋收活动中，体验收割稻谷、采摘水果的乐趣。秋季的枫叶、银杏叶等变得五彩斑斓，可以组织赏红叶活动，让游客欣赏秋天的色彩。可以举办农产品市集，展示和销售当地的农产品，如蜂蜜、核桃、苹果等。冬季是寒冷而宁静的季节，乡村的景色变得银装素裹。白雪覆盖的田野、炊烟袅袅的村庄，构成了一幅冬日的宁静画面。冬季可以介绍冬季活动、民宿体验、温泉度假。在乡村的雪地上开展滑雪、雪橇等冬季运动，为游客带来刺激的体验。举办冬季民俗活动，如打年糕、做腊八粥等，让游客体验乡村的传统习俗。如果乡村有温泉资源，可以开发温泉度假项目，为游客提供冬日的温暖。

通过导游词的生动描述，让游客看到乡村旅游的四季变化是丰富多彩的，每个季节都有其独特的魅力和活动。乡村旅游的四季变化不仅仅是自然景色的变化，更是文化、活动和生活方式的体现。通过不同季节的特色活动，游客不仅能够欣赏到乡村的自然美景，还能够深入了解和体验乡村的文化和生活。

5.2.2 生产美

乡村的生产美体现在其丰富多彩的农业生产活动和传统农耕文化上。乡村旅游区往往以农业为主导产业，农民们辛勤劳作，播种、收割、养殖等农业生产活动构成了乡村的生动画面。游客可以亲自参与这些活动，体验农业生产的乐趣和艰辛，感受到劳动的伟大和美好。此外，乡村地区还保留着丰富的传统农耕文化，如农耕习俗、农耕器具、农耕技艺等，这些都是乡村生产美的重要组成部分。

农耕文化是乡村旅游的重要组成部分。游客可以亲身参与农耕活动，如播种、收割、饲养等，体验农耕生活的乐趣和艰辛。通过这一过程，游客不仅可以感受到劳动的艰辛与收获的快乐，更能对农耕文化有更深刻的理解和认识。同时，乡村旅游中的农产品加工活动也是生产美的重要体现。游客可以目睹农产品从田间地头到餐桌的全过程，参与农产品的加工制作，如磨豆腐、榨油、酿酒等。这种亲手制作农产品的过程，不仅让游客感受到制作的乐趣，也让他们更加珍惜和尊重劳动成果。另外，乡村工艺是乡村旅游中的另一道亮丽风景线。编织、刺绣、陶艺等传统手工艺，在乡村匠人的手中焕发出生机与活力。游客可以观赏到精美的手工艺品，也可以亲自动手体验制作过程，感受到乡村工艺的精巧与独特。

5.2.3 生活美

乡村的生活美体现在其宁静安逸的生活氛围和淳朴善良的民风民俗上。乡村地区的生活节奏相对较慢，人们过着简单而充实的生活，享受着与自然和谐共处的宁静与安逸。游客在乡村旅游中，可以深入体验乡村生活，与农民交流互动，感受乡村的淳朴与真诚。同时，乡村地区还拥有丰富的民俗文化和民间艺术，如民间歌舞、手工艺制作等，这些都是乡村生活美的重要体现。

首先，乡村旅游地的民族服饰特色是一道亮丽的风景线。不同地区的民族服饰各具特色，无论是色彩搭配、图案设计还是制作工艺，都展现出浓郁的民族风情。游客在乡村旅游地可以欣赏到身着传统服饰的当地居民，感受民族文化的独特魅力。其次，歌舞娱乐表演是乡村旅游地民风民俗的重要组成部分。当地的居民通常会以歌舞的形式表达对生活的热爱和对大自然的敬畏。这些表演通常具有浓厚的民族特色和地域风格，为游客提供了一种独特的文化体验。在一些乡村旅游地，游客还有机会亲自参与歌舞表演，与当地居民共同感受文化的魅力。再次，乡村旅游地的传统节庆活动也是民风民俗的重要体现。这些活动通常具有悠久的历史和深厚的文化底蕴，是当地居民传承和弘扬传统文化的重要方式。游客可以在这些活动中感受到乡村的热情和活力，同时也能更加深入地了解当地的传统文化。最后，乡村居住习俗是乡村旅游地民风民俗的又一重要方面。不同于城市的喧嚣和拥挤，乡村的居住环境更加宁静、自然。游客在乡村旅游地可以体验到当地居民的居住方式，如传统的四合院、土楼等建筑形式，以及当地的生活习惯和社交方式。

乡村旅游的生态美、生产美和生活美共同构成了其独特的魅力。通过深入体验和感受这些美好元素，游客可以更好地了解和欣赏乡村的美丽与和谐，从而增进对乡村的认识和尊重。同时，乡村旅游的发展也促进了乡村地区经济、文化和社会的全面进步与发展。

5.3 从乡村旅游者角度出发

从乡村旅游者的角度，一篇导游词的创作可以从美食、住宿、交通、购物、体验等游客的旅游需求出发，不求面面俱到，但要突出特色。

5.3.1 特色美食的味蕾满足

餐饮服务是旅游体验的重要组成部分。乡村旅游在餐饮服务的品质提升上也是不遗余力。乡村地区的美食往往具有浓郁的地方特色，包括根据当地食材和烹饪习惯制作的传统菜肴；具有地方特色的小吃，如面点、糕点、烧烤等；以及特色饮品如自酿的果酒、米酒、蜂蜜酒等。

特色美食与乡村旅游的紧密结合是乡村旅游成功的一大亮点。游客在游览乡村风光、体验农家生活的同时，也能品尝到地道的特色美食。通过打造农家乐、美食一条街等旅游项目，将美食元素融入乡村旅游的各个环节，提升了游客的旅游体验，也带动了当地特色美食产业的发展。

在特色美食发展中，挖掘美食文化至关重要。乡村旅游地可以通过开展美食文化节、美食故事分享等活动，深入挖掘和展示当地美食文化的历史渊源、制作工艺和风味特色。同时，结合乡村旅游的文化内涵，将美食文化与乡土文化、民俗文化相结合，为游客提供丰富的文化体验。

5.3.2 住宿设施的美好体验

如今，人们纷纷选择"到有风的地方"过"向往的生活"，对旅游住宿的需求也日趋多样化，符合个性化需求的乡村民宿，便成为旅游业创新升级发展的又一个新风口。

人们所需求的民宿消费，是要满足出则体验乡村自然风光、入则享受民宿品质生活的要求，而不是因为民宿建设在乡村，就降低了对"住"这一板块的需求。人们对向往的乡村生活有"滤镜"，即"田园的风光、城市化的住宿内里"，乡村民宿恰是要满足游客对"理想的乡村"的期待，激发游客愉悦感，这才是获客之道。

为了满足游客的住宿需求，乡村地区在住宿设施建设上也取得了显著进展。鼓励和支持当地居民开设民宿，提供具有地方特色的住宿体验；在主要旅游区域建设酒店，提供标准化的住宿服务；开发露营地，满足游客亲近自然、体验户外生活的需求。

5.3.3 交通设施的持续改进

交通是连接乡村与外界的重要纽带。近年来，许多乡村地区加大了交通基础设施的建设力度，包括：新建或改造乡村道路，提高道路质量和通行能力；开通乡村公交线路，方便游客和当地居民出行；设立旅游专线，连接主要旅游景点和交通枢纽；推广新能源交通工具，如电动观光车、共享单车等，为游客提供更加环保、低碳的出行方式；通过规划建设公共停车场、增设停车位等措施，有效缓解了停车难问题。这些交通设施的改善，极大地提高了乡村的可进入性，方便游客前来旅游，也改善了当地居民的出行条件，促进了社会经济发展。

一些道路甚至发展成为网红地。婺源之路就是一个乡村旅游交通发展的成功案例。婺源县位于江西省东北部，拥有丰富的乡村旅游资源。为了提升乡村旅游交通水平，婺源县采取了一系列有效措施。首先，在道路建设方面，婺源县加强了对乡村道路的改造和拓宽，提高了道路的通行能力和安全性。同时，加强了对道路沿线的景观设计和绿化工作，提升了道路的景观效果。其次，在交通设施方面，婺源县规划建设了多个旅游停车场和旅游服务中心，为游客提供了便捷的停车和咨询服务。此外，还加强了公共交通系统的建设和管理，提供了多条连接乡村旅游点的公交线路和班车服务。

5.3.4 物产资源的丰富多彩

乡村旅游的丰富物产是其吸引游客的重要因素之一。乡村地区通常拥有得天独厚的自然资源和独特的生态环境，这些条件孕育了丰富多样的农产品和手工艺品。

乡村地区是农产品的主要产地，包括粮食作物，如稻米、小麦、玉米等，是乡村经济的基础；季节性的蔬菜和水果，如番茄、黄瓜、苹果、橙子等，新鲜且种类繁多；经济作物，如茶叶、咖啡、可可等，具有较高的经济价值；畜牧产品，包括肉类、奶制品、蛋类等，乡村地区的畜牧产品往往品质上乘。可以与城市可购买的农产品作对比，展现乡村农产品的意义。游客可以品尝到新鲜、无污染的农产品。农产品往往具有地方特色，如特定地区的特产。购买农产品有助于支持当地农民和乡村经济。同时，乡村地区通常拥有丰富的手工艺传统。手工艺品是乡村文化的重要组成部分，有助于传承和保护；具有很高的艺术价值，可供游客欣赏和收藏；手工艺品的销售也可以为当地工匠带来经济收入。我们可以发掘乡村旅游地的手工艺品，例如编织品，如竹编、草编、藤编等，既实用，又有艺术价值；陶瓷和陶器，代表了传统陶瓷工艺，具有独特的地方风格；木雕和石雕，精美的木雕和石雕艺术品，展现工匠的技艺；刺绣和织物，传统刺绣和手工织物，色彩鲜艳，图案独特。另外，乡村地区还拥有丰富的自然物产资源，如野生菌类，如松茸、牛肝菌等，具有很高的食用和药用价值；山区的山货和沿海地区的海产品，如山核桃、海蜇等；许多乡村地区还盛产中药材，如人参、灵芝等。

通过合理开发和利用这些物产资源，不仅可以促进乡村旅游的发展，还有助于保护和传承乡村的文化和生态环境。应当注重提升游客对这些物产的认识和欣赏，通过教育和宣传，让游客更加珍惜和支持乡村旅游的丰富物产。

5.3.5 旅游体验的美好记忆

农事活动体验是乡村旅游的一大亮点，游客可以亲身参与耕作、播种、收割等农事活动，感受田园生活的乐趣。在春耕秋收的季节，游客还可以体验播种、施肥、除草等农事过程，亲手采摘自己种的农产品，体验劳动的喜悦和丰收的满足。

乡村旅游地通常有丰富的手工艺品资源，如刺绣、编织、陶艺等。游客可以参观手工艺品制作现场，了解手工艺品的制作工艺和历史文化，甚至可以亲自动手制作一件属于自己的手工艺品，感受传统工艺的魅力。

民俗活动是乡村旅游中的一大特色，游客可以参与当地的传统节日庆典、婚礼、庙会等民俗活动，感受乡村的喜庆与热闹。在参与过程中，游客可以了解乡村的民俗风情，体验乡村生活的丰富多彩。

此外，还可以围绕自然景观开展诸如徒步旅行、骑行、观鸟、摄影等活动，通过让游客亲自探索自然景观，感受大自然的魅力和神奇；设计夜间乡村灯光秀、星空观赏、篝火晚会等活动，让游客在夜晚感受乡村的宁静与神秘。

5.4 导游词对乡村旅游景点的作用与影响

导游词是旅游活动中的重要组成部分，它不仅能够为游客提供信息，还能增强游客的体验，对乡村旅游景点的作用和影响是多方面的。导游词作为导游人员向游客介绍和解说景点的重要工具，在乡村旅游中扮演着举足轻重的角色。它不仅能够增强游客对景点的理解和感知，还能够提升游客的整体旅游体验，对乡村旅游景点的推广和发展产生深远的影响。

5.4.1 导游词加强乡村旅游景点的展示

导游词是导游人员为游客提供景点信息的直接方式。通过生动、详细的解说，导游词能够向游客直观地展示乡村景点的自然风光、人文历史和文化特色。这不仅帮助游客更好地了解和认识乡村，也让他们能够在游览过程中获得更丰富的文化体验。

5.4.2 导游词助力乡村旅游景点的推广

导游词作为乡村旅游景点的"名片"，其质量和水平直接影响到游客对景点的印象和评价。优秀的导游词能够吸引更多的游客前来参观，推动乡村旅游的发展。同时，导游词还可以作为宣传资料，通过媒体和网络等渠道进行传播，进一步提升乡村旅游景点的知名度和影响力。

5.4.3 导游词增强乡村旅游者的感知

导游词往往涵盖了景点的历史背景、文化内涵、风土人情等多方面的内容。通过导游的讲解，游客能够更深入感知乡村的历史文化和风土人情，进一步理解乡村生活的独特之处。这种深入的感知与理解有助于增强游客对乡村旅游的兴趣和满意度。

5.4.4 导游词提升乡村旅游者的体验

优质的导游词能够让游客在游览过程中获得更加愉悦和难忘的体验。导游人员通过生动有趣的解说和互动，能够营造出轻松愉快的游览氛围，让游客在享受美景的同时，也能够感受到乡村的热情与魅力。这种体验往往能够成为游客日后回忆的美好片段，进而促进他们对乡村旅游的口碑传播。

5.4.5 导游词促进乡村文化的传承与发展

导游在介绍景点的过程中，往往需要引用当地的历史故事、传统习俗和民间传说等文化资源。这不仅有助于游客了解乡村文化，还能够促进乡村文化的传承与发展。通过导游词的传播，乡村文化得以更广泛地传播和继承，为乡村文化的繁荣发展提供了有力支持。

5.4.6 导游词有助于乡村旅游的风险管理

首先，导游词可以预先告知游客景点可能存在的风险点，如地形复杂、天气变化等，使游客在游览过程中更加警惕，避免发生意外。其次，导游词还可以指导游客如何安全地参观景点，提供合适的游览路线和注意事项，减少因游客自身行为不当而引发的风险。此外，导游词还可以提醒游客遵守当地的规章制度和风俗习惯，避免因不了解当地文化而造成不必要的冲突和误解。通过导游词的风险管理功能，乡村旅游景点能够更好地保障游客的安全和权益，提升游客的满意度和信任度，进而促进乡村旅游的健康发展。

5.5 乡村旅游导游词的特殊意义和价值

乡村旅游导游词在旅游活动中扮演着至关重要的角色，它不仅仅是一种信息传递的工具，更是一种文化传承、经济促进和社区参与的重要手段。乡村旅游导游词的特殊意义和价值主要体现在以下几个方面。

5.5.1 加强乡土文化的传承和弘扬

乡村导游词是传承和弘扬乡村文化的重要载体。它能够将乡村的历史、传统、风俗、艺术等文化元素，以生动、形象的方式传达给游客，使游客在游览的同时，能够深入了解和体验乡村的文化底蕴，增强游客对乡村文化的认同感和归属感。这种文化的传递和传承，对于保护和弘扬乡土文化具有积极的意义。

5.5.2 提升旅游体验的深度与趣味

导游词将乡村的景点与历史人物、传说故事相结合，使得游览过程不再单调枯燥，而是充满了趣味性和故事性。游客在聆听导游讲解的同时，能够更深入地了解景点的文化内涵和历史背景，从而增强对乡村旅游的兴趣和好奇心，建立游客与乡村之间的情感联结。

5.5.3 增强乡村生活的互动与融合

导游词注重与游客的互动，鼓励游客参与到乡村旅游的各项活动中来。通过与村民交流、体验农事活动、品尝乡村美食等方式，游客可以更加深入地感受乡村生活的真实与美好。这种互动与融合，不仅有助于增进游客对乡村的了解和认同，还能促进城乡之间的文化交流与融合。

5.5.4 促进当地社区的参与和合作

乡村导游词能够促进社区的参与和合作。导游词的编写和讲解往往需要当地居民的参与，这不仅能够增强社区的凝聚力，还能够提升居民的自豪感和归属感。通过导游词的编写和讲解，能够进行社区教育，提升居民素质，鼓励社区居民参与旅游活动，增强社区的活力，推动社区的可持续发展，改善居民的生活质量。

5.5.5 推动乡村旅游的可持续发展

导游词作为乡村旅游的重要组成部分，有助于提升乡村旅游的品质和形象。通过深入挖掘乡村的历史文化、自然景观等资源，打造具有地方特色的旅游品牌，可以吸引更多的游客前来游览，从而推动乡村旅游的可持续发展。同时，导游词还能引导游客关注环境保护和文化遗产保护，为乡村旅游的绿色发展贡献力量。

综上所述，乡村旅游导游词具有传递乡土文化、提升旅游体验、促进游客与乡村互动、促进社区参与以及推动乡村旅游可持续发展等多重特殊意义和价值。因此，在乡村旅游活动中，导游词的编写和讲解工作显得尤为重要。通过合理运用和创新乡村导游词，可以更好地发挥其在乡村旅游中的积极作用，推动乡村旅游的可持续发展。乡村旅游导游词的编写和运用需要充分考虑乡村的特点和游客的需求，注重内容的原创性、互动性、体验性和教育性。同时，还需要注重导游词的传播方式和效果评估，不断优化和完善，以适应不断变化的旅游市场和游客需求。只有这样，乡村旅游导游词才能真正发挥其特殊意义，为乡村旅游的发展做出积极贡献。

/ 下篇 /

乡村旅游景点导游词创作实践

第6章 全国乡村旅游景点个案研究

6.1 北京市昌平区兴寿镇下苑村

6.1.1 总体情况

2022年11月，文化和旅游部确定下苑村为第四批全国乡村旅游重点村。

北京市昌平区兴寿镇下苑村因村内景色秀丽，故名。下苑村历史悠久，唐开元25年此地建燕州古城，为契丹族厥稽部地，辽金时代兴建双泉禅寺，明朝正统元年，朝廷大太监王承恩观其景色秀丽，御奏皇帝册此地为皇家园林，赐名下苑，沿用至今。

下苑村总面积1.2平方千米，位于昌平区东部的兴寿镇，京密引水渠南岸，距昌平卫星城25千米。周围环境优雅，交通便利，气候宜人，具有较好的山前暖带小气候。下苑村有村民150多户，不到500人，年轻人、中年人多数都进城了，剩下的多是老年人。

由于有着优越的自然条件和悠久的文明历史，近几年来，文化名人聚集于此，艺术家、诗人、教授、评论家、收藏家使这里形成了一个富有活力的新型文化群落。这里是一个"工作的世界"，会有一种不同于美术馆的"现场感"。你看到的不仅是艺术的成果，还有创作的过程和创作的环境。因此，下苑民俗旅游度假村又名画家村。这里除每年兴办"艺术家工作室开放展"外，从2003年5月份起，艺术家工作室及作品，每天下午2点至4点30分定时对游人开放，同时下苑村民们办起了民俗旅游，可同时接待300人就餐，150人住宿。画家村，欢迎各界人士前来游览参观，同时为您提供优质的民俗游服务。

下苑村附近有马来西亚森林研究博物馆、默迪卡体育场、国家皇宫、马来西亚双子塔、茨厂街、苏丹阿都沙末大厦等旅游景点，有昌平草莓、燕山板栗、昌平苹果、爆肚冯、北京莲花白酒、桂花陈酒等特产，有牛坊村"花钹大鼓、北京象牙雕刻、天桥中幡、智化寺京音乐、厂甸庙会等民俗文化。

6.1.2 景点特色——艺术家的"新故乡"

诸多艺术家，带着执着和追求来到这里，把下苑村和艺术紧紧联系在一起。乡村、艺术和自然的巧妙结合，让人们在田园阡陌间。

感受多样的文化艺术之美，下苑村党支部书记、村委会主任冯志广看来，艺术家的到来让村里得到了实惠，村容村貌得到改善，房租、就业，都在稳步往上提，80%以上的村民都有租房收入。从1995年开始，陆续有一批艺术家进入下苑，那时候艺术家与乡村的关系，更多是艺术家需要更大的创作和生活的空间。之前，艺术家只是在自己的工作室进行艺术创作，来往对象基本上也是艺术家与艺术家之间。2018年6月，下苑艺术生活节正式开启，艺术家与村民有了切实的互动。艺术家们的到来为村庄带来了明显的改变。二十多年来，杏花、树林少了，民居、小院、公共空间多了，甚至停车都成了问题。在村里转转，能看到一些村民正在政策规定的范围内翻新房屋，用来出租给艺术家们。

下苑村位于昌平区兴寿镇，村民、艺术家、游客，在下苑找到了共同生活的聚落，艺术与乡村找到了共同生长的密码。下苑村不仅是艺术家们的栖居地，还有民宿、酒吧、艺术展览、艺术市集、骑行大本营等多种业态。这里拥有艺术主题民宿、艺术主题特色中西餐厅十余家，文艺咖啡2家、艺术主题书店3处、对外现代舞工作室1家、公共艺术展示空间5处。小广场上，立着艺术家们创作的雕塑，成为游客来此打卡的网红地标。

6.1.3 导游词

艺术就是幸福的生活

大家好，我是你们的导游，今天我们将一同探访北京市昌平区兴寿镇下苑村。下苑村历史悠久，文化底蕴深厚，每个角落都有故事，每个景点都值得细细品味。

　　我首先给大家说说下苑村的历史，这个可以追溯到唐开元二十五年，也就是 737 年，当时此地建成了燕州古城，是契丹族厥稽部地。辽金时代，这里兴建了双泉禅寺。到了明朝正统元年（1420 年），朝廷大太监王承恩观其景色秀丽，御奏皇帝册封此地为皇家园林，赐名上苑、下苑。清朝乾隆皇帝来此游猎，行至村北部的凤凰山上，见有一处天然大型石岩洞，四周苍翠松柏拥抱，远望宛如一幅气势磅礴的山水画，便御笔赐名"朝阳洞"。另外，在桃花山上有"桃花洞"，是朝阳洞的姊妹洞。

　　在历史上下苑村是皇家园林，现在的下苑村吸引了众多文化名人聚集于此，包括艺术家、诗人、教授、评论家、收藏家等。1995 年，摄影家汪建中在京郊漫步时，发现了这个青山绿水的小村庄，遂来此定居。一年后，中央美术学院的王华祥老师也来到这里，开设了"飞地艺术坊"。后来，村里又入住了著名雕塑家钱绍武、田世信、孙家钵、郑玉奎，油画家邓平祥、杜键、孙逊、万纪元等一大批知名艺术家。如今，常住下苑村的艺术家已有 80 多户，并且形成了以下苑村为中心，包含上苑村、秦家屯村、桃峪口村、东新城村、西新城村、辛庄村等多地的艺术家区，共有 200 多位艺术家生活在这片区域。这里形成了一个富有活力的新型文化群落，是一个"工作的世界"，会有一种不同于美术馆的"现场感"。你看到的不仅是艺术的成果，还有创作的过程和创作的环境。下苑村不仅是艺术家们的栖居地，还有民宿、酒吧、艺术展览、艺术市集、骑行大本营等多种业态。艺术不是"空降"到乡村，艺术家也不仅仅是"租住"在乡村，村民、艺术家、游客，在下苑找到了共同生活的聚落，艺术与乡村找到了共同生长的密码。所以，我们今天的下苑村之旅就是一场艺术就是幸福的生活的旅行。

　　好，各位游客，我们现在已经来到了村庄的入口。门口有一个石碑，上面写着"下苑村艺术家村"，这个是著名雕塑家钱绍武在 2000 年题写的，现在已经成为下苑村的标志。现在，我先给大家介绍一下题写者钱绍武。钱绍武 1928 年 4 月出生于江苏无锡赫赫有名的钱家大院。他的前辈钱穆、钱基博、钱伟长、钱钟书，这些如雷贯耳的名字，早已高悬于中国文化与科技发展史的浩瀚星空。其父钱学熙是北京大学外语教授，英国文学专家。而作为钱家的晚辈，钱绍武却是这个"名门望族"中唯一的艺术家。钱绍武是我国当代著名的多才多艺的富于创造性的艺术家。他在艺术理论方面有独到见解，在雕塑、书法、素描等领域均有杰出创造。他的雕塑作品大气磅礴，沉雄浑厚，诗意盎然，内涵深邃；他的素描、速写在社会上有很大影响；他的充满激情的有学养的"钱体"书法极有个性风采、别具一格，受到学界的高度评价。他的书法艺术讲求一气呵成，一鼓作气，注重书法对"气"和"势"的把握。而"气"和"势"的根本在于对情感的体会。2021 年 6 月 9 日，钱绍武在江苏省苏州市逝世，享年 93 岁。钱先生将中国传统的审美理想与书法艺术的创作规律融入造型，致力于中国雕塑的民族化研究与创作，为推动现代中国雕塑研究、创作与教学做出了杰出贡献。

各位游客，我们现在来到了村子的中心广场。这里有一座古朴的石碑，记录了村子的历史变迁和重要事件。广场四周绿树成荫，鸟语花香，是村民们休闲娱乐的好去处。在这个小广场上，有一面长达近 300 米的彩绘墙，这是 2022 年在村委会的召集下，由 50 多名艺术家、在校学生和村民们共同绘制了反映下苑村生活的墙绘，讲述了数十个主题不同的故事。村南的空地也种上草皮，变成雕塑广场，成为游客们喜爱的打卡地。在这里，大家也可以与村民们交流，感受他们的生活气息。

在这里，我将继续给大家介绍下苑村的艺术家们。首先要提到就是第一位来下苑村的汪建中，他是这个上风上水宝地的发现者，也是这个艺术村落的第一个村民。汪建中，1952 年出生在安徽歙县雄村，雄村镇位于安徽省黄山市歙县古城西南 6 千米处，自然风光优美，文化底蕴深厚，是一座教育发达、人才辈出的古村落，被誉为"新安第一岛，徽州最雄村"。汪建中的童年和少年在雄村度过，四周随处可见的文化遗迹，在他幼小的心灵中留下了深深的印象，并且影响着他一生的艺术取向。1981 年，毕业于中央美术学院油画系。1982 年至今，在《中国铁道》杂志社任摄影记者。这位来自徽文化腹地的汉子，带着他先祖深厚的文化血脉基因以及浓浓的浪漫情怀，从来没有忘怀自己的艺术爱好，他决定在北京周围寻找一个地方当作他的创作基地。但是，在北方找这样的地方并不容易。1994 年的一天，汪建中开车经过燕山脚下昌平区的兴寿镇，在路边看到一个指示牌，写着"滑翔跳伞俱乐部"。因为他对滑翔跳伞特别有兴趣，就按照路牌指示的方向行驶。穿过路旁高大的白杨树，面前是碧波荡漾的桃峪口水库，水库边还有一个欧洲风格的白色铁亭，整幅"画卷"正是他心中向往的山水田园。汪建中乘兴下水库坐上船，向划船的村民谈起找房子建工作室的想法，那人对汪建中说："你可以去上苑村或者下苑村找找，村里有些人进城去了，他们的房子空着。"汪建中一听，不由得心中一动。上苑、下苑，这原来是供帝王玩赏、打猎的园林，也是皇家果园。汪建中开车到了那里，果然风景优美，而且古树名木随处可见，至今还保留着百年柿林和各种果树。汪建中感觉这一带上风上水，地形环境很好，正合他的心意。一位下苑村村民给汪建中找了一个房舍，因为占地不到一亩地，汪建中觉得太小，就没有买。第二年，这位下苑村村民再给汪建中介绍了一所房舍，将近 150 平方米，虽然房子主人声称"少 5 万元不卖"。汪建中还是将其买了下来，因为他觉得这房子住着"舒服、阳光、通气"，随后他又花 1 万元买下了旁边一个院子。那房舍原来有 3 间北房，2 间厢房，此外还有厕所猪圈等。他把 3 间北房改造成了画室，然后拆了后墙延伸了屋内的空间。经过了改造和扩建，建筑面积达到 400 多平方米，成为一处很有特色的乡间别舍，其中有工作室、起居室与偌大的客厅。六亩地大的屋外院落有竹林、鱼池、果园，虽说是农家院落，其实却是件精致的艺术品。就这样，汪建中成为第一个在下苑村建屋落户的村民。自从进了下苑村，汪建中的艺术创作灵感也在这里厚积薄发。他自身的艺术素养加上他丰富的人生阅历，使他的作品具有一种特殊韵味和魅力。

著名画家王华祥也是最早发现这个燕山脚下小村落的人之一，他花了7000 美元买下了村里一个废弃的小学校，把十几间破旧的教室改造成了自己的画室。经过数年的经营、改造，工作室已经由 2 亩地扩展到了 4 亩地，成为了"飞地艺术坊"。飞地艺术坊成立于 1999 年，主要针对高考和考研学生的考前培训。开始只有十几个人，现如今已经达到了 200 多人。

20 多年间，艺术浸润着这片土地，渐渐与村民的生活完全交融。陶艺家郑玉奎长期在自己的工作室免费授课，下苑村的村民多多少少都会捏点东西。村民王宝珠和刘秀芬夫妇年轻时给艺术家运输参展作品，接触多了，也拿起画笔，画起他们熟知的农村生活。虽未经专业训练，他们的画却生动传神，讨人喜欢，被人收藏的有几十幅，甚至还有一幅漂洋过海卖到了德国。村民陈德明是个木匠，由于常常帮艺术家做木工，也喜欢上了木雕，时不时在自家门口摆弄自己的作品。兴寿镇的草莓又大又甜，陈德明喜欢雕刻一个个大大的草莓，刷上红漆，在十里八乡都出了名。村党支部副书记陈永忠将一幅《松鹤朝日图》画上了巷子里的墙壁。陈永忠 60 多岁了，对村里的大街小巷、家家户户谙熟于心，是下苑村的"活地图"。由于喜欢书画，他常常与村里的艺术家交流切磋，成为沟通艺术家和村民之间的桥梁。2016 年，昌平区老干部（老年）大学兴寿分校落址下苑村，开设了书法、国画、太极拳、陶艺等课程，由陈永忠担任校长，村里的艺术家们免费授课，吸引着周围村庄的许多人前来学习。还有很多年轻的艺术家，像"黑子"、解雨凝、李化猛、孙艺鸣、杨鑫珂、蒋可钰、郑志岩等，都积极参与村庄的发展，共同维护着这个富有活力的艺术社区。

在这个富有活力的艺术社区里，我还要向大家推荐几个比较特别的去处，请大家跟着我步伐一起去感受。

第一个就是我们现在来到的侃谱空间小馆，一个可以吃饭的艺术空间。小院集合了绘画、音乐、舞蹈、手工市集、越野、骑行等七大主题，拥有专业音乐工作坊、专业表演空间和两个独立艺术展示空间。这里不仅是一家私家菜餐厅，同时也是一个艺术展示空间。老屋的梁柱门窗与四面白墙，挂上艺术家的小幅作品，自然形成了一个小小的展示空间，也给美食平添了文化。侃谱空间小院就是在村里老宅院基础上翻新改造的，改造后的侃谱小院，北屋保留了北方民居的原貌。侃谱小院西楼一层的公共大厅与沉降式的院子连成一片，可在这里围坐，一起弹着吉他轻唱，聊天，玩游戏，夜晚在这里观星赏月，与家人朋友共度佳节。侃谱小院共有客房七套，北房是由老民居改造的中式套房和中式大床房，南楼一层是两套标准客房，南楼二层是一套带独立空中花园的观景房，西楼二层是两套观景大床房。

开在下苑村西头的侃谱小食堂，虽然名为小食堂，但主打菜的是令人味蕾大开的贵州酸汤鱼，酸汤锅底味道正宗，味道鲜美。据说，这里已经成为京城美食爱好者，不惜驱车数十公里前来品尝的隐藏美食地。小食堂红砖四合院很雅致，里面是个艺术餐厅。古香古色风格，墙上挂的是店主自家的小画和照片，别有一番风味。特色招牌菜黔东南酸汤火锅，以独特秘方调制鲜美酸汤，汁浓味鲜，米汤发酵而成的汤底透着纯粹，吃鱼之前先得来碗汤，喝下之后不禁感慨，一种深浅不一的酸，"你方唱罢我登场"般在舌尖跳舞，鱼鲜恰是最华丽的压轴。侃谱小食堂是下苑村食客们的美食供应商，空间大小、格调氛围十分适宜小型展览或品牌发布会，配套民宿院落，已经成为集展览、美食、住宿于一体的艺术空间。

第二个我给大家推荐运动项目快乐骑行大本营，是骑行爱好者喜欢来的一个地方。快乐骑行大本营是一个集休闲、娱乐、运动于一体的地方，提供了一个绝佳的户外骑行体验。这里不仅有美丽的自然风光，还有丰富的骑行路线和设施，适合各种水平的骑行爱好者。其特色在于其多样化的骑行路线和活动，这里有适合初学者的短途路线，也有适合经验丰富的骑行者的长途挑战。在这里，大家可以沿着山间小径，欣赏到壮丽的山川美景，呼吸清新的空气，感受到大自然的魅力。同时，这里还有丰富的骑行活动，如团体骑行、竞速比赛、越野探险等，让大家在享受骑行乐趣的同时，结交志同道合的朋友。此外，下苑村快乐骑行大本营还提供了一系列骑行设施和贴心服务。这里有专业的骑行道、完善的骑行装备租赁服务、以及可随时补充的饮用水和能量补给站。无论大家是来体验一次短暂的骑行之旅，还是长期驻扎在这里，都能享受到全方位的服务保障。在这里，有一条中国十佳精品骑行线路，骑行线路起点为下苑村广场，终点为下苑村"快乐骑行大本营"。线路沿着桃峪口水库进入环山骑行绿道，途经大杨山国家森林公园、百合村等地，全程72.8千米，爬升996米，是京郊有山有水的绝佳骑游路线。骑行的途中，您不仅可以到银山塔林、延寿寺等人文景观，感受昌平厚重的历史文化底蕴；还可以到大杨山国家森林公园等自然风景区，登高远眺；更可以时不时地穿梭在河流山林之间，尽享山野乐趣。此外，线路还串联起了下苑艺术村、湖门银山宿集、静之湖等乡村旅游资源。其中，静之湖、下苑村等经常进行绘画展、雕塑展、市集等艺术活动。近两年，社交平台的不少"宝藏新店"都搬到了乡村，从市区特意驱车来此的人不在少数。除了完备的配套服务设施，道路类型丰富也是这条线路的一大特色。包含了山路、峡谷、隧道、乡村道路和桥梁等多种类型，让每一位选手都能探索到独一无二的沿途风光。总之，北京昌平下苑村快乐骑行大本营是一个为骑行爱好者打造的理想之地。这里不仅有绝佳的自然环境，还有完善的设施和服务，让你在这里尽情享受骑行的乐趣。如果您是一名热爱骑行的朋友，不妨来这里一试身手，体验一次难忘的骑行之旅。

第三个我带大家来到的是一个音乐咖啡厅，他的名字叫纳森蒙克音乐空间。"纳森蒙克"在蒙语里代表生机勃勃，现实中是一个小巧精致的咖啡与音乐空间，音乐是这里必不可少的佐餐佳肴，无处不在的艺术装点无法掩盖纯正咖啡的香味。这个音乐空间由德国艺术家克里斯托夫·纳森蒙克（Christoph Niemann）创立并主持，是一个集音乐、艺术、文化交流于一体的平台。纳森蒙克音乐空间以其高品质的音乐会和艺术展览而闻名，吸引了来自世界各地的音乐家、艺术家和观众。这里举办的各种音乐活动包括古典音乐会、爵士音乐会、现代音乐演出以及跨界音乐节等，为观众带来丰富多样的艺术体验。此外，纳森蒙克音乐空间还致力于推动当地文化和艺术的发展，通过举办讲座、工作坊和艺术教育活动等，为当地社区的居民提供接触和参与艺术的机会。这里已经成为昌平区文化旅游的新亮点，为北京市的艺术生态增添了新的活力。

接下来，我给大家隆重介绍一下下苑村艺术生活季，这个活动从2018年开始举办，便成了驻村艺术家和手作人的展示平台，更是鼓励村民创业的舞台。提到这个项目，不得不提一位叫赵峰的驻村艺术家，他是下苑艺术生活季总策划。2016 年的时候，下苑村的冯志广书记找到赵峰，说想挖掘一下村里的艺术资源，看看能不能开辟产业方向，让村民和艺术家都参与进去。于是赵峰就带人注册了下苑村第一家驻地公司，并开设公共的艺术空间。经过酝酿和准备，下苑村的艺术家们就自发做了"2018 下苑艺术生活节"，当时以下苑为中心周边各村所有的艺术家基本参与了活动，来了很多人，特别热闹，也让下苑村委会看到了艺术内容引流的效应。之后，接着做了 2019 年、2021 年的艺术节，到了 2022 年，在昌平区文旅局的支持下把"艺术节"升级到了"艺术季"，同时把当地的特色农产品引入艺术季内容，作为艺术季的分类主题活动，让游客全方位地了解下苑。村民们通过艺术活动看到了市场潜力，村里的艺术家们也陆续开设各类（餐饮、民宿、西餐厅、酒吧、咖啡馆及各类艺术体验工作室）艺术主题的公共实体空间。同时，一年一度的艺术季让村委会看到新的产业方向，也让社会各界看到下苑艺术村销售平台逐渐在形成中。特别值得一提的是 2023 年的生活艺术季，主要体现在内容升级，以往几届主要是以驻村艺术家内容为主，这次在内容上组织互动了专业机构和院校，比如：《未来生活方式设计》展览就是以下苑村作为思考发散的原点，呈现中央美术学院设计学院《趋势设计》课题对未来生活图景的构想内容。同时，还互动了首都经济贸易大学、中国农业大学等机构就艺术、设计、课题实践等赋能乡建的内容展开论坛交流。活动期间，开展数字艺术作品展、未来乡村生活方式设计作品展、艺术季音乐会、艺术有魔力 & 侃谱艺术市集、下苑乡村会客厅村民绘画展等活动。

各位游客，艺术就是幸福的生活下苑村之旅就要接近尾声了，希望通过这次游览，您能对下苑村的艺术文化和自然风光有一个更加深入的了解和认识。同时，也希望您能在这里度过愉快的时光，留下美好的回忆。如果您在下苑村游览过程中有任何问题或建议，请随时联系我。谢谢大家！

6.2 上海市崇明区绿华镇

6.2.1 总体情况

2021 年 8 月，文化和旅游部确定绿华镇为第一批全国乡村旅游重点镇（乡）。

"绿华"取自崇明历史上曾有"东西绿华山"之说，同时取"绿色常青、美丽富饶、生机勃勃"之意。绿华镇隶属于上海市崇明区，于 20 世纪 70 年代初围垦于长江滩涂。围垦之前，是长江泥沙冲击积淀形成的小沙、小岛，因时涨时坍、时隐时现、游移不定，形如"老鼠"出没，又因与常熟白茆港（谐音"白猫"）隔江相望，有渔民将其取名"老鼠沙"。1971 年 11 月围垦，建立"崇明县新建副业场"。1980 年 10 月改名为"崇明县绿华农工商联合公司"。1984 年 3 月建立"崇明县绿华乡"。1995 年 2 月撤乡建镇，建立崇明县绿华镇，实行镇管村体制。

绿华镇地处崇明岛西南端，东与三星镇接壤、北与跃进农场相邻，东南部濒临崇明岛上最大的天然淡水湖明珠湖；南与西紧邻长江南北支，与江苏省常熟市、海门市隔江相望，是长江分水岭和入海口所在地。全镇辖区面积 38.4 平方千米，其中耕地面积 1044.01 公顷，主要种植柑橘，是上海市唯一的柑橘之乡。镇中心位于东经 121°15′，北纬 31°43′。现有 7 个行政村，1 个居委会，户籍人口 8000 余人。绿华镇具有良好的自然生态环境，森林覆盖率达 40.39%，是全区森林覆盖率最高的乡镇；区域内水系纵横，市区级河道各 1 条，镇级河道 27 条 / 段，具有发展水上运动的独特优势。

年轻的绿华镇，在上海人心目中特色鲜明，拥有崇明岛上最大的天然淡水湖——明珠湖；建有崇明规模最大的崇西水闸，是长江南北支分水岭所在地；是上海市有名的柑橘之乡。2012 年，绿华镇获评第一批全国"一村一品"示范村镇（飞岛柑橘）；2020 年 5 月，获"2018—2019 年度上海市文明镇"称号；2020 年 7 月，获"国家卫生镇"称号；2021 年 8 月，被文化和旅游部确定为第一批全国乡村旅游重点镇（乡）。绿华镇以践行环境为本、"三农"为基、文化兴镇、旅游强镇发展之路，着力实施"五个小镇"（循环农业示范、旅居康养特色、文化体验创意、乡村旅游风情、生态宜居幸福）建设，这个崇明西部小镇日益焕发出别样美丽！

6.2.2 景点特色——橘黄蟹肥

夏品荷叶冬吃蟹，秋收柑橘春赏花。

崇明是长江水系中华绒螯蟹的发源地，崇明清水蟹是崇明最具特色的产业之一。近几年，通过更加科学的养殖，崇明清水蟹早已摆脱了"崇明蟹长不大"的定论，不仅在个头和市场价格上已经与阳澄湖大闸蟹相当，在不少资深饕客们看来，成长在咸淡水交汇处的崇明清水蟹更具一番独特的风味。

崇明清水蟹对水质要求很高，青壳白肚、金爪黄毛，素因膏脂丰满、味道鲜美，深受食客喜爱。每年10月份开捕仪式当天，正是捕蟹、吃蟹的最佳时机。在捕捞"第一网蟹"的环节，蟹农们乘渔船进入蟹塘捕蟹，每队从捕捞上来的清水蟹中推选出个头较大的公蟹与母蟹分别过秤，最终决出"蟹王"与"蟹后"。

秋风起、蟹脚痒，也是柑橘丰收的好时节。绿华镇又被称作"柑橘之乡"，每到柑橘成熟时，放眼望去一片金黄，除了滚滚稻浪，还有垂坠枝头、如小灯笼般的柑橘，煞是喜庆。金澄澄的绿华柑橘，皮质松软易剥，果肉入口即化，滋润酸甜，层次分明。

近半个世纪前，崇明绿华的农人试点种下第一批柑橘，大家尝到了甜头，于是"家家皆橘农"，几十年间，橘富一方人。21世纪初起，崇明柑橘产业陷入低谷。近年绿华加快实施柑橘产业品质提升工程，建设现代化示范基地，产品向有机化转型，开展品牌营销试验，扩大柑橘"两无化"种植规模，如今崇明柑橘已重获市场青睐。

2013年，上海·崇明"橘黄蟹肥"文化旅游节在绿华镇宝岛蟹庄开幕，历时一个月。这个由橘子、螃蟹、稻米等绿华"知名"农副产品集结而成的旅游节，将绿华的种养殖业串联起来，形成品牌叠加效应，成为绿华旅游资源的一部分。同时，绿华镇推出品蟹采橘旅游专线，吸引市民前来体验。游客朋友们到崇明不仅可以体验采橘乐趣，还可以品尝到正宗的崇明清水蟹。2014年，橘黄蟹肥之际，一股稻米香又飘入其中，一个新的旅游品牌项目——"橘黄蟹肥稻米香"文化旅游节闪亮登场，并逐渐发展成崇明生态旅游文化节中的一大重点品牌。2019年，"橘黄蟹肥稻米香"文化旅游节入选"中国农民丰收节"100个乡村文化活动，也是上海唯一入选的节庆活动。至今，"橘黄蟹肥稻米香"文化旅游节已经成为绿华镇旅游业的一张名片，吸引了广大游客寻味而来。

6.2.3 导游词

橘黄蟹肥稻米香，长江入海第一镇

各位游客，大家好，欢迎来到长江入海第一镇、全国乡村旅游重点镇绿华镇开展为期两天的旅程，我是你们的导游，一定为大家做好服务。

绿华镇位于崇明岛最西端，17千米的长江观光岸线风光秀丽，万亩橘园青葱翠绿，三千亩明珠湖碧波荡漾。从2000年开始，绿华镇陆续开发形成明珠湖、西沙湿地、荷花博览园、宝岛蟹庄、铁皮石斛观光种植园等旅游景点，吸引不少游客前来观光。近年来，绿华镇持续探索农旅、林旅、体旅、水旅融合发展，逐步从一个乡村旅游景点向一个旅游强镇转变。

绿华镇是遥远的。在上海长江隧桥还没开通的年代，游客从市区前往绿华，需要先乘坐轮渡到达南门港码头，再驱车往西开30千米左右。这样的距离，很容易将游客"劝退"。2009年，上海长江隧桥开通，改变了崇明岛成岛1400多年以来，没有通往大陆的陆上通道的局面，也架起了崇明岛旅游业发展的桥梁。陡增的客流大量涌入崇明岛，周末更是出现私家车高峰，隧桥开通仅一周，崇明旅游人次突破30万，相当于隧桥开通前崇明游2个月的人次数。

绿华镇是年轻的。整个绿华镇原本是一片长江滩涂湿地。围垦之前，是长江泥沙冲击积淀形成的小沙、小岛，因时涨时坍、时隐时现、游移不定，如"老鼠"出没，又因与常熟白茆港（谐音"白猫"）隔江相望，有渔民将其取名"老鼠沙"。1971年冬天，在老鼠沙的芦苇荡之上，来自全崇明17个公社的3.2万多人开始围堤垦荒，最终建立起"崇明县新建副业场"，1984年3月

才建立绿华乡。满打满算，绿华镇也只有半个世纪的历史。

绿华镇也是幸运的。绿华镇的资源优势非常明显，此地处于长江下游南北支分水岭所在地，湿地资源独特、泥土中有机质含量高，崇明最大的天然淡水湖也在此，拥有得天独厚的自然风景和生态旅游资源。

各位游客，现在我们已经到达位于华渔村 1 号的绿华镇旅游服务中心，进入服务中心里面，映入眼帘的是绿华垦拓纪念馆。

上海崇明绿华镇垦拓纪念馆是一个专门纪念和展示绿华垦拓历史的文化场所。纪念馆占地 100 多平方米，通过沙盘、实物、图片、文字、场景、视频等多种形式，集中展示了绿华 50 年的垦拓发展史，形象生动地展现了绿华人民"自力更生、艰苦奋斗、勇于奉献、开拓进取"的垦拓精神。

纪念馆的展览内容以 1971 年至 2020 年间绿华镇的变化为脉络，分为"围垦之路""砥砺之行""焕新之变"三大板块，完整讲述了绿华镇由 50 年前的芦苇荡变成如今的特色风情小镇，从一片荒滩到万顷碧波的美丽蜕变历程。

"围垦之路"板块讲述了绿华镇依靠广大人民群众前赴后继的垦拓建设，从无到有的变迁。这里展示了绿华人民如何通过拦江筑坝，将一片滩涂变成了可耕种的土地，展现了他们与自然斗争、向荒滩要粮的勇敢精神。

"砥砺之行"板块展现绿华镇通过发展柑橘等产业由穷变富的自强之旅。这里可以看到绿华人民如何通过勤劳的双手，将一片片荒地变成了硕果累累的果园，实现了经济上的自给自足，改善了生活条件。

"焕新之变"板块回顾了绿华通过举办马拉松赛事等绿色项目，成功转型成为一座马拉松特色小镇的"美丽蜕变"。这一板块展示了绿华如何利用自身的自然资源和地理位置，发展体育旅游产业，吸引了众多游客前来参赛和观光，为乡村振兴注入了新的活力。

纪念馆内部的展览设计注重互动性和体验感，让参观者能够更加直观地了解绿华的垦拓历程。例如，馆内有一个根据当时参与垦拓人民拦江筑坝的场景还原的沙盘，以及当年人民劳作时使用过的物件，如饭盒、草鞋和棉袄等，这些物品无声地诉说着垦拓年代艰苦的生活。墙上还挂着当年公认的围垦三宝——铁锹、泥络、扁担，这些都是绿华垦拓历史的见证。

此外，纪念馆还通过大屏幕播放绿华镇的垦拓史介绍视频，让参观者能够更加生动地感受到那段历史的艰辛与伟大。通过这些丰富的展示手段，纪念馆不仅成为一个展示绿华垦拓历史的窗口，也成为传承和弘扬垦拓精神的重要场所。

绿华垦拓纪念馆不仅是一个历史的展示平台，它还承载着教育和启发后人的功能。通过参观纪念馆，人们可以更加深刻地理解到，绿华镇的今天离不开前辈们的辛勤努力和不懈奋斗。这种精神财富对于激发当代人尤其是年青一代的奋斗精神，具有重要的意义。

总地来说，上海崇明绿华镇垦拓纪念馆是一个集历史教育、文化传承和旅游观光于一体的综合性纪念馆。它不仅记录了绿华镇的垦拓历史，更是崇明区乡村振兴和文化建设的一个重要成果。通过参观纪念馆，人们可以感受到那段艰苦岁月中绿华人民的不屈不挠和勇于开拓的精神，这种精神至今仍然激励着绿华人民继续前行。

游客朋友们，从绿华垦拓纪念馆出来，沿着眼前的这条路往南走，我们就能看到大名鼎鼎的没顶艺术中心了。没顶艺术中心毗邻西沙湿地公园，南与西紧邻长江南北支。美术馆占地约 40 亩，其前身为 20 世纪 70 年代的绿华养鸡场鸡舍，建筑面积约为 3000 平方米。如今，荒废了二十余年的旧砖房经过改建，成为一座艺术场馆。

没顶艺术中心是一个独特的艺术实验场，是一个集艺术实验空间、露营地、马场、文献馆、鱼塘、艺术家驻留、雕塑空间、小型动物乐园为一体的全新文化生态。这个艺术中心的前身是绿华养鸡场，荒废了 20 年后，于 2020 年被没顶公司发现并改造成为现在的美术馆。没顶艺术中心的设计理念是保持原有的生态和建筑风貌，不做过多的改造，而是在安全性上做适当的改造。这种设计保留了原建筑杂草丛生、残垣断壁的原汁原味，使得野生的植物到变形倒塌的建筑，很饱满地体现了集体主义时代的气息，这样的生态是对今天当代生活的挑衅和野蛮介入。

没顶艺术中心的馆长徐震表示，他们并没有把这里当成一个美术馆的建筑来对待，而是一个大型的整体的艺术现场。重点是让艺术在这个现场上如何更神经质，因为这里有这种可能。这样的实际环境，也让人担忧后续展品的维护问题，但这恰好也是美术馆吸引人的地方，"不断地要'注意安全'，包括人、展品、建筑、当地的小动物等等"。

没顶艺术中心的展览内容丰富多样，包括常设展、主题展以及驻地项目。例如，开馆时的常设展"登陆 1.0"展出了徐震的 10 余件雕塑作品，而主题展"我们从别人那里借梦想，像债一样"则探索了更新身份政治、美学体制以及其他先锋派遗产的紧迫性。此外，驻地项目"软如棉、硬如针"则展示了艺术家金锋的作品，他在驻留期间构思的表演讲座，通过写作、表演和档案，将崇明岛转译为不同对象之间的相遇。

没顶艺术中心不仅是一个展览艺术品的场所，它还致力于推动艺术与自然的融合，以及艺术对于乡村生态的影响。艺术家徐震和其团队曾在崇明岛前哨村举办了一场当代艺术群展"降临"，试图探讨在城市化与乡建议题愈演愈烈的今天，艺术对于乡村的生态能够带来怎样的影响。没顶艺术中心的建设，也延续其在乡村与自然相连的理念。

游客朋友们，请随我穿过这一片长满藤蔓的老建筑，可以看见一尊佛像雕塑掩映在绿植中，散发出神秘的魅力；再往前走，我们能看到陈旧的中式厂房屋顶被两根古希腊风格的石柱"击穿"，石柱直指天空；现在我们进入厂房，大家有没有发现，这两根石柱其实是两条"腿"，穿在了两只颜色鲜红的高跟鞋雕塑之上——"击穿"屋顶的野性之美和高跟鞋柔和之美的反差、灰色石柱和红色高跟鞋的反差，给我们带来强烈的视觉冲击。

没顶艺术中心目前已打造成一个面向公众开放的沉浸式艺术公园，在泥土上、厂房里，展示最先锋、最前沿的艺术作品，让乡村富有文化气息和艺术魅力，让自然生态与艺术表现充分融合。徐震表示，核心策略是让艺术作品进来，让艺术成为首要。这个旧建筑中大部分的墙体和外立面，都没有做改动。在这里，市区里精英化的美术馆和画廊感觉被努力抹除，"不重复和强化经营的概念，而是要将它打破"。

总地来说，没顶艺术中心是一个独特的艺术空间，它不仅仅是一个展览艺术品的场所，更是一个艺术与自然、乡村生态相结合的实验场。它的存在，不仅为艺术家提供了一个创作和展示的平台，也为公众提供了一个亲近艺术、体验自然的机会。没顶艺术中心已经成为崇明岛上一个重要的文化地标，推动当地艺术和文化的发展。

从没顶艺术中心出来，穿过环湖西路到对面，就是邹市明拳击训练基地了。这是奥运冠军邹市明先生的专业拳击选手训练基地，内分拳击文化展示区、赛事训练封闭区和游客 VR 体验区。特别值得一提的是那张国内少有的 8 米 × 8 米国标大尺寸拳台，这是 2019 拳盟盛典 & 上海国际拳王争霸赛的专用擂台，上面曾诞生了三条中国区拳王金腰带，是一个非常有特色和意义的网红打卡点。这个训练基地不仅是邹市明个人职业生涯的一个重要里程碑，也是崇明区乃至上海市体育文化发展的一个重要组成部分。

基地位于风景秀丽的崇明岛上，占地面积广阔，周边环境宜人，空气清新。基地的建筑设计融合了现代与传统元素，外观简洁大气，内部空间布局合理，为运动员创造了一个舒适、专注的训练氛围。基地的设计充分考虑了拳击运动的特点，旨在为运动员提供一个集训练、康复、科研、教育于一体的综合性训练平台。基地的建立，不仅为专业拳击运动员提供了优质的训练环境，也为业余爱好者和青少年提供了学习和体验拳击的机会。基地的教练团队由经验丰富的专业教练组成，他们不仅在国内外赛事中取得过优异成绩，而且在教学和训练方面有着丰富的经验。教练团队会根据运动员的个人特点和需求，制定个性化的训练计划，帮助运动员提升技术水平和竞技状态。基地内部设施完备，包括多个标准拳击台、沙袋训练区、力量训练区、有氧运动区、恢复区等。每个区域都配备了专业的训练设备，如拳击手套、护具、速度球、力量训练器械等，以满足不同训练需求。此外，基地还设有多功能厅、会议室和休息室，为运动员提供交流和休息的空间。基地不仅为专业运动员提供训练，还开设了面向公众的拳击课程，包括基础课程、进阶课程和青少年课程。这些课程旨在推广拳击运动，提高公众的拳击素养，同时也为有潜力的年轻运动员提供成长的机会。基地还会定期举办拳击讲座和研讨会，邀请国内外知名拳击教练和运动员分享经验，促进拳击文化的交流。

我们现在从基地大门进去就是基地文化展示区，看台两侧可调控的热感玻璃，方便游客观赏职业拳击训练课程及赛事。右侧是拳击运动员专项技术训练区，在 8 米 ×8 米的国际标准拳击台，展现出速度与力度之美。左侧是体能训练区 / 游客体验区，配备训练沙包、体能恢复训练器材等配套设备，大家可以现场体验。基地的建立和发展，对于提升崇明区乃至上海市的体育文化水平具有重要意义。它不仅吸引了众多拳击爱好者和专业运动员，还成为崇明区体育旅游的新亮点。基地通过举办各类拳击赛事和活动，提高了崇明区的知名度，促进了当地经济的发展。基地也在继续推广拳击运动，提高公众对拳击文化的认识和理解。通过不断的努力和创新，基地有望成为中国乃至世界拳击运动的重要基地，为拳击运动的发展做出更大的贡献。

从邹市明训练基地出来，步行往东，我们就能看到农耕文化展示馆了，这里记录崇明千年的农耕历史，利用视觉影像、实景重建等形式，生动展陈了崇明土布、崇明灶花和当年的耕具、生活起居等藏品，是宣传本地特色非遗文化，呈现崇明淳朴民风、浓郁乡愁和文化内涵的新亮点。绿华镇农耕文化展示馆占地面积广阔，通过丰富的展品和详实的资料，向游客展示了崇明岛以及绿华镇丰富的农业历史和农耕文化。展示馆的建立旨在保护和传承农耕文化遗产，同时也是对当地农业发展成就的一种展示。

展示馆内部分为多个展区，每个展区都有其独特的主题和展示内容，我们依次游览观看。第一是农耕历史区，通过图片、文献和实物，展示了崇明岛从古至今的农业发展历程，包括早期的渔猎文化、水稻种植的引入以及现代农业技术的应用等。第二是农具展示区，展出了各种传统农具和现代农业机械，如犁、耙、镰刀、播种机等，让游客了解不同时期的农业生产工具。第三是农作物品种区，介绍了崇明岛特有的农作物品种，如崇明大米、崇明蜜橘等，以及这些农作物的种植技术和收获过程。第四是农耕生活区，通过模拟场景和实物展示，再现了农民的日常生活，包括家庭生活、节日庆典、乡村教育等方面。第五是农业科技区，展示了现代农业科技的应用，如智能农业、生态农业等，体现了农业发展的现代化趋势。

农耕文化展示馆不仅提供静态的展览，还举办各种特色活动，如农耕文化讲座、农事体验、传统节日庆典等，让游客能够亲身参与和体验农耕文化。在农耕体验活动中，游客可以在指定的体验区参与农作物的种植、收获等活动，体验农耕的乐趣。在重要的农事节日，如春耕节、秋收节等传统节日庆典时，展示馆会举办相关的庆祝活动，展示传统习俗和文化。展示馆还会邀请农业专家和学者定期举办讲座，讲解农耕文化的历史、现状和未来发展趋势。

绿华镇农耕文化展示馆不仅是一个展示场所，也是一个教育基地。它通过展示农耕文化的历史和现状，教育公众尤其是青少年了解农业的重要性，培养他们对农业和农村的尊重和热爱。展示馆是一个集展览、教育、体验于一体的综合性文化场所。展示馆的建立和运营，对于提升绿华镇乃至崇明区的文化软实力具有重要意义。它不仅吸引了大量游客，促进了当地旅游业的发展，也成为了当地居民文化生活的一部分，增强了社区的凝聚力。展示馆不仅展示了绿华镇丰富的农耕历史和文化，也成为连接过去与未来、传统与现代的桥梁，成为崇明岛乃至上海市的文化名片，对于传承和弘扬农耕文化具有重要的价值和意义。

接下来，我们去参观一个充满文化气息和创意活力的地方——印坊·透明工坊。印拓千年，坊间传奇。印坊·透明工坊正是绿华镇乡村振兴发展成果的一个缩影，它不仅是一个展示和体验传统手工艺的场所，也是新时代文明实践的重要基地。方寸之地承载着千年的文化底蕴，"印糕、印刷、印染、印拓、印章"等非遗将"印"的文化表现得淋漓尽致，特别是崇明精品点心和中国印刷文化的完美结合堪称一绝，这里是体验、小憩、"集邮"皆相宜的文化小栈。

现在，我们正站在印坊·透明工坊的门前。这个工坊的设计理念是"透明"，意味着这里的一切都是开放和共享的。工坊的建筑风格简洁现代，大面积的玻璃窗让阳光充分照射进来，同时也让游客能够从外面看到工坊内部的活动，增强了互动性和体验感。

走进工坊，我们首先来到的是非遗文化展示区。这里陈列着各种传统手工艺品，如崇明板糕、印糕等，每一件都是手工艺人精心制作的艺术品。这些工艺品不仅展示了崇明岛丰富的文化遗产，也体现了当地人民的智慧和创造力。

接下来，我们将前往体验区。在这里，游客可以亲手参与制作传统手工艺品。无论是大人还是孩子，都可以在这里找到乐趣。比如，我们可以一起动手制作印糕，从筛粉、挖孔、加馅、盖粉到印模，每一个步骤都充满了乐趣。完成后，我们还可以品尝自己亲手制作的印糕，那滋味一定特别甜美。

此外，印坊·透明工坊还定期举办各种文化活动和讲座，如非遗文化传承、手工艺教学等，旨在传承和弘扬传统文化，同时也为当地居民和游客提供了一个学习和交流的平台。在这里，我们能够感受到传统手工艺的魅力，如果您对手工艺品感兴趣，不妨选购一些带回家，作为纪念或礼物，也是对传统手工艺的一种支持和鼓励。

"白墙黑瓦坡屋顶，林水相依满庭芳"，现在，我将带领大家参观一个充满乡村风情和文化底蕴的地方——西来农庄。这里虽然处在崇明岛西南"西沙风情景区"的最南端，但欧式风情的玫瑰园、海岛风韵的农耕馆、崇明风味的美食美景总是能让人在这"世外桃源"中流连忘返。我们在这里午餐和游览。

西来农庄度假村占地面积约 200 亩，紧邻国家级 4A 旅游景区西沙湿地、明珠湖；是国家五星级农业休闲旅游景点，上海首批乡村影视基地；农庄天然的月亮湖风光秀丽、碧波荡漾；新建的街心公园美景令人流连忘返；中式建筑群错落有致，充满民宿元素；玫瑰园、农耕馆、三栋书屋、茶吧、标准网球场、篮球场、农田采摘园，农旅功能一应俱全；各种中大型的节庆活动贯穿全年，玫瑰节、蟋蟀节、徒步健身节、篝火烧烤、帐篷露营音乐节、美食节等。这里不仅是一个典型的崇明农家乐，提供了闲适恬静的田园生活，更是一个融合了传统与现代、自然与文化的综合性旅游目的地。

首先，让我们走进西来农庄的历史。这是一个百年老宅经现代改造的民居。大院朝东的五间正屋，坐北向南，由门楼、东西厢房、天井、五间正屋和后风墙组成，始建于1813年清嘉庆年间，已有200多年的历史，系原新河镇西大街26号搬迁至此。早在2004年，新河镇旧城改造，老建筑面临拆除，但幸运的是，有识之士于2005年将仅存的五间正屋，聘请民间能工巧匠，经精心标号拆建于此，让我们今天仍能一睹其风采。这五间老宅，全部采用梁梯框架结构、行料、椽子全部选用优质松木，经历百年沧桑，完好无损，拱形抱厦廊柱，青石底座，做工精致，堪称全品相，实属崇明民间百年老宅中的经典民居。这座百年老宅不仅展现了崇明民间建筑的精粹，更是崇明岛历史与文化的见证。

接下来，我们将漫步于西来农庄的自然美景之中。这里有一片占地60多亩的玫瑰园，种植着50多个品种的玫瑰，每到花季，姹紫嫣红、香气袭人，是游客们流连忘返的地方。每年的春秋两季，西来玫瑰园吸引着大批游客纷至沓来。梦幻般的玫瑰花海内，竞相开放、争奇斗艳；踏上玫瑰廊桥，如诗如画般的美景尽收眼帘；紫藤网红长廊，让您不得不来打卡；多彩果园、蔬菜园更是与花海融为一体，形成一道亮丽的风景线。

在前方的西来农耕馆，有一位土生土长的崇明人——徐刚，他用一支笔将他对崇明岛的热爱与留恋，魂牵梦萦地创作出了一首诗词——《我的岛》，深深地表达了他不管身处何地多远，心里永远装着故乡——崇明岛。农耕馆内陈述了崇明岛的如何形成由来，深情地刻画出了崇明人民的艰辛劳作、不断拼搏的顽强精神。围垦篇、劳作篇、衣被篇、特产篇、居住篇等把崇明人民的民俗文化惟妙惟肖、尽情地在这里展现出来，将爱乡之情一笔一画融入崇明民俗画中。淳朴的民风、生动的画面、浓郁的乡愁、文化的内涵……成为西来农庄的又一张名片。

西来农庄不仅是一个观光旅游的好去处，还是文学创作的基地。上海市作协乡村题材创作基地就设立在这里，这里优美的自然环境和淳朴的乡村生活，为作家们提供了丰富的创作灵感。

阳光明媚下，移步至"三楂书屋"，小憩在软软的沙发里，泡上一壶你爱喝的香茗，手握一册万卷书，在这书海里徜徉；眼睛累了，无妨，抬头眺望窗外，风光旖旎的月亮湖畔上碧波荡漾，湖面上白鸬鹚、野鸭成群，或许还能有幸观赏到"鱼跃龙门"呢！

这里有舒适的客房、美味的崇明特色菜肴，以及丰富的休闲活动，如采摘、垂钓、亲子活动等，让游客在享受乡村宁静的同时，也能体验到丰富多彩的乡村生活。西来农庄也从曾经的"养在深闺人未识"一跃成为长三角休闲农业与乡村旅游博览会评出的 30 家"我喜爱的旅游景点"之一，为崇西地区旅游产业发展扬名气、聚人气、生财气。

从西来农庄往东南方向步行片刻，我们就能领略荷花的海洋，感受荷花文化的魅力。这里是上海崇明荷花博览园，占地近 600 亩，是上海地区目前国内外名贵荷花展示品种、生产育种规模最大的荷花展示基地。景区设有 8 个功能区，分别是莲花观赏区、户外宿营区、莲花休闲区、莲花度假区、莲花培育区、农耕体验区、荷园种植区及入口服务区。另设有儿童乐园，广场、栈道、凉亭、环园路、游步道等硬件设施。荷花博览园是一处集育花、观花、赏花、品花与茗花为一体，具有荷文化研究、科普宣教及生态休闲旅游娱乐多功能设施的园区。

此时荷花盛放，千姿百态、娇艳欲滴，"接天莲叶无穷碧，映日荷花别样红"的景象在这里淋漓尽致地展现。绿色的荷叶映衬着粉色的花朵，犹如一幅唯美的水彩画。这里的荷花主要分为高秆莲和睡莲两大类，拥有徘云千叶、热带睡莲、文曲、红建莲、一丈青等多个品种，各具特色，花形多样，从碗状到碟状，从单瓣到重瓣，无不展现出荷花的千姿百态。花期从每年的 6 月中旬持续至 10 月中旬，为游客提供了长达数月的观赏期。

古人云，荷花可远观而不可亵玩焉，但在荷博园，你可以走近荷花。穿过大片荷塘，首先映入眼帘的就是两边的木栈道。园区有两条木栈道可贯穿整个园区，总长 2.8 千米，设计木栈道的初衷就是希望游客能近距离观赏荷花，与荷花、荷叶、莲蓬接触。大家可以沿着木栈道走一走，近距离接触荷花，感受荷花的美丽与清新。为了让游客多角度观赏荷花，园内还设有一座观景台，站在高处整个园区的景色尽收眼底，清风拂来，荷叶和荷花随风摇曳，令人心旷神怡。为增加观赏的层次，园区还种植了部分海棠。盛夏，海棠花凋谢，海棠树上结出一个个晶莹剔透的果子，红彤彤的格外诱人，与池中的荷花相互映衬，别有一番景致。

观景台下还设有四处"喊泉"和造雾装置，为游客提供了别样的互动体验。游客可以对着它呐喊，随着声音的大小，远处的喷泉也会随之波动。生活或者工作压力大时，就来这里呐喊吧。

除了赏荷，园内还有射击、地形车、游船、小火车等娱乐设施，更有特别为孩子打造的儿童乐园、动物农场。游客可以泛舟湖上，与白鹭为伴，享受自然之美。为迎合青年群体，园内更是打造了多处网红建筑，埃菲尔铁塔、南瓜马车，童话世界里的公主梦，在这里就能实现。园区还定期举办各类文化活动，如"荷文化"艺术节、"荷花杯"摄影节等，让游客在欣赏荷花的同时，也能体验到丰富的文化生活。

游客朋友们，出了荷花博览园，沿着宽敞的明珠湖路向前走，我们就看到上海绿港风情景区的标识了，这是 3A 级景区，也是开放式景区，包括我们刚才游览的崇明农耕文化馆，还有蟹文化馆、河口沙洲水文化馆等科普文化类场馆，景区里有多家农庄、民宿及网红打卡地，已形成以生态为主题，集观光、科普、体验、运动、美食、雅宿于一体的旅游景区。

接下来一站就是我们今天晚餐和住宿的地点，宝岛蟹庄。宝岛蟹庄，是一个集养殖、餐饮、旅游、文化体验于一体的综合性蟹类主题景区。这里不仅以其出产的崇明清水蟹闻名，还因其独特的蟹文化和优美的自然环境吸引了众多游客。宝岛蟹庄坐落在国家地质公园西沙湿地和明珠湖景区之间，拥有得天独厚的自然环境。这里绿树成荫，鸟语花香，仿佛一个天然的大氧吧，为游客提供了一个远离都市喧嚣、亲近自然的休闲胜地。

崇明清水蟹是宝岛蟹庄的招牌产品，以其独特的口感和高品质而受到消费者的喜爱。蟹庄采用"江海 21"品种，通过活水养蟹、水草种植、水质调控、科学投饵等技术，精心养殖近 17 个月，使得蟹壳健硕有光泽，青背白肚，金爪坚实有力，彰显出崇明清水蟹的高品质。崇明清水蟹早在 2007 年就获得了"国家地理标志产品保护认证"，成为崇明农产品区域公共品牌的明星产品之一。

宝岛蟹庄注重生态养殖和可持续发展，控制亩产在 200 斤以内，以减轻对水体环境的压力。养殖户采用先进的生态养殖技术，不再将蟹塘水直接排入自然水体，而是通过生物手段对水体进行过滤，确保水质的清洁。此外，蟹庄还注重提升崇明清水蟹的品质，如通过高压充氧的方式让蟹吐净体内的泥沙，提升食用口感。

宝岛蟹庄不仅是品尝美食的绝佳地点，也是体验蟹文化的好去处。蟹庄内设有蟹文化博物馆，游客可以在这里了解崇明清水蟹的历史、种源、养殖、捕捞等方面的知识。此外，蟹庄还开发了一系列蟹类美食，如蟹粉小笼、蟹粉面条、蟹粉蒸蛋等，为游客提供了丰富的美食体验。

宝岛蟹庄的客房舒适整洁，设施齐全，充满江南园林风情。游客朋友们今天可以在这里享受宁静的乡村生活，体验与自然和谐共处的乐趣。蟹庄的餐饮以绿色、环保、原生态为主，提供地道的崇明清水蟹和各种蟹类美食，确保大家吃得放心、玩得开心。

目前，绿华镇正大力打造"上海蟹港"品牌，通过一、二、三产业的融合发展，将"蟹宿""小甲弟餐厅"等旅游元素有机串联，形成一个以崇明清水蟹为核心的特色旅游区域。未来，宝岛蟹庄将继续加大旅游项目开发力度，推进美食与乡村旅游、乡村振兴的深度融合，让"上海蟹港"品牌深入人心。

上海宝岛蟹庄以其独特的地理位置、高品质的崇明清水蟹、丰富的旅游文化体验和舒适的住宿餐饮服务，成为一个值得一游的目的地。无论是美食爱好者、自然探索者还是文化体验者，都能在这里找到属于自己的乐趣。随着"上海蟹港"的建设和发展，宝岛蟹庄的未来将更加光明，成为崇明乃至上海的一张亮丽名片。

大家晚餐后，可以在附近自由活动，我们明天还有精彩的行程。

看到大家元气满满的状态，相信大家休息得不错。

　　我们今天的第一站是近在咫尺的西沙明珠湖景区，特别要说明的是，2024年2月6日，文化和旅游部发布公告，确定21家旅游景区为国家5A级旅游景区，上海市崇明区西沙明珠湖景区上榜，继东方明珠广播电视塔、上海野生动物园、上海科技馆和中国共产党一大·二大·四大纪念馆之后，成为上海市第5家国家5A级旅游景区。

　　在世界上最大的河口冲积岛——上海崇明岛的西南端，有一片总面积约7.8平方千米（近1.2万亩）的景区，集湿地、湖泊、森林和沼泽等多种景观于一体，独特的地理位置形成自然奇迹，生态资源天赋异禀，成为不少游客的出游选择，这里便是西沙明珠湖景区。西沙和明珠湖，是两个特质各异却又完美融合的毗邻旅游景区。

　　西沙湿地是上海目前唯一具有自然潮汐现象、有成片森林沼泽与芦苇沼泽的长江滩涂自然湿地，拥有丰富的湿地生物资源和独特的潮沟地质地貌。在这里，有层林尽染的水森林景观，有一望无际的芦苇荡，还有点缀在湿地滩涂上的蛸蟟、白鹭等小精灵。游客通过生态栈道穿行其间，与湿地景观相互融合，宛如在画中行走。

　　南北长3000米、东西跨度约600米、最深处达8米、水容量达500万立方米的崇明最大天然内陆淡水湖——明珠湖，以前是深潭迫岸、水深湍急的危险区域。明珠湖水域原本是长江南支的一条支流，围堤前的明珠湖，江水进出流量每秒超过1400立方米。1973年2月，崇明新建大坝深水拦江截流工程启动，当年5月底竣工，就此围出了一个风平浪静、鱼类资源丰富的明珠湖。

　　如今，西沙明珠湖区域早已连成一片，成为集水上游乐、生态农业、旅游观光、休闲体育等为一体的综合景区。优越的生态环境，令明珠湖区域内的大气环境质量常年保持在国家一级水平，空气中负氧离子浓度每立方厘米高达2000~3000个，是一个天然大氧吧。据统计，西沙明珠湖景区内的鸟类已达百余种、鱼类有60余种，其中还有国家一、二级保护动物和濒危物种。我国首个以湿地命名的生物学新属"崇西水虱"、号称"鸟中大熊猫"的震旦鸦雀、国家一级保护动物长江江豚和中华鲟及国家二级保护动物野鸬鹚等，都是其中的典型代表。

西沙明珠湖景区还是一个科普教育的基地。景区内设有展览馆和教育中心，通过展示和讲解，让游客了解湿地生态系统的重要性，增强环保意识。特别是对青少年来说，这是一个生动的自然课堂，可以在这里学习到许多课本上学不到的知识。

西沙明珠湖景区的美丽和魅力远不止于此，更多的精彩等待您亲自去探索和发现。从西沙明珠湖出来，请大家上观光车，我们车游华电"渔光旅"。

华电渔光旅是华电上海公司与绿华镇在清洁能源、现代农业、田园综合体等绿色经济领域开展多层次和多形式的合作项目。项目总占地面积 2153 亩，建设 44MW 和 81MW 渔光互补光伏发电项目，所发绿色电力全额上网，每年可节约标煤 4 万余吨，创新"水面光伏发电 + 水下螃蟹养殖 + 低碳科普旅游"的特色产业模式，实现渔业和光伏的垂直空间错位利用，提高水面资源的利用率、单位面积土地的经济价值和土地的产出率，吸引游客前来观光旅游、休闲品蟹，引领低碳生活潮流。

前方我们看到的很高的建筑是"绿华第一高"——世界河口沙洲水文化馆，馆内系统展示着世界河口三角洲地质地貌及人类大河文明，登上展示馆 38 米高的观光平台，俯瞰全景，一览美景。

与水文化馆相依的崇西水闸，是崇明水利的枢纽，环岛运河的咽喉，也是上海最大的水闸，担负着全岛泄洪排涝和长江淡水西水东引的任务。宽阔的水面，没有惊涛拍岸，没有狂浪四起，粼粼的水面，不急不缓，悠远而绵长。

水文化馆不远处还有一处文艺青年必到的水文亭。行走在水文亭测亭引桥上，远望测亭外观形似一座穹顶建筑物，东西两侧有石砌丁坝水坝两面，水面洁净，只有风轻轻吹动，将你的视线引向水天一线处，就静静站在一旁，拍出来的风景也绝对文艺。

我们的两日行程就快要结束了，但是绿华还有很多打卡地等着你下次来发掘。这里还有文化打卡点西沙美仓·喜马拉雅城市文化服务中心，是上日传播十多年丰富行业智慧的积累与创新，是培育崇明乡村振兴发展新动能的实践之地。它是一个"万物有声"的空间；一个可进行艺术作品创作、展示、交流及艺术文创产品开发、研制、销售的空间；一个可定期策划、举办文旅等相关活动的空间。绿华也在不断提升旅游接待设施，力求为游客提供更加舒适和便捷的食宿体验，我们还有桔香园、蟹宿、桃园水乡大酒店、楠舍、乡舍、藏红花民宿、水云乡居、思乡园等一批闻名遐迩的接待设施。

希望这次的游览能给大家留下美好的回忆，也期待大家在未来的日子里再次光临。谢谢大家！

6.3 广东省潮州市潮安区凤凰镇

6.3.1 总体情况

2022 年 11 月，广东省潮州市潮安区凤凰镇入选第二批全国乡村旅游重点镇（乡）名单。

凤凰镇因整个形状似凤鸟，故得名。根据《潮州府志》和部分姓氏族谱记载，大约在距今八百年前后的宋朝期间，由于北方频频战祸，迫使部分汉人南移远避乱世，这些南移汉人来自江西、福建等省份。他们逐步沿山路来到这地广人稀、多山无主的凤凰山落户生息，世世代代，繁衍至今。明代先属海阳县。明朝成化十四年（1478 年），属饶平县。1958 年 11 月，归潮安县。1983 年 7 月，与潮安县合并为潮州市。1992 年 4 月，恢复建制，属潮安县。

潮安区凤凰镇位于潮州市的北部片区，东邻饶平三饶镇、北连大埔桃源镇、西界丰顺留隍镇和潭江镇，面积 231.73 平方千米，下辖 27 个行政村以及 2 个社区，285 个自然村，户籍人口约 4.4 万人。凤凰镇具有得天独厚的自然条件，全境四面环山，中间谷地狭长，属亚热带季风气候，年均气温 20℃，年降水量 1600 毫米，森林覆盖率在 95% 以上。在凤凰，有峰险径陡的潮汕第一高峰凤鸟髻；有常年云雾漫山的乌岽顶；有高山平湖的凤凰天池；有香飘四海、誉满中外的凤凰单丛茶；更有独具特色的中国畲族起源文化、红色革命文化和饮食文化。因此，凤凰镇以其峭拔雄伟的凤凰山色、绚烂多彩的畲寨风情和奇香卓绝的凤凰茶而著称。

　　凤凰镇是广东省级中心镇和全国重点镇，也是潮州东部的文化、商贸中心。凤凰镇的企业以建材、茶叶为主，主要企业有年产 3.5 万吨的茶叶加工企业以及多家石材、陶瓷生产企业。农业以茶叶、水稻、水果为主，有茶园面积 18000 亩，年产茶叶 7000 多吨，产值超亿元，是名副其实的茶镇，"凤凰单丛茶"更是闻名遐迩。1995 年，凤凰镇被评为"中国乌龙茶之乡""中国名茶之乡"；2003 年被定为"中科院无公害茶叶生产示范基地""广东省现代化农业示范基地"。2014 年 6 月，凤凰镇入选"中国重要农业文化遗产"。2016 年，凤凰镇获得"中国优秀茶叶区域公用品牌"。2017 年 8 月，凤凰镇荣获"全国十大魅力茶乡"称号。2019 年 12 月 30 日，凤凰镇入选首批"广东省旅游风情小镇"。凤凰镇境内有石宙坪畲族蓝氏祖图、原始石器；明代创建的太平寺、广慧庵、松坑庵；清代的凤凰会课碑、花轿碑记、大桥碑记；清代建筑的环形楼寨赞美楼、茂林楼、雍容楼等 8 座。此外，凤凰镇还是潮州菜的发源地之一，其饮食文化独具特色。在这里，您可以品尝到正宗的潮州菜，感受到独特的饮食文化氛围。

　　总地来说，凤凰镇是一个集自然风光、历史文化和美食文化于一身的美丽乡镇。如果你想体验一场自然与人文的完美结合之旅，那么凤凰镇绝对是一个不容错过的好去处。

6.3.2　景点特色——中国乌龙茶之乡

　　凤凰镇拥有悠久的茶叶栽培历史，900 多年前先民就开始种植茶叶。据最近的一次古茶树普查资料，该镇现存树龄 100 年以上的古茶树约 15000 株，树龄 200 年以上的约 3800 株，其中最著名的一株树龄 600 多年，称"宋种"。这些古茶树被茶叶专家誉为"中国之国宝，世界罕见的优稀茶树资源"。凤凰镇是全国著名的产茶区之一，也是凤凰单丛茶的核心产区。凤凰山，不仅是山青水绿、云绕峰峦的旅游胜地，也是驰名中外乌龙茶系凤凰单丛茶的主产区，这里的气候、土壤、山脉是凤凰茶飘香得天独厚的条件。

　　凤凰单丛茶，产于潮州市潮安区凤凰镇，是潮汕人冲泡工夫茶所喜爱的茶叶。它的成品茶具有形美、色翠、香郁、味甘四大特点。形美，指其挺直、肥硕、油润的外形；色翠，指其青蒂、绿腹、红镶边的叶底和橙黄、清澈、明亮的汤色；香郁，指其清雅的自然花香；味甘，指其浓郁、甘醇、爽口、回甘的口感。此外，凤凰单丛茶还具备独特的"山韵"。其"山韵"离不开生态条件优越、茶树品种良好、采制工艺精细三大要素。

特别值得一提的是潮州凤凰单丛茶博物馆，这是一座以展示和宣传单丛茶文化为主题的博物馆。整个博物馆的建筑风格融合了传统与现代元素，呈现出独特的韵味。依托省级古村落特有的潮式建筑，活化利用，精心打造成为集茶文化展览、凤凰单丛茶研究、茶样标本展示、茶器物陈列、工夫茶体验等为一体的文旅景点，全方位地展示了单丛茶的独特魅力。

在历史渊源展区，您将了解到单丛茶的历史渊源和地理分布情况。这里有许多珍贵的文物和历史资料，展示了单丛茶文化的悠久历史。制作工艺展区则向您展示了单丛茶的制作过程和各种制茶工具。通过观看现场制茶表演，您可以深入了解单丛茶独特的制作技艺。

茶道文化展区是博物馆的核心区域之一，这里展示了丰富的茶具和茶道表演。您可以在这里欣赏到优美的茶道表演，品尝到单丛茶的独特风味，感受茶文化的博大精深。此外，博物馆还设有互动体验区，让您亲自动手体验制茶过程，更加深入地了解单丛茶的文化内涵。

除了各个展区，博物馆还设有商店和休息区。在商店里，您可以购买到各种正宗的单丛茶产品和相关纪念品。在休息区，您可以品尝到各种美味的茶点和小吃，感受单丛茶的独特魅力。

6.3.3 导游词

秀绝凤凰山，游茶旅特色小镇

尊敬的游客们，大家好！欢迎来到广东省潮州市潮安区凤凰镇，我是你们的导游。今天我们将一同领略凤凰镇的独特魅力，体验这里的山川风物，品味深厚的历史文化。

凤凰镇地处广东省潮州市北部片区，东邻饶平、北连大埔、西界丰顺，镇域面积231.73平方千米，下辖29个村（居）委会，户籍人口4.4万人。"凤凰"

一词，与广东联系在一起时，也许大家会第一时间想到一种名为"凤凰单丛"的茗茶。这种风靡半个广东，尤其是在潮汕地区备受欢迎的"日常口粮"茶叶，其实主要产地是在我们现在所来到的凤凰镇。在凤凰，有峰险径陡的潮汕第一高峰凤鸟髻；有常年云雾漫山的乌岽顶；有高山平湖的凤凰天池；有香飘四海、誉满中外的凤凰单丛茶；更有独具特色的中国畲族起源文化、红色革命文化和饮食文化。近年来，凤凰镇先后获得"全国文明镇、中国乌龙茶之乡、中国畲族发祥地、全国十大魅力茶乡、全国乡村旅游重点镇"等殊荣。下面我就带领大家一一去领略，感受凤凰的独特魅力。

首先，我们来到了凤凰镇的核心区域——凤凰山。众所周知，在全国，名叫"凤凰山"的山脉有很多。而我们所在的凤凰山被誉为"潮汕屋脊"，因其形似展翅的凤凰而得名，山上植被茂盛，以茶树为主，漫山遍野的茶园，构成了一幅美丽的画卷。据传说，在很久以前，有一只金凤凰在山窝里下了两只蛋，孵化成两只凤凰。经过修炼，两只凤凰终于得道，变成两位俊俏姑娘，她们行善积德，护佑人间，为当地民众消除水灾、旱灾和瘟疫。凤凰显圣在这一带迅速传开，当地人感恩她们，把这座大山命名为"凤凰山"。虽说这只是个神话传说，但凤凰山却一直被当地人视为"圣山"，尤其是在畲族民众心目中更是如此。因此，凤凰山就以峭拔雄伟的山色，绚烂多彩的畲寨风情和奇香卓绝的凤凰茶传名于世。

好，下面我们先来讲一讲凤凰山的山色。凤凰山嵯峨挺拔，既有巨石岩洞，又有瀑布溪流；既有苍松翠竹，又有奇花异草，自然风光绚丽多姿。山上气候凉爽，气象万千，瞬息万变。这里文明古迹众多，自然景观美丽，山清水秀，气候宜人，生态环境优良。这里最有名当属主峰凤鸟髻，海拔 1497.8 米，由三条平行的地质断裂岩组成，素有"潮汕屋脊"之称，也是粤东第一高峰。现在大家随我坐车至官头畲村，从这个村出发大概 6 千米，途中会经过机耕路和金湖，沿着凤鸟髻路标 2~3 小时能够到达。走在机耕路上，大家可以欣赏到满山的茶树，这里有一个凤凰镇近年来着力打造的网红打卡地——凤凰镇棋盘生态茶园。棋盘生态茶园共 200 亩，立足生态茶园景观，遵循原有茶园机耕路和溪流走势，保留利用原天然山系、水系、植系，因地制宜打造集停车休憩、茶园观光、文化展示、研学体验、农产品展示售卖等综合服务于一体的"茶文旅综合体"。这个茶园也是凤凰智慧茶园先行点，茶农只要打开手机 App，滑动屏幕，就能实现 720° 视角实时查看茶园相关数据，包括气象温湿度、光照、风速、水质、土壤等，通过大数据分析优化种植手段，总结推广施肥、浇水等方面经验，推动茶区生产效能整体提升。智慧茶园配备智能监测管理系统，相当于为茶园生产管理装上了一双"千里眼"，可随时随地监管茶园。

看到茶园，我不得不给大家提到潮汕最有名的茶叶凤凰山的凤凰单丛。凤凰单丛是广东潮汕著名特产茶叶、中国国家地理标志产品，入选中欧地理标志首批保护清单。这个茶叶就产自于我们现在所在的凤凰山，现已有 900 余年的历史，当代学者已将潮州的产茶史追溯至唐代。民间盛传宋帝南逃时路经凤凰山，口渴难忍，侍从们从山上采下一种叶尖似鹪嘴的树叶，烹制成茶，饮后既止渴又生津，故后人广为栽种，并称此树为"宋种"或叫鹪嘴茶。明朝嘉靖年间的《广东通志初稿》记载，"茶，潮之出桑浦者佳"，当时潮安已成为广东产茶区之一。清代，凤凰茶渐被人们所认识，并列入全国名茶。自创制以来，凤凰单丛茶在各种各样的评比中，屡获殊荣：于 1955 年、1982 年、1986 年获全国优质名茶称号；1986 年在全国名茶评选会上被评为乌龙茶之首；1995—1996 年连续两年获中国茶叶博览会金奖等。

凤凰山属于南亚热带季风气候，最高海拔为 1497.8 米。茶区云雾雨量多，山高日照短，具有冬寒来得早，春冷去也迟，盛夏无酷暑的独特天气特点，是构成"高山浓雾产名茶"的重要条件。该山土壤肥沃深厚，含有丰富的有机物质和多种微量元素，有利于茶树的发育与形成茶多酚和芳香物质，乃中国的茶中珍品。凤凰单丛正宗产地以有"潮汕屋脊"之称的凤凰山东南坡为主，分布在海拔 500 米以上的乌崇山、乌髻山、竹竿山、大质山、万峰山、双髻山等潮州东北部地区。凤凰单丛茶的采制，以特早熟种的白叶单丛最先开锣，在春分（3 月 20 日）前后陆续开采，这是一种蜜兰春型的高档茶，有岭头单丛茶、乌东蜜兰香单丛、金奖工夫白叶茶等品种。毛茶制成后，再经过 10 天的精制，即 4 月初可上市。清明（4 月 4 日或 5 日）前后早熟种单丛开始采摘，有肉桂香单丛、金玉兰、蛤股捞等。单丛茶采制旺季在清明至谷雨期间，大部分老名丛茶都在这段时间采摘，有宋种 1 号、黄桅香 2 号、芝兰香及各种特殊香型茶。单丛茶实行分株单采，当新茶芽萌发至小开面时（即出现驻芽），即按一芽、二三叶标准，用骑马采茶手法采下，轻放于茶罗内。有强烈日光时不采，雨天不采，雾水茶不采的规定。一般于午后开采，当晚加工，制茶均在夜间进行。经晒青、晾青、碰青、杀青、揉捻、烘焙等工序，历时 10 小时制成成品茶。其外形条索粗壮，匀整挺直，色泽黄褐，油润有光，并有朱砂红点；冲泡清香持久，有独特的天然兰花香，滋味浓醇鲜爽，润喉回甘；汤色清澈黄亮，叶底边缘朱红，叶腹黄亮，素有"绿叶红镶边"之称。

凤凰单丛茶形美、色翠、香郁、味甘，有诗云"愿充凤凰茶山客，不作杏花醉里仙"。优质单丛茶品质都具有"香""活""甘"。香：口含茶汤有清香芬芳之气冲鼻而出，有齿颊留芳之感，隽永幽远，清快爽适，在于茶本身的香，还有精心培育的天然花果香，绝不加任何香精，有别于窨茶（用茉莉花、玫瑰花、玉兰花之类的香花花瓣人工施于茶坯窨制而成的花茶，香而不清）。活：润滑、爽口的快感、少涩感、喉感清冽。甘：回甘快而力度强，清爽甘滑，俗称"有喉头"。凤凰单丛茶除具备以上品质外，还具备独特的"山韵"。所谓"山韵"主要指滋味而言，是对肉质上更深一层的表述，只能意会，这种特殊的"山韵"是凤凰单丛茶品质特有的关键，也是区别于其他产地单丛茶所在。究其原因，离不开三个必备条件：一是优越的生态条件；二是良好的茶树品种资源；三是精湛的采制工艺。前一方面是决定茶叶品质独特"山韵"的必备条件；后两方面，主要是对单丛茶品质的"香""活""甘"有影响，而与"山韵"无明显关系。

泡凤凰单丛时茶具可用盖碗或紫砂壶，更好的是潮汕当地的潮汕壶，取干茶 7 克左右，用沸水冲泡。第一泡一般为洗茶，不饮用，加水后立即倒掉。而后几泡时间随个人口味而定，一般能冲泡 20 次以上；其中以 2、3 泡香气最佳；

又以 5、6 泡口感最好。凤凰单丛适宜热饮，冷后一般口感没有热的好喝，如在办公室用玻璃杯等品饮此茶时，请按个人口感放置适量茶叶，比正式工夫茶具泡出的口感、香气相对会差一些。如果时间允许，等我们下山后我带大家去品尝品尝。

各位游客，我们现在来到了金湖附近，大家稍事休息一会。这里我给大家提醒一下，这是上主峰的最后一段盘山路，山势比较陡峭，大家在攀爬的时候一定要注意脚下。现在请大家抬头看一下，主峰凤鸟髻就在眼前，它巍然屹立，终日云雾缭绕，银瀑飞泻，雄伟壮丽；山上奇花异草，苍松翠柏。现在就请大家一鼓作气跟我一起登上主峰。现在我们就来到凤鸟髻了，站在顶峰环视，群山俯伏脚下，潮州城远近景色尽收眼底，令人心旷神怡。在这里，您不妨停下脚步，深呼吸一口清新的空气，感受大自然的美好。

在这里，我们来远眺一下凤凰山的第二高峰乌岽山，海拔 1391 米。乌岽山巅是乌岽村，一个乌岽山，一个乌岽村，到底是山因村得名，还是村因山得名，无人知晓。在乌岽山顶的西侧有一个面积约 4 万平方米的火山口，吸收天地精华、日月灵气，最终汇聚了一池碧水。每日泉水汹涌，清可鉴人，里面还长着一种有着四条腿，看起来像娃娃鱼却又不是娃娃鱼的奇怪生物：蝾螈，给这火山泉又增添了无数神秘气息。这火山口形成的泉有一个优美动听的名字——凤凰天池，其秀美程度丝毫不输新疆天池。夏日，山上凉爽如秋，天池碧波荡漾；冬天，池水冰冷透骨，严寒时水面还有数寸厚冰，有时山上还纷纷扬扬飘洒着雪花，颇有北方冬天的景色，是粤东奇景。踞天池之上俯瞰四方，群峰起伏，云雾缭绕，山村点点。其东西峡谷中之凤凰、凤溪二大水库，宛如二面明镜，影山峦，照天光，令人赏心悦目。加上旅游区内富有传奇色彩的太子洞、仙井；太平寺、文天祥"正气堂"、茶树王"宋茶村"；奇形怪状的岩石；美丽的杜鹃坑、日出胜景等更让人流连忘返。凤凰山天池景区内还配套了乃兴石湖休闲避暑山庄，是粤东地区唯一高海拔度假山庄，可体验工夫茶文化，是修心养性、休闲度假的好去处。

各位游客，看完凤凰山的山色，下面我们来领略一下凤凰绚烂多彩的畲寨风情。畲族是我国少数民族之一，国内畲族总人口超过 70 万，分布在闽、浙、赣、粤、黔、皖、湘七省 80 多个县（市）的部分山区，其中 90% 居住在浙江、福建的广大山区。截至 2021 年 1 月 4 日，潮州全市现有畲族户籍人口 2920 人，分布在 3 个县（区）的 9 个聚居村，散落凤凰山脉的山区。单从人口和规模上看，潮州凤凰山畲族并无显著之处，但千年以来，分散在东南各处的畲族未模糊过凤凰山作为祖居地的信念，将凤凰山的故事代代相传。"文武朝官都来送，送落凤凰大山宫。""广东路上是祖坟，进出蓝雷盘子孙，京城人多难得食，送落潮州凤凰村。"畲族世代相传的《高皇歌》记载了始祖盘瓠代天征番、求娶三公主、生下三子并定居凤凰山、后迁往别处的故事。畲族目前没有留下自己的文字，口头传承是唯一的途径。畲歌于畲族而言，是娱乐方式亦是祖先的历史。各地的《高皇歌》或有细节不同，但都有"住在潮州山林深""凤凰山上去埋葬""三姓搬出凤凰山"之类的表述，不约而同将祖居地指向潮州凤凰山。凤凰山畲族祖地文化底蕴深厚，畲族服饰、畲族美食、畲歌畲舞、畲医畲药等民族文化特色鲜明，每年都有数以万计的海内外畲族同胞到潮州凤凰山寻根问祖。

提到畲族文化，就要去石古坪畲族村。石古坪村，位于凤凰镇东部，大质山西面山腰，距离凤凰镇 7 千米，这就需要我们从凤凰镇坐车过去参观游览。石古坪村，是凤凰畲族的聚居地，因地处石头多而取名石古坪。石古坪村面积 2.7 平方千米，目前居住着畲和汉两个民族，畲族为蓝和雷姓，汉族为吴姓，人口 300 多人左右，村民交流通用闽南语系潮汕方言。石古坪村是凤凰镇唯一一个少数民族村，至今仍较为完整地保留着传统的畲族文化习俗。

一进村子，迎面一棵树底有一个花坛，上面写着"中华畲族发源地"七个黑底金字的大字，左侧一块石碑上有石古坪的村名。登上村口左边的山顶文化广场，立于正面的四根图腾石柱上，畲族四大姓氏——盘、蓝、雷、钟尤其显眼。蓝天白云下，方圆数里皆是梯式茶园，绿意盎然。图腾石柱对面山坡上，村居依山而建，楼房掩映于山林竹海里，一片恬静。从文化广场下来，到村里走走看看。特别引人注目就是红色的畲族图腾凤凰鸟。畲族人民崇尚凤凰可追溯该民族的产生之时。凤凰崇拜的遗风一直保留在他们的日常生活中。例如：畲族妇女的头髻叫"凤头髻"，衣饰花纹叫"凤挑"，花鞋上有"凤尾纹"，全身装束叫"凤凰装"。而在日常民事活动中，每逢喜庆，畲民总是庄重地在居屋正厅的壁上或梁上贴上"凤凰来仪""凤凰至此"的字条，或"凤凰朝阳"的图画。所有的这些，都说明了畲族人民已将自己的精神与信仰与凤凰不可分割地联结在一起，而凤凰正是中华民族所崇尚的真、善、美的象征。

各位游客，在我们边走边看的途中，我再给大家介绍一下畲族的一个民俗招兵节，是广东省级非物质文化遗产。畲族向来有自己世袭的法师，专门担负畲村和境内的祈雨、请神、推地灵和驱鬼除魔等职责。有自己法师的畲村，招兵活动每二至三年举行一次，农历除夕前一天或除夕夜请兵，农历正月初四前择日发兵；没有自己法师的畲村，则视其经济情况，一般每三五年举行一次，把请兵和发兵活动合在一起进行，称为招兵节。招兵节是畲族最隆重的传统民俗节日，是畲族纪念祖先的宗教性节日。招兵节祭祀的主要神灵是盘瓠。据民间传说，盘瓠是东海苍龙，寄托在高辛帝皇宫中刘氏大耳婆的耳卵中，长大后出类拔萃。后来国家受番邦侵犯，辛帝出榜招贤："凡能收服作乱的滨夷王者，愿将三公主赐其为妻。"盘瓠自告奋勇上前揭榜，亲赴番邦咬断番王头，制服外乱，因而成了辛帝驸马。驸马王到广东安家后，还曾到茅山学法，统领各路兵马，扶正祛邪，庇佑人间。畲族人通过招兵节这一活动，缅怀驸马王，传承驸马王精神，并请天兵天将降临本村，护佑人畜平安、子孙昌盛。历史上，凤凰山各畲族村的招兵节由各村自主组织，于冬至前后三天请法师择吉日举行。整个活动历时三天，共有二十八个项目，分为祷告、请神、安神、招兵、收邪等四个段落。整个过程都贯穿着畲族人民对盘瓠王的崇敬和怀念，是畲族人民祈求祖先神灵庇护、驱除邪恶、消灾纳福、保护子孙昌盛和六畜平安的一种祈福活动。畲族招兵节集畲族文化之大成，涵盖了畲族的宗教信仰、神话传说、语言、音乐、舞蹈、武术、服饰、饮食等诸多内容，全方位展示了凤凰山畲族文化的原生态面貌。

最后，我们来到的是 2022 年潮安区投入 130 万元帮助石古坪村打造的畲族文化展览馆。走进馆内，朴素的装饰营造出浓浓的畲乡风情和畲茶文化，一件件旧服饰、老物件，向参观者讲述着畲村悠远的故事。该馆主要展示了畲族的文化渊源、畲族服饰、畲歌畲语以及畲茶产业等，力争做到有址可寻、有物可看、有史可讲、有事可说。石古坪畲族文化展览馆位于潮安区凤凰镇石古坪村委会二楼、三楼，该馆占地面积 666 平方米，展厅主要分为畲歌文化、畲族服饰、畲族狩猎文化、畲族茶文化等板块。

畲歌文化：畲族人善歌能舞，他们在长期的生产生活中创造了丰富多彩的民族文化，并深深地影响着潮州文化，许多已融合到潮州的音乐、戏剧、歌谣之中。其中，畲歌尤为突出，它是与语言同生的一门艺术。汉学大师饶宗颐在《潮州风俗志》中指出，"畲歌和疍歌是最纯粹地方性的民歌，亦为潮歌的主流。今日的潮州民谣犹有概称作畲歌的。"畲歌保留了《诗经》重章叠句的文学特色，保留了我国南方百越民族古老的以三声腔为主，独无五声腔的音调结构形式，是不可多得的原生态音乐。

畲族服饰：凤凰山畲族，向来有自己传统的民族服饰。早在唐代就有"左衽椎髻"的记载。据史载，至明代，闽、浙、粤、赣等地畲族服饰基本相同。男女"无寒暑，皆衣麻""通无鞋履"，或扎绑腿。妇女仍流行椎髻卉服，即头饰高髻，衣服花边。在发式上因地域不同和婚嫁与否而差异明显。《永乐大典·潮州府风俗》载："郡州县，其地曰白笼窑，曰水南，去城不五七里，仍外操一音，俗谓之'不老'，州之旧俗，妇女往来城市者，皆好高髻，与中州异，或以为椎结之遗风。"此外，该板块还展示了畲族渊源，简述了畲族历史文化以及畲族人民的繁衍生存等情况。

畲族狩猎文化：畲族同胞生活的凤凰山区，山深林茂，野兽出没，为害乡村。这些虎、豹、野猪、山羊、羊麂、兔等为畲民生活提供部分肉食来源。由于特殊的生活环境，大多畲族同胞善于打猎。清代巫宜耀作的《三瑶曲》对畲胞善射大加赞赏："生平射猎擅神奇，饱寝雄狐大猊皮，夜半霜寒闻角处，声声卷地雪风吹。"此板块展示了畲族同胞的狩猎方式、狩猎武器、猎物分配等内容。

畲族茶文化：该板块通过塑像形象地展示制茶工序的全过程——采制、晒青、晾青、做青、杀青、揉捻、烘焙。采茶时采用"骑马式"采茶法，轻采轻放勤送。采茶时间规定为晴天上午至下午 4 时，不采露水茶、雨水茶、黄昏茶，且不同茶山、不同老嫩分别采摘，以保证鲜叶质量。其加工均在夜间进行，分晒青、凉青、摇青、静置、杀青、揉捻、焙干 7 道工序。其中摇青为形成该茶品质关键工序。摇青与静置需 5~6 次，均由有经验的茶师亲自掌握。全过程需 18 小时。其成品茶外形细紧油绿，香气浓郁清高，味道鲜醇爽口；汤色黄绿清澈，叶底嫩绿，叶边呈一线红。以精制茶壶冲泡，冲饮多次，茶香外溢，茶味不减。新茶储存一年以后，色、香、味仍能保持如初。此外，配合展板图文并茂地展示畲族村的茶叶生产以及畲族特色茶叶乌龙茶、待诏茶。

这里我就要着重给大家介绍一下了。石古坪畲族村的主要经济作物为茶叶，是潮州市唯一一个盛产乌龙茶的古村落。正如一首畲歌所唱的："凤凰乌龙好出名，发源畲家石古坪。好山好水出好茶，梯田茶园满山林。"石古坪村民世世代代都做茶，有畲族的地方就有茶，畲民无园不种茶，畲族靠山吃茶。石古坪乌龙茶已有 400 多年栽培历史，是石古坪畲族人世代相传的传统独特品种，茶树矮小，分枝密，抗病虫害能力强，寿命可达 100 年以上。石古坪的茶园以"老丛"茶树居多，连片成景，更显苍劲葱茏。目前，茶叶种植面积 3000 多亩，年产量达 15 万斤，村里树龄超 250 年的"细叶红心乌龙"古茶树就有 150 多株。成茶有天然花香，汤色黄绿明亮，韵味独特，醇香爽口。但因受气候、土壤及品种等条件限制，石古坪乌龙茶的产量较少，更显珍贵。石古坪乌龙与其他乌龙茶品种相比，具有耐泡、耐烘焙、耐储存三大特点。给大家讲了石古坪乌龙茶，相信大家都迫不及待地想品尝一下，下面我就带大家去品茶，小歇一会儿。

各位游客，凤凰镇不仅有美丽的山川风物和深厚的民族文化，而且还是潮汕革命斗争主要根据地之一，是闽粤赣边区的重要组成部分。凤凰镇已发掘建设了凤凰山革命纪念公园、黄秋富烈士故居和纪念碑、潮澄饶县委机关旧址、潮澄饶县革命委员会旧址、闽粤赣边纵队第四支队司令部旧址、中共韩东（江）地委旧址等 19 处革命遗址。下面我重点给大家讲一讲凤凰山革命纪念公园，这个公园被授予"广东省关心下一代党史国史教育基地"，是承载红色记忆的革命老区。凤凰山位于潮安、饶平、丰顺、大埔四县边界，地势险要，隘口集中，是开展平原游击战争的可靠依托。凤凰山革命根据地经过土地革命战争、抗日战争和解放战争三个时期，早在土地革命战争时期，中共潮澄澳县委领导的红军就在凤凰山开辟革命根据地。抗日战争时期，敌后抗日游击队曾利用这一带山区，作为联结闽南、兴梅的走廊纽带。到解放战争时期，潮澄饶地区党组织依然在凤凰山建设和维护这块革命根据地。在逾二十年的革命斗争中，无数革命志士前赴后继，抛头颅，洒热血，谱写了可歌可泣的英雄赞歌，壮烈牺牲的革命英烈有姓有名可考的就有一千多名。为了缅怀先烈，教育后人，"两纵"潮州老战士联谊会倡议建设了"凤凰山革命纪念公园"，并得到各方的积极响应。园内有凤凰山革命根据地烈士碑、纪念馆、碑廊和亭阁。大家可以在有空的时间去那里了解一下这个红色历史文化遗产。

最后，再给大家推荐一下凤凰镇的饮食文化。有一种食物，叫潮汕美食，有一种味道，叫凤凰味道！潮州市凤凰镇，自然资源丰富，有利于果、林、茶生长。在此处，勤劳的凤凰人将各种山珍海味做成了一道道珍馐美食。在这里，我给大家介绍三道菜，来凤凰必须品尝的。第一个是凤凰浮豆干，是凤凰镇闻名遐迩的一道地方传统小吃，深受潮州人的喜爱。凡到凤凰山旅游的人，都必定要一尝这道小食而后快。凤凰浮豆干在凤凰地区已有几百年历史了。吃凤凰浮豆干时，除要和"草仔"一起吃外，还可蘸辣椒蒜泥醋等酱碟进食。第二个是凤凰畲鹅粉，别名"鸡肠粉"，利用形似狮头鹅的畲鹅块茎（凤凰特有的一种姜科植物）制作而成。畲鹅粉晶莹透亮，可炒可煮，可做火锅料。炒时搭配香菇、鱿鱼、肉、蔬菜等配料，炒好的畲鹅粉香气四溢，晶莹剔透，吃起来柔软却有韧性，口感柔滑爽脆，风味独特。最后一个最有特色是凤凰单丛清蒸鲈鱼，前面大家已经听我详细讲解过凤凰单丛茶了，这茶的香与鱼的鲜配在一起，堪称一绝。本菜采用凤凰单丛十大花蜜香型名丛之一的桂花香单丛，茶气清幽细长，滋味浓醇爽口，唇舌留香。新鲜鲈鱼，现杀洗净沥干水分后，在鱼身和内腹部均匀抹上约 10 克细盐，鱼腹内放入老姜，腌制 10 分钟。鱼身腌制过程会出水，抹净血水，在鱼身两面开几刀，铺上茶叶。选条索完整的茶叶，品相会更好看。碎茶叶可以放鱼腹内，蒸锅中放两片老姜，大火烧开，鲈鱼入锅蒸 8~10 分钟即可。这道单丛蒸鲈鱼，香气清新，肉质甘香，口齿留香，回味无穷。山茶会海鲜，迸发出清爽、鲜香、回甘等言之不尽的好滋味，非常值得一试！

各位游客，凤凰镇真是一个集自然风光、文化遗产、美食文化于一体的旅游胜地。在这里，您可以欣赏到美丽的风景，感受到深厚的文化底蕴，品尝到地道的潮州美食。我的讲解到此结束，非常感谢大家的聆听。

6.4 浙江省舟山市普陀区东极镇东极村

6.4.1 总体情况

2022 年 12 月，东极村被文化和旅游部确定为第四批全国乡村旅游重点村。

东极村位于浙江省舟山市普陀区，地处舟山群岛最东端，由 28 个大小岛屿和 108 块礁石组成，其中有人居住的岛屿有四座，分别是庙子湖、东福山、青浜岛、黄兴岛，是中国最东端的有人居住的岛屿。这里地处东海之中，四周被蔚蓝的大海环绕，拥有绝美的海岸线和丰富的海洋资源。东极村不仅是一个地理标志，更是一种精神象征，代表着探索与发现的精神。

东极村四季分明，每个季节都有独特的自然景观。春天，岛上的植被开始复苏，山花烂漫，海鸟回归，一片生机勃勃的景象。夏天，海水清澈见底，沙滩柔软洁白，是游泳和日光浴的理想之地。秋天，海风送爽，渔火点点，海鲜丰收，是品尝海鲜的最佳时节。冬天，虽然海风凛冽，但岛上的景色依旧迷人，海浪拍打着岩石，展现出大自然的磅礴气势。

东极村的历史悠久，早在明朝时期就有渔民在此定居。这里的居民以捕鱼为生，形成了独特的渔村文化。岛上的建筑风格独特，多为石屋，这些石屋依山而建，与周围的自然环境和谐共存。此外，东极村还有许多历史遗迹，如古炮台、灯塔等，见证了这片土地的沧桑岁月。

东极村周围的海域富饶，是多种海洋生物的栖息地。这里的海鲜种类繁多，包括鱼、虾、蟹、贝类等，新鲜美味，深受游客喜爱。每年的捕鱼季节，岛上的渔民都会出海捕鱼，捕捞回来的海鲜会被直接送到岛上的餐馆，供游客品尝。

东极村是一个理想的旅游胜地，适合开展各种户外活动。游客可以参加海钓、潜水、帆船等海上活动，感受海洋的魅力。此外，还可以沿着岛上的徒步路线，探索岛上的自然风光和人文景观。对于喜欢摄影的游客来说，东极村更是一个绝佳的拍摄地，无论是日出日落，还是星空银河，都能在这里找到完美的拍摄角度。

东极村的民俗文化丰富多彩，每年的传统节日都会有庆祝活动。如春节期间的舞龙舞狮、端午节的赛龙舟等，都是岛上居民和游客共同参与的盛事。此外，岛上还有一些传统的手工艺品，如编织、刺绣等，游客可以亲手体验制作过程，感受传统文化的魅力。

东极村的自然环境非常脆弱，需要我们共同保护。岛上的居民和管理者都非常注重环境保护，采取了一系列措施来减少污染和破坏。游客在游览的同时，也要注意保护环境，不乱扔垃圾，不破坏植被，共同维护这片净土。

随着旅游业的发展，东极村正在逐步完善其旅游设施和服务，以满足更多游客的需求。未来，东极村将继续保护其独特的自然环境和文化遗产，同时开发更多的旅游项目，如生态旅游、文化旅游等，让更多的人了解和爱上这片神奇的土地。

6.4.2 景点特色——海山风光，渔家风情

东极村集海山风光和渔家风情之盛，拥有"新世纪第一缕曙光照射点""大树湾石屋群""海上布达拉宫"等人文历史景点，是避暑、疗养、休闲的胜地。

东极渔民以海为生，以海为业，也将海作为重要的创作题材，起源于 80

年代末的东极渔民画，渔民画家通过夸张的造型、明快的色彩、新颖的构思，表达出海岛特有的风俗情趣和浓厚的生活气息，描绘了海岛新渔村生活。

东极岛南面海域的海水非常清澈，这里的海水不仅与一般蓝色的海水颜色不同，还能够"变色"，由黄色变成黄绿、墨绿，而在最清澈的时候变为蓝绿色，形成特有的渐变海域。

在东福山岛起个大早看"新世纪第一道曙光"，岛上原始古朴的自然风光造就了这里独特的渔家文化。著名的西佛山睡佛，远远望去便犹如一个巨大的矗立在那里的老者，其仰卧之睡姿让人不禁感叹大自然的鬼斧神工。庙子湖岛是东极岛的主岛，唯一一个可以乘船直达的岛屿，电影《后会无期》的主要拍摄地。四周海水清澈，海洋生物资源丰富，可在此观海垂钓、捕鱼尝鲜、海滩拾贝等。青浜岛可以体验"海上布达拉宫"的壮观，到了夏天，我们幸运的话可以在这里看到美不胜收的荧光海。野趣横生的黄兴岛适合我们去探险，也受到舟山浮游矶钓爱好者的特别钟爱。

东极村还着力抓好"渔旅融合"，将民俗文化和渔家文化等元素融入民宿建设，开发渔民画体验项目和衍生品，办好财伯公民俗文化节、东极渔民文化节、里斯本丸历史文化节等活动。打造美丽乡村的过程中，东极村收获多项荣誉，荣获国家级海洋公园、国家级传统村落（庙子湖），获评全国文旅网红打卡地。

这里不仅有浓厚、古朴的渔家风情特色，更有美不胜收、一览无余的海岛风光，它几乎包揽了真正意义上的阳光、碧海、岛礁、海味等各种美景。这里环境与气候宜人，水质清澈，能够满足你对海岛之游的一切憧憬与幻想。

6.4.3 导游词

蓝海绿镇，和美东极

尊敬的各位游客，大家好，我是你们的导游。海风吹来八千里，来处是东极。非常荣幸能在这个美好的时刻带领大家一起走进东极村，探索这片位于中国最东端的神秘土地。

东极村地处舟山群岛最东端，由 28 个大小岛屿和 108 块礁石组成，其中有人居住的岛屿有四座，分别是庙子湖、东福山、青浜岛、黄兴岛，是中国最东端的有人居住的岛屿。这里地处东海之中，四周被蔚蓝的大海环绕，拥有绝美的海岸线和丰富的海洋资源。东极村不仅是地理上的极点，更是文化和自然景观的宝库，是一种精神象征，代表着探索与发现的精神。

此次行程，我们要探索的是东福山、庙子湖、青浜岛这三岛。在这里，我们将一同体验大自然的壮阔与人文历史的深厚，船已经开了，接下来就让我们一起踏上这段难忘的旅程吧！

目前，从舟山去东极岛有两种交通方式：轮船和直升机。轮船班次不多，早晨从朱家尖和沈家门开出。从沈家门去东极船班极少，船票实名购买且限购，旺季必须提前预订，要提前三天在微信公众号"舟山海星轮船"预定或提前一天去沈家门半升洞码头排队购票。朱家尖常规发往东极的船班淡季每天 1 个班次，旺季会增开，轮船首站停靠庙子湖岛，航程 2 小时左右，需要去东福山和青浜岛的旅客需要在船上加购船票，之后到青浜岛，最后到东福山岛。因为旺季船票非常难买，我们一般建议游客买好船票后再预订民宿。如果下一次你想感受不一样的出行，也可以乘坐普陀山机场直飞东极庙子湖的直升飞机，全程 25 分钟。

我们这趟轮船分上中下三层舱位，我们目前处于中间舱，既有好的视野，也不会太晕船。上舱颠簸较大，下舱没有窗户。我们胆大的游客朋友们可以到甲板上欣赏海景，您会发现海水从原来的黄色，慢慢转变为碧绿色，然后再转变为湛蓝，海面波光粼粼如一黄金大道，黄金大道延伸向海的中心，远处的云雾若隐若现着不知名的海上山峰，感受海风浮动，海鸥伴鸣，海上的旅途绝对让人心旷神怡。蓝天、白云、碧海、绿岛，一切都像是东海的一幅画。大家在感受大海的壮美辽阔时，务必注意安全。

我们今天奔赴的是中国东海东极列岛最东端的一个小岛——东福山岛。东福山岛是"东极之东"，再往东就是茫茫大洋，远离大陆的疏离、壮阔、野性在东福山上尽显。这个岛屿因其独特的地理位置和丰富的自然风光而闻名，被当地渔民戏称为"风的故乡、雨的温床、雾的王国、浪的摇篮"。东福山岛的面积约为 2.95 平方千米，常住人口不足 50 人，是一个典型的偏远小岛。据传，该岛因"秦始皇时期，徐福东渡出海采仙药时，曾落脚于此岛"而得名。

东福山岛的地理位置为北纬 30°08′，东经 122°46′，隶属于普陀区东极镇。距离大陆岸线最近点约 65.4 千米，与舟山岛岸距离约 42.0 千米。岛屿大致呈西北—东南走向，长约 3000 米，宽约 1700 米。特别要说明的是，这里是 2012 年中央电视台北纬 30° 中国行的旅程第一站。

东福山岛拥有众多著名的景点，包括东极庙，这是东福山最具代表性的景点之一，也是浙江省重点文物保护单位，庙宇历史悠久，文化底蕴深厚；其次还有东福山海滨，是自然风光的重要组成部分，海滩宽阔，海水清澈，沙滩细腻，适合进行海滨活动；另外还有渔村和石屋，保存了大量古代建筑和文化遗产，是了解古代渔村文化的好去处。

东福山岛提供各种类型的住宿，从高端酒店到民宿客栈应有尽有。美食方面，东福山海鲜以新鲜、美味而著名，此外还有海苔饼、烤鱼干等特色小吃，以及清淡健康的素菜。

东福山岛是一个充满神秘色彩和自然风光的海岛，是探索自然之美和海岛风情的理想之地。大家在这里可以享受到宁静的海岛生活，体验丰富的文化和历史，同时品尝到美味的海鲜。无论是寻求宁静的度假胜地，还是想要探索自然和文化的旅行者，东福山岛都将是一个理想的选择。

大家请看，位于东福山岛码头不远处海面上的白色灯塔，和庙子湖岛上的红白灯塔不同，这座塔虽然只能远远观望，但仍是出片率极高的地方。

现在船靠岸了，请大家小心点上岛。一踏上岸，大家有没有感觉到一股清凉扑面而来，一扫之前坐船的疲惫。一边的山腰上遍布古朴的民宿和餐馆，蜿蜒的岩石阶梯和铁质阶梯错落交替，山间的灌木丛郁郁葱葱。另一边，湛蓝的海洋无边无际，河岸附近巍然屹立着一座洁白的灯塔，几艘渔船随波漂荡，娇小而灵动，一艘游艇掠过，划出一道优美的弧线。这如诗如画的风景令人陶醉。

我们在大岙村的民宿放好行李，接下来就要开始我们的东福山环岛游了。

东福山没有观光车，环岛路线约 8 千米，一般边玩边走要耗时 4 小时以上，通常中午 12 点前就要出发，山路崎岖，上下起伏。

东福山岛与东极其他岛最大的区别是山，它海拔最高 324.3 米，从空中俯视就是一座四周扁、中间稍尖的山，有一条狭长山谷，岛上的主要村落大岙村就建在山谷中盘亘而上。

海上日出，就像一场永恒的向往，无论是否曾看过，都会乐此不疲地再次等待和追逐。如果你爱追逐日出日落，那东福山岛上新世纪第一缕曙光照射点就不该被错过。这里拥有宽阔的露天平台，是东福山岛最佳的观日点。很多人会选择在晴朗无大风的时候把帐篷扎在这里，伴着海浪声入睡，等待次日的日出。大家想看日出的话，可以明天凌晨结伴过来观看第一缕曙光，这边距离民宿很近。

一边听着涛声拍岸的声音，一边继续往前走，这里我们看到的就是有着"极地民居"之称的大树湾石屋群，这是东福山岛上的特色渔家建筑，也是当地海派石屋群的典型代表。石屋依山坡地势而建连成一片，形成一个错落有致的渔村，从远处看整片石屋犹如一座巨大的古堡，神秘而肃穆。曾经为了抵抗台风而修建的海边特有的石屋如今成为东极群岛最有特色的一道景点，石屋曾帮助渔民度过了一个又一个台风季节，如今也带给游人惊讶和赞叹的喜悦。如今大片石屋都已经废弃无人居住，静静守候在海边，藤蔓慢慢将一间间石屋覆盖住，好似将人存在过的印记一点点抹去，成就了一片传说世界里的遗落之境。这里是典型的海岛渔家特色建筑、现实版绿野仙踪。大家可以驻足停留拍照留影。

象鼻峰位于东福山东端，是环岛路必经的地方，也是东福山岛的奇峰险峻处和岛上最高处，山上云雾缭绕，非常美妙。象鼻峰上风很大，只要走到象鼻峰，就表示我们的环岛路完成一半了！当船只驶临，仰望峰顶，此峰犹如大象长鼻调皮地伸长到大海，戏弄潮水。两边奇石陡峭凌空，险象环生。

过了象鼻峰，就是后山了。后山植被浓密，谈不上秀美，但苍劲有力，如野草般漫山遍野。这里看过去，海无边无际，渔船渺如一粟，只觉"日月之行，若出其中"，又觉脱离陆地怀抱，无拘无束。

这边我们继续往前走，就是陨石瀑布了。游客朋友可能会问，没有看到倾泻而下的水啊！陨石瀑布，在东福山岛的南边，并不是平常的瀑布，而是陨石像瀑布一样倾泻而下，甚是壮观，有种只可意会不可言传的感觉，只能拿着相机留住这壮观的美景。

东福山岛白云山顶的白云宫，是岛上为数不多的朝圣之地。白云宫石壁上刻有"云雾净地，海天无涯"八个大字。白云宫下的白云庵，供奉着白云娘娘，每至大风大浪或出海捕鱼时，当地村民都会聚集于此，祈求出海的渔民安全返航。游客朋友们可以过来看看山门的石刻对联，上联"月朋朤鵬通天地"，下联"日旰晶晿定乾坤"。上下联的前四个字分别由"月"和"日"及其叠字组成，哪位朋友知道什么意思吗？这副对联是大岙村老石匠潘芳仁的得意之作。潘老是温州人，16岁学徒，19岁出师，走遍全国各地打石头，白云宫的门头对联是他在广西刘三姐家乡学来的。字的大意是天地日月知道这里是最好最美的地方，人走到这里就清静了明白了。潘老说，这幅字只有这个年代最好的凉亭、最好的庙可以打，他一生中只在白云宫用过一次。之所以用"打"字，只要看了潘老的工具就明白，一把锤子，一把锥子，在石上凿眼，慢慢撬出一块石条，没劲就无法入石三分，可以想象到这些石刻都是花了多少时间和力气才慢慢打出来。20世纪，不少潘老这样的温州石匠来到东福山，他们开石运往上海崇明、宁波北仑港，在遍布花岗岩的海边开石造屋定居，造就了错落有致、几乎家家对着海的大树湾石屋群，兴盛一时。

前山有环岛步行道，但后山的路比较原始，被植被覆盖，如果不小心走了后山的小路，还会遇到倒伏的树木与刺肤的野草，偶尔还需要手脚并用，对体力意志都是一场大考，请大家路上务必小心。

经过艰难跋涉，我们总算到了福如东海石了。在祝寿的时候，我们常用"福如东海、寿比南山"来祝福别人。在东福山岛西面的一处山坡上，有一块仡立在碧海蓝天间的"福如东海石"，经相关专家考证，这是"福如东海"之说的起源地。在这里，可以拍照留念，静享海风海景，沾沾这来自广阔天地间的大福气！

过了福如东海石，前面很快就到我们入住的民宿了。大家恢复一下体力，晚上吃点海鲜餐，吹吹海风。明天我们登船去庙子湖岛。

尊敬的各位游客，大家好！大家应该休息得不错，经历了昨天长达 5 小时的环岛游览，这会儿大家依然精神抖擞，今天我要带领大家一起走进庙子湖岛。

庙子湖岛位于舟山群岛的中心位置，是普陀区最大的岛屿之一。这里四面环海，海岸线曲折，拥有众多的沙滩和港湾。岛上的地形多样，既有平坦的沙滩，也有险峻的峭壁，还有葱郁的山林，构成了一幅美丽的海岛画卷。庙子湖岛不仅是一个自然风光旖旎的旅游胜地，更是一个充满历史传说和文化底蕴的地方。在这里，我们将一同体验大自然的壮阔与人文历史的深厚。

尊敬的游客，现在船已靠岸，请大家带好随身物品，让我们跟随海风的指引，等一场日出日落，追逐一场沙滩海浪！

庙子湖岛是东极镇主岛，镇政府所在地，是四岛中商业化程度最高、旅游接待设施最好的岛。在庙子湖岛，环岛游有观光车环岛和步行环岛两种方式，两种路线都可以游玩庙子湖岛的必玩景点，前者省力省时间，后者"穿街走巷式"地游玩庙子湖岛、更能深入感受岛上风情。

观光车环岛线 2~3 小时，路线是客运码头—观鸟平台—战士第二故乡—海疆卫士门—后沙滩景区—东极亭—后会无期取景地—冬季革命烈士纪念碑—财伯公塑像（红白灯塔）—原石滩景区—回码头。

徒步环岛线 4~5 小时，路线采用逆时针方向，客运码头—原石滩景区—财伯公雕像—红白灯塔（彩虹桥）—环岛公路—解放纪念碑—东极亭—东翔厅—后沙滩—战士第二故乡—南极亭—海天一角（"东极石"广场）—东极历史博物馆—倒陡街（seadreams 文创工作室、东极自由剧场酒吧）。今天风和日丽，难得的好天气，我们继续徒步环岛。

现在请大家从码头沿主路向上，到达大圆弧转弯处，右手边有一个休息亭，沿着门廊往下走，就是原石滩公园了。原石滩是由长年海浪冲刷而成，大自然的鬼斧神工造就了这些独特的原石。有当地居民会在这里赶海，我们可以踩在海边的巨大岩石上，看其他游客朋友们垂钓闲聊，感受沁凉的海风。

继续往前步行 15 分钟左右，就能看到自由男神——财伯公塑像了。这是东极岛最著名的地标性建筑，这是一个有关守护小岛、点亮火把的传说。这个财伯公，原名叫陈财福，是福建惠安人士。曾与人一起出海捕鱼，然而，那天海雾弥漫，财伯公所在的渔船在东极海上触礁，沉没了。船上其他渔民都不幸丧生，只剩下财伯公，凭着极高的游泳本领游上了东极庙子湖岛，才得以幸存下来。财伯公漂流到东极庙子湖岛上之后，为了不使其他的渔民也遭遇和他一样的不幸，财伯公就决定留在岛上。财伯公在岛上自己搭建茅屋，以种植蔬菜和拾海螺为生。每逢雾天，财伯公会上山点柴火，为过往的船只导航，指引他们到庙子湖港湾避风。船上的渔民们看见了山上的火光，以为是菩萨显灵。就这样，财伯公日复一日地为过往船只点火导航。在有雾的夜晚，经常会遇上风雨，财伯公在这样风雨交加的环境中，身体越来越差。不久，当财伯公再次拖着生病的身体，在雾天为渔民点火导航时，不幸身亡。数日后，出海捕鱼的渔民们看到山上没有了火光，一时觉得很奇怪，有胆大的渔民上山去查看，直到他们在山上发现了一具遗体，这才明白了以往的火光导航是怎么回事。每逢渔民出海来到东极岛附近，都是财伯公可以离开荒岛的机会，可以说这种机会很多，然后他并没有打算离开荒岛，而是将自己的生命奉献给了无数渔民。

从此，财伯公成为渔民心中的男神，也成为渔民心中的活菩萨。渔民为财伯公建庙塑泥像，将财伯公当作菩萨一样供奉，将财伯公点火导航的那座山，取名为"放火山"。因为那时的福建渔民穿的都是背心和笼裤，而财伯公是福建渔民，所以，每当逢年过节，当地的渔民便会穿上背心和笼裤，以此来纪念财伯公。而浙江省的舟山群岛一带，流传着的"青浜庙子湖，菩萨穿笼裤"顺口溜，便是从财伯公的故事中来的。现如今，财伯公的雕塑像已经成为东极岛上最醒目的标志。财伯公高举火炬的形象，让人们联想到美国的"自由女神像"，所以，人们亲切地称财伯公为"自由男神像"。东极岛上的放火山与财伯公背后的故事，如今也成为人们弘扬无私奉献精神的教育基地。

财伯公塑像不远就是网红灯塔了。去灯塔的小路比较隐蔽，在财伯公塑像台阶右边有一条草丛小路，经过一片芦苇到转弯处，远远地能看到海上的航道指示牌和红白相间的灯塔，向下走，灯塔就在我们面前啦。这是超文艺的网红灯塔，红白二色为基调的小清新风格，搭配上黄岩礁石和大海为背景，是情侣合照、闺蜜打卡的最佳景点。

从灯塔出来，一路向北，这条最美公路会给你惊喜，走着走着可以看到南葡、北葡两座无人小岛，一座是爱心形状，另一座上有一个黑白色的小灯塔，向远处望去，可以看到青浜岛就如同海上布达拉宫的壮观景象。

庙子湖岛，有"东海第一哨"之称，有着十分重要的国防战略地位。这片土地留有太多英雄的故事。东极革命烈士纪念碑建造于 20 世纪六七十年代，用于纪念抗战时期牺牲于这里的东海游击队烈士。纪念碑虽历史久远，却依然气势磅礴，屹立在庙子湖岛的高山上。让我们对着纪念碑深深地鞠躬，表达对革命先烈的敬意！

电影《后会无期》里关于海岛部分的取景大都在庙子湖岛，"第一缕阳光洒到的地方，那是多少人的理想之地，又埋葬了多少人？"这里是《后会无期》中曾被炸掉的那所房子，如今被政府重建，以供游客追寻电影的痕迹，让我们一起重温荧幕记忆。同时这里也是俯瞰小岛的绝佳摄影点，开启你们的摄影大片吧！

沿着最美公路走，我们可以看到一个六角形的亭子在苍翠的山坡上，这就是东极亭了。这里是庙子湖环岛最佳观日点之一，视野极为宽阔，可俯瞰整个岛屿和海面。这里不仅可以目睹日出和朝霞，也可以领略漫天星辰的灿烂。

前方盘山公路交通要道处的这个亭子就是东翔亭，内可避阳，外可观海。特别是在炎炎夏日，东翔亭提供了一处绝佳的避暑场所。亭内通风无阻，配上无遮拦的海景，行人很快便能恢复体力，踏上新的旅程。东翔亭是个中转站，向下走可以走到北岙码头，反方向走就是网红倒陡街，不够体力环整个岛的也可以从这里转倒陡街返程。东翔亭里的小窗子最出片，大家可以拍照留影。

前方能看到战士第二故乡石刻，位于庙子湖海防营，"战士第二故乡"的歌词就是该营战士张焕臣所作。石刻为海防营为纪念该战士而立，石刻上刻有张焕臣在恶劣的环境下坚守岗位并创作出"战士第二故乡"歌词的事迹。时至今日，依旧有无数海防卫士们深深扎根在这片小而宝贵的土地上，守卫着祖国的东大门。

东极石是东极岛地标性建筑之一，位于庙子湖西岸的旧航船码头上方。经过常年海浪的冲打，巨石已被打磨得少有棱角，但石上潇洒如风的"东极"二字让东极石成了拍照留念的必打卡地。

中街山路特色街，全长 400 米左右，因地势倾斜，走下来有倒陡的感觉，故得名"倒陡街"。倒陡街坡高而窄小，两旁是斑驳的石壁与楼房，时常能看见老人坐在长凳上谈笑风生，这也是老东极最惬意的味道。倒陡街是庙子湖岛上的繁华中心，东极岛历史博物馆、东极 seadreams 文创工作室、医院、邮局、银行、游客服务中心等都在这条街及其附近。

东极历史博物馆位于庙子湖岛中街山路，步行街之上。展馆规模虽不大，却有浓厚的地域性，展示着东极岛二百余年来的历史变迁，是一座集艺术性、趣味性、知识性、文化性于一体的历史文化博物馆，被外界誉为"最东边的美"，是岛内最值得一览的人文景点之一。馆内分为东极岛民俗民风馆、渔民画馆和里斯本丸沉船事件纪念馆三个展馆。我们可以进去游览，了解东极岛的历史文化和渔家文化艺术。

夜晚，是庙子湖最热闹的时候，各个海鲜排档开始迎接客人的到来，各个小酒馆纷纷点亮五彩斑斓的灯光，静静地等着有缘人的到来。不要觉得东极只有海鲜，除了海鲜、烧烤、冰沙、奶茶等这些你在城市里能寻觅到的美食，在这也应有尽有。作为景区，岛上的海鲜价格肯定比市场价要贵上许多，游客朋友在用餐时，一定要注意是否是明码标价，也一定要选择明码标价的餐厅，那些按市场价计算的海鲜一定要在下单之前询问清楚价格。如果是一个人或者两个人用餐，可以选择吃一碗舟山特色海鲜面，价格相对实惠。

　　吃饱喝足，大家可以沿着庙子湖的海边漫步，晚上会有歌手在广场上演唱，也可以找一家环境幽静舒适的静吧，与海风对饮。如果运气好的话，还能遇上难得一见的荧光海滩。这里，没有城市的喧嚣和嘈杂的人群，也没有商业化的街道，所见之处，都是大片大片能让人静下心来的大海。岛很小，小到几个小时就能绕岛一圈，也可以很大，大到可以装下无数城市人心里无处诉说的诗和远方。

　　希望今天的导游能够帮助您更好地了解庙子湖岛，也希望您在这里能留下美好的回忆，接下来的时间大家可以在岛上自由活动。明天我们奔赴青浜岛。

　　青浜岛，作为东极岛中的一部分，是中国东海上的一颗璀璨明珠，以其独特的地理位置、丰富的自然资源和深厚的文化底蕴而闻名。下面，我将为大家详细介绍青浜岛。

　　青浜岛是东极岛有人居住的四个岛当中最小最原生态的一个岛，距离庙子湖岛很近。青浜岛的自然风光堪称一绝。岛上山峦起伏，绿树成荫，空气清新。沿着海岸线，您可以欣赏到壮观的海蚀地貌，如海蚀崖、海蚀洞等。此外，青浜岛上还有小岙、西风湾、沙浦三个风格不同的海滩，能够满足你畅快下海游玩的愿望。沙质细腻，海水清澈，是游泳和日光浴的好去处。在岛上的最高点，您可以俯瞰整个岛屿和周边的海域，感受大自然的壮丽。

　　青浜岛的生态环境保护得非常好。岛上有多种珍稀的动植物资源，是一个生物多样性的宝库。在这里，您可以观察到各种海鸟在天空中自由翱翔，或是在沙滩上悠闲地觅食。此外，岛上的海域也是海洋生物的乐园，有丰富的鱼类、贝类和其他海洋生物，是一个潜水和海钓的好地方。

　　这个岛很小很休闲，人不多，是很适合放空的一个小岛，所以我们自由活动。大家在游览时，能看到渔民织网，用钩子抓鱼。岛上石屋建筑层层叠叠，叫作海上布达拉宫，大多建于二十世纪八九十年代，现在很多都处于废弃状态。这个岛也是夏季尤其7—9月份观看荧光海、海眼泪最棒的地方，荧光海是由海藻形成，天气闷热时容易看到。这边也是适合海钓体验的地方，即便不会海钓的人在这里也能收获颇多。这边的民宿也是几个岛里风景最好的，面朝大海，房间里就可以看日出。至于吃饭，岛上有各式小饭店小酒吧，还是相当不错的。

跟大家重点介绍几个旅游景点，大家可以按图索骥。

青浜岛最知名的就是海上布达拉宫了，即岛上的海派渔村建筑群，依山而建，坚固实用，具有独特的景观意义和鲜明的时代特征。从海面远远望去，气势宏伟，颇有"布达拉宫"之意，因此得名"海上布达拉宫"。渔村老街位于青浜二村的主干道上，这里曾是青浜最为热闹的街道之一。老街窄而四通八达，两旁商铺林立，可供人住宿餐饮。小孩洞位于青浜北边，西风湾附近，步行过去需40~50分钟。这里是青浜岛上著名的景点之一，是"里斯本丸号"事件中东极人民帮助英俘的见证地，周围礁石非常壮观，危岩磊叠，极富观赏性。里斯本丸号遗址用于纪念二战时期东极渔民冒着生命危险，救出沉船事件中384名英军战俘的英勇壮举。小呑沙滩位于青浜岛的小呑村附近，是离民宿集中区最近的沙滩，方便游客休息和娱乐。上道场观日坪是一处巨型海礁石，邻近小呑沙滩，是青浜岛上看日出、日落的极佳位置。西风湾砾石滩是东极岛最好的沙滩，也是一处天然的避风港。两面山峦阻拦着狂风巨浪，风浪骤起时，这里便是渔船最可靠的港湾。观赏荧光海，青浜岛上的人造光源相对比较少，所以这里的荧光海现象最为明显，是一种海边的浮游生物受海浪拍打时表现出来的生物发光现象。海誓山盟石碑位于青浜垃圾焚烧场附近，是人造碑，适合拍星空，情侣、挚友拍照留念。

青浜岛是一个充满魅力的海岛，它的自然风光、丰富的文化历史、多样的旅游活动以及对环境保护的重视，都使得它成为一个值得一游的目的地。无论是想要寻找自然美景，还是想要了解渔村文化，或是体验海上活动，青浜岛都能满足您的需求。希望您在青浜岛能留下美好的回忆，并为保护这片美丽的海岛尽一份力。

游客朋友们，此次的东极三岛之行感觉如何？现在我们登上了返程的航船。除了庙子湖岛与内陆直通航船，其余三岛都需要从庙子湖岛经停或换乘。在庙子湖岛西侧还有一个黄兴岛，是四个住人岛唯一没开发的岛，还有着很原始生态的景观。岛上有三五家客栈，几乎没有原住民了，目前主要作为海钓基地，喜欢钓鱼的人会去，也可以露营。也是需要从庙子湖岛换乘一个小船到黄兴岛。岛上没有什么商业，物资都要自带，适合探险类游客。

尊敬的游客，东极村的美丽和魅力远不止于此，更多的精彩等待您亲自去探索和发现。希望此行的讲解能够帮助您更好地了解东极村，也希望这次的游览能给大家留下美好的回忆，期待大家在未来的日子里再次光临。谢谢大家！

第7章 江苏乡村旅游景点个案研究

7.1 苏州市吴中区越溪街道旺山村

7.1.1 总体情况

2020年9月8日，旺山村入选江苏省乡村旅游重点村名录（2020），2021年8月25日，入选第三批全国乡村旅游重点村名单。

旺山村位于苏州市古城区西南部，东依川流不息的京杭大运河，西倚四季花果飘香的七子山，南临烟波浩渺的东太湖，北坐遍布名胜古迹的上方山，是苏州市的南大门，吴中越溪城市副中心所在地。村域面积7平方千米，山林面积5400亩，绿化覆盖率达70%以上，自然环境优美，人文历史积淀深厚，名胜古迹众多。目前，全村共有8个自然村落，13个村民小组，现有村民568户，常住人口2551人。

旺山村明代成村，至今已有600多年历史，历史人文资源丰富、古迹众多，有春秋时期的土墩石室、南朝的宝华寺、唐代的寿圣寺，还有古墓葬、古井、钱庄、窑角头等古迹。在2005年之前，旺山村还是一个交通闭塞、经济薄弱、村落松散、环境凌乱的小山村，村民生活水平较低。然而，从2006年开始，国家旅游局全面实施"乡村游"发展战略，旺山村也借此契机，开始进行一系列的改革和发展。突出民居改造，对三面环山的生态园进行了集中整治和开发，形成了具有苏式品位的民居村落；突出改水排污、疏浚河道、重建桥梁，铺设污水管网，实现区域零排放；突出生态环境，大规模实施封山育林、山体覆绿和宕口整治，再现青山绿水的自然风貌；突出道路建设，新建生态道路 20 千米，并实现电力、通信、电视、网络等线路全部入地。同时，积极推进农业产业结构的调整，着重发展经济型茶园、果园、花卉园、蔬菜园、养殖园，打造特色高效农业生产基地。另外，依托丰富的自然资源，旺山村开辟了6.1 平方千米的旺山景区，整个景区形成六大板块，即钱家坞农家乐餐饮住宿区、耕岛农事参与体验区、上山塘农业观光游览区、嫒嫲岭农业观光游览区、乾元寺（宝华寺）和环秀晓筑温泉养生区。景区内一幅幅斑斓、秀美、精致的风景向来这里的游客展现出旺山诗梦乡里的田园梦境，也向广大市民打出了一张离市区最近的"吃农家饭、赏农家景、享农家乐"的特色名片。

多年来，旺山村积极践行"两山"理念，围绕"农业起家、工业发家、旅游旺家、生态美家"主线，打通"绿水青山"与"金山银山"转化通道，成功走出了一条生产发展、生活富裕、生态文明的发展之路，成为一处集山林植被、农业生态、田园村落、历史古迹于一体的旅游休闲胜地。旺山村先后被评为"全国文明村""全国农业旅游示范点""中国特色商业街""国家 5A 级旅游景区""江苏最美乡村""江苏最具魅力休闲乡村""绿色江苏建设模范村"等荣誉。

总地来说，旺山村以其独特的自然风光、丰富的人文历史和蓬勃发展的乡村旅游产业，吸引了大量游客前来参观和旅游，成为苏州市乃至全国的一个著名乡村旅游目的地。

7.1.2 景点特色——从旺山生态园到文旅风情小镇

一迳抱幽山，居然城市间。旺山村是离苏州古城区最近的乡村旅游重点村，拥有环秀晓筑养生度假、钱家坞农家乐集聚区、九龙潭生态观光、嫒嫲岭禅茶文化等文旅资源禀赋；建成千亩茶园及银杏种植园等科普教育基地；配套旺山文旅风情小镇、特色民宿集聚区；打造旺山遇见"卢浮宫"美食文创基地；融合旺山网红猫咖馆、隐君子陶艺、油画等文创类体验新业态。正是这些组成了水乡山村田园生活的生动场景。"往来车马游山客，贪看山花踏山石"，旺山村成为休闲度假集合地，展现苏州水乡山村田园生活的生动场景。

2017 年，在旺山生态园的良好基础上，旺山村借申报"江苏省旅游风情小镇"的机遇，在规划片区全域旅游主题和定位的同时，提炼出"乡创归谷"的整体定位，通过"小镇客厅"为核心的业态建设，凸显"旺文化"内涵，打造一个蜚声国内外的文旅之乡。"小镇客厅"被打造成集中展示"旺文化"的窗口，将小镇客厅建设成提供规划展示、特色文化展览宣传以及旺山茶院、旅游展示、主题娱乐、创业服务、游客服务中心、办公生活场所等综合功能的重要载体，凸显旺山特有风情。

旺山按照"规划先行、分步实施、保护开发、构建精品"的开发思路，着力打造乡旅创新平台及众创空间、文创基地，以"文创"为核心，挖掘"旺文化"，旺山深度"玩转"农文旅融合发展。通过"旺文化"IP 开发、文创设计、形象衍生，旺山结合当地风物人文，产业联动，系列推出特色地产风物的"IP品牌化"，实现旅游带动多产业同步发展的良好势头。同时，打造旅游风情小镇和乡村旅游发展有机结合的大旺乡创市集，并开展"大旺叫我来巡山"等季度活动。以"大旺"IP 所设计的文具类、日常生活类、服饰类文创产品让人眼前一亮，"大旺"这个可爱的"猴子"形象整合了旺山的特色文化和生活，生动展示了"旺"的含义。经典的旺山红系列、风格各异的旺山四季茶、别出心裁的泡西施袋泡茶，饱含着旺山的田园气息，还有书签、日记本、行李牌、保温杯、鼠标垫、抱枕等融入"大旺"形象，让人爱不释手。

2019 年 8 月，旺山村成功入选"全国乡村旅游发展典型案例"，也是苏州市唯一一家入选的乡村。旺山之所以名列"全国乡村旅游发展典型案例"，是因为它紧抓机遇、抢占高地，积极面对挑战与新事物，最终实现自我提升与锤炼，打造特色文旅产业脉络，形成集田园生活、生态农业、传统村落、文旅体验、乡村文创等于一体的多元化发展模式。其主要特色：第一，生态景观：旺山村拥有得天独厚的生态环境，青山茂林、修竹飞鸟，以及浪漫的异域风情，这些都使得旺山村成为一个自然与人文相融的旅游胜地。第二，丰富的自然资源：旺山村不仅有美丽的自然风光，还拥有丰富的自然资源，如山林植被、农业生态等，为乡村旅游的发展提供了得天独厚的条件。第三，传统村落：旺山村保留了大量的传统建筑和历史古迹，如九龙传说"九龙潭"、千年古刹"宝华寺"等，这些古迹为游客提供了丰富的历史文化和人文景观。第四，创意文创：旺山村引进了王森巧克力艺术、隐君子陶艺、油画等创意文创类体验项目，让游客可以更加深入地了解乡村的文化和艺术。第五，农文旅融合：旺山村走出了一条农文旅融合发展特色之路，将农业、文化、旅游等产业融合在一起，实现了乡村经济的多元化发展。

从一个寂寂无名的小山村，借助乡村旅游发展的东风，旺山抓住机遇、直面挑战、因地制宜地走出文旅融合特色发展道路，旺山在见证乡村旅游阶段变化的同时，最终也实现了自我新生与振兴。

7.1.3 导游词

绿水青山，感受江苏最美山村

各位游客，大家好。欢迎大家来到苏州旺山村。旺山村，一个自带"福地"光环的地方，山温水软，人杰地灵，拥有得天独厚的生态环境、丰富的自然资源和悠久的历史人文景观。旺山村，空气清新，鸟语花香，真是一个天然的氧吧，深吸一口气，立即感受到江南的温润。江南之美，美在它独有的悠然惬意，美在它深厚的文化底蕴，美在它细腻的动人风景。旺山村正是这样一处集田园风光、生态农业、文旅体验、传统村落、乡村文创等于一体的旅游休闲胜地。在这个拥有千年历史的村落，我们将一同领略旺山村的风光，感受它那浓厚的历史文化。

旺山村明代成村，至今已有 600 多年历史，历史人文资源丰富、古迹众多，有春秋时期的土墩石室、南朝的宝华寺、唐代的寿圣寺，还有古墓葬、古井、钱庄、窑角头等古迹。这样的一个千年古村落，被誉为"苏州最美的山村"。但在有这个称呼之前，旺山村只是一个名不见经传的小山村，交通闭塞、经济薄弱、村落松散、环境凌乱，村民生活水平较低。时钟拨回到 1988 年前后，当时，刚刚开办的旺山石料厂是旺山村规模最大、员工最多、产值最高的村办企业。随之而来的，是对山体的破坏以及大量粉尘。1995 年年初，越湖路穿旺山村而过，曾经闭塞的山村与外界的交通更加便捷，旺山村有了不一样的"出路"。进入新千年后，村中采石场正式关闭，村内不再有采石、轧石产业。待环境渐渐好转，2004 年前后，旺山通过吴中区与越溪街道的财政支持，在三下杭州梅家坞考察和详细规划的基础上，开始实施基础设施提升改造与民居苏式建筑风格的统一，以"盆景式"的精细雕琢，打造出现在休闲餐饮完美结合的钱家坞。同时通过打造九龙潭、暧暧岭等五大景区，与吴中太湖旅游区"捆绑"创建，2013 年成功跻身国家 5A 级旅游景区行列。同时，为了配合生态旅游开发建设，旺山村先后投资 2000 多万元，完成了生态大道、各景区游览次干道、步行道等道路建设，形成了总长度超过 8 千米长的三级游览道路系统，确保村道路硬质化完成率 100%。经过精心打造，旺山成为一个具有乡村小宿、农家餐饮、小河垂钓、森林氧吧等多种活动项目的休闲生态园。2017年，在旺山生态园的良好基础上，旺山村借申报"江苏省旅游风情小镇"的机遇，在规划片区全域旅游主题和定位的同时，提炼出"乡创归谷"的整体定位，通过"小镇客厅"为核心的业态建设，凸显"旺文化"内涵，打造一个蜚声国内外的文旅风情小镇。旺山村也先后荣获"全国文明村镇""中国人居环境范例奖""国家级生态村"等国家级荣誉 14 项、省级荣誉 40 多项。

今天，我带领大家去的就是旺山景区，是一个融自然风光、名胜古迹、田园生活与时尚体验于一体的国家 5A 级旅游景区。相传春秋战国时期，吴越两国隔太湖相望，越王勾践被吴王夫差打败后，选美女西施献于吴国，并派范蠡护送来吴。西施太湖登岸后，就被暂时安置在湖滨一个山清水秀的地方等候吴王召见。离家的西施闷闷不乐，茶饭不思，每每只有登上山顶眺望太湖，从故乡的方向吹来的湖风中消解自己的思乡之情，而这座山就是今天苏州吴中区的旺山。至于这山是否因为西施"望"太湖而得名，后世传作了"旺"山就不得而知了。

这里山清水秀，茶园遍布，千年古刹点缀其间，是品茶、赏景、游玩的绝佳去处。在旺山景区方圆 6 千米范围内，现在有八处景点，分别是："环秀晓筑"养生度假村、"钱家坞"吃住农家乐、"耕岛"农事参与体验区、九龙传说"九龙潭"、登高览胜"七子山"、千年古刹"宝华寺"、禅茶文化"暧暧岭"、欢乐天地"南山头"。旺山景区内除了这八处美景之外，又增加了旺山遇见卢浮宫、王森巧克力艺术、隐君子陶艺、油画等创意文创类体验项目。

各位游客，现在我们车已经来到了九龙潭景区停车场，我将带大家去看一看七子山，游一游九龙潭。七子山旧名横山，山上七个高墩，为春秋战国时期遗迹，俗称七炮墩、七子墩，相传山顶七墩是古人埋葬七个儿子处，故名七子山。山体由石英砂岩构成，主峰海拔 294.8 米，面积约 25 平方千米。山体植被茂盛，碧绿绵延，竹林交错，四季景色各有千秋。九龙潭位于七子山脚，这里青山环抱，绿树掩映，景色十分优美。传说九龙潭是九条小龙的居所，九条小龙为救人间大旱，而上天偷宝瓶，得罪了天神而被囚禁于九龙潭底，他们保佑着整个村落的平安与繁荣。九龙潭四百多平方米，澄澈如镜，蓝天白云，岸旁青山，倒映潭中，构成一幅五彩缤纷的光影世界。宋朝的著名学者朱熹所作"半亩方塘一鉴开，天光云影共徘徊。问渠那得清如许，为有源头活水来。"九龙潭恰好体现了这样的自然神韵。

进入九龙潭，沿着紫藤走廊前行，周围遍布竹林绿植，移步其中心情舒爽。走到长廊的尽头即九龙潭，三面环山，像一颗翡翠镶嵌在谷底，不禁使人联想起吉林长白山的天池、朱自清的散文《荷塘月色》。潭水清啊，一眼看透潭底；潭水绿啊，绿得让人心醉！九龙潭就是一个小型水库，里面的水是由山泉水和雨水汇集而成，它分为上中下三层，每一层的水位不同，当水库区的上层水位到达一定高度的时候，水就从九个龙头里面吐出，形成九龙戏水的情景。每年雨水丰沛时，山上的水流就会汇集到九龙潭，形成天然水瀑奇观。环顾四周，这里种植了大量的毛竹，还有成片的白茶树、银杏树，一眼望去满是大片大片的绿。两侧山腰上，各有一栋竹楼掩映在山林之间，那是竹亭茶楼，竹楼依势而建，背山面水，古朴典雅，清幽之极。坐在竹海的小竹屋里，在竹桌竹椅上摆一杯香茶，望望九龙戏珠的九龙潭水库中的一潭碧水，可从日头东升坐到竹影西斜，什么也不想、什么也不做，就这样坐着，与大自然浑然一体。除了茶楼，潭边设有景区官方的大旺咖啡馆，依山傍水品咖啡也是别有一番浪漫。

远处就是"揖山亭"，据说当年太湖边有打鱼的七兄弟，为带领百姓反抗官府的无理欺压而被残害，当地百姓偷偷把七兄弟埋葬于此。每逢祭拜的时候，因不便公开，遂以"祭山"指代。久而久之这个亭子就传成了"揖山亭"。到达揖山亭就到了真正开始爬山的地方了。揖山亭背面是爬山真正的起点，景区在这里立有指示路线牌。

游客朋友们，登山的台阶还是比较陡峭的，可以理解为直接从山坳里爬上山梁。许多登山爱好者的越野活动会选择在这条路线上。友情提醒大家，如果体力不佳，建议慢行，多休息。在大家休息的时候，我介绍一下七子山的四条爬山步道，这些步道各有特色，分别是乾元寺山门主步道、画眉泉回溪石刻支线、九龙潭支线和老寺里支线。这些步道每一条或风景优美、或文化绵长，风情各异，是户外爱好者的天堂。我们目前走的就是九龙潭支线，前方就是支线与登山主步道汇合的地方半山休息亭，这里距离山顶已经不远了。

各位游客，我们现在已经来到了山顶，大家可以休息一下再去参观。我先给大家讲一讲乾元寺，这是一座免费开放的千年宝刹，是五代时期治苏的钱文奉所建。建筑群整体风格为明末清初的古建风格，在旺山景区也是海拔较高的景点，可以俯瞰整个旺山村美景。乾元寺由大殿、钟楼、鼓楼、客堂、斋房围成一座完整寺院，曲径通幽，禅经轻诵。大雄宝殿内供奉有肃立高大的三尊佛祖和千座佛像，大殿及佛塔采用印度佛教圣地的建筑风格，苏州乃至江南地区都属首创，其中佛塔建筑高度为苏州之最，站在塔顶可以俯瞰苏州全城。寺内的银杏树已有约 1650 年树龄，据当地老人们代代口传，古树曾遭受雷击，因为庇护了灵狐渡劫。如今此树干虽只余三分之一，但受佛音熏陶，山间灵气哺育，依然郁郁葱葱。这棵古银杏的品种为传说中的吴县大圆子，品种罕见，果大味甜，是寺内一处奇特的景观。乾元寺历来香火旺盛，高僧辈出，是赏景、祈福的好去处。另外，寺内的素餐厅也是对外开放的，品尝一下寺院的素面也是不错的选择。好的，下面给大家一个小时自由参观，然后在这里集合下山去坐车。

各位游客，现在我们乘车去旺山景区的东门，去"钱家坞"品尝一下农家菜。车程时间不长，大家可以闭目养神一会。

各位游客，请大家随我下车，我们已经来到旺山景区的东门，右边就是钱家坞。钱家坞是一个原生态的自然村落，田园气息比较浓厚、村舍院落整洁有序、环境优美祥和，主要经营农家特色的餐饮和农家住宿服务，提供地道淳朴的农家服务。钱家坞群英荟萃，多家特色十足的农家乐都选取本地天然食材，让您感受原汁原味的乡村味道。下面我给大家介绍几家农家菜，供大家选择就餐。

一进钱家坞，首先看到就是以钱家坞命名的农家乐。在旺山农家乐中，他家的口味是很多食客推荐的。五大特色菜是旺山钱家坞农家乐的招牌，分别是：草鸡汤、清蒸白水鱼、红烧老鹅、银鱼炒蛋、蚌肉豆腐。钱家坞是小院落露天花园式环境，布置得比较小资的农家乐，吃完饭还能在这里聊天喝茶。

旺福楼，已有十几年光阴，店主夫妇是地道的"村里人"。大门入口处，即有土特产，鸡蛋、红薯、南瓜以及其他从地里弄来的农产品等。等热情的老板和老板娘前来招呼你的时候，一盘瓜子和一壶茶已经准备停当，你尽可以在这里坐下点几个菜吧，来点大闸蟹，更有草鸡汤，太湖三白也是不可或缺，如此品尝到地道的农家风味，宛如远离城市之喧嚣，找寻到暂时避风之港湾也。土鸡汤真的是原汁汤忍不住多喝两碗，红烧鲫鱼那鲜香的，挑刺都不嫌烦了。

良良人家农家菜，生意超级好，放眼看全是客，吃货特喜欢这种有山有院有池塘的农家乐了。店里的白斩鸡清爽不肥腻，银鱼炒蛋又是料足鸡蛋香。再来份牛肉土豆，牛肉放得超多，炖很烂，咬起来不吃力，吃了一口又一口。虽然价位稍高，但总体感觉吃得值！

乡音阁农家乐，那份吃得鲜美，又能与老板亲切交谈的调子，让人一下子就少了一种疏远感。从进门的那一刻，就能感受到老板那种温柔亲切有求必应的好态度。农家乐的菜虽差不多，这里居然还可以任性点活鸡，现杀现做。除了鸡，里边的红烧兔肉很香，银鱼炒鸡蛋味道好，鸡蛋很嫩。还有那个锅巴，番茄酱口味酸酸甜甜的倍儿香。

湾里人家农家乐，旺山人气最旺的一家农家乐，周末人气爆棚都是等着翻台的。店里有两层，二楼有露台，能看到周边风景。店里很多土菜都好吃，草鸡汤几乎是每桌必点，汤超鲜，一上桌口水就跟着流了三尺。招牌向阳肉有点像焖肉，却一点不油，糯糯甜甜的，底下还铺满了笋干。红烧大鳊鱼也是强推的，好大一条，浓油赤酱，鱼肉鲜嫩，好吃得根本停不下来。

聚福苑，这已经不是传统意义上的农家乐了，而是偏都市些的休闲地。装修偏古典园林式，还带小桥流水，真正是住上三五天也不会倦。店里有客房，住在这，早上出门就能呼吸新鲜空气，那感觉，倍棒！酒楼以经营粤菜为主，兼营当地农家菜。乳鸽是这家的特色，肉嫩皮脆味美，超好吃，听说好多客人还特地去打包回家呢。还有片鸭，色泽红润，皮酥肉嫩，师傅那刀工将鸭切的片片厚度精到，怎么吃都不腻的感觉。另外农家菜里的青麦仁炒薏米非常有特色，青麦和薏米韧性十足，火腿鲜香，好吃。

各位游客，我就给大家介绍这六家，大家可以进入钱家坞边逛边寻觅，给大家两个小时的时间就餐，然后我们就在景区东门集合。

感谢各位游客准时前来集合，现在我们就一起前往旺山景区中心的耕岛。"耕岛"农事参与体验区虽说是一个小岛，但岛内林木旺盛，四周绿水环绕，是一处"绿色生态王国"和体验"农耕文化"的主题乐园。耕岛主要以吴中农村坊间生产劳作为体验趣味，内有瓜果长廊、农耕小屋、野外烧烤区、农耕体验区、垂钓参与区、宠物会所、指月坞农家乐餐饮、休闲茶楼及度假别墅。在这里，可以亲手采摘特色瓜果，可以学习农耕的常识与劳作，可以静坐感受"江中独钓"的乐趣，可以带着孩子认识一下牛、马、羊，可以同家人、朋友一起露天烧烤，也可以在休闲茶楼品茶赏景。现在给大家两个小时的自由活动时间，大家可以尽情在耕岛上体验"归园田居"的生活，真的仿佛来到了陶渊明笔下的"桃花源"，不仅亲近自然，而且舒适自然。

各位游客，我们人已经齐了，现在我们一同乘车前往旺"环秀晓筑"养生度假村，今天我们就住在这里。我先向大家介绍一下，苏州环秀晓筑养生度假村位于旺山景区，背倚七子山，环抱画眉泉。七子山就是今天上午我们去的九龙潭所在的地方，画眉泉大家没有去过，我简单给大家介绍一下，大家空闲的时候可以探究一下。画眉泉传说西施曾在此临泉画眉而得名，所在的地势双峰对峙，泉水上下狭窄而中间宽阔，远远望去，正像美女的弯弯细眉。画眉泉的泉水清澈甘冽，时时流动，终年鲜活。200 多年前，由于画眉泉美丽的风光吸引了一个人，将这块如诗如画的地方作了他最后的隐逸之地，此人就是清代名医徐大椿。徐大椿，苏州人，医术高超，又常行医济世，被人们誉为"再世华佗"。然而，这位名医曾一度婉拒朝廷聘用，选择在七子山画眉泉结庐隐居，自号回溪道人。那么，他当初为什么会选择在七子山隐居呢？这里的原因是多方面的。首先七子山不但依山傍水，风景优美，而且灵气聚集，盛产首乌、苍术、薄荷、银杏等数十种药材，为他的医学研究提供了便利。所以，今天我们要入住的酒店就是一个桃源仙境，房间宽敞明亮，有超大的落地窗，视野十分开阔。客房内设有精选的香薰炉、药枕及按摩拖鞋，让您全方位感受身心的养生体验。酒店内的餐饮以"不时不食"为核心理念，首创"二十四节气天然养生宴"四季有别的主打产品，并设有临湖包厢及零点厅，满足不同宴请需求。

　　各位游客，今天我们还为各位住店客人安排了天颐温泉泡汤，这个是华东首家山谷温泉，室内外大小温泉 39 池错落其间，功能上分为本草、香薰、至尊、理疗、原味、休闲六个泡汤区，假山、瀑布、小桥流水穿插其中，充盈五彩亲亲鱼的鱼疗池、中央水景舞台、戏水瀑布，让您在泡泉之余尽享游乐体验。大家可以根据自己的时间去选择自己喜欢的泡汤，泡一泡很解乏。另外，这里除了环秀晓筑度假酒店之外，还有天融健康俱乐部、挹翠轩茶苑等项目。天融健康俱乐部是吴中健康管理中心，拥有一支近 50 人的医、技、护专业队伍和先进的体检检测设备。挹翠轩是一家具有浓厚吴文化和传统茶文化气息的中式清饮茶苑，享有苏州最美丽最专业茶苑的口碑。

　　好了，各位游客，我们现在已经在酒店了，请大家拿上行李与我一起去办理入住手续。现在我给大家发放房间门卡和天颐温泉泡汤的门票，大家把行李放回房间后，就可以自由活动了。明天早上早餐六点半开始，就在酒店一楼。我们八点半在酒店大堂集合，请大家准时，谢谢。明天我们的行程是千年古刹"宝华寺"和禅茶文化"磢碡岭"。

　　各位游客，大家上午好，今天我们将一起去参观旺山景区的千年古刹宝华寺。该寺始建于南朝梁天监二年（503年），距今已有1500年的历史。据说天监二年，有位憨憨尊者，从天竺（印度古称）远游震旦（中国），一天路过尧峰，见这儿山势奇特，展开的山脊，左三右四，像枝盛开的莲花，心中万分喜欢，于是就在这儿驻足停留。当时这里有位叫吴广的人，就将自己的宅院捐献出来给憨憨尊者作了佛寺，这佛寺就叫作"宝林院"。那么宝林院又怎么变成"宝华寺"的呢？原来，莲花在佛教徒的眼中是纯洁的宝花，莲花的纹饰常被装点在佛座上。憨憨尊者当年在此地驻扎立寺，就因这里山势如莲。五代十国时，吴越王钱镠就因此将"宝林院"改成了"宝华寺"。"华"在古代和"花"字相通，从此，这儿的山峰、山坞也就有了宝华山、宝华坞的美称。宋代，因智显禅师曾在此居住，因此又有"智显禅院"的称呼。千百年来，宝华寺几经兴衰。到宋朝祥符年间，宝华寺已年久失修，当时郡守秦羲曾对宝华寺做过一次较大修葺，重建殿堂、经藏，将殿宇修建得飞檐翘角，金碧辉煌，被人们称为胜刹。清末民初，宝华寺又日势颓败，庙址为豪家所占，改成了坟墓，后来在原来寺庙的东面重建了一座小庙，但不久连这座小庙也逐渐荒废了。宝华寺原有憨憨井、憨憨桥、憨憨塔、智显塔等古迹，今除憨憨泉仍清流不衰外，其他古迹已经荡然无存了。现宝华古寺由旺山村投资重建，在原址重树殿宇，重塑佛身，开园植树，造桥引流，对憨憨泉也重加疏浚，筑亭保护。

宝华寺寺院不大，香火很盛，保佑旺山村的一方村民。寺外是绵延的竹海，竹叶青翠欲滴，远远望去好像绿色的海洋，使人觉得非常舒服。近看，就能看清竹节上长有许多的枝条，要是把它折断来打人是很痛的。一阵风吹过，竹叶发出一阵阵沙沙的响声，好像轻轻弹琴的声音。这是一处竹海密布的天然氧吧，让我们一起来呼吸来自大自然深处的清新脱俗的新鲜空气。

各位游客，大家现在看到的这个被竹林覆盖、充满古色古香、古风古韵之美的亭台楼阁，就是苏州旺山景区的憨憨泉，这是一口憨憨尊者留下的憨憨井，井水甘甜清洌而且永远不会干涸。据说天竺颔颔尊曾手携锡杖，云游四方。一日来到尧峰山下，见这儿山清水秀，风光旖旎，便将锡杖插入泥中，决定在此筑庙驻足。谁知当他拔起锡杖时，地下就有一股清泉涌出，从此永不干润，被人称作"颏颏泉"。憨憨泉位于旺山景区宝华寺观音池旁，是这里唯一真正的山泉水，泉水甘甜可口，清澈无污染，可以直接生饮。观音池，因池内有观音雕像而得名。池中汉白玉观音塑像，仿南海观音造像，手持净瓶，通体洁白无瑕，宝像庄严。这也是寺庙的放生池，池中游鱼嬉戏，此观音菩萨之金鱼池也。

宝华寺坐北朝南，巍然屹立在宝华山麓。一条雨道直抵山门，甬道两旁翠竹茂密，绿荫满地，使古寺愈显幽深。山门殿面阔五间，120 平方米，正上方悬挂的"宝华禅寺"匾，由吴中区佛教协会名誉会长、包山寺法主、大观音寺方丈贯澈长老书写。进入山门，与一般寺庙不同的是，左右书架上摆满了经书，广结善缘。墙上告示，每人免费领取三支香。接着是天王殿，一般寺庙的天王殿供奉的是四大天王，而宝华寺的天王殿供奉的则是佛教中的哼哈二将，面对面而立，守护着大门。天王殿后才是整个寺院的中心大雄宝殿，面阔五间，殿内供有三宝佛，周边有十八罗汉。大殿屹立在广阔的敬佛台上宛若缥缈的天界，台上宝鼎，香烟缭绕。敬佛台前有宽阔的广场，使人感到视野开阔，心情舒畅，有入菩提道，得大欢喜之感。念佛堂位于天王殿西侧，三幢女众寮房位于寺院西北角。整个寺院殿宇两侧，有环廊相接，勾连着僧房、客舍。举目四望，则群山环抱，竹林树海，尘嚣远绝，确是个念佛修持的好地方。

各位游客，给大家半小时的参观时间，然后我们一起去停车场乘车去禅茶文化嫒碟岭。嫒碟岭原名阿达岭、鸭踏岭，因为这边的山峰非常的低矮，传说每年冬季，聚于太湖的野鸭常会从这个相对低矮的山谷穿越而过，所以取名"鸭踏岭"。由于离太湖比较近，太湖的水汽经常与这边的山风相会，形成云雾缭绕的景观，像人间仙境一样，后改名叫作"嫒碟岭"。

旺山嫒碟岭景区内，有一处网红打卡点——旺山遇见"卢浮宫"，欧式人物雕像、法式石雕喷泉、小碎石子铺就的道路、复古餐车……各式洋溢着法式风情的建筑物、装饰物，与周遭的青山绿水迥异又巧妙地融为一体，来到这里，仿佛开启了一场浪漫的异国之旅。旺山遇见"卢浮宫"分为主题餐饮区、生态茶园区、文创展示区、风情民宿区、萌宠互动区、自然教育与户外拓展区，通过艺术的撞击和遇见手法，借力世界艺术殿堂卢浮宫，创造人文场景，让乡村旅游与艺术元素相融合，突破了艺术"被仰望"的格局，为游客们提供了沉浸式的艺术体验。

现在我带领大家来到就是旺山遇见卢浮宫美食文创基地，以卢浮宫艺术品和法国元素为设计理念，集咖啡、西点、西餐、中餐、茶及茶点等为一体的美食休闲聚集地。沿着小路踱步进入卢浮宫巧克力博物馆，扑鼻而来的是一股香甜的可可味，映入眼帘的是摆台上一幅幅画作。仔细一看，才发现这些竟然都是用巧克力制作的。这色彩分明、栩栩如生的模样，如果不是特意说明，根本想不到原材料竟然都是巧克力。设计师们将甜品玩出了新花样，微笑的蒙娜丽莎、断臂维纳斯、青花瓷、唐三彩等作品均用巧克力或面包制作而成，栩栩如生，令人叹为观止。馆内最引人注意的莫过于巨大的《蒙娜丽莎》，远看只觉得一幅普通的临摹画作而已，走近后定睛一看，发现竟然是由600多片吐司拼接而成的，成为馆内打卡的热点。1:1的还原，恒温恒湿的温控处理，让每一件珍藏展品完美如初，不禁让人赞叹，是怎么样的一双巧手才能完成这些奇迹般的创作。当甜蜜与香醇幻化成别出心裁的艺术品，可见雕刻者的用心。这些巧克力工艺品的制作，比普通雕刻难上数倍，据说有的作品的雕刻时间长达半年。调温的过程对于巧克力来说，尤为重要。目前，展馆内有两千多件展品，每半年至一年便会更新一次。这里还有撸猫人最爱的猫咖星空屋、童心天成的梦幻树屋、可口美味的窑烤面包、绵延百米的百变餐车……成群的鸽子时而在天空自由飞翔，时而在屋顶停留。今天中午的午餐就在这里，大家可以边逛边选择。另外，街区里的"行星花园"，通过打造主题花园概念，设置"玫瑰花园""虫族世界""蝴蝶花园""化石挖宝场"等，带给孩子自然与快乐，为孩子们提供深入自然的探索发现机会，让孩子们在自然生态的花园环境中获得快乐，得到知识，让亲子家庭真正回归自然。大家用完午餐，可以带小孩去玩一玩。注意一下时间，我们下午三点在景区入口的茶博园集合，请大家准时，谢谢。

各位游客大家好，非常感谢大家准时来集合。我们所在的暧曖岭景区，其实是一个以茶文化为主题的景区，现有千亩生态茶博园、龙津茶楼、葫芦池、梅花井、尧峰山、龙洞、千人石等自然生态景观和人文景观。茶博园占地面积 800 余亩，盛产高品质的绿色原生态碧螺春茶叶，是一个集种茶、采茶、炒茶、品茶、卖茶五位一体的茶文化中心。入口有几尊石像，其中一尊便是茶圣陆羽塑像，他尝遍中国各地的名茶，写下第一部茶叶专著《茶经》，成为后人研究茶艺经典。茶博园园内主要种植苏州名茶碧螺春，所产茶叶品质优良，有人称之为旺山碧螺春。旺山碧螺春条索纤细，卷曲成螺，满披茸毛，色泽碧绿，茶叶一年只采一季，从春分开始采摘直到谷雨结束，采摘的茶叶为一芽一叶。一般是清晨采摘，中午过后拣剔，下午至晚上炒茶。采用传统的手工炒制，茶香茶品从古至今，一脉相承。游客在此处可以细细尝味用当地天然山泉水泡制的碧螺春茶，欣赏着茶园漫坡的美丽景色，令人心旷神怡。另外，该景区也是游客登山览胜的一个入口。苏子美有诗云："西南登尧峰，俗云尧所基。洪川不能没，上有万众栖。"尧峰是七子山西南支脉，历来是登临的好地方，站在尧峰之巅，极目远望，山水美景尽收眼底。尧峰山上有龙王池、龙洞、龙王庙等一系列龙文化主题的景点。景区内的葫芦池、五瓣井也是一大风景。葫芦池由于它形状酷似葫芦而得名，该池水为天然山水，水质清澈，用来烹制当地的碧螺春茶味道特别的甘厚清醇；五瓣井是由 5 口小井聚集而成，井形似梅花故而得名，井水清澈透明、甘甜清爽。

各位游客，现在大家可以自由选择活动，可以在茶博园品茶赏景，也可以去葫芦池转一转，体力较佳的游客也可以登尧峰赏美景。注意一下时间，我们五点半在茶博园这里集合，谢谢大家。

7.2 镇江市句容市茅山镇

7.2.1 总体情况

2021 年 8 月，茅山镇入选第一批全国乡村旅游重点镇（乡）名单。

茅山镇位于江苏省镇江市句容市，地处国家 5A 级旅游风景区茅山北麓，属丘陵山区，山水相间，风景秀丽。上海经济圈和南京都市圈在此交叠，有句茅公路、茅延公路、常漂公路穿境而过，交通便捷。

北宋时期，此地设常宁镇，因句容县曾为常宁县得名；1985 年，茅山乡撤乡设镇；2005 年，春城镇并入；2008 年 4 月，镇政府迁至春城集镇。茅山镇行政区域面积 81 平方千米，人口 2.7 万，下辖 10 个行政村、1 个居委会。茅山镇是千年古镇，历史悠久，古迹繁多，镇内遗存有商周时代土墩墓群、三国时期人工开凿的运河"破岗渎遗址"。茅山镇还是革命老区，陈毅等老一辈革命家曾在这里开辟创建了以茅山为中心的苏南抗日根据地，这里有着优良的革命传统和红色基因。

茅山镇是农业大镇，粮食作物以种植水稻、小麦为主，主要经济作物有油料作物、茶叶、苗木花卉等；也是高效农业特色镇，相继产出了丁庄葡萄、茅山长青、葛根茶、东方紫等一大批绿色农产品和品牌商标。2015 年，茅山镇建成镇江市级农业现代化园区 1 个，句容市级农业现代化园区 10 个，500 亩以上连片栽培示范园区 12 个，特粮特经科技示范园区 24 个，家畜禽养殖基地 3 个。茅山茶场生产的茶叶内含物质丰富，具有高香馥郁，鲜爽醇厚，经久耐泡的特点，"茅山手工茶制作技艺"于 2019 年录入镇江市非物质文化遗产名录。

茅山镇的乡村旅游业已粗具规模，融绿色山水、特色田园为一体。江苏茶博园占地面积近 2500 亩，既是采茶区，又是国家 4A 级旅游景区。该园区具有典型的"五山一水四分田"景观，景色奇特秀美，山水茶林神韵引人入胜。茶博园打造了特色"茶"游览线路，创建了茶文化体验区、茶叶科技硅谷区等功能区域。得撒石磨豆腐村位于句容茅山北麓，"豆腐村"不是行政村落，而是一座以豆腐为主题的仿古建筑群。建筑原料很大一部分来源于旧砖瓦、门窗等废旧物再利用。整体是江南民居的建筑特色，古韵十足。这里以种类丰富、各具特色的豆制美食而闻名，如冰豆花、百叶卷、素鸡煲、豆腐火锅等。茅宝葛园是全国唯一以葛根文化为主题的休闲观光园区，集葛根种植、生产加工、观光旅游、餐饮会议、垂钓采摘等于一体，是江苏省四星级乡村旅游点、江苏省工业旅游示范点。在这里，游客们不仅可以在葛粉制作体验馆、葛根种植园了解葛根文化，还可以在园区参与耕作、除草、栽培等农事体验性活动。

近年来，茅山镇充分利用农业产业优势、自然资源禀赋，大力发展赏花游、采摘游、研学游、工业旅游、旅游民宿等旅游业态，成功打造"丁庄葡萄""不忧桑""春城好田"等特色品牌，推动农文旅深度融合。坚持"农业＋文化＋旅游＋互联网"的发展思路，充分发挥清境农业、茅宝葛园、义利康酵素园等项目辐射带动作用，积极拓展休闲体验、文化康养、特色民宿等新业态，增强农文旅融合吸引力。先后被授予全国生态镇、省百家名镇、江苏新型示范小城镇、省卫生镇、省"亿万农民健身活动"先进镇、省环境与经济协调发展示范镇、省优美乡镇、镇江市农村五保工作先进集体、新型农村合作医疗保险小康镇等多个荣誉称号。

7.2.2 景点特色——感悟茶文化、体会茶境界

江苏省茶博园，始建于 2008 年 9 月，坐落于茅山北麓 20 千米处，位于句容市东南部，距离城区 9 千米。本园区占地 2500 亩，水网错落，具有典型的"五山一水四分田"景观。在茶博园景观的设计理念中，统筹了旅游休闲、教学科研、文化科普等功能，渗透着"感悟茶沐、体会茶境界"的茶业特色，创建了多功能"茶"文化区域、打造了特色"茶"游览线路，是集休闲、养生、教学、科研、文化于一体的茶业博览园。

园区以"茶叶福地，科技洞天"为主题，分为现代茶事、茶文化体验、茶叶技术科技示范和茶文化休闲养生四大区域，整个茶博园打造"一轴、一带、一环、四片、多景点"的立体化网络景观结构。"一轴"为通向茶学院的纵向的科研文化景观轴线，"一带"为滨水休闲景观带，"一环"为串联全园的交通骨架景观环，"四片"是指 4 个茶功能片区：现代茶事示范区、茶文化体验区、茶叶科技示范区、茶文化休闲养生区，"多景点"为分布在各个功能片区中的 22 个主题景点。茶博园配套茶艺馆、茶艺中心、老子茶馆等设施，为游客提供品茶、棋牌、书画、茶艺表演等服务，并开发了采茶、制茶等体验项目，帮助游客学习茶道礼仪、普及茶知识、感悟茶文化。

茶文化长廊，总长 200 米，分五个篇章，图文并茂地介绍了茶叶的起源、种植、分类、分布及饮茶知识，深入浅出地展示了茶的历史渊源、相关知识及

其文化韵味。

"天下第一壶"，主体部分以玻璃钢制作，直径 3.05 米，高度 3.05 米，重达 1.5 吨。整个壶身空悬于水面，上书"茶业福地、科技洞天"八个金色大字。此壶孤悬空中，壶嘴一股清流源源而出，倾泻在湖面上的茶碗中，与满湖翠色构成了一道独特的风景，令人恍如置身仙境。因茶壶直径和悬挑难度举世无双，已将此壶向吉尼斯世界纪录总部成功申报为"天下第一壶"。

茗人园，是光临茶博园的领导嘉宾、茶业同仁等亲手栽植茶树的场所，有我国茶学学科带头人、国内外著名茶学专家、中国工程院院士陈宗懋先生，国家茶叶产业技术体系首席科学家杨亚军先生，原安徽农业大学校长夏涛等专家的手植茶树。园区拥有大型的圆形水车，被称为黄河水车，俗称"天车"，是黄河沿岸一种古老的提水灌溉工具。当时的水车每根木辐条的顶端都带着一个刮板和水斗，刮板刮水，水斗装水。河水冲来，借着水势缓缓转动着水车，一个个水斗装满了河水被逐级提升上去。到了顶端，水斗又自然倾斜，将水注入渡槽，流到灌溉的农田里。

茶道广场主要介绍茶道，茶道起源于中国。中国人至少在唐或唐以前，就在世界上首先将茶饮作为一种修身养性之道，唐朝《封氏闻见记》中就有这样的记载："茶道大行，王公朝士无不饮者。"意思就是：喝茶，饮茶等茶道被广泛地推行，风靡一时，王公贵族朝臣没有不喝茶的人。这是现存文献中对茶道的最早记载。由此可见，最早最完善的茶道流程就是唐代陆羽所创的煎茶茶道。茶道是通过品茶活动来表现一定的礼节、人品、意境、美学观点和精神思想的一种行为艺术。茶道广场侧面，有一块 7 米高的古朴的巨石，巨石正面题有两个金色大字——"茶道"，它是由著名书法家米南阳手书，米南阳是中国国际书画研究院研究员、中国人民书画院艺术委员会副主席，也是我们所熟知的宋代书法名家——米芾的后人。

"习茶院"占地 3000 平方米，位于整个园区的东南角，周边茶树环绕，茶香四溢，是最值得我们仔细品味的景点。习茶院的整体布局呈回字形，分室内展厅、中庭和外庭景观园三个组成部分，是集茶叶加工制作、茶文化展示、茶艺体验、江苏茶文化景观园林于一体的综合性茶文化体验区。在习茶院的室内部分，游客可以了解红茶、绿茶、青茶、黑茶四大茶类的机械制茶过程，也可以亲自体验制茶的乐趣，身临其境地体会茶文化的博大精深，也可以通过中国茶馆、欧式茶馆及日韩茶馆的茶艺表演来深入了解各国茶道精神的内涵。习茶院的中庭部分主要是供游客品茶休憩的场所。习茶院外庭景观园主要是将江苏茶文化融入园林景观的设计中，再现了江苏名茶的自然和人文的生长环境，让游客能对江苏茶文化景观有更为直观的了解。

茶博园，不仅让游客对茶文化有了科学的认识和了解，也使人们在这样的优雅环境氛围中，得到美的享受和熏陶。

7.2.3 导游词

养生仙境、福地茅山

大家好，我是你们的导游，欢迎大家来到"养生仙境、福地茅山"参观游览，今天我将带大家领略茅山的魅力。

茅山旅游风景区是国家 5A 级旅游景区、全国百家红色旅游经典景区。茅山是我国著名的道教圣地，为道教上清派发源地，素有"第八洞天，第一福地"之誉。茅山不仅是全国十大道教名山，还是全国六大山地抗日根据地之一，也是全国 30 条红色旅游精品线路之一。

茅山原名句曲山，景区总面积 71.2 平方千米，主峰为大茅峰，海拔 372.5 米。茅山有着极为丰富的旅游资源，自古就有"秦汉神仙府，梁唐宰相家""江南第一山"等美誉。茅山尤以道教文化和红色文化见长，主要景点有九霄万福宫、元符万宁宫、喜客泉、华阳洞、仙人洞、苏南抗战胜利纪念碑、新四军纪念馆等。此外，茅山三怪"蜂窝当作戒指戴、客来泉喜冒得怪、纪念碑的鞭炮响出军号来"更是充满神奇之谜的独特景观、景物。

各位游客，我们现在所在的地方是茅山景区游客服务中心，游客中心是茅山智慧旅游的展示窗口，安装了智能停车 LED 显示屏、智能电子检票系统、智能天气显示屏、客情显示电子屏、多媒体查询设备、虚拟讲解员互动魔镜等智能化设备。

各位游客，现在我们首先来到的是茅山新四军纪念馆。1938 年夏天，陈毅、粟裕等同志率领新四军东进抗日，创建了以茅山为中心的苏南抗日根据地。为了缅怀老一辈无产阶级革命家的丰功伟绩，教育后人，1985 年建成了茅山新四军纪念馆，1998 年又在原馆址的基础上进行了重新翻建，现为江苏省十大德育教育基地。纪念馆占地面积 16000 多平方米，展厅建筑面积 3700 平方米。展厅造型别致，下面呈三角形，代表茅山山峰的雄姿，屋顶正上方高悬着代表新四军的"N4A"三个金光大字。展厅四周，陈列着南京军区赠送的大型退役武器：飞机、坦克、各式高炮等。

步入展厅，迎面可见的是茅山人民奋勇抗日战斗场景大型群雕。整个展厅分为五大部分："苏南人民奋起抗击日本侵略军""茅山抗日根据地的开辟""新四军东进北上""苏南抗日根据地的艰苦坚持""苏南人民夺取抗日斗争的胜利"。展出各种珍贵文物和历史资料 2000 余件，采用声、光、电、多媒体等高科技手段以及图表、灯箱、蜡像、雕塑等不同形式真实、生动地再现了陈毅、粟裕、谭震林等老一辈无产阶级革命家的光辉业绩和当年抗日军民浴血奋战的悲壮场面。

出新四军纪念馆后，我们就来参观苏南抗战胜利纪念碑。走进碑园，首先映入眼帘的是一座宏伟的三门石牌坊，正面坊额上镌刻有"浩气长存"四个金色大字，背面坊额上则刻有"世界一绝"四个大字。穿过石牌坊，是一条宽阔的大道，道路两旁松柏苍翠，道路的尽头是通往纪念碑的石阶。石阶共 317 级，最下方一组为 17 级，其余的 300 级台阶被分为 6 组，每组 50 级，代表新四军挺进江南第一仗韦岗战斗发生的日子是 1938 年 6 月 17 日，寓意纪念碑建成时正值抗日战争胜利 50 周年。沿石阶而上，我们便来到了巍峨的纪念碑前。纪念碑高 36 米，宽 6 米，昂首云霄，碑身正面镌刻着原国防部部长张爱萍将军题写的"苏南抗战胜利纪念碑"九个金光大字，碑顶处有代表新四军的"N4A"字样。

1997 年春节，当地居民为庆祝新年在这里燃放鞭炮，无意中发现天空中响起嘹亮的军号声。"碑前放鞭炮，碑上响军号"的奇怪现象立即引起各方人士的关注，后经专家研究考证，造成这一现象可能是因为鞭炮在空中鸣放引起声波的振动，而纪念碑前 5 组石阶就是个天然的音阶，声波在石阶上振荡，就发出了类似军号"滴滴答"的声响。当初纪念碑设计者无意的安排，却成就了今天的奇观，目前纪念碑军号之谜，仍无法解释。

参观完纪念碑后，我们沿石阶而下，经过抱朴路南下，东行步入大茅路，步行来到景区徒步入口。沿着游览主环道直上来到崇禧万寿宫（下宫），它俗称红庙，位于大茅峰西北丁公山南，占地 120 亩。原为南朝时所建的"曲林馆"，后为陶弘景的"华阳下馆"。唐贞观（627—649 年）年间，唐太宗为王法立建"太平观"。宋敕改"崇禧祠"，元延祐六年（1319 年）赐名"崇禧万寿宫"。崇禧万寿宫先后于 1957 年和 1964 年两次被拆，宫迹全无。1966 年建东进水库，宫址全部淹没。这一历史悠久的道教宫观，只能见诸史料记载。宫前原有照壁，壁上镶嵌"第八洞天，第一福地" 8 个石刻大字，旁有昭明太子读书台。宫内原有灵官殿、章台、玉皇殿、三清殿、太元宝殿，祀奉三茅真君。宫内道院有复古、威仪、四圣、葆真、三茅、天师、南极、玄坛、东华、三清、七真、三官共 12 房。

崇禧万寿宫于 2011 年复建，是由茅山风景区管委会打造的中国道教第一家文化型道观。包括大殿、法堂、三天门、养生谷、博物馆、书画院、知道堂、法箓院、斋堂、道教人才培训中心，同时还包含养生谷、箓生楼和法箓院三个住宿区域。大殿为崇禧万寿宫的核心建筑，主要是为了进行科仪斋醮授箓活动；偏殿包括法堂和法箓院，法堂供奉着三茅真君，法箓院是进行授箓活动的办公场所；知道堂是授课、讲座以及表演的场所；抄经堂是给信众游客提供一个安静的区域进行抄经授课的地方。

崇禧万寿宫融合传统建筑及宗教风格，以茅山道教文化展示和道教养生为主轴，逐步形成"道士授箓、信众听道、游客观法"特色优势，融"修道、养生、弘法"于一体，集"神圣、神秘、神奇"在一宫。同时，也是第五届国际道教论坛开幕式举办地。

各位游客，我们现在沿着主环道来到华阳洞天景区。道教认为"神仙之道，以长生为本，长生之要，以养气为先"。茅山是上清派的发源地，上清派以"存神""服气"为修行的主要方法。现在我们所处的位置无论从地球磁场效应还是负氧离子浓度两方面都称得上"集天地之灵气"，可谓具有磁疗效应的天然氧吧。

茅山自古就有"第一福地，第八洞天"的美誉。这"第八洞天"就源自于华阳洞。清代《茅山志》记载，华阳洞有东、西、南、北五个洞口（南有两个），三显二隐，东西长22千米，南北宽17千米。现在我们所见的是华阳洞西口，相传三茅真君与许谧、许均及齐梁时著名道教学者陶弘景曾隐居此洞，并借洞而设华阳三馆，著书立说，收徒传教。清代康熙皇帝南巡，曾御书"华阳洞天"。华阳洞天景区规划面积180亩，为茅山风景区的文化休闲区，主要景点有华阳古洞、神奇响石、出土化石展、出土文物展、华阳飞瀑、华阳上院、华阳亭、上清泉、树抱石、体能乐园等。

各位游客，请大家看在华阳洞旁边就是喜客泉。门口石刻"喜客泉"三字为中国道教协会前会长闵智亭道长所书，入口门上方"上善若水"是余秋雨先生来茅山所书。喜客泉是茅山十九泉中较著名一眼古泉，泉水冬暖夏凉，水质甘甜，遇旱不涸。明代诗人陈沂曾诗赞曰："池上一鼓掌，池下泉四溃。问喧沸起，散乱如珠碎。为问何为然，人云此地肺。消息与人通，气动随謦亥。"2002年6月，景区对神泉进行了恢复性开发。景点以道家"天人合一"的思想，集古树名木、神泉、古迹、亭台轩榭于一体，形成一幅天然的山水画。喜客泉因蕴含了天地灵气、道家仙气，有着令人称奇道绝的"三怪"。第一怪：客来泉喜冒得怪。游客只要站在泉边，双击手掌，泉底便会冒出串串水泡，似玉珠翻涌，又似在欢迎客人到来，喜客泉因此而得名。第二怪：泉水油面盖得怪。喜客泉平静时，水面会有一层似薄膜样东西覆盖，水泡冒出，水波四散，薄膜似的水面又分裂开来，忽而又聚拢，然后慢慢恢复平静，其形其景状如油水，故称"油面盖"。第三怪：水往高处流得怪。喜客泉水位与其东侧水沟水位相比，要高出约8米。根据地球引力，山上流下的水应顺东侧水沟流向山下，结果却出人意料地流进喜客泉。

　　出喜客泉，到岔路口选择北上，我们就来到了元符万宁宫。在宋绍圣四年（1098 年），始建"元符观"，九年后建成，宋徽宗赐额"元符万宁宫"，并令江宁府发兵 200 人，供元符宫及崇禧观巡逻洒扫。元符宫又称为"印宫"，现有房屋 107 间，面积达三千多平方米，主要包含睹星门广场、灵官殿、万寿台、三天门广场、勉斋道院、太极广场、老子神像、老子广场、二十四孝图等建筑群。各位游客，这里也就是第五届国际道教论坛祈福法会所在地。

　　各位游客，我们现在来到睹星门广场，这座古牌坊，原是宫内道士观星望气的地方，始建于宋代，门高 7.5 米，宽 21.8 米，分左、中、右三个门。正门的横额上刻有"睹星门"三个字，四根青石云头盘龙柱，均为宋、元两代名家雕刻。门两旁的石壁上刻有清代书法家王澍楷书"第八洞天""第一福地"，每个字有 1 米见方。

　　请各位游客抬头看，灵官殿殿额上的石刻是宋高宗御赐的"元符万宁宫"。宫门朝向东南，宫中供奉的是道教的护法神王灵官，他的职责是镇守山门，守护道场。在王灵官的东、西两侧分别供奉着南斗星君和北斗星君。我国民间有"南斗注生，北斗注死"的说法，靠近殿门的左右供奉着青龙、白虎两位神仙的塑像。在灵官殿的四周还供奉了许多神像，那是六十星甲子神，大家可以找到自己的保护神——本命神。

　　出灵官殿后门，走上 20 多级台阶，就到了三天门广场。广场上用青石砌成的石台叫万寿台，分上、中、下三层，我们可从东南角的台阶上去，从西北角下来。万寿台上的石牌坊就是三天门，它建于宋朝，是用整石雕刻而成，高 2.4 米。两侧石柱上刻有两副对联："仙乐彻九霄，祝一人之有庆；天香招五鹤，祈四海之同春"；"翠岳捧仙台，华阳真气；丹霞飞绀殿，河上玄风"。整个三天门雕刻工艺十分精湛，具有极高的艺术价值，是茅山又一重要的道教文物。

　　元符宫左侧为勉斋道院，院内建有黄鹤楼、东岳殿、斋堂、膳房、道舍、库房等。元符宫原有十三房道院，由于天灾人祸，其中十二房道院及宫内殿堂先后被毁，而唯有勉斋道院至今保持原有的建筑风貌与规模。这是为什么呢？

传说与道院门楼的奇特建筑和门前地面用青砖、小瓦构成的图案有关。按常规道院门楼应朝西方，然而勉斋道院门楼斜向西南，而且门额上嵌有砖刻坎卦符号。道院门前地上的图案更为神奇，有人说是一幅道教符图，有人说是篆体的"福"字，有人说是一幅道教"炼丹图"，还有人说是一只"古花瓶"，瓶口长着万年青，因门额上坎卦中的水经常浇灌瓶中的万年青，使道院可免火灾。这图案究竟构建于何时？出自何人之手？有何神秘作用？古书上从未记载，历来众说纷纭，实为茅山道教一大谜团。

走下三天门，登上七七四十九级台阶，来到了太极广场。广场的东西两边，分别建有钟亭和鼓亭，它们是新建的灰色石质六角攒尖顶仿古建筑。东侧鼓亭中架有一面大鼓，西侧钟亭内悬有一座巨钟，供宫内报时及举行宗教活动时用。按理应为晨钟暮鼓，即左钟右鼓，但此处钟鼓位置却异于常规，每天晨撞西钟，暮击东鼓，自古至今代代如此。

穿过太极广场，呈现在眼前的又是一个气度非凡的坡道。坡道上镌刻着四个醒目的行书大字"道法自然"，字体苍劲有力，笔力雄浑，是由当代书法家赵朴初题写的。沿坡道两旁的石阶而上，就来到了老君殿，大殿中央供奉着道家始祖老子的金像，该像是茅山老子神像的模像。走出老君殿，眼前即"道祖广场"。广场北端是一条240米长的长廊，广场西侧现有"神龙池"。

各位游客，前方道祖广场正中央的就是老子神像。1998年10月神像竣工，坐南朝北，高33米，重106吨，是用226块特制的紫铜板焊接而成。这尊神像是目前世界上最大的一尊老子神像，已被载入吉尼斯世界纪录。老子神像左手捋须，右手持太极扇，慈眉善目，仙风道骨。特别令人注意的是，在他左手掌心处有一个天然形成的巨大蜂窝，令人称奇。传说道教始祖老子当年修道时，蜂就是他的护法，常陪其修炼。如今，老子神像刚刚塑造起来几天，灵蜂又来到老子身边，在他的手掌中造起了一个硕大的蜂窝。传说与现实神奇地交织在一起，更为茅山增添了神秘的色彩，吸引着无数的游客。

拾级而上，映入眼帘的就是仙人洞入口。相传古时候曾有仙人在洞中潜心修炼，并且得道成仙，所以称之为"仙人洞"。仙人洞是一个石灰岩溶洞，形成已有 6500 多万年的历史。仙人洞在历史上久负盛名，清朝文人孙星衍曾写过一首诗赞美此洞："垂乳甘可餐，流膏滑难触。心疑转仙境，旷荡见平陆。"仙人洞在清朝时期已堵塞，直到 20 世纪 80 年代，有关部门对此进行开挖才重新对游客开放。洞长 920 米左右，现在游程仅有 200 多米，分为上、中、下三层，长度 208 米。这里常年气温较低，比室外温度低十多度。仙人洞以"秀""灵""仙"为主要特点，洞径小巧玲珑，蜿蜒曲折；洞中流水潺潺，古人修炼的遗迹隐约可见。从洞口进入 150 米深的下洞，洞中有石笋、石钟乳等，怪石嶙峋，洞中有流水。中洞有四厅，石笋、石柱、石花遍布。一厅里有一组钟乳石，远远看上去就像"八仙过海"。二厅内的钟乳石像是悬挂着的宫灯。三厅石钟乳绵延起伏，上面卧着长约一米的"大海龟"，龟背上方还有一只振翅欲飞的"凤凰"。四厅内"八百罗汉"栩栩如生。上洞暂时没有开放。

各位游客，现在大家随着我沿着主环道东行直上，一起登上茅山主峰大茅峰。眼前的道观叫"九霄万福宫"，位于茅山的最高处，也是茅山影响最大的一座宫观，通常也被称为顶宫。顶宫创建于西汉时三茅真君得道飞升之后，已经有 2100 多年的历史。在元代延祐三年（1316 年），皇帝敕建赐"圣祐观"，专门供奉大茅真君茅盈；明代万历二十六年（1598 年），又被敕建殿宇，升级为宫，赐名为"九霄万福宫"。整体建筑坐北朝南，东西对称，依山借势，结构严谨，布局合理，自南至北，层层而上，雄伟壮观。顶宫广场东西长约 80 米，南北宽约 40 米，广场南侧有石栏，以石栏为界，另一边就是江苏常州金坛属地了。这个是东山门，正面是"茅山道院"四个黄色大字，背面上是"紫气新辉"四个隶书大字，左右侧门分别写着"出玄""入牝"，玄为阳，牝为阴。西侧建筑（西山门入口）外面门框顶是圆的，内门顶是方的。东山门是解放后许世友开山凿路后才有的，而西山门才是古时真正的顶宫大门。宫观为圆，居家为方，说明茅山道士可以成家立室。

各位游客，登完主峰我们沿着步行登山道下山，今天的旅行就结束啦。在这里，我借茅山的福气，把祝福送给大家，祝大家旅途愉快，生活顺利，谢谢大家！

7.3 泰州市姜堰区三水街道小杨村

7.3.1 总体情况

2020 年 8 月 26 日，小杨村入选第二批全国乡村旅游重点村名单。2020 年 9 月 9 日，被农业农村部办公厅公布为 2020 年中国美丽休闲乡村。

小杨村位于姜堰区三水街道北部，地处里下河水乡，水网密布，交通便捷。北边紧邻国家 5A 级溱湖旅游度假区，S29、S610 省道穿村而过，北有宁靖盐高速溱潼出口，东有启扬高速姜堰北出口，交通十分便捷。全村行政规划面积 6.4 平方千米，耕地面积 4330 亩，水面面积 3200 亩。现有农户 795 户，3176 人。中华人民共和国成立初期为小杨庄，1958 年改为小杨大队，1960 年核算单位下放分为小杨、前进两大队。1982 年命名为小杨村，2000 年由原前进村和小杨村合并而成立小杨村。2020 年 7 月设为小杨社区居民委员会。

小杨村河港沟汊密布，是典型的里下河水乡地貌。昔时，东有五汊港，西有龙汊港，北部是一望无际的大小芦苇荡，村民出门靠船，无论是下地干活，还是下湖打鱼，弯弯水道，悠悠芦荡，一叶扁舟，一路渔歌。小杨人世代以种田为生，歌谣"收成七分凭人力，还有三分天帮忙。若遇旱涝虫灾害，一年辛苦全泡汤"道出了满满的艰辛。20 世纪六七十年代，小杨人实行农田改造，在零下十几度的严寒大搞圩堤建设，凭着艰苦奋斗精神，硬是把那些荒滩沟汊开垦成一片片良田，摇曳的芦苇变成翻滚的稻浪，一块叫"零下十"的地方就是小杨人拼搏奋斗的见证。改革开放后，小杨人开辟致富门路，从田园上走出来，外出做生意、打工挣钱。利用水乡行船的优势，搞起了运输业，船也由水泥船发展成了铁驳子，吨位也越来越大。还有不少人外出到建筑工地打工，致富路上小杨人的"钱袋子"鼓起来了。20 世纪 90 年代初，村里不少人外出从事船舶运输行业，田里出现抛荒，以致村里无法完成粮食征购任务。村里尝试着以村民小组为单位，组建小农场，多的一百多亩，少的五六十亩。2004 年后，国家开始减免农业税，农民种田有了积极性，小杨村先后冒出了 20 个家庭农场，成片成片的大田，田园风光扑面而来。2010 年开始，小杨村人又迈出了改革的新步伐，不断加快家庭农场服务体系建设，率先在全国成立家庭农场服务联盟。2016 年，依托溱湖大道两侧万亩家庭农场，打造全省一流的优质稻米生产示范区，被誉为"代表中国现代农业的发展方向"。2018 年，家庭农场服务联盟投入 300 多万元，新增了年产 60 吨的粮食生产加工线五叉港米业，建立高标准良田示范区 1 万亩，有机农产品生产示范片 3000 亩，创意农业示范园 800 亩，与科研院校合作，打造全省一流的优质稻米生产示范区。同时，顺应都市回归田园的自然风尚，整合配套"小杨人家"民宿、溱湖绿洲等休闲设施，发展亲近生态、农事体验、娱乐休闲一体化模式，积极推进传统农业向休闲观光农业转型，让村民享受更多发展红利。2022 年，围绕泰州姜堰区"112233"工程，创新构建"小杨人家""菇菇部落""农旅融合"项目，开发科普研学、休闲观光、农耕体验等功能，被评为"全省中小学生劳动教育与综合实践优秀基地"。

小杨村创新探索农旅融合的发展模式，利用独特区位优势，建设"小杨人家"民宿，将"文、农、旅"三者融合，推进传统农业向休闲产业转变，在乡野之上创造田园意境，以田园牧歌催生"美丽经济"。充分挖掘本地会船、簖蟹、状元、农耕、康养等特色文化资源，着力培育"文化＋体育"，打造一站式研学营地；着力培育"医养＋康养"，打造田园康养综合体，成立中国溱湖国际康养中心；着力培育"线上＋线下"，打造"溱湖蟹村"簖蟹养殖示范区，通过村企共建机制，做强做大"小杨人家""溱湖蟹村"两个招牌，开展乡村旅游节，发展"樱花经济"，放大"樱花效应"，做好"蟹"的文章。创成国家森林乡村、国家五星级乡村旅游区、全国乡村旅游重点村、中国美丽休闲乡村、江苏省特色田园乡村、江苏省水美乡村、江苏省休闲观光农业精品村、江苏省五星级乡村旅游区，荣获泰州市"强富美高"新农村建设十佳示范村、泰州市文明村等荣誉称号。

田野、小河、水车，还有这灰墙黛瓦、枕水人家的水乡民居，仿佛在我们眼前展开了一幅乡村山水画，将清雅的水乡风味与热闹的烟火气息尽数融入，让大家充分领略泰州姜堰小杨村的特色田园乡村风光。

7.3.2 景点特色——农文旅融合，乡村景色新

土地平旷，屋舍俨然，有良田美池桑竹之属，正如陶渊明《桃花源记》中所描述的一样，姜堰小杨村就是这样一个岁月静好的"世外桃源"。春有樱花大道，夏有瓜果采摘，秋有七彩水稻，冬有大棚水果。近年来，小杨村由传统农业向休闲产业转变，大力推进农旅融合发展，致力让土地成为充满田园风光的农家乐、农民发家致富的"梦工厂"。田野、小河、樱花、民宿……该村抓住特色田园乡村建设契机，结合多年的"田里刨金"经验，探索出了农文旅融合一体化的发展模式，打造"风吹麦浪、生态栖居"的田园生活场景。依托乡村丰富的文化资源发展具有地域特色的农文旅融合产品，不仅能让文化历久弥新，还可以助力乡村振兴，助力地方经济发展。如今，"小杨人家"、溱湖蟹村和"菇菇部落"3个板块共同形成了村里的特色农、文、旅资源，向每一位游客展现专属于小杨村的迷人风采。

一间民宿多种乡愁，演绎乡村振兴最美"打开方式"。小杨社区以打造"风吹麦浪、民宿栖居"的大田风光为出发点，深度挖掘当地的民俗特色，打造小杨人家，主要包括民俗文化广场、富贵石门走廊、民俗文化博物馆、音乐餐厅、主题民宿等。同时结合本地民俗文化，整合樱花长廊、玫瑰花海园、阳光大草坪、水系等自然资源，设计小杨自然研学品牌，打造小杨人家民俗文化主题农园。在这里，可以尽情体验回归自然的乡土之趣，还可以通过这里的民俗文化馆让游客们好好认识和了解里下河地区农耕文化和渔文化，享受最安闲精致的慢生活。

小螃蟹撬动大产业，奏响乡村振兴最强音。簖蟹养殖是小杨社区传统产业，社区建起了600亩"簖蟹村"，建成蟹田共养示范基地、捕捉簖蟹示范园等多个互动景点。小杨村以溱湖簖蟹为主导产业，吸引溱湖绿洲投资建成溱湖蟹村、智慧放舱，与社区共同成立小杨人家运营管理合伙企业，构建"村企共建"合作模式。蟹村依托本地农业资源、溱湖湿地自然资源，以"簖蟹村落"为题、"簖蟹市场"为纲、"簖蟹产品"为主、"簖蟹文化"为魂，做大做强溱湖簖蟹产业链联动发展，打造区域特色休闲农业品牌，丰富了旅游资源，带动

了特色田园乡村的发展。溱湖绿洲公司还推出品蟹之旅，设计簖蟹捕捞、挑拣、捆扎等环节，最后让螃蟹化身为一道道美食抵达餐桌，让游客既品尝到了美味蟹宴，还学习了与众不同的蟹文化。簖蟹产业还催生了挑蟹师、扎蟹师、品蟹师等职业，带动了村民就业。

"菇菇部落"网红打卡，增添乡村振兴新动能。小杨村所在的三水街道早有种植香菇的传统，"菇菇部落"正是小杨村于 2022 年 6 月开始打造的，创新探索乡村旅游发展模式的又一"金字招牌"。"菇菇"部落主题体验科普园区，占地 60 亩，总投资 300 万元，设有种植区、体验区、展销区等板块，建设普通大棚、联栋大棚、智慧方舱、爱尔兰大棚等设施，围绕桥头状元故事、状元品牌，结合姜堰区旅游资源，全方位打造香菇产业文化。在"菇菇部落"的云种植·数智菌菇舱内看到金耳、羊肚菌、猴头菇、赤松茸等数十种菌菇，可以模仿各种菌菇在自然界中生长所需的温度、湿度，展现菌菇的生长过程。游客可以参观数智菌菇舱和产品展示馆，享受看菇、听菇、玩菇、吃菇、购菇的"一条龙"体验。

小杨村的致富密码就是农、文、旅融合。他们以自然为本，以人为本，以文化为魂，实现了农业、旅游和文化的深度融合，创造了一个富饶、美丽、有文化的乡村新生活。这是小杨村的故事，也是中国乡村振兴的一个缩影。

7.3.3 导游词

农文旅融合，新田园牧歌，享受休闲时光

各位游客，大家好！欢迎来到美丽的泰州小杨村。我是你们的导游，今天将由我带领大家领略这个小村庄的迷人之处。

小杨村位于姜堰区三水街道北部，紧邻国家 5A 级旅游景区溱湖旅游度假区，S29、S610 省道穿村而过，交通十分便捷。地处里下河水乡，村庄四周环境清幽，绿树成荫，花香四溢。全村总面积 6.4 平方千米，下辖 2 个自然村、19 个村民小组，人口 3176 人。小杨村入选第一批国家森林乡村、第二批全国乡村旅游重点村、中国美丽休闲乡村、首批江苏省生态文明建设示范镇村，获江苏省特色田园乡村、江苏省水美乡村、江苏省休闲观光农业精品村、江苏省民主法治示范村等称号。

"景色美、农民富、又好吃、又好玩",是很多来过的游客对小杨村的评价。这个评价最初源自"小杨人家"的打造,"小杨人家"是一处集农家乐、种植、农事体验、观光休闲于一体的民宿风情园,保持原汁原味的特色农舍,呈现出里下河独有韵味。身处其中,田野、绿树、小河、水车尽收眼底。在乡野之上创造田园意境,以田园牧歌催生"美丽经济"。小杨人家吸引了一批又一批的游客来这里,吃农家饭、品农家菜、赏农家景、住农家屋、干农家活,享受不同于城市的别样乡村风景。

讲到这里,我要给各位游客介绍一位能人陈奇,我们今天要去溱湖绿洲农业生态旅游区就是他打造的。2012年秋,一次偶然的机会,陈奇带着客人到溱湖湿地旅游,深深被这里清新的空气、纵横的河网、美丽的风光所吸引。陈奇捕捉到了这里的旅游商机,滋生了发展旅游业的念头。接下来,陈奇马不停蹄考察了溱湖旅游景区、泰州华侨城等周边环境,决定"错位发展"做乡村旅游,留下来溱湖、华侨城的都市游客。陈奇选择了溱湖岸边风景如画的桥头镇小杨村,开始了创业转型。陈奇拿出多年的积蓄,并借遍了亲戚朋友,抵押了车子、房子,请来了专业规划设计专家,成立了溱湖绿洲旅游投资有限公司,打造农业生态旅游区。2013年3月,旅游区规划蓝图绘出:总面积1400亩,其中水面面积350亩,农田面积650亩,项目分三期开发,预计总投资1.5亿元。规划区内有不少荒地废沟,陈奇带领施工人员,吃住在工地,填沟绿化、种草养花,开辟休闲观光农业,发展多样化旅游产品,融入游客的体验性与互动性。项目一期以"溱湖簖蟹"为主题,打造占地600亩的"簖蟹村",该主题"村落"以一产和三产为主,主要经营项目包括捕捉簖蟹和采摘鲜果示范园、马术俱乐部、自驾车房车露营地、快乐农场、童话木屋村、溱湖十八灶等。在这里,游客不仅可以品尝美味的簖蟹,听"簖蟹村"里的故事,还可到鲜果示范园采摘"尝鲜"。这里有茨菇、荸荠、芋头、黄瓜等各种农产品,还有无花果、猕猴桃、火龙果等特种水果。陈奇还根据游客建议,建了45套"童话木屋",组成一个"童话村"。这些童话木屋,外表透着农家屋的质朴,里面跟豪华宾馆一样，被游客称为建在景区里的特殊"农家别墅"。2015 年，溱湖绿洲开始了二期项目建设，深耕簖蟹产业链，牵头成立"溱湖簖蟹产业协会"，建立农特优选电子商务中心和溱湖簖蟹交易市场，搭建多功能平台，举办各大赛事炒热旅游区。陈奇又与南京农业大学、扬州大学、江苏省农科院等科研院所合作，乘势打磨自己的农副产品加工基地，推出"北簖"特色水产品、"小杨人家"等系列农副产品，开发出香辣蟹、蟹黄包、蟹黄粽子、虾香米等旅游礼包。2017 年，陈奇成功申请"北簖"牌溱湖簖蟹，并与顺丰、拼多多等多家电商媒体合作，注册"小杨人家"商标，还以"泰州记忆"汇集里下河地区的农副产品，收到众多游客和企业单位的青睐。短短数年，陈奇一步步把溱湖绿洲农业生态旅游区打造成"养老＋农业＋文化＋旅游＋地产＋体育"产业融合的康养旅游基地，叫响了溱湖簖蟹、溱湖十八灶、小杨人家等多个乡村旅游品牌，每年吸纳游客 15 万人，解决本地劳动力就业 100 多人。2018 年，陈奇又着手启动溱湖绿洲三期项目建设，围绕"观光农业＋生态旅游＋簖蟹文化"融合发展的主线，不断推出规模化、丰富性、多元性的旅游休闲新品。2019 年，陈奇联手姜堰收藏达人丁迎松，自筹资金数百万元，流转了六间四合院式小瓦房，建成面积 200 余平方米的里下河民俗文化馆（又称市民俗收藏博物馆）。2022 年，溱湖绿洲深挖状元文化资源，聘请顶尖厨师，充分运用菇菇部落主题体验科普园和当地特色农产品香菇，研制"状元好菇"食单，6 道冷菜、11 道热菜、1 道羹类和 1 道主食，每道菜都融合了状元文化，为游客提供味蕾和精神的双重享受，丰富餐饮文化的同时，助力香菇产业发展。

各位游客，了解了这么一位传奇人物，是不是好奇溱湖绿洲农业生态旅游区到底是什么样子啊？现在的溱湖绿洲是全国休闲农业与乡村旅游精品企业（园区），也是江苏省五星级乡村旅游区，这里有梦之恋房车露营地、梦之旅马术俱乐部、梦之队体育拓展、溱湖十八灶餐饮、小杨人家精品民宿，还有"民俗、非遗、农趣"研学基地。状元长廊石门文化展示区的石刻图案精彩纷呈，里下河民俗文化馆的老物件留住乡愁记忆，金黄麦田随风摇曳演绎诗意田园，八鲜种植示范园里的果蔬任由采摘品尝，青蛙乐园内多个探险项目刺激诱人……每个景点都游人如织，日均游客到访量达 3000 多人。大家请看，整齐连片的家庭农场，小桥流水的江南风韵，小杨人家民宿、溱湖蟹村两个景区交相呼应，500 多米的樱花大道令人迷醉，90 亩的桃花园"早把春来报"，80 亩的阳光大草坪可供游人露营野餐，遍布园区的各类雏菊争奇斗艳，一片春意盎然。1.3 千米的绿色跑道贯穿田间地头，让游客享受田园慢生活，打造"风吹麦浪，民宿栖居"式的大田风光。

各位游客，我们现在就来到溱湖绿洲的小杨人家游客接待中心。这里就是以"风吹麦浪、民宿栖居"的大田风光为出发点，深度挖掘当地的民俗特色打造的小杨人家。我们现在所在的位置是小杨人家的音乐广场，这里有一家有故事的音乐餐厅，在繁忙的工作和生活之外，来此把酒言欢、畅谈理想，是田园乡村的能量驿站。请大家跟着向前走，迎面而来是一道道石制的方形拱门，这就是 81 米长的状元长廊，每个门上面都有相对应的图案体现它美好的寓意，并且每个门还对应了姜堰的一位名人，探索出骑状元马、行状元礼、击状元鼓、敲状元锣、走状元道、圆状元梦的独特乡村旅游文化之路。有些游客要问，为什么会有状元长廊？这是因为小杨人家位于姜堰区三水街道，三水桥头历史悠久、人文荟萃，清代"一门五都督，三科两状元"的刘氏家族显赫一时，状元文化深入人心，状元故事广为流传。姜堰刘氏始迁祖为刘福春，明永乐年间由苏州迁泰。刘福春为明朝开国元勋、建文帝时任苏州副都指挥使，在朱棣"靖难之变"夺取帝位后为避祸迁泰，卜居姜堰镇西北地，以姓名曰刘家埭。入清以后，刘家陆续有人中进士、举人，被授予文武官职，至乾隆四十九年（1784 年），十三世刘荣庆考中甲辰科武状元，乾隆五十四年（1789 年）刘国庆中己酉科武状元，其间仅隔一科，轰动一时。清著名学者钱泳《履园丛话》载："泰州刘荣庆、刘国庆同胞兄弟为武状元，古今未闻，亦为熙朝盛事。"时人把荣庆（提督，从一品）、国庆（记名提督用，从一品），加上刘梦金（武传胪、总兵，正二品），刘惟馨（武进士、副将，从二品）连同始祖刘福春称为"一门五都督，三科两状元"。十一道门的两侧，三三两两摆放着一些据说都有数百年历史的石凳、石磨、石柱等，渲染出厚重、沧桑的历史气息。各位游客，状元长廊这里还有很多古代的石雕，有唐代石雕石虎和卧羊、宋代石雕招财鼠、明代石雕石狮和马桩等，每一尊石雕都惟妙惟肖，跨越了唐宋元明清五个朝代，仿佛一种穿越历史的感觉。走完十一道门，右手边摆放着一组来自《西厢记》场景的石刻艺术品，取名石来运转，与"时来运转"相谐，石头与流水的结合创意无限，最前方的石头上雕刻的人物惟妙惟肖，非常生动。

走过状元文化长廊，眼前便是一家名为"燕窝"的民宿，整体风格简约大方、清新雅致，还保留了当地原有的民风特色。这栋两层高的民宿外立面为灰墙黛瓦的水乡风格，并在装饰中植入竹子等当地乡土化材料，做得返璞归真，室内则非常现代化，有 9 个颇为时尚、雅致的房间，还有棋牌室。站在单门独院的院落中，透过镂空的竹篱笆围墙，绿树、小河、水车、田野尽收眼底。晨起，漫步于田间小道，微风轻拂柳枝、悦耳的鸟鸣、不时跃出水面的鱼儿、池塘边嬉戏的鹅鸭，无一不勾起深沉的乡愁。在这里，小杨村积极开发民宿旅游产业，先后打造燕窝、樱花诗社、老村长、乡情、小葡萄和绿豆芽 6 栋独具特色的地方民宿。昔日的破旧农舍被改造为灰墙黛瓦的水乡人家，并积极发展亲近生态、农事体验、娱乐休闲一体化模式，让游客从走马观花式的赏景，转变为身心愉悦的度假，忘却烦恼，留住乡愁，在这里享受宁静惬意的田园慢生活。

各位游客，我们现在来到就是小杨人家里下河民俗文化馆，在具有乡野气息的民宿群中，用自己方式、自己的气力，讲述着属于里下河这个特定地域的风土人情，历史变迁。大门两侧悬挂了一些具有古朴味道的瓷盘作为门脸的装饰，酱黑色的大门，以及门两边的石鼓，门中央的虎头环、老式铜锁等，让这座小院落平添了几分神秘。院子里有一杆秤，被称为"天下第一秤"，那铁秤砣足有 80 斤重，据说可以称下数吨重的东西。馆内陈列民俗物品约 800 件，分别按红色文化、古瓷器文化、算盘文化、民俗生活文化等主题陈列。"红色文化"主题展柜备受青睐，这里珍藏展出着《中国共产党简史》《新编党史党建知识读本》《中国共产党新时期历史大事记》《毛泽东选集》等。算盘文化陈列区展示了各式各样的算盘，有长的、短的、六角形的等等，在这里汇聚，组成了一幅唯美的图案。在最北边的两间屋子里，所陈列的物品都是里下河这一方水土上约百年前家用物品和生活场景的再现，有宗室堂前主宾礼仪的讲究、有富庶人家稚子虎头帽上铃铛的回响、更有三寸金莲锁春心那种怪异审美的追溯。

各位游客，相信大家在游览的时候早就注意到路边的这条南北走向的小河了。小杨，属于里下河，这里自然少不了水。这条略略开阔、弯弯的小河，把里下河的水乡韵味调制得百般浓稠。沿着这条小河向东望去，小杨人家最雅致的美便在河的两岸全部打开了。北岸，一排排白墙黛瓦的民居，依水而建，因小河从房前流过，显得更有灵气。南岸，苇草为裙，蜿蜒着樱花大道，一派天然的景致。民房、小河、杨柳、石桥、栈道、水车、芦苇，每一处皆独立成景，又相互组合、映衬。这所有的一切，就是一幅以水的灵动而展开的乡村写意画。

各位游客，让我们一起向樱花大道出发。日赏花正当时，小杨十里花堤美景如画，一棵棵樱花迎春盛开，花瓣落了一地，清风拂来，小杨的空气中都是清新浪漫的味道，目之所及，皆让你眼前一亮。这里种植的"貂蝉"樱花花期在 4 月上中旬，前后花期 15~20 天，比一般樱花开花晚 5 天左右，花期延长 7 天左右，且花色温和，花型适中，如云如霞。这里还有一个垂钓中心，优良的自然钓场和丰富的鱼类资源，是垂钓者的天堂，野钓、台钓、路亚，满足不同个性需求。这里还曾经举办过"魅力江苏·最美体育"第五届乐钓江苏俱乐部联赛泰州站、第四届星钓江苏联赛泰州站比赛，来自全国各地的 300 多位垂钓爱好者参赛。

各位游客，现在大家看到是小杨人家帐篷露营区，是里下河地区似梦似幻的星空露营地。这个地方开满各式各样的鲜花，绿地上搭建着白色的帐篷，仿佛来到了爱丽丝的梦境一般。

各位游客，我们现在来到了溱湖绿洲射箭场，这里是 2022 年江苏省运会射箭比赛赛事用地，占地 26640 平方米，设有一年四季常绿混播草坪 21000 平方米，配套接待中心、会议室、多功能厅和体能训练中心等，给您专业运动员的享受。拉弦弯弓，屏息瞄准，破空出箭，一矢中的，您有没有一丝心痒，想拿起一把弓，幻想自己也是一名"神箭手"呢？现在就给大家半小时的时间去体验一把。

各位游客，现在请跟我往回走，我们去"菇菇部落"研学基地看一看玩一玩。"菇菇部落"是集采摘游玩、研学体验、科普教育、食用菌销售、状元菇宴为一体的菌菇主题研学体验基地，占地 60 亩，分为农产品展销大厅、智慧方舱、爱尔兰大棚、智慧连栋温室大棚四个功能区，种植有金耳、桑黄、灵芝等数十类珍稀菌种。每年接待研学学子近 3 万人，是全省中小学劳动教育和综合实践优秀基地，曾获央视"味道"栏目等百家主流媒体聚焦报道。在菌菇科普馆里不仅有香菇、牛肚菌等种植菇种，还有与台企合作开发的"七朵好菇"系列加工产品；在生产区，培育各种珍稀菌菇品种以及银耳、金耳、虫草花的"智慧方舱"满眼皆是；在制作区和游玩区，游客和学生可以体验种植、施肥、采摘"一条龙"实践，在这里，人们领略到农耕文化的妙趣横生。下面，就请我们研学导师带领大家去体验菌棒制作，自己亲自动手，现场制作属于您的菌棒，体验菌菇从培育到长成的全过程。

各位游客，现在我就带领大家去溧湖十八灶品尝溧湖特色菜。溧湖十八灶在 2022 年获得全国四星钻酒家荣誉称号，以农家土菜、溧湖八鲜和蟹食单（蟹全宴）为特色。"十八灶"是以农家菜系风格为特色的餐厅，十八口大铁锅一字排开，里面分别炖炒着各色美味佳肴，利用稻草、干柴生火，原料纯天然，都是来自田野、池塘。原生态就餐环境，体验农家流水席，"民以食为天，食以净为先"，意犹未尽，品自然韵味。这里的新鲜蔬果、散养家禽、天然野味，每一样食材都来自当地的生态农庄，采用农家土灶这样原始的烹饪方式，保留食材原始的美味。店里的菜品种类也异常丰富，既有土灶红烧肉、溧湖八鲜、蒙古烤羊排、特色铁锅菜炒饭等招牌特色菜，也有清蒸簖蟹、蟹黄粉皮等蟹宴菜肴，还有石斛花炒鸡蛋、石斛老母鸡汤等养生药膳菜，一锅一灶，都是乡土味道。

各位游客，现在我带大家去逛一逛溱湖蟹村。溱湖绿洲公司以溱湖簖蟹为主导产品，发展簖蟹及其加工产品批发销售、休闲农业和乡村旅游，成为"农业＋文旅"融合发展的田园综合体。与此同时，牵头成立了溱湖簖蟹产业协会，投资建成精品河蟹批发市场4万平方米，入驻销售商200余户。自主研发加工生熟醉蟹、蟹黄油、蟹黄包等蟹类产品，创建了"北簖""状元好蟹"等品牌。现在出现在我们面前的就是簖蟹的养殖塘，水平如镜，清澈见底，水藻茂盛，食料丰富，非常适合螃蟹生长。簖（duàn），汉字中一个专为溱湖而生的字，唯一可以组成的词语就是"簖蟹"。簖是一种将竹枝或苇秆编成栅栏直立于水中，用以阻拦洄游的螃蟹。每逢螃蟹成熟时，捕蟹人就在河道插立簖，一般只有体肥肉壮的大蟹才能爬过这高高的簖，也只有这样的蟹才能叫"簖蟹"。簖蟹不仅肉质鲜美，还富含多种微量元素，具有较高食用和药用价值。请大家注意看，这里还有一个钓龙虾螃蟹区域，有兴趣的朋友来体验一下簖蟹捕捞、挑拣、捆扎等环节。

请大家跟我一起继续逛，在我们左手边一片大棚区域就是溱湖绿洲的水蛭养殖基地，水蛭又称蚂蟥，其干燥体可入药，具有破血通经、逐瘀消症的功效。水蛭可提取水蛭素，水蛭素具有降血脂、调节血压、溶血栓以及抗氧化和清除自由基等功效。向前继续走，在我们右手边就是萌宠乐园，在这里可以零距离接触各种可爱萌宠，孩子们可以通过触摸、喂食、合影等方式，感知与小生命互动的乐趣。旁边是一片莲藕塘，现在这个季节我们看不到什么，等到夏天来临，塘中荷花盛开，每一朵都散发着淡淡的清香，微风拂过，荷叶轻轻摇曳，发出沙沙的声响，如同低语般宁静。继续向前右拐来到一个小道，旁边就是丛林自助烧烤，炙热烤架上，火苗滋滋作响，混合着香料的美味在舌尖绽放，感受椒香与鲜肉的碰撞，吃着特色烧烤，在欢声笑语中度过愉快的一天。前方小湖边有一排排的小木屋，它们是蟹语小木屋和蟹阁小木屋，名字是不是挺有趣的？在蟹市场与蟹村游客中心中间还有一个蟹近小木屋群，形成溱湖绿洲的原生态纯原木独栋小木屋和临河度假酒店。蟹村木屋远离闹市，环境幽静，生态环境良好，给游客清空杂念、回归自我之感。感兴趣的游客可以来住上一住。

各位游客，前方就是溱湖绿洲的梦之恋露营地，是 4C 级自驾车旅居车营地、全国四星级汽车自驾运动营地，配套设施齐全，同时可以承载百余辆房车，满足各个年龄层、社会阶层对精致露营的需求。这里树木葱翠，鸟鸣啾啾，木屋、微缩湖泊、沙滩景观以及各种创意雕塑作品掩映其中，浑然一体地展现着里下河地区的生态风光。房车自驾者进入营地后，白天，可以在这里尽情体验蔬果采摘、丛林烧烤、露天垂钓、骑马射箭等新鲜好玩的参与性活动，还能够品尝到靖江蟹黄汤包、溱湖八鲜、黄桥烧饼等特色美食。晚上，和朋友们聚在一起参加这里热闹的篝火晚会，围着篝火自由畅谈人生。还可以通过智能型房车露营地系统迅速预定区内房车、木屋、帐篷等特色住宿，有情侣主题、田园风光、艺术主题等多种风格可供选择，圆您一个惬意好梦。

好的，有些游客已经看到一水之隔的马场，是不是迫不及待地想去策马奔腾一下？马术作为"君子六艺"之一，在古今中外一直备受推崇，在溱湖绿洲马术俱乐部有专业的场地、教练和马匹，您可以驰骋马场，圆您策马奔腾的心愿。一人一马看天下，感受梦里英雄的飒爽英姿。马场旁边还有一个青蛙森林乐园，里面有彩虹滑道、勇攀高峰、摇摆锤、"坑爹过山车"等近 20 个游玩项目，探险项目刺激诱人，还大人小孩一个童年梦。除此之外，青蛙森林乐园内还有一片迷雾森林，等您一起去探秘。好的，下面给各位游客一个小时的自由活动时间，然后我们在马场旁边的蟹市场那里集合，请大家准时，谢谢。

各位游客，说到小杨村的特色，不得不提这里的地方特产。这里的姜堰大米、河横大米享誉全国，口感细腻、香甜可口。而溱湖簖蟹、冰醉蟹、香辣蟹更是美味佳肴，深受游客喜爱。此外，蟹黄油、蟹黄包、蟹黄锅巴、蟹黄粽子、蟹黄肉圆、溱湖八鲜、香菇沙琪玛、香菇薄脆等农副产品应有尽有，大家可以带一点回去。

各位游客，我们今天游览即将结束，在溱湖绿洲我们感受到浓郁的乡村风情、品尝到地道的美食佳肴、领略到独特的民俗文化、体验到丰富的户外活动，希望您在小杨村度过一个愉快、难忘的旅程。

7.4 盐城市大丰区大中街道恒北村

7.4.1 总体情况

2019 年 7 月 28 日，恒北村入选首批全国乡村旅游重点村名单。2021 年 11 月 10 日，被农业农村部推介为 2021 年全国乡村特色产业亿元村。

恒北村位于江苏省盐城市大丰区大中街道南侧，距离主城区 4.5 千米，村庄矩形条田，沟河成网，自然肌理和谐，村庄布局规整，全村三匡五排六百六十条田，是南通实业家张謇在苏北沿海地区统一开垦。该村位于恒丰乡的北部，故名。1965 年，人民公社时期，恒北村叫美满大队，因为当时人们生活并不富裕，取美满之意，也是为了激励人们能够向幸福美满的生活去努力，1983 年镇管村体制之后才正式更名为恒北村。现共有村民小组 11 个，农户 1300 多户，总人口 4300 多人，总面积 9600 亩，耕地面积 4160 亩，其中果树面积 3800 亩，占耕地面积的 91.3%。

恒北村文化底蕴十分深厚，有本场人的"围海煮盐"文化、有张謇的"废灶兴垦，实业救国"精神、更有"一根枝条带来一片产业"的故事。千年前，海水渐次东逝，陆域缓缓生息，包括恒北在内的苏北沿海地区，是天然优质的盐场，盐花因此成为恒北的历史之花。后来，恒北村实现了盐业经济向农业经济的转型，又迎来了吉祥之花——棉花。100 多年前，张謇在实业救国的伟大实践中，废灶兴垦，恒北片区也就成为沿海产棉区。在 20 世纪 60 年代，在计划经济的历史背景下，在棉产业难以破解经济跨越增长"瓶颈"时，恒北人率先跳出选择适合自身发展的产业道路。当时，镇上的农技员杨进保从辽宁兴城引进来几枝早酥梨的枝条，结合了恒北的生态环境，培育出新一代的早酥梨，并在当时县委县政府的大力支持下和党员干部领导下，经过不断地推广梨树种植，带来了高于棉粮的收益。历经十年的艰苦试验、推广，实现了从棉产业向梨产业的凤凰涅槃，恒北因此迎来了如今的幸福之花：梨花。同时，恒北村成立专业合作社，辐射带动周边 6 个乡镇 2 个农场，种植梨达到了 4 万多亩，形成了地方特色产业，从梨果到深加工产品、从梨园风光到旅游产业、从梨缘到梨文化，一条条因梨织就的产业带，让恒北成为全国最大的早酥梨商品生产基地之一。

恒北村立足"梨园风光、生态宜居、乡村旅游"的发展定位，先后编制了《恒北村总体发展规划》《恒北新村建设规划》《恒北老村庄整治规划》《恒北乡村旅游发展规划》，紧扣富民强村的主题，全力建设"一心、两轴、三片区"的新恒北。"一心"即以恒北新村为核心，"两轴"即以恒北大道、恒北中心路为两轴，"三片区"即中片人居生活区、东片生态果林区、西片休闲旅游区。恒北在"一心、两轴、三片区"总体空间布局规划的引领下，坚持个性化打造，在保持老村庄白墙黛瓦风貌的同时，新建设的村庄以单体、连体、跃层式等不同风格的楼群组成外观和谐统一的建筑风格。新村庄建成后，绿地成片、绿带环绕、绿树成荫、小桥流水，呈现出生态宜居的幸福家园。东片2000多亩的果林，保持了原生态的格局，站在观景台上，蔚为壮观的一片绿色尽收眼底。西片的休闲旅游区，梨园风光主题公园、农耕文化园、锦秀果园等景点已全部对外开放。

恒北村将生态农业与乡村旅游有机结合，围绕"恒北恒美、梨缘天下"主题，深挖梨园文化，打造"真的梨不开你"品牌，发展乡村旅游。利用果树种植优势，与江苏省农科院等科研院所实现产学研合作，恒北早酥梨获全国名特优新农产品和国家地理标志商标，通过全区农业123高质量发展辐射周边镇村实现了万亩连片效应。在这里，形成了"春赏花、夏有绿、秋摘果、冬泡泉"的乡村旅游特色。春赏花：四月梨花盛开，美不胜收，游人可尽情饱览大自然的美景，感受人与自然的和谐融洽；夏有绿：夏天枝叶繁茂，碧波千顷，可以在观景亭内纳凉避暑；秋摘果：秋天硕果累累，游客们可以亲手采摘果实，与家人分享自己的劳动成果；冬泡泉：在特色各异、雾气氤氲的原乡温泉泡池里，人们三五成群徜徉其中，或聊天叙旧或闭目养神，在寒冬里尽享温暖和惬意。

恒北村依托丰厚的自然资源和文化资源，先后建成梨园风光主题公园、原乡星星乐园、锦秀果园、生态走廊、果品苑、映像恒北展厅、美满人家宾馆、恒北春秋酒店、游客接待中心、恒北精品民宿、恒北新村客栈等旅游景点和相关设施。成立旅游公司及旅行社，招引一批旅游专业人才，充实景区管理力量，提升专业化管理水平，深化与大型策划运营公司、知名旅行社合作，开通了上海—大丰，南京—恒北乡村旅游直通车。举办恒北梨花文化节，引导和鼓励农民创办民宿农家乐，举办乡村旅游中专班，组织村民外出学习成功的农家乐经验，规范乡村旅游的经营与管理，通过村里引导，农户主导，带动 12 户村民发展农家乐民宿。坚持市场化推进旅游项目建设，浙江华盛达控股集团投资 5 亿元建设恒北原乡温泉度假村项目，着力打造以"原乡温泉酒店""农耕文化园""耕读体验园""温泉民宿"为主的原乡旅游产品，项目全部建成后，年均接待游客量达到 80 万人次，带动恒北村形成 300 个创业就业岗位，实现旅游富民效应。与此同时，恒北村先后获得全国文明村、国家级生态村、全国生态文化村、中国慢生活休闲体验村、全国一村一品示范村、全国十佳小康村、全国交通文明示范村、全国休闲农业与乡村旅游示范点、全国科普惠农兴村先进单位、农业部美丽乡村、江苏省新农村建设先进村、江苏最具魅力休闲乡村、江苏省四星级乡村旅游点、江苏省农村电子商务示范村、长三角最美乡村等殊荣。

7.4.2 景点特色——恒北恒美，梨缘天下

盐城大丰区恒北村紧紧围绕乡村振兴要求，全面推进农业农村现代化建设，奋力谱写农业强、农村美、农民富新篇章，致力打造"恒北恒美·梨缘天下"恒北乡村旅游品牌，逐步形成独具特色的以早酥梨品牌为主要产业支撑的现代休闲观光农业。

恒北村共有耕地面积 4160 亩，全村现有成龄早酥梨面积 3800 亩，占耕地面积的 93%，是以特色果品产业为主的专业村。恒北村以盛产早酥梨而闻名，是全国最大的早酥梨商品生产基地之一，有着 50 多年的梨树种植历史。恒北早酥梨，果形呈卵圆形，果面光滑，有光泽，果皮薄而脆，果肉质细酥脆，汁液丰富，酸甜适口，营养价值高。恒北早酥梨是重点打造的特色传统农产品品牌，1994 年获得绿色食品商标标志，2011 年获得欧盟颁发的有机食品认证，

2014 年通过农业部绿色食品认证，2015 年获评国家地理标志商标，2017 年被列入"全国名特优新农产品名录"，2019 年恒北早酥梨参加北京世园会展示，2020 年被列入"江苏省农业品牌目录"，2021 年获得农业农村部颁发的农产品地理标志登记证书。

恒北村以万亩梨园为基地，发挥生态资源优势，2002 年成立了"大中镇恒北村早酥梨销售协会"。2004 年，为了按"四有"要求进一步规范完善，更好地开展经营服务，在原销售协会的基础上，进行了工商注册登记，成立了大丰市麋鹿早酥梨生产合作社，辐射带动周边 6 个镇及 2 个农场，果树面积达 3.4 万亩，成为全国最大的早酥梨生产基地之一。2010 年合作社共销售果品 2.4 万吨，销售收入 2360 万元，利润 129.6 万元，帮助社员增加收入 260 万元。自合作社成立以来，不断完善运行机制，遵循"民建、民营、民收益"的原则，按照"四有"农民专业合作组织的要求进行运转，通过灵活多样的手段，打破区域界限的组织形式来增强生产合作社发展活力，提高生产合作社发展水平。2013 年 4 月，恒北村首届梨园风光乡村旅游节拉开大幕。4000 多亩梨园花开如雪，数万名游客闻"香"而来。梨园风光乡村旅游节的成功举办，让恒北村形成了"2+1"（有机果品产业、生态旅游产业＋梨园衍生产业）的发展思路，加快产业转型升级。与此同时，恒北早酥梨的生产经营管理更加注重安全生产以及品质提升，注重产业的科技创新。2020 年，邀请江苏省农科院高标准编制《恒北梨产业发展规划》，按照区委农业出台的《农业 123 高质量发展激励政策》，推进梨综合示范体系、省级梨产学研示范种植基地、梨产业种苗基地等建设，全区辐射推广恒北优质梨种植，坚持绿色生产、强化技术支撑、注重品种更新。与江苏省农科院、江苏省农技推广总站、南京农业大学进行产学研合作，开展"三新"示范，恒北村拓果更新 700 亩。与江苏省农科院建立三年横向科研技术合作，建设 50 亩梨综合示范园，示范新品种、新技术、新模式。

恒北村的梨子共有 20 多种，除了广为人知的早酥梨，还有翠冠、苏翠一号、黄花、黄金、皇冠、绿宝石、丰水等品种。恒北保护性注册了恒北系列品牌商标，45 个系列、175 个商标的梨干、梨酱、梨子饮料、梨酵素、梨酒、梨子主题文创产品,不仅成为游客来恒北村必买的伴手礼,还通过电商平台销往全国各地。通过打造"恒北"品牌,放大"恒北"效应,恒北优质梨、秋梨膏、梨膏糖、酥梨酒、梨木梳、梨花灯等恒北系列梨文创产品应运而生。重点突破梨初深加工,投资建成中国梨博物馆和果酒吧,开发梨系列六级衍生产品,设计"美美满满"梨花梨果吉祥物、恒北"永不分梨"酒等30个系列恒北品牌梨文创伴手礼产品,形成了独具特色的梨产业链,实现果品衍生价值翻番。与此同时,成立恒北文化旅游有限公司,招聘专业团队,下设六部一社,成立果品、民宿、美食、文创四大合作社,吸引本村能人巧匠,外来创客、旅游投资人加入合作社,丰富恒北内涵,实现文化集聚,促进乡村振兴。

目前,恒北村以恒北文创、果品、美食、民宿四大特色产业,集聚恒北果农、外来创客、社会资本、专业团队,努力打造"恒北恒美·梨缘天下"旅游品牌,让恒北的梨产业、梨文化旅游品牌享誉全国。

7.4.3 导游词

真的梨不开你——恒北恒美·梨缘天下

尊敬的游客们,大家好!欢迎来到美丽的盐城大丰恒北村,我是您的导游。在接下来的时间里,我将带领大家领略恒北村的独特魅力,感受这里的自然风光和生态农业。

各位游客,我们的旅游车即将进入恒北村。大家请看,恒北村的入口有一座古老的牌楼,上面刻着"恒北村"三个大字。这座牌楼见证了恒北村的历史变迁,也见证了无数游客的到来。紧接着,错落有致的绿化、碧波荡漾的小河、青瓦白墙的楼房逐一进入大家的视线,让人由衷地赞叹新农村建设带来的变化。恒北村以万亩果园为中心,打造出一个融合梨园风光、生态宜居、乡间民宿为一体的乡村旅游胜地,建有游客接待中心、映像恒北展示厅、恒北乡村大舞台、锦绣果园、主题公园、恒北果品苑、核心果园观景长廊、农家乐民宿等特色板块。

各位游客,我们首先来到第一站恒北村"映像恒北"展示厅,请大家下车随我去参观。围绕"梨园风光、生态宜居、乡村旅游"主题,映像恒北展示厅采用声、光、电等技术，向各位游客朋友们展示了恒北产业特色、历史变迁、生态环境、城乡统筹、乡村旅游等内容。恒北村是果树专业村，是全国最大的早酥梨商品生产基地之一，经历了从盐花、棉花、梨花的变迁发展和繁荣，这三花也是恒北的文化脉络，现在的恒北村春赏花、夏有绿、秋摘果、冬泡泉，四季皆美景。

各位游客，映入眼帘的这面浮雕墙高度凝结恒北贯穿时空的前世今生，整块浮雕墙的造型是恒北特有的三匡五排六百六十条田的村庄布局，方正的地形地貌也是恒北人方方正正、规规矩矩的基因底纹。整块浮雕墙展现的是恒北人三个历史阶段形成的精神底蕴：首先右手边是繁体书写的"本场人""盐""勇毅"，代表着先辈盐民们险恶的生存环境、艰辛的生活状况，与海斗争、与天斗争、与各种自然灾害作斗争，形成的勇敢坚毅的优良品质时期；中间是张謇废灶兴垦、棉、开拓、三匡五排六百六十条，代表着产业过渡中形成方正规矩、开拓创新的时期；第三个部分是恒北、梨、恒美，代表着恒北人接续奋斗后愈加美满的时期，通过不断的努力成为全国文明村、国家级生态示范村、全国乡村旅游重点村。

各位游客，这里是恒北村的基本概况，恒北村位于大丰区城区南侧，距离城区 4.5 千米，现有 11 个村民小组，1330 户 4325 人，总面积 9600 亩，耕地面积 4160 亩，其中果树面积 3800 亩，占耕地面积的 91.3%。2021 年农民人均纯收入达到 3.66 万元，其中果品收入 2.46 万元，村集体积累 6500 万元；2021年生产总值 1.5 亿元，年经营收入 325 万元。1965 年，人民公社时期，恒北村时称美满大队，寓意憧憬幸福美满的生活，1983 年复名为恒北村。先后荣获国家级荣誉称号 13 个，省级荣誉称号 22 个。同时，恒北村始终把党的领导、生态发展、群众致富作为发展底色，这红、蓝、黄分别代表了恒北村遵行的方向。

各位游客，下面我给大家讲一讲恒北历史沿革三朵花的故事。恒北这里的人都叫"本场人"，本场人是移民至两淮盐业三十场从事盐业经济的人口群落的统称，是华夏经济命脉的卓越贡献者。1912 年，清末最后一位状元、民族实业家张謇发起"废灶兴垦"开发沿海，将本场人安置在如今的恒北片区，恒北自此成为千年盐业文明见证者最后的落脚地之一。

盐花是恒北的历史之花。两千年前的春秋战国时期，煮海为盐兴起，盐业逐步成为历代封建王朝的支柱产业，贡献的税赋占全国税赋总额的一半以上。那时的恒北还沉睡在南黄海两岸的潮间带。千年后，海水渐次东逝，陆域缓缓生息，包括恒北在内的苏北沿海遂成为天然优质盐场，两淮晶莹剔透的漫漫盐花，润泽着千家万户，充盈着国家银库，两淮盐业贡献的税赋占全国盐税总额一半以上，而大丰境内以恒北为主盐场的七大盐场又占到两淮盐业集散总量的一半以上。如今煮盐、晒盐虽已尘封历史，但盐业文明已深深嵌入在史册丹青之中与中华民族的记忆深处，同时也成为恒北人开拓创新的文化标识，折射出厚重晶莹。

棉花是恒北的吉祥之花。百年前，张謇来到大丰"废灶兴垦"，南北向 65 米开挖一条小沟，东西向 220 米开挖一条大沟，沟间良田用于种植棉花，为盐业经济向农业经济的过渡树立了世纪丰碑。包括恒北在内的大丰成为沿海重点产棉区之一，逐步形成棉籽加工、炼油、纺织产业，大丰年产皮棉"百万担"，成为人均上交皮棉全国第一大县。同时，方正的条田、笔直的道路、沿河而建整齐的农庄，又赋予了恒北人"方正、规矩"新的文化基因。直至 20 世纪下半叶，恒北的大地上，洁白厚实的棉花与天上流动的白云相映生辉，像一朵朵祥云托起了这方百姓的安居乐业，折射出朴实纯净。

梨花是恒北的幸福之花。20 世纪 60 年代，在计划经济的历史背景下，在棉产业难以破解经济跨越增长"瓶颈"时，恒北人率先跳出选择适合自身发展的产业道路。在当时大丰县委县政府的大力支持和党员干部的带头带领下，将一根从遥远东北大地带来的早酥梨枝条，插进了肥沃的恒北棉田，历经十年的艰苦试验、推广，实现了从棉产业向梨产业的凤凰涅槃。自此，每年四月，千树万树梨花盛放，洁白无瑕的梨花再次成为恒北人大胆创业的又一次历史见证。与此同时，恒北人"创新担当"的新品格充分激发，从梨果到深加工产品、从梨园风光到旅游产业、从梨缘到梨文化，一条条因梨织就的产业带，让恒北人对美好生活的向往凝结为现实的美丽画卷，折射出亮丽香甜。

各位游客，这就是恒北历史变迁的三花烂漫。请看这里，有着一根枝条，这里分四个部分向我们展示 20 世纪 60 年代开启梨创业之路。第一，敢于创新，勇于求变。1968 年 11 月，一位朴实方正的中年人搭乘北上的火车来到辽宁兴城果树研究所，学习早酥梨种植技术，他就是原大道公社高级农艺师杨进保。怀揣着为乡亲们谋幸福的滚烫热望，杨进保从辽宁带回一根早酥梨枝条，经过两年多精心培育和细心管理，结合恒北气候、环境特点实验出新一代早酥梨。第二，党员带头，示范带动。从原先种棉粮到改种梨树，经济效益一时难以显现，杨进保积极宣传引导，公社干部钱恒柏和沈章元、曹兆珍、陈如法等乡亲率先响应，党员干部与社员们一笔笔算经济账，经过 5 年多时间的推广，全村 70% 的农户栽上了早酥梨，干群一心的恒北实现了当年效益高于棉粮收益。第三，解放思想，为民担当。在计划经济的时代洪流中，粮棉为纲，每个县区都有粮棉定购任务，上到国家，下到大队、生产队、农户，铁板一块，多卖粮多卖棉才是贡献。当时县委已经获悉恒北改栽早酥梨的做法，顶住巨大压力，以默许支持的方式，将恒北交粮任务指标调剂给其他地区，为恒北村产业升级开放政策窗口。第四，接续奋斗，跨越发展。进入新世纪，村两委将早酥梨种植当作致富的头等大事来抓，过资金关、克销售关、跨科技管理关，创建经纪人引导制度，建立网络、微信、抖音电商销售模式。恒北人不畏艰难，在挑战中赢取发展的机遇，林果种植面积达 7260 亩、45 万株，亩产收入由原先的种植粮棉 1000~3000 元提升到 8000~10000 元，并不断由粗放型生产向初加工、深加工递进发展。开发研制出十多种深受市场欢迎的果产品，梨树种植和梨产品加工产业覆盖到周边 6 个乡镇、2 个农场，面积达 4 万多亩，成为全国最大的早酥梨果品生产基地。

各位游客，党的十八大以来，恒北村党委坚持以习近平新时代中国特色社会主义思想为指导，围绕"党建引领、梨园风光，生态宜居、乡村旅游"主题，开启"梨花美、人文美、生态美、和谐美"四美特色的美丽乡村建设，实现了由基础设施建设滞后、集体经济薄弱的普通村庄，向"恒北恒美·梨缘天下"的社会主义新农村建设示范村的华丽转身。这里就是恒北村的十年发展大事记。十余年来，国家、省、市领导多次来恒北村调研指导工作，恒北村连续举办九届梨花文化节，也收获了多项国家级荣誉，恒北村取得了翻天覆地的发展变化。请大家抬头看，有一根红线贯穿引领整个展厅，寓含着党的引领始终贯穿恒北村发展。

各位游客，我们现在看到的是恒北村在党的引领下，收获的一些乡村振兴成果。这里展示的是产业兴旺的图景，恒北村坚持以"筑实发展根基，产业映照现实"为核心，坚持一、二、三产业融合发展，打造鲜明的"特色""品牌""融合"标识。恒北村的梨产业快速发展，与江苏省农科院形成横向科研合作，推广梨新品种、新技术、新模式，成为江苏省现代农业梨产业体系。恒北村种植梨子有近30个品种，种植的"恒北早酥梨"是国家地理标志商标和国家地理标志农产品，种植的"恒北苏翠1号"精品单果可以卖到十元，翠冠梨单果可以卖五元，口感极佳，是梨中精品，成为上海、南京炙手可热的抢手货，供不应求。恒北村通过书记代言、直播带货引导果农发展电商、采摘、农家乐、民宿，不断增加附加值。同时，辐射带动周边6个乡镇9个村，种植面积达4万亩。通过梨品牌的不断影响，恒北村发展乡村旅游，每年举办梨花文化节，开发梨文创产品，邀请北京八大御厨创作"恒北全梨宴"，集聚国家级非遗瓷刻、省级非遗麦秆画等文化产业，招商引资浙江华盛达控股集团投资10.5亿元建设恒北原乡温泉度假村，年接待游客30万人，实现旅游收入1500万元。

这里展示的是恒北村文联的相关图景，恒北村文联是苏北首家村级文联，集聚了杨国美、马连义、陈银付、吴永龙、彭蔚海等文化创客。为挖掘梨园文化、集聚非遗文化、研究本场文化、促进乡风文明贡献着智慧力量。大中恒北芳韵舞蹈队创作的《梨乡乐》荣获江苏省农民广场舞展演特等奖，恒北旗袍艺术团参加华服中国春节联欢晚会演出，恒北村拍摄的《我和我的祖国》农民快闪被学习强国平台宣传，村民自编自导自演三句半《夸夸十九大》深得群众喜爱，营造了向善向美的文明新风尚，民风淳朴、家风和谐、乡风文明。

各位游客，展厅的讲解到此结束，现在大家移步至室外，前往梨园风光主题公园。梨园风光主题公园位于村部西侧，占地112亩，设有入口广场、果品展示中心、篮球场、健身氧吧、晨练功能区、亲子乐园儿童天地、农家乐餐厅、真人CS游乐场等。中央为湖光景色区，沿湖周围设有钓鱼台、梨花亭、湖畔广场等，集休闲、观光、娱乐于一体，赏心悦目，景色宜人。

各位游客，我们现在来到的是入口广场梨园风光乡村大舞台。首先我们看到一块巨石，上刻梨园风光四个大字，旁边竖着江苏·恒北梨园风光乡村游的牌子，上面有恒北的LOGO。向前走，我们看到就是这两年新建的"恒北恒美·梨缘天下"的舞台。在这里，我要给大家介绍一下恒北梨花文化节。每年的4月，梨花盛开的时节，大丰恒北村启动梨花季系列文化活动，围绕各式各样的主题，开展形式多样、内容别致的乡村旅游活动，充分激发群众参与梨园文化热情，满足群众艺术享受的需求。2023年第十届恒北梨花文化节以"真的梨不开你"为主题，恒北村精心烹制了颇具特色的文化大餐，举办江苏省梨产业发展研讨会、江苏非遗特展——恒北文创街文化集市、恒北蓝城春风原乡温泉生活小镇体验、本场人酒店和恒北精品民宿酬宾体验以及恒北星星乐园首届恐龙嘉年华等精彩活动。

好，现在请大家与我一起漫步进入梨园风光主题公园。在这里，心是松软柔和的，微风吹来，花香四溢，这香，淡淡的，幽幽的。四月的恒北，梨花开了，像飘飞的雪，把村庄变为白色的世界。不知不觉中，我们就来到了湖光景色区，让我们走进曲桥上的梨花亭，去欣赏湖面上的梨园风光。湖畔的风光，宛如一幅流动的画卷，令人陶醉。湖水清澈见底，波光粼粼，映照着蓝天白云和岸边的绿树红花，微风吹过，湖面荡起层层涟漪，如同轻柔的乐章在空气中飘荡。在这里，大家可以暂时忘却尘世的喧嚣，静下心来感受大自然的恩赐。

各位游客，请随着我继续沿着湖来逛一逛。在我们的右手边是恒北梨园风光CS游乐场，由大丰名扬真人CS镭射俱乐部承办，拥有先进装备和全新数码服装。购票入园免费提供装备，包括微冲、卡宾枪、冲锋枪、机枪、狙击枪、迷彩服、化妆迷彩油、矿泉水1瓶/人、CS设备1套/人，子弹不限。现场可体验攻防战、遭遇战、间谍战、斩首行动、大逃杀、VIP 护送、夺旗战等各类刺激有趣的战役，让您切实感受到真人 CS 的乐趣。好的，现在我给大家发放门票，每个人可玩 4 场，大约 1.5 小时后我们在这里集合。

各位游客，大家玩得很尽兴吧，现在我将带着大家沿着湖前往恒北庄园农家乐。恒北庄园，环境优美，临湖而建，集赏花、尝果、品茶、垂钓、特色土家菜为一体，四周绿草如茵、鸟语花香、水天一色，神似世外桃源。农家沸腾鱼，是这里的招牌菜，由新鲜生猛的活鱼烹饪而成，口感滑嫩，油而不腻，既没有鱼的腥味，又保持了鱼的鲜嫩，辣而不燥，麻而不苦。另外，恒北庄园每天都将推出一道特色梨子菜，有香梨肉圆烧文蛤、橙叶香梨迷你粽、恒北酥梨炖佛手、恒北酥梨滑爽肉、蜜汁排骨焗酥梨等。我们今天午餐就安排这里，请大家尽情享用。

各位游客，现在我们一边饭后散步，一边前往恒北果品苑。恒北果品苑位东侧和南侧紧靠梨园风光主题公园步道，西临东宁路，北濒南中心河，占地约 6410 平方米，建筑面积约 2000 平方米。该苑集果品储藏、加工、展示、果酒清吧等功能于一体，结合早熟梨标准化基地建设工程，建设早酥梨专业合作社相应的配套设施和容量 1000 吨以上的果品储藏气调库一座，配置相应的水果加工设备。走进恒北果品苑，疏剪下来的梨树枝条被压成梨木，雕上梨花，做成梨木梳。请看这里，一个泡着 8 只完好早酥梨的大酒瓶被称为"镇馆之宝"。果品展示以当地果品梨为主，也展示全国乃至世界各地的特色梨品种，同时展示了梨的历史和文化，让我们在赏心悦目的同时能够深层次、直观地了解到水果的加工流程。

各位游客，我们现在来到的是大丰区第一家乡村果酒清吧，是以本土文化为元素，以提供梨子制作的果酒为主，并配有其他各类饮品、简餐为辅的特色音乐文化果酒吧。吧内以经典的爵士乐、乡村乐等音乐为辅，能够为顾客提供一个幽雅、平和、温馨的休闲环境，是会谈交友、欣赏音乐、放松心情的首选场所。游客朋友们，大家可以在此小憩一会，了解一下恒北吉祥物恒恒和北北，品尝一下冰糖炖梨、酥梨醋饮、Bavaria 果酒等。

各位游客，现在请跟着我一起上旅游观光车，向村中驶去。一路上，两侧是一排排的双拼、独栋、联排、多层别墅，融入现代景观艺术，让生活空间充满了诗情画意。这就是恒北新村，规划总占地面积 11 万平方米，总建筑面积7.6 万平方米，绿化景观用地面积占总面积的 35%。依照"绿色、生态、宜居"的新村庄发展理念，恒北新村在建筑形态上保留了苏北地区特有的青瓦白墙建筑特色，形成"青砖白墙，错落有致，小桥流水"的建筑风格。只见道路干净整洁、小别墅错落有致、河道清澈见底、村民房前屋后绿树葱葱……俨然一幅"洁、绿、畅、美"的幸福美丽新乡村画卷。

各位游客，请下车，我们现在来到恒北新村的西入口处，这里是恒北精心打造的文创街，2021 年 4 月正式对外开放，引进国家级非物质文化遗产大丰瓷刻、麦秆画、梨文创店、书画、摄影、盆景、本场菜等丰富业态，并配套精品民宿、书吧、茶吧、烤梨吧、书记直播间、停车场、休闲游园、文化广场等功能。该街区获得 2022 年度长三角最美公共文化空间、盐城市特色文化街区、大丰区创业示范基地等荣誉称号。下面我给大家介绍几家：第一家，梨文创形象店，以"梨文化"为核心立足点，围绕"恒北恒美·梨缘天下"的主题，集开发设计、定制生产、营销零售于一体，深入挖掘乡村特色文化符号，拥有各项传统文化风情、现代时尚风格的梨文化定制品近百件。第二家，大丰瓷刻，非遗传承人陈银付说自己像一个执着的麦田守望者，在瓷刻的世界里耕耘，以不断的创新拉近传统与现代、自然与艺术、家乡与世界的距离。第三家，吴永龙麦秆画，麦秆，经过打磨、烫色、剪裁、粘贴等几十道工序，吸收国画、版画、剪纸、烙画等诸多艺术手法，变成一个个惟妙惟肖、栩栩如生的艺术品，呈现出古朴典雅、新颖别致的艺术美感。第四家，马连义文创，店内各系列文化书籍详细介绍了地方文化演变史，是本场人文化交流、培训教育的重要场所，每天前来看书、买书、听书的群众络绎不绝。第五家，恒味记，本场菜研究院，馆内收藏了近三十件晚清、民国时期的老物件，同时售卖着大丰特色农副产品，让您深刻了解到大丰各地的特色产品。第六家，梨缘手工坊，2018年初成立的恒北"梨缘巧姐"妇女微家基础上提档升级的集恒北特色梨元素手工、分级定制手工、亲子手工体验为一体的手工坊，专属定制包包、首饰、绘画、服装、画艺、香氛等 DIY 作品，达到"万物皆可 DIY"的目标，带动妇女创业致富。下面给大家两个小时的时间自由活动，然后我们就在文创街的这个牌坊处集合。

各位游客，现在我们一起前往本次游览的最后一站原乡温泉度假酒店。酒店占地 39 亩，总建筑面积 1 万平方米，由温泉酒店主体、温泉别墅、温泉房三部分组成。酒店共 29 幢各种风格的建筑，涵盖了室内外温泉泡池、休息厅、休息包房、SPA 房、自助餐厅、零点餐厅等功能区域，室内外大小泡池 51 个，是休闲度假、放松、"养身"、"养心"、"养性"、招待客户的理想场地。今天，我们也给大家安排了赏花泡泉，在这冒着仙气的泡池里微醺，有兴致的甚至可以来一杯红酒，关掉手机，忘掉时间，想泡多久就多久，人间仙梦大抵如此。

各位游客，我的讲解到此结束。祝大家在恒北度过一个愉快而美好的夜晚，谢谢！

7.5 徐州市贾汪区茱萸山街道许阳村

7.5.1 总体情况

2021 年 1 月，许阳村入选第三批江苏省生态文明建设示范镇村。2022 年 11 月，许阳村入选第四批全国乡村旅游重点村名单。

许阳村位于徐州市贾汪区茱萸山街道，紧邻督公湖风景区，东靠 252 省道，交通便利，风景宜人。辖区面积 8.7 平方千米，下辖 4 个自然村，7 个村民小组，人口 3500 余人。清朝乾隆年间，一黄姑路过此村，突然得病，就到东阁寺庙许愿，"如病好愿许羊敬天"，可是，才走到不老河南岸的闫家房村，黄姑就死了，人们就将此地取名北许阳，后来建队时取名为许阳大队。1944年 3 月 7 日，陈毅等高级将领通过贾汪由运河支队接力棒式护送到延安。1958年建队时，取名许阳大队，1983 年改设为许阳村村民委员会。

许阳村在 2013 年开始推进企村联建，谋划村里的产业发展，把撂荒、分散、零星的田地化零为整，承包给有资本和技术的人来进行管理。2019 年，通过吸引外地资本投资、鼓励本地返乡能人创业，先后建立了锦鲤文化产业园、墨青农业科技示范园、紫海蓝山文化创意园、徐州聚海农业科技有限公司、健申精品葡萄采摘园等"三乡工程"项目，为村民提供了近 200 个就业岗位，每人一年收入不低于 3 万元。2020 年，开展人居环境整治，整治乱堆乱放现象，拆除违建大小旱厕 30 余座、占用集体土地猪圈 15 户，清理出公共空间 3500 余平方米。利用清理出的空间建设锦鲤鱼池 46 座，绿化树木 500 余株，建设小游园广场 3 处，百姓大舞台 1 处。2021 年，村里投资 150 万元进行河道整治改造，取得了较好成效。随着水环境的不断优化，许阳村因地制宜，大力发展特色锦鲤养殖产业。既美化了环境，又给村民带来了实实在在的收益，提高了人民群众幸福感，同时也成为乡村旅游的一张靓丽名片。

许阳村以乡村休闲为纽带串联起督公湖、紫海蓝山、锦鲤产业园三大旅游特色区，建设起精品民宿、农产品采摘、户外骑行、露营基地、漂流滑雪等一系列特色项目。在这里，有 4A 级景区督公湖和省四星级乡村旅游区紫海蓝山生态园，有淮海地区最具规模的督公山滑雪基地、漂流基地，有淮海地区最大的中华锦鲤园，有可供游客采摘的墨青农业科技园、聚海农业园，有网红打卡点紫海蓝山石头部落民宿、嗨 king 露营基地，有茱萸山地小公鸡、羊肉汤、贾汪菜煎饼等特色美食和桃胶、手工皂、花盆等文创产品。

许阳村以美丽丰富的农业资源、产业基础、特色村落为依托，紧紧围绕"生态优、村庄美、旅游旺、产业特、农民富、集体强、乡风好"的乡村旅游发展主题与定位，以锦鲤文化、红色基因做根基，积极调整产业结构，实施人居环境整治，改善乡村村容村貌，显著提升乡风文明，实现生产生活生态"三步同生""三产融合"、农业文化旅游"三位一体"，探索走出符合乡村实际、特色化乡村旅游开发道路。先后获评江苏省乡村旅游重点村、江苏省传统村落、江苏省生态文明建设示范村、徐州市特色田园乡村等称号。

7.5.2　景点特色——锦鲤文化

提到许阳村，不能不说锦鲤。这里的锦鲤产业已经成为贾汪锦鲤文化的亮丽名片，更为村集体和村民铺就了增收致富路。贾汪是锦鲤文化的发源地之一，其境内白集汉墓出土的"池中九鲤"汉画像石，证实了早在东汉时期贾汪就开始了养鲤赏鲤的历史。贾汪区是观赏鱼"锦鲤"文化的发源地之一，是世界锦鲤之源，而锦鲤又被称为"水中活宝石"。贾汪区许阳村充分挖掘有关锦鲤的区域旅游资源，将锦鲤文化和乡村旅游的完美结合，成功搭建起了一个集养殖、观赏、展销为一体的综合农旅融合平台。美丽灵动的锦鲤不仅帮村民们打开了致富的大门，还游出了名堂、游向了全国。

粉墙黛瓦、流水潺潺，行走于许阳村，一处处田园新景让人眼前一亮。而成就村子今日这番景象的，就是畅游水间的美丽锦鲤。说到许阳村的锦鲤养殖，有一个人不得不提，他就是江苏省休闲渔业协会副会长、茱萸山锦鲤文化产业园总经理刘电。他从 1998 年承包鱼塘开始养鱼，但因缺少增氧设备，导致鱼苗全部缺氧死亡，第一次创业以失败告终。2004 年，刘电偶然在某科学养鱼杂志上看到了观赏鱼，图片上色彩各异的锦鲤牢牢吸引着他的眼球。仍然执着于养鱼事业的他决定引进种鱼养殖，可是，不懂技术的刘电将其引种后和鲤鱼套养，又一次损失惨重。2007 年，刘电又以高价购买了一批优质锦鲤种鱼尝试繁殖，但因鱼池过滤设备不过关，再一次以失败告终。一切还得从头再来，为了能学习更多养鱼知识，刘电奔波在各类锦鲤大赛取经学习，有时看不懂好在哪里，只能从别人的聊天中悄悄"偷师"。为了减少损失，刘电用鲤鱼做实验，记下数据，摸索实验锦鲤繁殖技术。但锦鲤鱼苗体质弱，最终还是失败了。2009 年，刘电在向一位业内专家请教养殖技术后，终于繁殖成功得到一批优质锦鲤。2010 年，刘电精心养殖的一尾红白锦鲤到北京参加锦鲤大赛并一举夺魁，载誉归来后，他越发坚定了将锦鲤养殖做大做强的信心。为了实现养殖产业化的梦想，他开始尝试着将养殖模式从个体经营向专业合作社转变。在这个过程中，当地政府和相关职能部门给了他很大帮助，建成一个高标准的恒温温棚和一个自动化繁育的基地。2015 年，刘电又得到了 100 万元和 70 万元两个项目的资金支持。2018 年，刘电成立江苏龙门鲤文化发展有限公司。2019 年，贾汪区茱萸山街道投资 800 余万元在许阳村建设锦鲤文化小镇，引导村民利用房前屋后闲置土地、废弃的猪圈旱厕等建设鱼池养殖锦鲤。许阳村村委会与江苏龙门鲤文化发展有限公司签订企村联建协议，采取合作供养模式，由公司提供种苗，合作社提供技术指导，广大农户实施养殖，最后再由公司统一回收，鱼塘成了村民致富的"金池子"。许阳村以"村集体＋农户＋企业"形式进行锦鲤养殖，建造了锦鲤产业园。2020 年 10 月 18 日，一场以中华锦鲤观赏、展销等为主要内容的农旅融合文化节——江苏省首届锦鲤文化节在督公湖风景区开幕，来自香港、广东、浙江等全国各地 100 余家渔场的共计 1000 多尾锦鲤同台比拼。其中一尾 82 厘米的红白锦鲤吸引着 21 位专家评委的目光，这尾鱼就是由刘电负责的龙门鲤·锦鲤文化产业园经过五年的耐心培育饲养出来的。目前，许阳村有 46 个锦鲤池，均设置在村民房前屋后的空闲地和村集体整理出来的公共空间中，锦鲤成为了许阳村人开启财富之门的金钥匙。

　　未来，许阳村准备形成一村一品，凡是有条件有水面的地方，都养一些锦鲤为主的观赏鱼，真正把"农文旅"融合产业项目做大做强。同时，将其作为乡村振兴的一个新产业来发展，真正把锦鲤文化产业打造成为以鱼旺业、以鱼富村、以鱼富城。

7.5.3 导游词

绿色古村，锦鲤小镇

　　流水潺潺，粉墙黛瓦，炊烟袅袅，鸡犬相闻，古树繁花，暖风醉情……走进许阳村，一幅美丽的山水田园画卷映入眼帘。各位游客，大家好，今天将由我带领大家走进绿色古村生态许阳。

　　许阳村地处国家 4A 级旅游景区督公湖南侧，这里山水融合，风光旖旎，自然资源丰富，文化氛围深厚。许阳村以乡村休闲为纽带串联起督公湖、紫海蓝山、锦鲤产业园三大旅游特色区，建设起精品民宿、农产品采摘、户外骑行、露营基地、漂流滑雪等一系列特色项目。今天，我们可以在这乡村田园尽情畅游！

　　各位游客，我们现在已经来到了许阳村的村口，请大家下车。大家请看，在许阳村村口树立着这样一块乡村旅游指路牌：督公湖景区 2.1 千米、许阳记忆馆 400 米、陈毅拴马处 450 米……在指路牌的不远处，是一张许阳村全景导览图，涵盖了自然景观、特色产业、休闲采摘、红色遗迹、乡愁记忆等农文旅景点，图上一条红色的线路将这些地点融合在一起。

走进许阳村，宽敞干净的道路、错落有致的房屋、清澈见底的河溪、整洁美观的墙绘，村庄新貌像一幅山水画，清新而有韵致。各位游客，我们现在来到陈毅旧址。1943 年 11 月 26 日，陈毅军长从盱眙黄花塘出发前去延安。12 月 1 日凌晨，在新四军四师淮北三分区司令员赵汇川的护送下来到了运河支队的驻地贾汪区汴塘镇北许阳村。支队领导原本想安排陈毅军长在此休息一天，可贾汪敌情有变，敌人突然加紧盘查，敌人是否得到陈毅军长来到贾汪这一带的消息，我方也不得而知。陈毅军长得知这个消息后，说道：敌变我变，咱们今天就出发。当天下午三点，陈毅军长在运河支队的护送下离开贾汪北许阳村一路北上。运河支队副政委童邱龙率护送队伍返回时，与陈毅军长道别，陈毅军长握着童邱龙副政委的手说："运河支队坚持的这块地区，条件艰苦，地位重要。沟通着华中和山东两个根据地，保障着通往延安的交通线，具有重要的战略意义。你们工作不错，很有成绩。但你们一定要坚持下去，保存有生力量，完成党交给你们的光荣任务。运河支队可以写一本大书！"这间房子就是当年陈毅短暂休息的地方，该遗址被围挡保护，供后人瞻仰。大家请看，这棵树就是当年陈毅元帅拴毛驴的枣树。向前走，我们就来到许阳记忆馆，"秘密交通线"是展馆的重要部分。走进这里，一幅幅珍贵生动的照片，记录着运河支队英雄们浴血奋战的事迹和英勇战斗、敢于牺牲的革命精神，仿佛把每一个人又带回到那个硝烟弥漫、呐喊震天的年代。

各位游客，前方右手边的大棚就是徐州聚海农业科技有限公司的温棚种植基地。住着温室棚，吃着牛奶肥，洗着牛奶澡，加之 4A 级旅游景区督公湖地下水的灌溉和独特山地粘性土种植优势，使这里的番茄皮薄、沙瓤、多汁、口感清甜。据了解，基地总占地面积 100 余亩，土地为附近村民流转而来，以种植"大番茄"为主，外加一小部分水果黄瓜，销售多在本地市场，年销售额 800 余万元。为带动村民就业，基地优先选用流转土地的村民务工，目前有 40

余名稳定的工人。聚海农业"大番茄"快速发展的同时，与其仅一路之隔的墨青农业"小番茄"生产基地发展态势也如火如荼。请大家从这个路口跟着我继续向前走，右拐就是墨青农业，这处十六连栋的大棚占地 30 亩，600 多垄绿油油的番茄苗长势正旺。这是墨青农业和科研院所合作，独家研发的品种——"红玛瑙"。该品种经过长达 12 年的栽培管理探索，具有独特的口味和色相。红得发亮，看起来像一串串红玛瑙，沙瓤多汁，吃起来果香浓郁甘甜。拿起一颗"红玛瑙"放入嘴中，唇齿留香，果子软糯适中。墨青农业科技园通过土地流转和吸引周边村民到温室大棚务工，不仅促进了村集体收入，还带动了当地多个村的村民走上致富路，真正让大棚里的小番茄成为乡亲们的"致富果"。另外，墨青农业的配套蔬果装配工坊内设有冷库、分拣机、清洗风干线、保鲜覆膜机、全自动封箱机，蔬果可以进行流水线包装。这个特色"大小番茄"，感兴趣的游客可以品尝和采摘，也可以直接购买邮寄回家。现在给大家半小时的自由采摘时间，我就在这里等大家集合。

各位游客，前方就是许阳村史馆了。馆门口的门头威武庄严，门头中间有"许阳村"三个大字，两侧刻着"福地慧心"四个大字，寓意着许阳村人杰地灵。走进村史馆，一间间整齐的石头瓦房矗立眼前，村史馆是在原有老旧房屋上进行改造扩建的，它原来要比现在破旧多了。大家可以慢慢走静静看，您会发现处处彰显着岁月打磨的痕迹。整个村史馆从前言、大事记、名人篇、历史典故、传统文化、奋斗篇、荣誉篇等七个方面全面介绍了许阳的历史人文与经济政治发展情况。

各位游客，下面我们前往锦鲤文化产业园。刚刚，我们在逛村子的时候，就发现村民房前屋后的空闲地有大大小小的锦鲤池，很多游客被那色彩斑斓的锦鲤所吸引，所以来许阳一定要了解他们的锦鲤文化。锦鲤被称为"水中活宝石"和"会游泳的艺术品"，是因为其体格健美、色彩艳丽、花纹多变、泳姿雄然，具有极高的观赏价值。现存于贾汪区白集汉墓的"池中九鲤"汉画像石，是世上发现以鲤鱼作为观赏鱼的最早记载。可以说，许阳村的每个村民都和锦鲤有着不可分割的情结。现在，我就带大家去龙门鲤·锦鲤文化产业园一探究竟。

各位游客，前方就是锦鲤文化产业园的门楼了，是根据"鲤鱼跃龙门"传说故事中的意境设计创作。门头"龙门鲤"题字，由中国当代大儒、国学大师、书画巨匠范曾亲笔书写；"鲤鱼跃龙门"雕塑，由中国台湾著名艺术家许正中亲手设计制作。走进园内，只见处处有鱼、步步皆景。大家请看这棵古树，是一棵大槐树，2018 年 9 月被移植过来的。此古槐采天地之灵气，吸日月之精华，历经了 300 多年风霜雪雨，依然生机勃勃，透着灵气。这满树的红丝带是游客们祈福、许愿所系。这里是一个清代石拱门龙门，2020 年 6 月从山东民间收此龙门置于锦鲤园内，旨在鼓励学子发奋读书，成为国家有用之人。这里面有个故事，我给大家讲一讲。当年纪晓岚随乾隆皇帝微服私访，途经山东一农村，遇一农妇在教育孩子，让孩子不要逃课，好好读书，将来跳出农门，出人头地，光宗耀祖。孩子不以为然，认为读书无用，反驳母亲说："读书不能当饭吃，有这功夫我还不如和小伙伴们一起去偷个瓜、桃、李、枣吃呢！"纪晓岚闻言，决心帮助这位深明大义的母亲教育孩子。于是，便写下了这副对联："双轮天地眼，万卷圣贤心。"这副对联最早出自宋代思想家、教育家、文学家朱熹之手，原文是"日月两轮天地眼，诗书万卷圣贤心"。纪晓岚将朱熹的七言诗改成了五字联，教育孩子好好读书，不要辜负了母亲的期望。这位母亲为了激励孩子读书，请来工匠在院中建造此石拱门，门两旁刻上纪晓岚题写的对联，拱门上雕刻"鲤鱼跃龙门"图样。

现在我们来到锦鲤观赏馆。锦鲤体格健美、色彩艳丽，体长可达 1-1.5米，具有极高的观赏和饲养价值。锦鲤是根据不同的色彩、图案和鱼鳞来区分的。锦鲤的色彩主要包括白、黄、橙、红、黑和蓝，这些颜色可以是无光或有光泽的，图案变化多样，从单色到多色不等。尽管锦鲤的图案有着无尽的变化，但最好的图案包括头顶的圆形小斑点和背部阶梯石状的图形。鱼鳞可以有，也可以没有；大或小；或者有皱褶，如同钻石一般。目前，馆内现有红白、白写、绯写、黄写、秋翠、孔雀等 26 个锦鲤品种。请游客们静静观赏，细细辨认。

现在我们来到了锦鲤历史文化展厅。我国是鲤鱼发源地，也是最早养殖鲤鱼的国家，距今已有 2400 多年了。徐州是两汉文化的发源地，早在两千多年前的汉代，徐州池塘养鲤鱼就非常盛行。这两幅"九鲤"汉画像石，来源于贾汪汉画像石馆，分别镶嵌在此祠堂的左右两侧。左侧的这个画像图分为七层，体现的是当时官宦贵族迷恋享受、养尊处优的情况；右侧的这个画像图分为五格，体现的是当时达官贵人富贵显耀、文娱多彩的情形。请大家注意看右侧五格的第四格，画像左边这里有一个方形的鱼池，叫"池中九鲤"，展示了供人观赏的九条锦鲤；画像右边这里展示了在东汉时期的某位达官贵人家中，在庭院楼阁间，孩童喂鱼、亲友做客的场景。这幅池中九鲤图，反映了鲤鱼作为观赏鱼的起源，也印证了早在汉代，贾汪地区就已经开始把鲤鱼作为观赏鱼进行养殖了，所以锦鲤起源中国，属于中国。展厅四周陈列的许多汉画像石拓片，展示了当时百姓养鱼捕鱼的生活场景。当时没有工业，人民以捕鱼为生，鱼可以吃，可以祭祀，可以当作商品，贯穿了当时百姓的生活。大家请看这个砖雕，此砖为汉代墓室所用，每块砖都有鱼形图案，体现古人对鱼的一种崇拜，视鱼为图腾。大家再来看这个木雕鱼化龙，鱼化龙是中国传统寓意纹样，亦名鱼龙变化，鱼化成龙。此鱼化龙木雕年份之久远，做工之精细，造型之精美，神韵之独特，寓意之深刻，大家可以细细欣赏。

各位游客，锦鲤寓意着吉祥与安康，自古就代表着人们对美好生活的向往，而鲤鱼跃龙门又突出反映了中华民族传统文化下对于子孙后代的最高寄托，深受人们的喜爱。锦鲤文化产业园结合中华锦鲤发源地的历史记载，借助锦鲤文化特定的文化 IP，未来将之打造为亚洲最大锦鲤文化产业园，以锦鲤为核心塑造全产业链，打造文旅融合新业态。

各位游客，现在我们去吃午餐，午餐后我们前往督公湖景区。

各位游客，现在我们来到了被誉为最美中国（江苏）最佳休闲旅游地——督公湖景区。传说千古奇书《金瓶梅》在此完成，作者兰陵笑笑生正是隐居在此的明代大儒贾三近的化名，督公是当时人们对其的尊称，督公湖也因此得名。这里山环水抱、景色宜人，总面积 24000 多亩，共有 60 余座山头，3000

多亩水面，是淮海经济区唯一山环水抱的原生态山水净土。督公湖按照"休闲度假山村、户外运动天堂"的发展理念，形成了融户外、休闲、生态、运动为一体的独特旅游资源，建成了以食宿餐饮为主的自驾游片区，以水蜜桃采摘为主的农家乐片区，以薰衣草创意园为中心的网红摄影片区，以低空飞行、漂流、滑雪为主的户外运动体验片区，以骑马为主的草原生活互动片区和以游乐场为主的休闲娱乐片区。

各位游客，这里是督公湖景区的游客中心，游客服务大厅占地约5000平方米，内设咨询服务台、办公室、游客休息处、观影体验室、行李寄存处、医疗室、电子商务台、邮政及特产展示区等功能区。景区游客中心大厅还设有触摸查询屏，方便游客了解景区动态、景点信息及周边旅游线路。大家可以上个洗手间，马上随我进入景区。

各位游客，前方我们可以看到一块巨石，上面有督公湖的介绍，主要讲述督公（贾三近）生于明嘉靖年间，出身名门，学贯五经，古今博通，二十余岁便考中进士，授翰林院编修，后累官于至户部侍郎，加右都御史，负责全国的钱粮支出和督察，被朝廷上下尊称为督公，据传，后隐居督公湖写下传世奇书《金瓶梅》。

请大家继续与我向湖边走去，现在呈现在大家面前是一片开阔的湖面。督公湖始建于1958年，原为柴沃水库，2005年全面整治，增加库容，成为山区水源示范工程。大家请看，督公湖水面宽阔，湖水清澈见底，四周青山环绕，如诗如画的景色构成了一幅美丽的画卷。整个湖面水域面积约1100亩，环湖道路6千米，"一阁两滩三桥"点缀其中。一阁为督公阁，两滩为督公湖两岸相映的两片金沙滩，三桥为九曲桥、玉带桥和仙履桥。

各位游客，现在就让我在湖边给大家讲一讲"一阁两滩三桥"。请大家向左手边看，那里的一座桥就是仙履桥。传说由赤脚大仙掷靴化桥度众生而得名的，总长近300米，七拱正桥，由引桥、正桥、亭榭、曲桥组合而成，贯通南北两岸。桥上护栏雕刻数以百计的鸟兽、树木、花卉等祥瑞图案，犹如长虹横卧碧水之上，让人赏心悦目。在我们面前的一条湖中通道，就是由九曲桥、玉带桥、欢乐岛和督公阁组成。九曲桥，曲折迂回，它不仅是一座交通桥梁，更是一段历史的见证。在抗战时期，它是人们渡河的唯一桥梁。在许阳村的时候，我给大家讲运河支队，相信大家还记得吧。这个九曲桥就是运河支队的主要活动区域，刘少奇、陈毅等老一辈革命家由此北上延安，开辟抗战新局面。景区原址原件让这一段光辉的历史再度在中国军事的长河里，源远流长，永垂不朽。沿着湖中通道，经过一长条绿色草地，就来到了玉带桥。传说乾隆下江南途经督公湖，被湖挡住了去路，八仙中的曹国舅当时下凡游戏人间，他把乾隆皇帝的玉带化作大桥，乾隆通过后才发现此桥是自己的玉带所化，就赐名此桥为玉带桥。玉带桥拱高而薄，形若玉带，半圆的桥洞与水中的倒影，构成一轮透明的圆月，景象十分动人。走过玉带桥就来到欢乐岛，督公阁就在这里。督公阁建筑风格独特，融合了传统与现代元素，展现出一种古朴典雅的气质。阁内布局合理，设有观景台、休息区、展览区等多个功能区域，为游客提供了舒适的游览环境。"一阁三桥"已经给大家讲解了，两滩留给大家去近距离观赏。

各位游客，现在我们来到游客中心后面的小广场，这里是观光车督公湖总站，请各位游客一定要记住这个地方，我们最后集合的地方就是这里。大家手上拿的观光车票可以在景区直接乘坐这样的观光车，观光车一共停靠九个站点。沿着督公湖顺时针方向，从督公湖总站出发，沿途经过黄金西岸、贾三近书苑、户外运动基地、七彩水世界、紫海燕山、海枯石烂、丘比特码头七个站点，最后回到督公湖总站。现在我们就乘观光车环湖游览，请大家上车。

第一站黄金西岸，在这一站大家可以感受我们刚刚讲的"一阁两滩三桥"的其中一滩黄金西岸。我们下车的地方是柴灶战斗鸡，是一个用柴火烧的农村大灶来烹饪野山鸡的地方。向前一点就是黄金西岸，也是督公湖嗨 King 野奢露营地，坐拥近百亩湖畔沙滩和山林美景，轻奢帐篷、户外桌椅、美式烤炉、卡式炉、篝火、舞台音响、露台电影等一站式露营装备，轻松解锁轻奢野外露营生活！向回走，有游船码头和督公湖的游乐场。游乐场就是景区的过把瘾嘉年华，现有四十多种游乐项目让您亲自体验：有大摆锤、高空揽月、双人飞天等刺激类的项目，有碰碰船、碰碰车、豪华转马等传统类项目，有恐怖城堡、迷宫等惊险类项目，有淘气堡、捞鱼等亲子型项目。

第二站贾三近书苑站，在这一站大家可以去参观贾三近书苑和体验督公山漂流。贾三近书苑，占地面积广阔，建筑风格古朴典雅，与督公湖的自然景观相得益彰。书苑内设有贾三近纪念馆、书法展览馆、文化艺术中心等场馆，展示了贾三近的生平事迹、文学作品、书法作品等，让游客在欣赏美景的同时，也能领略到贾三近的文化魅力。督公山漂流，经国内顶级河道专家设计修建而成。全长 4 千米，A 段猛士漂河道，落差 29 米，曲折回环，惊险刺激；B 段激情漂河道，跌宕起伏，尽情嬉水，享受欢乐激情；C 段浪漫漂河道，满目青翠，环境优雅、舒缓惬意。督公湖漂流让你体会到"一船激起千层浪"的惊险、刺激，具有惊、险、奇三大特点。惊：由于落差大，游客乘坐的皮划艇高速滑行犹如浪尖上的过山车，飞旋在波峰波谷之间，游客们的尖叫声将会响彻山谷，为寂静的山野带来无限生机。险：一路漂下险象环生，跌宕起伏，动人心魄。奇：由于河道位于山谷之中，督公山漂流水源来自督公湖水与山泉汇集而成，水质清冽；河岩奇石怪岩星罗棋布，千姿百态，自然天成，浑然一体。

第三站户外运动基地站，在这一站大家可以去健身广场动一动，也可以去快乐采摘园、迷你采摘园、仙桃采摘园去体验一下采摘的乐趣。同时，这里附近有滑索的下站，上站离这里较远。督公湖滑索全长 1300 米，双向 4 滑道，前半部分在群山中，后半部分将在督公湖面上飞驰而过，脚下景区优美景色一览无余，体会凌空飞度的刺激新体验。另外，从这里一直向北有督公山滑雪场，依山而建，是一个集休闲、娱乐、刺激于一体的滑草、滑雪场。场内建设滑雪区、嬉雪区、终点停止区场地、滑圈场地、儿童乐园、接待功能区六大区域，设计初级道、中级道、高级道三条雪道及儿童游玩的雪圈道，其雪道总长度 1200 米，雪道宽度 90 米，落差最小 2.4 米，最大 40 米，人性化设计适合所有人群，让您体验"风驰电掣"的快感。

第四站七彩水世界，这里有徐州飞得乐航空营地。这个航空飞行营地是国家体育总局挂牌的航空飞行营地，目前建有东、南、北三个朝向的起飞场，几乎全风向可飞，降落场面积大周围空旷，场地安全系数极高。包括滑翔伞、双人滑翔伞、热气球、动力伞、动力三角翼等航空运动项目，组织开展相关培训和考试，举办或承办相关比赛活动。这里是淮海经济区唯一的低空飞行基地，也是国际级的航空主题乐园。在这里，您可以尽兴体验滑翔伞的激情和乐趣，在阳光和云朵的中穿行，在坚持和肆意中重获新生。大家请看，在滑翔伞基地的不远处，有游客正开着卡丁车在田野中畅快驰骋，这就是翱翔骑士文化村的旅游项目。翱翔骑士文化村，把儒家文化孔子六艺中四艺之"骑、射、驾、乐"融入旅游项目中，经营马匹、骆驼、马车、沙滩车、卡丁车、射艺、大型投影 KTV、农家餐饮。

第五站紫海蓝山站，这里有一个面积很大的紫海蓝山薰衣草庄园，百亩浪漫花海，遍植世界各种香草。紫海蓝山薰衣草文化创意园，以深厚的中国优秀传统农业文化为依托、以体验农耕文化为核心、以拥享健康人生为追求，有农业产业、游览观光、婚庆文化、会议度假、文化景观、休闲养生六大主题，被称为徐州的"普罗旺斯"。庄园中以四季薰衣草和马鞭草的种植面积最大，此外还有应季玫瑰花、彩色葵花园、千日红、二月兰、各种菊花，香草品种一共有 300 余种。园内景观有丝瓜长廊、葫芦长廊、玫瑰花坛、百草园、芦苇荡等。园中处处是景观，处处是创意，处处是文化。在园中，看花海，住石头房，体验"归园田居"，休憩心灵。

第六站海枯石烂站，在这里大家可以看到湖边，有成片成片巨大石头组成的奇特景观。这些石头经过亿万年的风雨洗礼和地质变化，形成了奇特的外形和纹理，让人不禁惊叹大自然的鬼斧神工。我们沿着湖边的小路漫步，欣赏湖泊的宁静与美丽，感受大自然的清新与宁静。同时，看到湖边巨大的石头在阳光下闪烁着光芒，仿佛是在诉说着古老的传说和故事，被眼前的景象所震撼。

第七站丘比特码头站，在这里大家可以看到 1999 米的水上爱之栈道，曲折蜿蜒浮在湖上，似祥龙出水，若隐若现，蔚为壮观，是淮海经济区最长的栈道。栈道从湖西南角，一直延伸至湖东北角，其中设有观鱼台 3 座，在这里赏景，游人也成了风景。大家可以手牵手漫步在桥上，欣赏着湖面上的波光粼粼，聆听着桥下潺潺的流水声，享受着这份宁静与美好。好，各位游客，让我们一起下车去走一走爱之栈道，感受大自然的魅力，放松身心，享受生活的美好。

各位游客，我们现在又回到我们最初看督公湖的地方，让我们最后再看一看这美丽的督公湖，我们今天的行程就到此结束，谢谢大家。

第8章 南京乡村旅游景点个案研究

8.1 江宁区谷里街道

8.1.1 总体情况

2021 年 8 月 25 日，江苏省南京市江宁区谷里街道入选第一批全国乡村旅游重点镇（乡）名单。

谷里街道地处宁镇山脉和宁芜山地，地势中北部高、南部低，属亚热带季风气候，四季分明。因地处周围环山的金牛山谷，且盛产稻谷，元代在此设里，故名谷里。主要山脉有牛首山、祖堂山、岱山、吉山。境内最高峰祖堂山位于东北部，海拔 255.9 米，最低点石坝河绳子山涵闸，海拔 6.8 米。其河道属长江、秦淮河流域，主要河道有石坝河等 21 条，总长度 51.8 千米。境内最大的河流为石坝河，从下坝主间至神子山，流经境内石坝、向阳社区，长 3.9 千米。2006 年 3 月，原谷里镇和原东善桥街道整建制合并为谷里街道，北与南京市雨花台区板桥新城、铁心桥街道接壤，南与横溪街道接壤，毗邻禄口航空新城。

截至 2020 年 6 月，谷里街道辖 6 个社区、5 个行政村，分别为谷里社区、张溪社区、公塘社区、向阳社区、箭塘社区、周村社区、柏树村、双塘村、亲见村、荆刘村和石坝村。谷里社区地处谷里新市镇的中心，近年来社区以工业发展为主导，以科技创新企业园为依托，不断引进科技创新型企业，在经济发展的同时也不断加大民生实事工程的建设力度；张溪社区位于谷里街道西南侧，主要以包装、木器、建筑材料、纸箱制作加工为主，目前社区正在按照街道向生态型观光旅游的方向发展，逐步实现城乡一体化；公塘村与赵林村于2001年合并为公塘社区，位于谷里街道最南边，属丘陵小山区；向阳社区位于谷里街道的北部，2001年由王村、向阳村整合为向阳村委会，2004年更名为向阳社区；箭塘社区位于谷里街道东北部，社区依山傍水，具有较好的区位优势，辖区内自然资源十分丰富，交通非常便捷；周村社区位于南京市江宁区谷里街道东北面，积极打造生态环境，提高空气质量，保持省级生态示范村品牌，历史人文资源底蕴极为丰厚；柏树村位于谷里街道西部，集体经营性资产少，大部分收入依靠创建财政补助所得，受政策性因素影响，社区自身发展路径狭窄，且目前社会管理成本高；双塘村以打造"大塘金旅游特色村"为契机，逐步形成以农家乐示范村为基本形式的农民创业基地，着力打造以现代高效农业为主导，生态旅游、休闲度假为特色的田园品质新市镇；亲见村位于谷里街道西南，地处丘陵，为农业发展型社区；荆刘村位于谷里街道西北部，属于低丘陵地区；石坝村位于谷里街道集镇境西北，主要以种植为主，已形成具有一定规模和知名度的绿色无公害蔬菜基地，并发展成为以旅游为目标的休闲农业示范区。

整个街道位于南京30千米半径都市圈核心区的西南部，地处江宁经济技术开发区和滨江开发区之间的腹地，距离南京主城新街口仅30分钟车程，是南京南部旅游、休闲产业重点发展组团及绿色廊道建设带。良好的区位、便捷的交通、丰厚的山水资源以及人文资源使其非常适合发展旅游休闲度假产业和高档宜居产业，现街道北有著名的牛首山风景区和全国农业旅游示范点千盛农庄，南有银杏湖、白鹭湖等全国3A级旅游风景区，地方特色和民间艺术丰富，有食雕、旱船舞、莲湘舞、烙铁画、雨花茶手工制作技艺等，其中雨花茶手工制作技艺被列入省级非物质文化遗产保护名录。

近年来，街道以工业发展为主导，以科技创新企业园为依托，不断引进科技创新型企业，在经济发展的同时，社区不断加大民生实事工程的建设力度。其发展突出了五个重点：一是紧扣牛首山风景区、银杏湖风景区，连点成线、以线带面，积极打造南京南郊旅游、休闲、度假名胜区；二是依托江宁开发区、滨江开发区，充分发挥与南京主城与立体交通网"无缝对接"的特有优势，积极接受辐射与配套，做大、做强主导产业，积极打造有较高知名度的工业与三产等配套产业集中区；三是立足区内丰富的原生态山水等自然资源，顺应现代居住理念，通过休闲产业带动，积极打造南京近郊绿色、高档居住区；四是以新农村建设为契机，以全国农业旅游示范点千盛农庄、晶鼎农业生态园、千亩茶花等花卉博览园等项目为支点，积极打造知名的南京南郊都市农业观光区；五是依据新的区域总体规划，加快农民向城镇集中、产业向园区集中、城镇向功能区集中的建设与改造步伐，高标准、高起点地打造现代化的新街道。

谷里街道，一个隐藏在繁华都市中的世外桃源，拥有着迷人的风景和独特的历史文化，游客可以在这里同时感受到大自然的魅力和历史文化的厚重。如果您想寻找一个远离喧嚣、亲近自然的地方，那么谷里街道绝对是一个不容错过的选择。

8.1.2　景点特色——现代农业主导型全域旅游街道

在南京市江宁区，有一片人杰地灵、风光秀丽的幸福之地——谷里街道。看农业，拥有蔬菜生产面积 2.34 万亩，是南京近郊面积最大的蔬菜生产和保供基地；看旅游业，世凹桃源、大塘金、徐家院等美丽乡村全域绽放，民宿（农家乐）产业带动村民家门口增收致富……守好绿水青山，做旺"美丽经济"，近年来谷里相继捧回中华宝钢环境优秀奖（城镇环境类）、全国环境优美街道、中国乡村振兴榜样奖和标杆奖等一系列荣誉。

作为现代农业主导型全域旅游街道，优越的生态资源是谷里的基础。2012年，谷里街道根据江宁区委、区政府部署，开始建设美丽乡村试点，涌现出徐家院、世凹桃源、大塘金等多个"网红景点"，带动了旅游经济快速增长。谷里街道以此为契机，加快全域美丽乡村建设步伐，同步构建以"牛首山金陵小镇、银杏湖乐园、金谷田园综合体、大塘金香草小镇"四大标志性工程为节点的全域旅游格局，沿牛首大道、正方大道和银杏湖大道 3 条主轴线，将大塘金、公塘头等 7 个示范村串联成线，大力推动民宿业发展，使民宿业成为乡村旅游新的增长点，2019年累计接待游客475万人次，实现旅游收入55.5亿元。

作为现代农业主导型全域旅游街道，蔬菜产业是谷里的一张"亮丽名片"。10多年来，街道立足资源禀赋，以绿色蔬菜为主导产业，大力发展绿色农业、质量农业、数字农业，培育出"春牛首""谷里优鲜"等多个农产品品牌。2022年，街道蔬菜总产量13万余吨，同比增长0.1%。依托丰富的农业优质蔬菜资源，谷里还连续6年牵手"中国·江苏蔬菜种业博览会"，先后展示和测评8000多个蔬菜新品种，筛选出适合长江中下游地区种植的优质抗病丰产蔬菜新品种近百个。2021年谷里种博会展示基地获农业农村部认定的江苏唯一一家首批"国家农作物品种展示评价基地（蔬菜类）"。

作为现代农业主导型全域旅游街道，"农业＋"产业融合模式是谷里的灵魂。2007年，街道就着力发展设施农业、现代农业，通过土地股份合作和农民专业合作等现代经营机制，加快农业由分散型经营向规模化经营，促进传统农业向现代农业转变。鼓励和帮扶农民、农企抓"生产端、加工端、销售端"，从供给侧做细做精、做好做强，形成规模、品牌效应，拓市场、稳增收。2019年，通过陆续引入电子商务销售模式，大力发展乡村电商，形成一村一品一店。在此基础上，谷里街道积极探索产业融合新业态，以农业全产业链发展模式引领农业现代化发展，逐步形成以"农业＋节会""农业＋美丽乡村""农业＋工业"等为代表的农村产业融合发展新格局。谷里街道徐家院村立足800亩蔬菜水果基地成为特色农业型田园乡村，谷里街道大塘金凭借400亩梯田式薰衣草打造成薰衣草特色小镇。

全域建设美丽乡村，全面赋能乡村振兴。农家餐饮、乡村民宿、农事采摘、休闲旅游……在谷里，种种新业态、新思路、新风尚，让每一寸土地原有的"生态家底"转变为新的"财富密码"。谷里进一步实施"塑形、强身、铸魂"工程，让徐家院、大塘金等农旅老品牌焕发新活力，瞄准民宿产业、乡村旅游、森林康养等业态，持续丰富谷里"全域旅游""四季旅游"内涵，塑造"乐游谷里""食尚谷里""夜寐谷里"等品牌矩阵，打造具有地区影响力的地标农旅产业。

8.1.3 导游词

乐游谷里，全域旅游示范街道

尊敬的游客们，大家好！欢迎来到江苏省南京市江宁区谷里街道，我是你们本次旅行的导游。

谷里街道隶属于江苏省南京市江宁区，地处江宁区西南部，东与秣陵街道相邻，南与横溪街道接，西与江宁街道相连，北与雨花台区板桥街道、铁心桥街道和西善桥街道相连。截至 2020 年 6 月，谷里街道辖 6 个社区、5 个行政村，分别为谷里社区、张溪社区、公塘社区、向阳社区、箭塘社区、周村社区、柏树村、双塘村、亲见村、荆刘村和石坝村。谷里环境优美，自然资源禀赋优厚，2016 年创成南京首个全域美丽乡村和全域旅游小镇"双全域"示范街道。同时，街道牢牢秉持"绿水青山就是金山银山"发展理念，紧扣农业和生态资源禀赋优势，坚持一、二、三产融合发展，建成全市"菜篮子"基地，徐家院、大塘金等网红景点家喻户晓，先后捧回"中国最美村镇·乡村振兴榜样奖"、"全国首批乡村旅游重点镇"等荣誉，在乡村振兴道路上探索出了独特的"谷里路径"。本次旅行，我们将走进谷里街道，感受它独特的自然风光和乡村文化。

各位游客，现在我们已经到了本次旅行的第一站——大塘金。根据谷里街道的乡志记载，大塘金村在清光绪年间因金姓围大塘而居得名。村民世代隐居山中，畔水而居，以农耕为主。近年来，随着优质农旅产业的发展，这座畔水村庄逐渐走入大众视线。大塘金村通过有效深化"旅游 +"和全域旅游理念，将婚庆产业、制香工业等产业与旅游业融合发展，形成了自己独特的爱情婚庆主题旅游地和制香旅游地，使其在产业生态群中发挥着主导作用。同时，通过运用新科技互联网手段，把小镇打造成智慧智能生态区，以适应不同年龄层次的群体，迎合时代发展与人们需求。

接下来，我们一起去参观一下大塘金最成功的景区——大塘金香草谷。大塘金香草谷是一座"为爱而生的庄园"，园区总面积 1380 亩，是江宁区重点培植的文化产业园区，是江苏省五星级乡村旅游区、江苏省自驾游基地、江苏省科普教育基地。

在谷里大塘金一直流传着这样的说法："看薰衣草如果去法国普罗旺斯太远，就来江宁谷里大塘金。"大家看，大塘金香草谷以浪漫的薰衣草紫色花田为主色调，结合自然、生态的松林、竹林、山林，综合开发香草种植、产品售卖、婚纱摄影、旅游接待、餐饮住宿等服务功能，打造以"爱"为主题，以婚尚文化、休闲度假、健康养生产业为支撑的综合性景区，是南京第一座以婚尚文化与休闲游憩相结合的景区。

2013 年，大塘金的薰衣草一望无际，竞相开放，以极强的视觉冲击力吸引了南京周边大批市民和游客前来观赏、拍照留念，并通过手机微信等自媒体传播，知名度、知晓率裂变上升，游客量大增，花季平均每天人流量在 23000 人次。自此，薰衣草就成为大塘金香草谷的特色。大塘金香草谷已把薰衣草种进了人们心中，把甜蜜装进了人们心里。2017 年，大塘金香草谷被评为首批"江苏省五星级乡村旅游区"和"国家 3A 级旅游景区"，形成了以婚尚文化、健康养生、休闲度假产业为一体的综合性园区。2018 年，将婚尚文化创意产业做大做强，将产业链拉长，新辟了恋爱区、户外婚礼区、银发金婚爱情隧道，组建了微电影团队，为不同年龄人策划、拍摄、制作爱的乐章；引入特色民宿"薰衣草遇见你""拾穗""灰墙"等民宿，与传统的农家乐餐饮形成差异化经营。2019 年，新辟了大塘金香草酒店，建设 3D 打印馆、流萤堡、新语作"手作馆"等特色项目，实现婚拍婚摄、活动仪式、餐饮聚会、休闲购物、住宿旅游等多业态融合。

目前，大塘金香草谷进一步延伸产业链，彰显发挥这里的薰衣草资源特色。研发薰衣草精油配方，建设月娘湾母婴护理中心；引进专业团队，开展胎教分娩、塑体服务；建设紫叶仙踪儿童艺术乐园，寓教于乐；建设健康养生中心，开展中医药诊疗、芳香 SPA 等服务，实现全产业链闭合，服务大众。

在这里，我还想与游客朋友们分享一下，乡土性是乡村旅游本质特征。乡村旅游产品的开发与创新应该能够体现乡土文化的多样性，就像大塘金一样，利用自己丰富的历史、清晰的文化脉络、独特的地域风貌，打造出独具特色的乡村旅游，这样才能成为乡村旅游中永不枯竭的创新资源。

经历了一上午的参观，大家现在应该又累又饿，那现在就跟随我去品尝当地特色美食吧。现在我们来到了谷里本地的特色餐厅品悦楼，鱼圆是店里的招牌。谷里鱼圆，又称"鱼丸子"，是谷里地区人人皆知、老少皆爱吃的一道名菜。为何谷里鱼圆这么受人喜爱？因为它取料讲究、做工精细，做成的圆子质地松软有弹性，色泽雪白又剔透，口感鲜嫩又爽口。2023 年 1 月，谷里鱼圆制作技艺列入南京市非物质文化遗产代表性项目名录。

俗话说"今朝尝得君家味，一只鱼圆值万钱"，江苏百名菜榜出来的时候，这谷里鱼圆就成功入选其中。品悦楼的龚家鱼圆，从最初一人制作鱼圆的小作坊到现在的三店同售经历了许多个春秋。"清代时，我的高祖父龚永盛师从制作鱼圆一绝的莲花塘名厨胡长连，我们家从那时就开始做鱼圆了。"龚家鱼圆第五代传承人龚瑞皓介绍，爷爷龚家洪继承了高祖和曾祖制作鱼圆的手艺，家里也成了鱼圆制作的小作坊，父亲龚庭平又将小作坊发扬光大，才有了今天的品悦楼。品悦楼的鱼圆在谷里很有口碑，离不开其对品质的坚持，因为品悦楼的鱼圆选用的是谷里本地水库中的大头白鲢。本地白鲢肉质厚实、白嫩且刺少，营养丰富。制作出来的鱼圆洁白如玉、晶莹剔透、入口细滑、口味鲜美。其特点是：下水是圆的，挟在筷子上是扁的，吃在嘴里是滑的。当然了，肉质酥软烂、口味醇厚的虎皮扣肉，又香又酥、余味久存鸭油酥烧饼，汤汁鲜美、Q 弹可口的菌汤菊花豆腐都是这家店的招牌，话不多说，大家赶紧品尝吧。

各位游客大家好啊，经过中午短暂的休整，我们现在已经出发前往下一个目的地——牛首山了。

俗话说"一座牛首山，半部南京史"，牛首山是金陵四大名胜之一，素有"春牛首"之美誉。牛首山因山顶东西突出的双峰形似牛头的双角而得名，民间称之为"牛头山"。南京牛首山文化旅游区自然风光秀美、文化底蕴深厚、佛禅文化源远流长，是世界佛教最高圣物——佛顶骨舍利的供奉地。历史上的牛首山不仅是文化名山，还是佛教名山。南朝梁代，牛首山上修建了大量的寺庙，其中第一座叫佛窟寺，后来更名为弘觉寺，明朝时期成为八大国寺之一。

唐朝时期，在牛首山一带修行的法融禅师创立了牛头禅宗，是禅宗的一脉，所以牛首山是中国禅宗的重要起源地之一。接下来请大家跟紧我，让我们一起去领略牛首山的魅力所在。

各位游客，进入景区后我们一同乘坐景区交通车前往佛顶圣境。前方是无忧广场，右侧看到的是无忧门，门上方的雕像是佛祖刚刚出生时的形象，他一手指天一手指地，高声唱道："天上天下，唯我独尊"。

我们现在来到的是佛顶广场。前方是佛顶塔，塔高88米，塔的1到7层主要是各种经藏的不同展示；在塔的第八层安置了一口佛顶金刚钟，上刻《金刚经》全文；第九层是如来殿，供奉了一尊如来坐佛。大家请看，广场东侧就是牛头禅文化园，是在宏觉寺遗址上建造的。宏觉寺是牛头宗的发源地，初建于南朝梁武帝天监二年，又称弘觉寺。园内核心景点弘觉寺塔，塔高45米，七级八面，是南京地区现存最古老的一座仿木结构的砖塔。

各位游客，前方的佛顶宫属于深坑建筑，以供养为主题，分为大穹顶和小穹顶两个部分，寓意外供养和内供养。大穹顶的长度为120米，形如佛祖袈裟，象征佛祖无量加持。小穹顶整体犹如佛祖发髻，单个为双手合十的造型，寓意千万信众对佛祖的供养。小穹顶下方是莲花宝座，形成"莲花托珍宝"的神圣意象。"佛顶摩崖"，因整个摩崖位于牛首山西峰，佛顶宫大穹顶袈裟护持之下而得此名。全体共分上下两层，上层依照北方石窟之形态，取天然巨石雕琢十三座大小石窟，下层以各种浅深浮雕和经文石刻为主，上下两层合为一只巨型佛手，庄严殊胜。

我们现在来到的是禅境大观，南北长112米，东西宽62米，内部净高约41.2米，空间面积超过6000平方米，呈椭圆形。禅境大观的核心是禅文化，由三个部分组成，两个禅境花园，一个莲花剧场，共同表现了佛祖一生的故事。北边是展现佛祖出生的禅境花园，有棵无忧树；南边是展现佛祖成道的禅境花园，有棵菩提树；中间是如莲剧场，剧场的中间有一尊释迦牟尼的卧佛像，是佛祖涅槃时的姿态。禅境大观的顶端是智慧穹顶，穹顶的图案来源于娑罗树的树杈。周围还有石窟墙和流水墙。

我们现在乘坐法雨流芳的电梯，前往地下五层。

我们现在位于佛殿层，距离地面约 33 米，核心空间是千佛殿和万佛廊。千佛殿整个空间呈穹隆状，平面为椭圆形，依照华藏世界的五方五佛来布局，以代表金刚界大日如来的舍利圣塔为中心，加之圣塔上的四波罗蜜菩萨、对称于环廊四周的四方佛、慧门十六尊菩萨、四摄菩萨和八内外供养菩萨，立体呈现了佛教密宗金刚界曼荼罗第四供养会的神圣场景。

千佛殿的核心就是中央的舍利大塔，它代表的是大日如来。舍利大塔通高21.8 米，由塔刹、塔身、塔座三部分组成，造型灵感来源于佛教中的须弥山，设计采样于大报恩寺的鎏金七宝阿育王塔以及敦煌莫高窟的中心塔柱，象征着清净庄严的华藏世界。大塔塔刹的核心为水晶牟尼宝珠，象征着大日如来的三昧耶。宝珠下方是头顶宝珠、口衔璎珞的大鹏金翅鸟，象征着长寿和忠心。塔身分上下两个部分，上部为倒锥形的十三重相轮，象征佛教中的十三天；下部为景泰蓝覆钵，覆钵四周安放着四尊玉雕菩萨像。塔座也分为两个部分，上方塔厅呈四方八角形，上面雕刻着金刚杵、法轮、妙音鸟、狮子、圣象、莲花、卷草、山花蕉叶等佛教吉祥图案；塔厅四角供奉着四大天王青铜造像。塔座下方是由 84 片莲花瓣构成的圆形莲台，象征佛教的八万四千法门。

走过这扇门我们就来到了万佛廊，万佛廊是一条环形的回廊，共有两层，每一层以若干佛龛墙与不同形式的壁画组合而成。整体按照十二生肖配本命八尊的方式构成，让人们能够于此找到自己的本命佛，以便供养。环廊内还展陈有脱胎制作的贤劫十六尊菩萨、宝石拼接的二十诸天、漆画制作的印度佛教文化故事以及佛陀本生故事瓷板画等。

最下面的一层是佛宝层，平时不对外开放，只有元旦、释迦牟尼成道日、春节、释迦牟尼出家日、释迦牟尼涅槃日、释迦牟尼佛诞日和国庆节才开放。佛宝层由三厅一廊、藏宫大殿（舍利宝幢、拼画、四大菩萨）、参拜环廊三部分组成。这里既是珍藏佛祖顶骨舍利的神圣之地，又是信众礼佛参拜、静坐禅修的神秘空间。

佛顶宫参观后，请各位游客跟着我一起前往景区天阙站乘景区交通车回到游客中心。接下来让我们一起前往金陵小镇，打卡南京的网红景点吧。

各位游客，我们时间安排得刚刚好，在傍晚时间来到金陵小镇。在白天，这里线条流畅的琉璃屋檐熠熠生辉，错落有致的亭台楼阁古风盎然，让人感觉一脚踏进了时间长河，恍惚间穿越了千年时光，再见金陵城的风雅与浪漫。等一会儿，夜幕降临，这里又别有一番风味。晚风扬起了灯笼，煌煌灯火映照着树影，温暖的橘红光影与浪漫梦幻的"金陵蓝"交相辉映，"风消绛蜡，露浥红莲，灯市光相射"就是对这里最好的形容。

作为一家新景区，金陵小镇究竟有何实力从南京众多景点中脱颖而出？古风景区"泛滥"的当下，它又凭什么可以"开园即成网红"？大家跟紧我，让我们一起走进金陵小镇，感受它的独特魅力。

这是穿越历史梦回六朝的小镇，充满着南京六朝古都文化气息。夜晚古建筑群的灯光五彩斑斓，散发金陵美学古色古香的韵味，勾勒一幅江南水乡温柔的美景。这里的建筑不同于故宫的高大与庄严，用色也不似皇家的贵气与张扬，整体感觉如同江南少女一般，看似柔和中透露着跳脱和大胆。

大家请看，我们的正前方，木质的建筑覆盖上蓝色的琉璃瓦片，耀眼的金色勾勒出繁复的屋檐轮廓，绯红色的大门则增添了一丝温婉，这里就是小城的核心建筑文心馆，映衬在大片的绿树与红花之间，金陵六朝特有的"风雅"瞬间浮现眼前。值得一提的是，抖音中出现频率最高，被网友称为"天空之境"的网红打卡点就在文心馆之中。360度大屏循环播放着金陵小城的全景展示动画，站在玻璃桥上，3D画面中古色古香的景色与人物扑入眼中，真实与震撼交织，让人记忆深刻。

在文心馆对面就是邻曲巷，这是一条汇聚着各色餐饮美食、工艺纪念品的商业街道，不是很长，但也都极尽可能地展现古风文化。以一个小小的梅花糕为例，不同于常见的简易包装，拿到手看到的是精心设计过的古风元素纸筒，不仅味道正宗，还成为游客热衷于拍照打卡的"小工具"。

各位游客，你们有没有发现这个地方与其他景区不同的地方呢？没错，就是屋顶上的琉璃瓦。屋顶上的这个"金陵蓝"是金陵小镇独有的颜色，是一般建筑上看不到的蓝。它的设计灵感来源于敦煌飞天彩带上的蓝色，为了让这种蓝最大限度地还原，景区的设计团队前前后后调制了不下百次，并特邀了《妖猫传》美术总指导、圆明园学会会员陆苇老师和俞宗翘老师加入设计团队，历经六个月的修改、调整，才调配出如今的"金陵蓝"。这抹色彩的运用，让所有建筑色彩瞬间靓丽了起来。到了夜晚，白天熠熠生辉的"金陵蓝"在射灯的照射下又换了一种色彩，如同翡翠一般通透晶莹。与此同时，景区还特别推出了多场精心策划的演绎与灯光秀，磅礴大气的音乐配上绚烂的灯光舞美，金陵小城的夜色也成为被游客传播最多的亮点之一。

总地来说，金陵小镇的建筑风格独特，它以金陵文化为底蕴，将传统建筑与现代设计巧妙结合，既有江南水乡的婉约，又不失古都金陵的庄重，展现出一幅幅古色古香的画卷。漫步在这里，青石板路、小桥流水、雕花窗棂、古色古香的商铺，每一处细节都透露出浓浓的古典韵味，仿佛置身于古代金陵的繁华景象之中，感受着历史的厚重和文化的瑰丽。

各位游客，现在我们已经到了今天晚上休息的地方，位于徐家院的玺舍民宿。它主打"家"的概念，致力于塑造有情怀的民宿"安之若宿"，由民宿经营者亲自参与接待，与客人互动，让客人感受到家的温暖和温馨。玺舍民宿还充分借助徐家院优美的自然生态环境和浓厚的农事民俗文化，成为集民俗体验、旅游养生、餐饮娱乐和农耕体验为一体的民宿典范。优雅与现代、朴素与奢华于此相得益彰，让品位从质感生活中自然流淌。希望大家今天晚上在这里好好休息，睡个好觉，我们明天见。

各位游客大家好，新的一天开始了，今天上午我们将一起漫步徐家院，沉浸式感受这里的乡土风情。

作为南京市首个全域美丽乡村和全域旅游小镇"双全域"示范街道，谷里紧扣着农业和生态资源禀赋优势，一手抓现代农业，一手抓工业经济，探索构建三产融合、三产互促的现代农村发展格局。而徐家院就是其中的典型案例。

谷里街道志《地名考略录》里面记载，"徐家院原以精坊得名精坊村，后精坊关闭后仅留下一座四合院，为徐姓所更名"。徐家院村位于江宁区全域旅游生态廊道的核心区域，是江苏省首批特色田园乡村，是江宁区实施乡村振兴战略的先行示范。它通过盘活农村闲置集体资产，引入社会资本参与农村建设，徐家院原有的自然、文化、旅游资源被进一步激活，释放出"美丽经济"的显著效益。2016年，徐家院村被列为"美丽乡村"特色村建设项目，村庄建设以规划为指导，依据镇村区位特点，村庄地形地貌制定符合本地实际、彰显地方特色、体现农民意愿的整治目标和方式，注重生态环境改善，突出乡村风情和自有特色，有序推进实施环境整治。徐家院以"渔樵耕读"为院落主题，以"耕读传家"和乡村书院为文化传承，深度整合了村内现有的历史人文资源，围绕村史文化、新乡贤文化、民俗文化、农艺文化、邻里文化等五个方面，把历史文化融入了乡村空间建设和乡风文明养成的大环境中。

各位游客，前方就是徐家院的核心花海。特别是郁金香盛开的时候，节假日每日有多达2万人到徐家院休闲观光。花田在蓝天白云下是一种清透之美，不远处的白墙黑瓦民居和花朵相映成趣，给花田增添了几分美丽的田园色彩，有一种精致的乡村风情。徐家院的60亩花田里藏着奇思妙想，是规划设计团队到国外学习所得，采用"三垄菜、一垄花"的田园景观营造技艺，花田"混搭"菜田，既有花海景观又经济实惠。田畔种花，让徐家院成了名副其实的郊野公园和南京著名的网红景点。

村子里的小路由石子铺成，漫步其中，不由得感受到心灵上的平静。在城市中待久了的人才会明白，闲适自由的田园生活有多么珍贵。虽然在很多因素影响之下，我们不可能完全回归田园，但是偶尔抽出空来，来到美丽乡村旅游，放松身心，也不失为一种好的方式。很多乡村美景其实比城市中各种网红景点更加可贵，在这里您能感受到天人合一的伟大境界，也能享受一些来之不易的悠闲时光，感受最纯粹的自然美景。

接下来的时间交给大家，由大家自己去探索感受。午餐大家自行选择，我给大家介绍几家。徐家院山巅一肆·阳光餐厅与老牌知名五星酒店行政总厨团队结缘，有不少顾客远道而来，只为这一口！开洋珍菌豆腐圆是桌桌必点的特色菜，鲜香吸汁；口水鸡集麻、辣、鲜、香、爽、嫩于一身，佐料丰富，满嘴留香；蟹粉狮子头兼具狮子头的入口即化的软糯与螃蟹的鲜甜，令人回味无穷。拾穗西餐厅独树一帜，听一段恰到好处的音乐，喝一杯纯粹香浓的咖啡，吃一块入口即化的牛排，也可以点套餐，穿行于沙拉、浓汤、小牛排、甜点等美味之间，同时提供特色烧烤。溪汕田畔是徐家院规模最大的农家乐餐厅，以"野菜"为主打，茭白、水芹、莲藕、芡实、茨菇、荸荠、莼菜、菱角特色水八仙健康又美味，吸引一批批食客慕名前来，回头客居多。玺舍马府小院能尝到纯正的农家风味，菜品丰富，特色菜是红烧土公鸡和清汤鱼圆。洁姐姐馄饨铺从新街口王府大街搬过来，看中的就是徐家院的生态环境，馄饨、小笼包和桂花赤豆小元宵是三绝，淘宝店铺好评率极高，粉丝众多。徐家院商量书房，是一个花香、书香以及咖啡香满溢的世界，村民和游客在这里可以体验网红咖啡店的有光咖啡、乡愁文化以及协商文化。

各位游客，请大家注意，下午一点，我们在民宿门口集合，出发前往本次旅行的最后一个景点。

各位游客，现在我们来到了谷里街道打造的全省规模最大的生态主题游乐项目。整个乐园以银杏湖为中心，分为游乐区、生态休闲区、高尔夫球场和酒店别墅区。

这里是银杏湖乐园的门口，大家请看，这是一个层次错落有序、布满着四季花卉的花钟，立体 15° 呈斜面迎贵宾。钟表的机械结构是设置于地下的，地面上钟面是由鲜嫩翠绿的芳草或者鲜花覆盖而成。每到整点时都会有音乐起舞，有胖胖小熊等 6 个可爱的玩偶出来迎接游客。钟的时针、分针和普通钟表一样，无论是在阳光下还是在风雨里，不停地在钟面上自行准确移动。

各位游客，花钟这里向左边是游乐区，这里建造了 20 多个国内的大型游乐设施。一进入游乐区，大家就可以看到高约 30 米的中国龙·中国梦，是整个景区的标志性建筑。龙的传人，代表中国五千年文化的传承，龙是吉祥象征，龙头在顶峰，龙体盘绕山体，翻腾于云水之间，一幅绚丽的火焰龙珠在湖中华丽呈现。金龙威武地盘踞在石头山上，游客乘着船经水道悠游自在地做着梦，刹那间悬空盘旋而下，如巨龙般坚毅的精神。另外，游乐区有 40 米高的观景摩天轮，随着转盘徐徐升高，整个景区的风光可以一览无遗；有建在峡谷之上的"城堡"，内设410米长的水道，蜿蜒曲折，游客乘船顺水漂流，一路可经过峡谷、山洞、旋涡，来一场神秘惊险的"奇幻漂流"；有全长828米的"子弹列车"，在高空盘旋的轨道上，以每小时近100千米的速度俯冲，让你感受一把"速度与激情"；有从60米高空急速降落的"漂浮莲花齐放"，游客可以感受突然被"弹射"到空中，然后自由落体下降的极致刺激。除了惊险刺激的摩天轮、海盗船、云霄飞车，游客朋友们还可以去感受如梦如幻的童话剧场。

玩完游乐区，大家就可以前往生态休闲区。整个生态休闲区由天鹅湖、铭珠彩湖、黄金沙滩、太极湖与基山、虎山组成。山水相间，用绿道、廊桥连为一体，打造了千年银杏林、樱花隧道、四季花园、山茶花园、双桥爱情岛、千年柏许愿池、梦幻迷宫、石来运转、夫妻树、龙凤池等多处景观。漫步其中，你可以看到成双成对的天鹅戏水，可以喂养成群的羊驼、野山羊，还可以见到白鹭与野鸭纷飞、雉鸡满地走。园内种植了珍贵的橄榄树、昂贵的罗汉松、百年以上的银杏树和数万株高杆月季、山茶花、樱花以及数百万株杜鹃花，桂花、苹果、石榴、山楂、香樟、红枫、百里香、冬青、桃树等点缀园中，使得游客一年四季都能够在花海中畅游。值得一提的是，这里还有一条长达220米的吊桥，横跨在两座小山之间，高低落差达20多米，是目前国内较长的一座梯形吊桥，喜欢户外运动的游客不妨前去一试身手。走过吊桥，登上山顶，俯瞰整个生态休闲区，银杏湖最美风光尽收眼底。各位游客，下面就我们自由活动的时间，三个小时后我们在花钟这里集合。

尊敬的各位游客，到这里我们的旅程就正式结束了，我由衷地感谢大家对我的支持和配合。最后，预祝大家旅途愉快，一路顺风！

8.2 浦口区永宁街道大埝社区

8.2.1 总体情况

2020年9月8日，大埝社区入选江苏省乡村旅游重点村名录（2020）。

2021 年 8 月 25 日，入选第三批全国乡村旅游重点村名单。

大埝社区因境内有大堰水库而得名大堰，现改为大埝。大埝社区地处老山脚下，东靠琥珀泉、珍珠泉旅游风景区，南靠老山山脉，西邻汤泉，北靠滁河。依山而伴，四面环山，为典型山林地貌，山林资源丰富，所处地理条件优越，环境优美，空气清新，堪称永宁镇风景最美村之一。大埝社区历史悠久，春秋时，地属吴、楚，秦属棠邑。明永乐 6 年（1408 年）自县城至东葛"开黄悦领为驿道"在境内 4 公里。1958 年前属高丽乡永宁乡，建有初级社和高级社。1958 年划归老山林场，性质为集体所有制。2007 年 8 月划归永宁镇。2012 年 5 月撤销大堰村民委员会建制，在原村区域内成立大堰社区居民委员会。2014 年，大堰社区居民委员会更名为大埝社区居民委员会。全社区共有六个居民小组，社区面积约 8080.79 亩，588 户，1855 人。

2014 年以前的大埝社区，主要以农业为主，基础设施、公共服务落后，居民生活品质不高，是一个贫穷的小乡村。2014 年国际青年奥林匹克运动会在南京举办，自行车赛道从大埝社区穿境而过，10 千米的青奥自行车赛道和 5 千米的环形自行车体验道路给大埝留下了宝贵的青奥赛道资源。浦口抢抓机遇，请来专业团队，融入水墨元素和运动休闲元素，兴建一个有体育特色的乡村体育综合体。大埝社区与城建集团联合在六组（黎家营）打造建设具有当代特色的"水墨大埝"。2015 年，大埝社区将水墨风景与运动休闲两种元素结合，建设美丽乡村，发展乡村旅游。2016 年 4 月，"水墨大埝"旅游度假区正式开园。景区以自行车骑行文化为主题，倡导绿色骑行，健康旅游。同年，中国山地自行车公开赛、国际攀联攀岩世界杯攀岩赛、国际跑步节、国际山地半程马拉松、老山有氧三项名人测试赛等一系列国内外大型赛事先后在这里举办。"水墨大埝"由此摇身一变，成为浦口区十颗珍珠中的一颗美丽珍珠，2015 年和 2016 年分别荣获"南京最具原生态休闲农业景点""南京最佳休闲地"等称号。2017 年，依靠丰富的自然资源，"水墨大埝"成功创建"水墨大埝水利风景区"；大埝社区被授予"江苏省休闲观光农业示范村"称号。如今，水墨大埝作为南京唯一以体育运动休闲为主题的美丽乡村，年接待游客 200 万人次。

近年来，大埝社区以生态宜居美丽乡村建设为标杆，走出一条"社区＋景区＋合作社＋农户"的创新建设模式，着重发展乡村休闲度假、运动休闲旅游、文化体验旅游、乡村民俗旅游等新产业新业态。截至 2021 年年底，村集体收入达 533.5 万元，人均收入达 2.9 万元。而 2013 年以前，村集体年总收入只有 120 万元，人均收入 1.4 万元。

在大埝社区，不仅有自行车的骑行文化主题，还有集蝴蝶文化、温泉度假文化、戏曲文化、禅茶文化等特色于一体的民宿集群。社区将居民闲置房屋打造成独具特色的民宿品牌，现有黎家营、水墨年华、念山居、蝶梦山丘、村野山歌上线民宿 5 家，共带动周边 200 余名群众就业。与此同时，大埝社区鼓励扶持农户发展优质农产品生产，积极打造农产品特色品牌，现已成功注册商标 24 个。社区已上线"南京水墨大埝""浦口区黎家营民宿村""大埝宝藏"等订阅号、小程序，借助互联网平台优势进行广泛宣传。

大埝社区在大力发展乡村旅游过程中，牢固树立"生态立村"理念，依托现有山水脉络建设美丽乡村，坚持原真性保护、原住式开发、原特色利用，以改善农村设施为基础，打造有"底气"的美丽乡村；以治理生态环境为特色，打造有"颜值"的美丽乡村；以促进乡风文明为抓手，打造有"内涵"的美丽乡村；以汇聚人才力量为保障，打造有"活水"的美丽乡村；以发展美丽经济为支撑，打造有"钱景"的美丽乡村，凸显田园情趣，让居民望得见山、看得见水、记得住乡愁。先后成功创建全国乡村旅游重点村，荣获江苏省传统村落、江苏省康美基地、江苏省特色田园乡村等荣誉称号。

8.2.2 景点特色——金陵休闲运动第一村

大埝社区是南京唯一一家以自行车健康运动为主题建设的美丽乡村点，是一处拥有自行车体验馆、公路自行车赛道、越野自行车赛道等一系列自行车比赛设施，以及越野自行车体验园、亲子自行车童趣园等趣味旅游项目的园区。

2014 年，借助南京青奥会"东风"，浦口区将一条 5.7 千米的无名道路修缮一新，成为山地自行车项目的一段赛道。如今这条"岔琥路"沿线层峦叠嶂、山水如画，是老山腹地中的一条知名景观大道。大埝社区依托青奥会留下的资源，将水墨风景与运动休闲两种元素相结合，大力发展乡村旅游。2016年 4 月，"水墨大埝"景区正式开园，社区以自行车骑行文化为主题，倡导绿色骑行、健康旅游，着力打造"金陵休闲运动第一村"。

地处素有"南京绿肺"美誉的老山脚下，搭上青奥会的翅膀，大埝村迎来腾飞的后青奥时代。随后，全国山地自行车公开赛、国际攀联攀岩世界杯攀岩赛、亚洲户外运动节、国际山地半程马拉松等国际赛事纷至沓来，"水墨大埝"成了"体育明星村"。近些年来，大埝社区整合绿色资源，打造出一个集观赏、游玩、健身和科普等体验为一体的体育综合体，带动了产业链的延伸。自行车绿道、野外攀岩、野宿露营等项目，吸引大批市民来这里锻炼身体、放松心情。如今，景区每年举办体育赛事近 30 场，接待百万余人次，年营业收入 700 多万元。作为远近闻名的体育明星村，各类自行车赛在大埝村已经司空见惯。

2016 年，水墨大埝凭借优良的赛道基础、怡人的自然环境成功让中国山地自行车公开赛落户。2017 年起，浦口区开始着力打造"三赛一节"赛事 IP，策划了首届"律动之春"体育休闲月主题活动。"2017—2018 中国山地自行车公开赛（南京浦口水墨大埝站）"作为"三赛一节"的重要组成部分，让全国各地的上千名自行车选手汇聚南京浦口，感受南京浦口的巨大变化。自此，大埝社区作为中国山地自行车公开赛的忠诚伙伴，为水墨大埝景区提供了源源不断的灵感，成为其不可或缺的一张名片。

2023 年，中国山地自行车公开赛（南京·浦口站）在美丽的水墨大埝拉开战幕，参赛人数多达千名，比赛现场设立了各种样式的拍照打卡点，户外运动氛围十分浓厚。除公开赛外，骑游活动参与人数也爆满。水墨大埝景区的赛道依山就势、伴水近林、蜿蜒曲折，完全掩盖在山水林田之中，涵盖了山地土路、水泥硬道、涉水泥道、沥青油路四种越野道路，赛道对参赛选手的体力有着不小的考验。此外，赛事得到了来自国家权威媒体（CCTV-5、新华社、国家体育总局等）与地方媒体的全面报道，对大埝社区的宣传效果也起到了良好的作用，再次促进了水墨大埝户外体育综合体产业的全面提档升级。2024 年，中国山地自行车公开赛、全国青少年 U 系列山地自行车冠军赛均"落户"南京浦口，组委会将以更开放的办赛理念，更创新的赛制体验、更专业的赛事组织，为各位参赛者带来更公平、更新颖、体验感更佳的赛事平台。

现如今，大埝社区每年的体育休闲活动已延展至整个春季，通过举办丰富多彩的赛事活动，数以万计运动员及体育爱好者前来参赛或观赛，大家在参与体育赛事的同时，领略"诗画田园"风光，留下一段别具一格的参赛体验和回忆。

8.2.3 导游词

感受山村运动休闲，游览金陵第一秀美山村

尊敬的游客们，大家好！欢迎大家来到江苏省南京市浦口区永宁街道大埝社区，我是你们的导游，今天我们将一同领略大埝社区独特的人文景观，品味这里优美的自然风光。

大埝社区地处浦口区西北部，东邻永宁街道其他社区，西临长江，南与市区相连，北与六合区接壤。社区坐落在风景秀丽的老山脚下，东靠珍珠泉旅游风景区，西邻国家级老山森林公园度假区，四面环山，地理位置独特，条件优越，资源丰富，环境优美。大埝社区为什么叫大埝呢？大埝社区的名称来源主要有两种说法：其一是因为地理位置与自然环境，大埝社区位于南京市浦口区老山林场东部，因境内有大埝口水库而得名。其二就是历史传说与典故，这有两个版本。一个版本是清乾隆年间，该村村北有一条大土坝，"坝"与"埝"同意，因此得名大埝；另一个版本是清光绪年间吕氏彦亮建村，因位于临河埝上，故名大埝村，又因镇政府驻地位于此村故名大埝。

来大埝社区就是来找一个集历史传说与自然之美于一身的休闲胜地，您的不二之选就是南京水墨大埝旅游景区。水墨大埝是南京永宁街道全力建设的美丽乡村示范旅游景点，主推山村休闲度假、运动休闲旅游、文化体验旅游、乡村民俗旅游，将"水墨大埝"建设成为金陵第一秀美山村。水墨大埝最突出的优势在于利用自身拥有的得天独厚的山水自然景观，以及千年遗存的古物民宅，将一幅幅水墨丹青装裱于远山与近景之间。永不干枯的老井，独特的山水

村郭风景，不管是休闲度假，还是阳光下骑行奔跑，都流露着蓬勃的魅力……

作为一个集自行车主题文化展演与休闲度假于一体的旅游区，水墨大埝为游客们提供了丰富多样的娱乐活动。漫步在山间小道上，您可以感受到清新的空气和鸟语花香，仿佛与自然融为一体。而如果您是自行车爱好者，这里更是您的天堂！租一辆自行车，穿梭在郁郁葱葱的山林间，尽情享受骑行的乐趣。

各位游客，我们现在来到的是水墨大埝的游客中心，这里包括旅游综合服务区、接待大厅、文创展示区等。今天我们给大家带来一种与众不同的游览方式，我们围绕水墨大埝的环形骑道路线来进行游玩，这是我们为大家租好的自行车，请大家挑选吧。好的，亲爱的朋友们，让我们一起开始今天愉快的骑行游览吧。

各位游客，我们首先来到的是风景秀丽的黑石公园，它是一座集自然景观、地质奇观和人文历史于一体的综合性公园。黑石公园占地共50亩，是老山地貌的延伸部分，这里的石头原本并不是黑色的。这个可以追溯到2亿年前，在当时形成了沉积岩，岩石群露出地表，表面轻微风化，苔藓覆盖在表面，才成为黑色，俗称黑石。经专业地质考察表明，黑石是三叠纪周冲村组白云岩，岩石呈现灰白色，"黑石"内部有微型溶洞。现在，让我们一起走进这片神奇的土地，开启大自然赋予我们的奇妙的黑石精品奇石之旅。映入眼帘的是一片怪石嶙峋的石山，这些石头不仅形态各异，而且颜色黝黑，如同乌金一般。站在石山上，您可以俯瞰整个公园的美景，感受大自然的鬼斧神工。接下来，请跟随我的脚步，来到公园的核心景点——石头阵。这里是一片由无数奇形怪状的石头组成的神秘地带。据传说，在古代，这里曾是一位神仙的修炼之地，这些石头便是他修炼时留下的遗迹。当您穿行在石头阵中，不妨想象一下那位神仙的修炼场景，感受那份神秘与宁静。这里，我们看到一座古老的碑亭，亭内立有一块石碑，上面记载着黑石公园的地质历史和演变过程。

各位游客，黑石公园是一个充满神秘与美丽的地方，它不仅有着独特的地质背景和自然景观，还蕴含着丰富的人文历史和文化底蕴。在这里，我们可以感受到大自然的神奇魅力，也可以领略到人类智慧的结晶。

　　各位游客，请跟我继续向前骑行，前往中华虎凤蝶自然博物馆参观。听名字就知道，中华虎凤蝶自然博物馆，是集专题蝴蝶展示、科普教学、创意产品为一体的蝴蝶博物馆。博物馆以"爱与生命"为主题，通过对中华虎凤蝶全虫态的展示以及对世界虎凤蝶家族的解密，以序厅、中华虎凤蝶全虫态、虎凤蝶属的研究 3 个常设展区，完整再现了中华虎凤蝶从卵到羽化的全过程，明确标注了虎凤蝶属在世界各地区的分布。

　　我们现在来到的是博物馆的入口，映入眼帘的是一座气势磅礴的虎凤蝶雕塑。这座雕塑以中华虎凤蝶为原型，展翅欲飞，栩栩如生。它不仅是博物馆的标志，更是对中华虎凤蝶美丽形象的生动诠释。接下来，请大家跟随我进入博物馆的主展厅，迎面展示的"世界名蝶展柜"最为抓人眼球，展柜里陈列着世界各地具有地域代表性的蝴蝶标本 400 余件。在这里，有各种形态各异的虎凤蝶标本，它们色彩斑斓、翅膀上的纹理独特而美丽，令人啧啧称奇。大家请看这里，这是虎凤蝶的分布地图，各个国家的虎凤蝶颜色特征也大不相同。这里展示的是中华虎凤蝶在南京的发现和科学研究。中华虎凤蝶是中国特有的蝴蝶种类，被列为国家二级保护动物，南京是中华虎凤蝶分布数量最多的地区之一。现在我们看到是中华虎凤蝶全虫态，完整展示了中华虎凤蝶从卵到羽化的全虫态过程，让您更全面地了解这一物种的历史变迁和保护现状。随着城市化速度的加快，中华虎凤蝶的生存环境遭到不同程度的破坏，种群数量日益减少。中华虎凤蝶自然博物馆的建立，对研究与保护中华虎凤蝶有着积极的意义。

　　各位游客，我们现在不骑自行车，走到旁边的墨上花开美术馆去参观一下。墨上花开美术馆利用郊野与乡村闲置公共空间打造形成，是一处传播高雅文化、发扬在地文化、带动文化创意产业发展的艺术展陈空间，旨在通过多点联动实现集聚的社会影响力，通过艺术唤醒乡土。与城市美术展陈空间不同，墨上花开美术馆更主张天地大美、美在自然，打破室内与户外的隔离，将艺术展览与自然相融。美术馆曾经在 2022 年举办过南京中华虎凤蝶 5 年同步调查成果展，此次展览不仅向外公布 2018—2022 年同步调查结果，让更多的受众了解中华虎凤蝶这一物种，更是展示浦口区对长江流域生态的保护措施以及南京地区的生态变迁，呼吁更多的人保护生物多样性，积极加入生态文明建设之中。

参观完美术馆后，我们现在就去九曲水街看一看！九曲水街，主要是依托老山山体的自流水系，水道蜿蜒九曲回转，所以得名九曲水街。这条水街全长 500 米，两岸依附着树木、店铺，河水临街流过，实现人与自然的有机结合。利用丰富的水景元素变化，采用简中民居风格，整合原住民居，结合大埝的历史文化积淀，依照村庄原有的建筑肌理和格局进行改造，结合古村庄的极乐庵，营造出小桥、流水、人家、古庵、古井的优美景观。经过精心设计与雕琢，形成充满人文气息、历史积淀、文化古韵的特色商业休闲水街。亲爱的朋友们，大家请看水街两旁古色古香的建筑，这些建筑大多采用传统的木结构和青瓦屋顶，散发着浓郁的江南水乡风情，每一扇门、每一扇窗，都似乎在诉说着古老的故事。

各位游客，请看这棵高十几米，树冠也宽达十几米的银杏树，是景区的千年古银杏树，像是大埝这块风水宝地的守护神，保佑当地百姓的平安和吉祥。据说这树是一棵神树，很有灵性，老百姓用红绸红布挂在树上祈求神树保平安。

各位游客，这棵树的旁边就是我们要参观的极乐庵。据史料记载这是坐落于永宁村的南朝四百八十寺之一的真相寺的下院，建于南朝梁陈年间，当时的极乐庵终年香火旺盛，香客众多。后历经战火毁坏，到 20 世纪六七十年代完全拆毁。现在是后人重建遗址，以此来展现历史的原貌。大家请看，极乐庵前有一个形状如钥匙的湖，称为钥匙湖，原来是极乐庵前的放生池，是由老山山泉汇流而成。这是极乐庵的大门，古朴典雅，门额上镶嵌着"极乐庵"三个大字，显得庄严肃穆。在这里，我们仿佛能感受到古人修行求道的坚定信念和内心世界的宁静与平和。穿过大门，我们来到了前院。前院宽敞明亮，绿树成荫，花香四溢。大雄宝殿是极乐庵的主体建筑，是僧侣们进行法事活动的地方。殿内供奉着释迦牟尼佛、药师佛和阿弥陀佛三尊佛像，庄严肃穆，令人肃然起敬。游览完大雄宝殿，我们来到后院。后院幽静雅致，是极乐庵的僧人们日常修行和生活的地方。在这里，我们可以看到古老的禅房、清幽的竹林和别致的假山，感受到一种超脱尘世的宁静和祥和。

游玩了一个上午，相信大家都饥肠辘辘了，那我们接下来就去丹青晓筑品尝美食吧！丹青晓筑是专门做大埝土家菜的饭馆，在大埝土家菜的众多特色菜肴中，有几道具有代表性的菜品值得一提。第一道菜品是盐水鸭，既是大埝的特色，也是南京的特色，以其皮薄肉嫩、口感鲜美而广受喜爱。选用优质的鸭子，经过特殊的工艺处理后，肉质鲜嫩、皮肤光泽，吃上一口，鲜美之味便在舌尖弥漫开来。第二道菜品是永宁青虾，永宁大埝的特色美食，主产于老山以北，滁河以南，选用体质健壮无病、体表完整无损、无寄生虫的抱卵虾，在本地青虾繁育场繁育而成。因其独特的地理位置，适宜的气候土壤条件，优质的水资源，优选的品种，以及长期积累的养殖经验和养殖方式，形成了"永宁青虾"特有的外观特征和品质特色：个体大、爪尖黄、壳薄、体透、有光泽。第三道菜品是熟驴肉，不仅是大埝地区的标志性美食，更是土家族餐饮文化中的一颗璀璨明珠。通常，厨师们会选用当地放养的健康驴子，这些驴子以山间的野草和谷物为食，肉质鲜嫩、口感醇厚。同时，为了保证肉质的鲜美，驴子在宰杀前都会经过精心的饲养和调理。经过精心烹饪的大埝熟驴肉口感鲜美，肉质细腻且富有弹性。每一口都能品尝到驴肉本身的鲜美和调料的浓郁香气，让人回味无穷。说再多，不如大家亲自品尝一下，接下来，大家就尽情地享用美食吧！

各位游客，休息片刻后我们继续骑行，我们的目的地是自行车文化体验馆，从这里出发有不同的路可以选择，大家可以自由选择。半小时后，按照我在群里发的位置即自行车文化体验馆集合。

各位游客，我们人齐了，我先向大家介绍一下自行车文化体验馆。该馆占地面积约4500平方米，是自行车文化科普教育与研学旅行基地，为南京甚至江苏首家规模最大、功能齐全、设施完善，全面展示和表现自行车文化的综合性展馆。自行车文化体验馆采用简中式风格设计，黑白相间的色调组合凸显出山水墨画意境，整体建筑的方形布局和曲线元素的运用体现出自行车运动的竞技性和趣味性。整个展馆由两部分组成：第一部分重点展现自行车的发展史以及四种自行车竞赛类型；第二部分以多媒体形式展现自行车运动体验，拥有VR 骑行、骑行发电、环游世界等体验项目，还可以观看精彩刺激的 5D 电影。

　　一进入体验馆，映入眼帘的是一辆古老而充满韵味的自行车。这辆自行车是 1866 年的产物，由著名的发明家皮埃尔亲手制造。它见证了自行车从诞生到逐渐普及的历程，是我们回望历史的珍贵见证。接下来，请大家跟随我走进展馆的内部。第一部分是关于自行车文化的介绍，可以看到自行车的起源、发展历程与种类、自行车传入中国的历程、自行车运动与奥林匹克、江苏自行车运动成果等。自行车骑行运动的发展史是由人力脚踏驱动的、有两个车轮的陆地交通工具，俗称自由车、脚踏车或单车。自行车自 18 世纪诞生以来，深受人们喜爱，已经是人们运动、环保出行的最佳选择。1791 年，法国人西弗拉克发明了最原始的自行车。它只有两个轮子而没有传动装置，人骑在上面，需用两脚蹬地驱车向前滚动。1801 年，俄国人阿尔塔马诺夫设计出世界上第一辆用踏板踩动的自行车。1817 年德国人德雷斯在自行车上装了方向舵，使其能改变行驶方向。20 世纪 80 年代，中国曾是全球最大的"自行车王国"，1957 年上海有了第一家自行车制造厂，开创并演绎了中国自行车行业历史上最辉煌的篇章。1962 年到 1986 年间，全国的自行车实行凭票供应，上海的"凤凰"和"永久"，以及天津的"飞鸽"，引领了几代中国人的自行车消费时尚。自行车是当时普及率最高的代步工具，奔涌的自行车洪流是中国城市的一道风景线。在这里，您将看到各种款式、各种年代的自行车。从最初的木质自行车，到后来的钢铁自行车，再到如今的高科技碳纤维自行车，每一辆自行车都承载着不同的历史印记和文化内涵。请大家抬头看，自行车轮子组成的奥运五环悬在空中，看上去运动感十足，让人不禁联想到铁人三项赛里运动员们奋力冲刺的场景。第二部分主要表现自行车运动的体验与室内休闲，来到这里可以体验虚拟骑行。大家请看这是公路自行车赛道，中间是场地自行车赛道，后面山地自行车赛道，虽然不大，但都是非常真实的。这里还有 5D 影院、自行车主题休闲、儿童乐园区、自行车俱乐部活动及展示区，非常丰富。在赛事回顾区，我们将通过视频和图片展示一些经典的自行车赛事，让您感受到这项运动的激情与拼搏。

各位游客，我们一直骑行的道路属于面向全民、覆盖全区的自行车慢骑系统。现在我将带着大家去体验依托南京青奥会自行车赛场建设而成的越野自行车体验园，挑战一下山地越野。山地越野是一种刺激而又独特的户外活动，它结合了冒险、挑战和自然美景，成为越来越多人热衷的活动。相比于普通的步行或者骑行，山地越野更具挑战性、技巧性和冒险性。越野自行车体验园中的越野自行车道由山地土路、水泥硬道、涉水泥道、沥青油路等构成。车道依山就势、傍水近林、蜿蜒曲折，完全掩映在山水林田之中，在此骑行不仅享受到极限运动的乐趣，更能与大自然亲密接触。下面给大家半小时的自由活动时间，有兴趣的朋友可以体验一下山地越野，不想体验的朋友可以去体验园旁边的海棠花园去看看。

各位游客，人齐了，我们继续沿着主道骑行。在郁郁葱葱的山林间穿梭，可以感受到清新的空气和鸟语花香，仿佛与自然融为一体。看，我们的左手边是水墨年华温泉民宿，一池温泉一壶茶，一方庭院一年华，惬意清寂，32间精品客房都有温泉"注入"，其中独栋温泉套房、星空温泉房等，更有私汤让你"避世"独享。继续向前，左手边还有一个童趣园，这是集儿童游乐、游戏拓展、亲子娱乐为一体的儿童主题游乐园。乐园拥有卡丁车、碰碰车、旋转木马、充气城堡、乐吧车等游乐设施，可以让父母与孩子更加的亲近，教会孩子在玩中学，在学习中感受到乐趣。继续向前，右手边是向阳花境，远处的湖泊是亲水蓝湾。大家请看墨上滑草，这是一项富有乐趣和挑战性的户外运动。现在让我们停留一下，去体验一下吧。亲爱的朋友们，在开始滑草前，请先了解基本的滑草技巧和安全知识，以确保活动过程的安全与顺利。

好，接下来我们继续往前，我们现在穿过的是紫藤花径。紫藤，它的花朵以紫色为主而得名。开花早于叶，缠绕满枝的紫藤花悬挂在枝头，花瓣宛如璎珞，一朵朵拥簇在一起，犹如成群结队的花蝶，芬芳馥郁。关于紫藤花有一个美丽的传说。一对相爱的恋人想要共度此生，因男子家境贫寒，遭到了女方父母的强烈反对，最终两个相爱的人跳崖殉情。后来在他们殉情的悬崖边上长出了一棵树，那树上缠着一棵藤，并开出朵朵花坠，紫中带蓝，灿若云霞。因为紫藤花需要缠绕在树枝上才能生存下去，并不能独自存活，有人便认为那个女孩就是紫藤的化身，而树枝就是那个男子的化身。紫藤为情而生，为爱而亡，这个美丽动人的传说流传至今，令人动容。

各位游客，下面的时间留给大家自由骑行，一个小时后我们在游客中心那里还车集合。在紫藤花径尽头你可以向右边骑行，沿着云栖路这条主道，就可以到达森林动物王国，再沿着主道就可以看到极乐庵，不远处就是游客中心。也可以回头走，到刚刚路过的水墨年华温泉民宿，可以去看开心农场、山野露营基地，也可以到达森林动物王国，找到游客中心。游客中心的位置我马上发我们群里，找不到朋友可以导航到那里，一个小时，请大家注意时间，谢谢大家。

尊敬的游客们，我们今天的旅程到这里就结束了。水墨大埝以自行车主题文化为特色，集山、水、林、泉、溪于一体，享有"金陵第一秀美山村"之美誉。相信这次旅行一定会给您留下难忘的回忆。谢谢大家，再见。

8.3 江宁区江宁街道黄龙岘茶文化村

8.3.1 总体情况

2019 年 7 月，黄龙岘被文化和旅游部确定为第一批全国乡村旅游重点村。

黄龙岘茶文化村位于南京市江宁区江宁街道牌坊社区，位于古都金陵城西南 40 千米，地处苏皖交界，南接江苏 S337 省道，西通宁马高速，北接南京绕越高速，东与宁丹大道相通，交通便捷。这里重峦叠嶂，林木繁茂，空气清新，泉水潺潺，青山绿水美如画，被誉为南京的"小九寨沟"。

传说古代晏公常化身为黄龙在长江兴风作浪，祸害一方百姓，妈祖施法将晏公囚禁于此，并派青龙、白虎等看押晏公，黄龙岘由此得名。岘，小而险峻之意。公元 229 年，自孙权在南京（时为建邺）称帝那时起，黄龙岘便成了达官贵族狩猎的去处。公元 281 年（晋太康二年），晋武帝司马炎改临江县为江宁县，县治（府）设在江宁镇（今江宁街道地域），黄龙岘就地属江宁镇。历史上，黄龙岘是南京中华门通往皖南的必经之路，浙商、徽商在此歇脚，渐渐发展出驿栈，此后江浙、安徽的移民沿着官道在这里安家，村子有了雏形。黄龙岘属于丘陵山地，四周茶山、竹林环绕。村里共有居民 52 户，133 口人，2000 亩茶园，村庄周边 20 千米无工业污染源。

黄龙岘茶文化村是"金陵茶村"都市生态休闲旅游示范村，素有"金陵茶文化休闲旅游第一村"的美誉，是江宁区确定的新一批"金花村"之一。黄龙岘青山绿水景色迷人，村前有龙虎把门（指青龙山、白虎山），村内有龟蛇席地（指龟山、蛇山），是块绝佳的风水宝地。2013 年以来，村里实施美丽乡村建设，依托当地的好生态，村民开始办起了农家乐。原本不值钱的农房成了旅游接待资源，以前的空心村劳动力逐渐回流，居民人均可支配收入持续攀升。2018 年 12 月，黄龙岘茶文化村被认定为江苏省第二批五星级乡村旅游示范区；2019 年 7 月，入选首批全国乡村旅游重点村名单；2020 年 4 月，入选首批江苏省传统村落名单；2020 年 7 月，入选江苏省第三批次特色田园乡村名单。在杭州举行的"2023 世界旅游联盟·湘湖对话"活动中，世界旅游联盟与中国国际扶贫中心联合发布了《2023 世界旅游联盟——旅游助力乡村振兴案例》，"江苏省南京市江宁区黄龙岘茶文化村：茶旅融合蝶变美丽乡村"入选。

如今，这里依然保留着天然、纯朴的世外桃源般气质。生态循环线沿途风景秀丽、繁花似锦，白墙黛瓦的山村忽隐忽现，给黄龙岘增添了新雅和意境，让人流连忘返。这里是忙碌的都市人亲近自然、放松身心的旅游度假首选地。

8.3.2 景点特色——金陵茶文化休闲旅游第一村

黄龙岘茶文化村地处江宁区江宁街道中南部，东邻战备水库，西接牌坊水库，紧邻西部生态旅游环线，有着"中国最美休闲乡村""南京茶文化特色旅游村""金陵茶文化休闲旅游第一村"等美誉，是一座以茶文化休闲度假为特色的旅游村。

谈到黄龙岘的茶的历史，可以从春秋战国时期形成的黄龙岘商贾驿道说起。相传，当时的皖南、浙北往金陵走亲的及商贩因图近道经过此地，在黄龙岘村几户人家歇脚充饥，主人首先给客人烧茶煮饭，茶余饭后，客人上路赶往金陵。一路上客人们纷纷觉得这茶不但解渴去乏，还能消暑解热。日落西山，从金陵折返于此，商贩们便带上一些黄龙岘茶回到皖南故里。至此，黄龙岘茶在皖南、浙北一带声名鹊起。"江南第一针"的黄龙岘茶就是这么来的。

20 世纪 70 年代起，黄龙岘所属战备林场结合四周丰富的山林资源，发起 4 个"千亩计划"，即"千亩竹子、千亩杉、千亩瓜果、千亩茶"，由此展开黄龙岘茶叶种植历史。村庄环境气温适宜、雨水充沛，周边 20 千米无工业污染源。村里的茶树根植于弱酸性沙质土壤，加之坚持无公害有机管养，使得这里生产的茶叶品质优良。近年来，以茶文化为核心，黄龙岘创出茶叶"叶底细嫩、营养丰富、茶香四溢、口味醇厚"的好口碑。本地主产的黄龙岘牌龙针、龙毫，以及新近开发的红茶等茶叶，经南农大茶研所鉴定，色香味形俱佳。昔日封闭落后的小山村，成为"金陵茶文化休闲旅游第一村"，享有"扬子江上水，黄龙岘上茶"的美誉。

黄龙岘茶文化村的整体山水格局是"山水—茶园—农田—村落"，它是一个以山水资源为核心、茶文化休闲为主题、以非遗技艺传承和乡村田园休闲为载体的传统村。黄龙岘特色村是以茶文化展示为内涵，着力打造融品茶休憩、茶道、茶艺、茶俗、茶浴体验、茶叶展销—研发—生产、茶宴调理、特色茶制品购买为一体的乡村特色茶庄。

在黄龙岘茶文化村的中心有一条步行街，有"茶文化和农家美食风情街"的美誉。沿街整体建筑风格以徽派建筑为主，突出"小桥流水，春潭柳绿"的江南气息。在步行街的路口，有许多栽种了各式花卉的废旧水缸，它们形成了富有乡村气息的围栏。农家美食风情街用小青砖铺设而成，改造了原来的水泥和沙石路基而成。全村有 33 家农户参与了茶、餐、客栈、无人售货亭等特色经营，使游客尽享农家美食，在休闲娱乐的时间里还可以品尝"黄龙四宝"——茶干、笋干、鱼干、萝卜干。

黄龙有一个炒茶的地方——炒茶坊。我们可以近距离观察并且零距离接触、了解制茶工艺的总体流程。还可以邀请到我们的焙茶师手把手传授制茶技艺。黄龙岘的黄龙大茶馆建筑面积为764平方米，可同时容纳120人在此休憩、品茶、观光。在这独具茶乡特色的环境之中，大家可以品一杯地产的黄龙岘清茶，也可品味刚刚在炒茶坊自己烘焙的新茶，聆听悠扬曼妙的古筝琴声，在清静悠闲中体验一种返璞归真、回归自然的感觉，享受慢生活境界。

茶园观光采摘区是黄龙岘另一大特色。蓝天碧水、青山绿茶，仿佛勾勒出了沈从文笔下《边城》里的乡村田园式风景。50亩茶园如一块翡翠镶嵌其间，折射出令人神往的魅力。三五好友，行进于茶垄之间，放逐心境，品味悠然，享受惬意人生。

这里是游客品茗休闲的天堂，这里是茶客访茶事、问茶道的"生态茶博物馆"，民间传说、人文典故甚多，茶文化历史底蕴深厚。国学大师南怀瑾先生说：三千年读史，不外功名利禄，九万里悟道，终归诗酒田园！在这个群山绵延、秀水环绕的美丽乡村，置身于千亩茶园观光道，感受大自然的纯粹；在步行街闻茶香、品茶味，享受一次诗意的栖居。

8.3.3 导游词

扬子江上水，黄龙岘上茶

各位游客，大家好，今天有幸陪伴大家到金陵茶文化休闲旅游第一村、全国乡村旅游重点村南京市江宁区黄龙岘游览，我是你们的导游，我一定竭尽全力为大家做好服务。

在到达村庄之前，我先为大家介绍一下黄龙岘。大家知道"岘"是什么意思吗？"岘"是小而险峻的山，因为黄龙岘所处的区域群山绵延，秀水环绕，竹林茂密。相传黄龙岘"缘起"，与小红彤山脚下的千年古官道相关。公元229年，孙权在南京（时为建邺）称帝那时起，黄龙岘便成了达官贵族狩猎的去处。历史上，黄龙岘是南京中华门通往皖南的必经之路，浙商、徽商在此歇脚，渐渐发展出驿栈，此后江浙、安徽的移民沿着官道在这里安家，村子有了雏形。

黄龙岘在半个世纪前还是一个贫穷落后的小乡村。20世纪70年代起，黄龙岘开始种植茶叶，经过村民们几十年辛勤的劳作，这里成为"金陵茶文化休闲旅游第一村"，享有"扬子江上水，黄龙岘上茶"的美誉。如今的黄龙岘，声名远播，是全国乡村旅游重点村、江苏省五星级乡村旅游示范区、江苏省传统村落、江苏省特色田园乡村，入选《2023世界旅游联盟——旅游助力乡村振兴案例》。

黄龙岘是个东西走向的村落，现在我们到达村东头的玉兰广场，请大家带好随身物品，我们一起游览这个悟道品饮、竹韵幽幽的好地方。

各位游客，大家请看这个标志性的大茶壶，也叫"一壶春暖"，壶嘴里流出的是从茶山上泉眼里抽上来的泉水，寓意黄龙岘茶文化历史的源远流长和好客的茶农以茶待客的热情。旁边是游客接待中心和电商服务中心，等我们返程时大家可以在这里采购伴手礼。现在时间还早，大家都精力充沛，我们先从这里上山游览茶园。这里是丘陵地带，山不高，而且都是缓坡，就算是老人家和孩子爬山也没有问题。这里四周群山环抱，沿着景观道一路向前，我们可以看到漫山茶园。这里的茶园广阔茂盛，环境清幽、空气新鲜、景色宜人，自然生态资源保护良好，是游客观茶采茶体验的理想之地。蓝天碧水，青山绿茶，勾勒出一幅乡村田园式风景。请大家一边欣赏茶园，一边听我讲讲这片茶园的历史。

20世纪70年代初期，这里并非茶山遍地、竹林遍野，只有小小一片茶园。黄龙岘地区与周边的其他四个生产队一起，成立了战备林场。成立战备林场的初衷是"备战备荒为人民"，目的是实现"千亩毛竹千亩沙、千亩苹果千亩茶、楼上楼下电灯泡"这一奔小康的理想。时任黄龙岘书记的陶正福，开始发展茶园、竹林种植等林业经济。经过前期调研，1975年12月，战备林场开辟了360亩山林，播下了从福建引进的福鼎大白毫品种的茶籽进行播种，还成立了黄龙岘茶厂。第一批茶籽种下去，到了第三年，才开始采摘茶叶，但是产量较低。到了1980年，又扩种了40亩茶园，地点就在我们脚下的这片山林。随着茶园的产量逐渐增长，茶叶作物的经济收益快速提高，市场销售行情见涨，勤劳的黄龙岘人陆续开始开荒种茶，茶叶逐渐成为村民的副业。同时，当时来自南京、南通、镇江等地的100多名知青，也上山下乡来到这里，为战备林场的发展贡献了自己的青春和汗水。黄龙岘茶园也从最初的300多亩，渐渐发展成了2000多亩。

最初，在黄龙岘是没有龙针、龙毫这两个茶叶品种的，在管养、炒制方面也并没有形成自己的独特体系。当时有按照雨花茶加工工艺生产的雨花茶，售卖价格每斤仅仅10元钱左右；后来也生产浙江的旗枪品种茶，价格稍微要高一点。到了1985年前后，黄龙岘本地生产的茶叶在南京一带已经小有名气了，价格达到了一斤50元至70元。为了创造自己特有的品牌，提高黄龙岘茶的市场竞争力，江宁区林业局牵头邀请了省里的林业技术专家，针对茶叶的管养、炒制等进行了为期两年的悉心研究。到1987年，黄龙岘第一个自有茶叶品种龙毫问世后，很快得到了市场的认可，龙毫的管养和炒制技术也很快在黄龙岘村大力推广开来。到了1989年，龙毫茶叶的市场价格上升到了一斤400多元，并且呈供不应求的趋势。到了1990年，又开始生产、采摘龙针，龙针产品一问世，价格直接达到了一斤1000多元。说起龙毫、龙针的名字，也是有来历的。一来是因为这里名叫黄龙岘，取其"龙"字；二来黄龙岘茶叶质量好，生产的产品白毫多且明显，因此取名为龙毫。而龙针，则是因为生产的产品形如针状，具有容易辨别的标志性，所以取名为龙针。

20世纪90年代，茶叶收入成为黄龙岘村人最主要经济收入，村民过着十分富足的生活。2013年，江宁交通建设集团启动了黄龙岘茶文化旅游村的开发建设，依托这片2000多亩的茶园，成功打造了集茶文化观光旅游、餐饮住宿、休闲娱乐、管养销售等于一体的茶文化旅游产业，成为令全国瞩目的茶文化特色小镇，每年接待的游客超过百万人次。

现在，村民们依靠经营农家乐、民宿等，已经实现收入翻了几番。虽然茶叶销售已不再是最主要经济收入，但家家户户每年依然忙着采茶、炒茶。这片茶园和衍生的茶文化形态，以及这里的绿水青山，不仅成为黄龙岘村民致富奔小康，实现自己"中国梦"最宝贵、最重要的支撑，更是他们以及当下世人心中最理想的精神家园，因为承载着大家的梦想与追求：是乡愁、是家乡、是桃源，也是归宿。

各位游客，欣赏过漫山的茶树，我们下山，眼前就是黄龙潭了。

黄龙潭水域面积30亩，最深之处可达10米，相传黄龙曾在此潭饮水沐浴。这里山水之景合一，沿岸梅花、桃花、海棠相称，风景绝佳，是垂钓爱好者的天堂。潭中有白色大鹅排着队来回游荡，等着游客投喂。潭边的腾龙广场有很大一片草地，绿茵草场上有一条蓄势腾飞的巨龙雕塑，草地南侧的亭子叫做云龙亭。这里山水合一，可以野营扎寨、休闲垂钓，平时还有很多小朋友在大草地上奔跑嬉戏，呈现一幅"岘里得闲"的雅境。

各位游客，茶园里一路走来，现在我们已到了黄龙岘茶街。茶街是茶文化风情街，全长430米，宽3.9米，路面是在原有的水泥路基上，加设小青砖铺设而成，围绕"绿色生态、亲近自然"的主题，集中展示地方茶文化与餐饮文化。整体建筑风格以徽派建筑为主，突出"小桥流水，春潭柳绿"的江南气息。街上茶馆、农家乐、小吃、奶茶店、陶器店等特色小店琳琅满目，是名副其实的逛吃一条街。你可以在梦想茶社点一杯饮品，听着留声机里的怀旧乐曲，感受闲适美好。逛一逛古色古香、情调十足的陶器铺，这儿陈列着各式各样的茶器、绿植。您也可以 DIY 一串手串，订制属于自己的小美好。还可以品尝当地村民自营的"黄龙四宝"，分别是茶干、笋干、鱼干、萝卜干，更有草鸡、野味、绿色蔬菜等原汁原味的农家特色菜，在这里感受平凡朴实的田园慢居生活。黄龙大茶馆里坐一坐，点一壶当地特色黄龙岘龙针、龙毫，凭栏远眺黄龙潭的波光粼粼，时光在此静静流淌。

我为大家介绍茶街上几处知名的打卡点，大家可以酌情自由选择。

黄龙大茶馆，就在茶街入口处，面积七百多平方米，可同时容纳120人在此休憩、品茶、观光。在这独具茶乡特色的环境之中，大家可以品一杯地产的黄龙岘清茶，聆听悠扬曼妙的古筝琴声，欣赏黄龙潭的碧波荡漾，清静悠闲中体验一种返璞归真、回归自然的感觉，"一杯春露暂留客，两腋清风几欲仙"，享受一种"胸无尘俗思"的慢生活境界。

炒茶坊，是村内炒茶的地方，每年清明谷雨时节，都会有炒茶师傅在此展示炒茶的技艺。游客们可以在这里可以近距离接触、了解茶叶制茶工艺流程。鲜叶分选、摊凉、高温杀青、散热降温、揉捻、解块、加温打毛火、温火炒干、加温提香、出锅。这里沿用手工工序生产茶叶，多道工序层层把关，制茶师傅的手艺，融进一盏盏茶汤里。

梦想茶舍，不仅可以品尝各类茶水，更是一个茶叶文化的创客空间。里面分类摆放着红茶、黑茶、绿茶、花茶，还有各类精致的茶具和文玩，后窗可以看到大片茶园。

淘器铺，是大学生创业的项目，里面所售卖的是从全国各地淘来的精美茶具茶器，自带油画般的气质。如果您是一个喜欢欣赏生活细节美的人，一定会喜欢这里。

见山咖啡，店名很有趣，取自黄龙岘的"岘"，除了提供优质的意式咖啡、高品质单品手冲咖啡，还因地制宜地增加了地方特色绿茶——"岘里龙毫""南京雨花"。

黄龙阁，是一条整体为木质结构所打造的长廊，供游客驻足休息、纳凉、娱乐，同时也为茶文化风情街增添了浓郁的人文气息。

茶缘阁，伫立在满目青翠的茶园之中，内部环境古色古香、清新典雅，是一间供游客歇脚、喝茶、用餐的驿站。人间烟火气，最抚凡人心。这里把茶叶融入佳肴，配制出一道道清香扑鼻的地道茶餐美食，营造"菜中有茶，茶中有菜"的别样滋味。龙针虾仁、茶香排骨、绿茶饼……各种"舌尖上的茶味美食"，满足你的味蕾。

走在这条街上，跃然眼前的是一幅惬意的生活图。店家不慌不忙，守着自己的一方天地；游客不急不躁，享受静谧而文艺的时光。各位游客，现在给大家一个半小时自由活动，大家可以逛吃逛吃。

各位游客，我们人齐了，接下来，带大家看看晏湖，走一走古官道。

现在我们来到晏湖，也叫晏公湖。那么，谁是晏公呢？相传晏公是水神，显灵于江河湖海之中。一些渔民和水上做生意之人，凡是在江河湖泊中遇到风波汹涌，发生灾情，叩头跪拜于他，就会出现"水途安妥，舟航稳载，风恬浪静，所谋顺遂"的景象。明朝朱元璋册封晏公为"神霄玉府晏公都督大元帅"，命天下建庙祀之。由此，晏公这个原本在江西一带的地方水神，在朱元璋的大力推广下，遂成为具有全国性影响的水神了，职司为平定风浪，保障江海上的过往行船。于是，各地就纷纷建庙祀奉。相传妈祖在长江里收服了晏公，将其置身于江东的崇山峻岭之中，并命青龙、白虎、龟蛇、白龙等诸神守护。

请大家看晏湖中间这座小岛，远远看去就像一只乌龟浮在水面上，它就是因为形似乌龟而得名龟山。龟山上茶色青青、松柏苍翠，重点打造晏公遗风、松林归隐、龟岛渔埠、杉林探秘、绿野仙踪径、寄情山水、荷风栈道、石台观岛、柳岸春晓、茶田倩影、涉水漫步、堤顶远眺 12 处景观节点，叫作龟山十二景，也称晏湖十二景。过去，去龟山交通不便，仅有一条供茶农通行的羊肠小径，使得游客只能遗憾地远观这处美景。现在，我们可以走进龟山，俯瞰晏湖粼粼水波、远眺前方连绵的群山，近距离感受别样的自然风景和历史文化啦！2016 年，黄龙岘启动美丽乡村提档升级工程，开辟出一条宽敞的村间道路，直通"龟山十二景"。

现在我们到达龟山山脚，茅草、木梁搭建的晏公祠遗址映入眼帘，踩着枕木铺设的台阶登上山顶便能一览清澈的晏湖美景。沿着白色茶花点缀的石梯继续前行，还能看见半岛渔埠、石台观岛、松林珍翠等其他景观节点。拾级而上，就来到龟山制高点，堤顶远眺，远处的山、近处的水连成一线，可以从另一个角度欣赏晏湖的美景。"到龟山摸一摸松柏，能活一百"的美好说法流传至今，大家可以摸一摸松柏，益寿延年。晏湖的东北角是晏湖驿站，一个集观光游览、休闲健身、生态田园景观于一体的多功能休闲驿站。

接下来，我们走一走千年古官道。黄龙岘小红彤山脚下有条弯弯曲曲的千年古驿道，它是南京中华门通往皖南的必经山道。春秋战国时期，这里是丛山蜿蜒，人迹罕至，偶有猎户涉足，后有皖南往南京城走亲的百姓及商家因图近道经过此地，久而久之便在丛山之间踏出一条坎坎坷坷的驿道来。千百年来，这条驿道见证了黄龙岘世态沧桑变幻，承载着一方水土浓郁的历史。南京历经东吴、东晋、南朝宋、齐、梁、陈六个朝代，黄龙岘成了古都建康城达官贵族探险、涉猎、四季休闲的好去处。由于达官贵族的涉足，这条道便称之为官道。虽为官道，路况极为简陋，直到清代末年，官道路面宽也不足3米，多为本地山石或鹅卵石铺就，但它是中华门通往皖南的必经之路，浙商、徽商行至于此，便有了路边驿栈，商贾、驿栈多了，也给黄龙岘带来繁华。另外，这条官道也为土著居民衣食住行带来便利。此地居民多为江浙、安徽的移民，也有明、清及太平天国战乱年代迁至于此的难民，他们沿着官道至此安家落户，垦荒种植，需把农副产品卖到城里，再从城里购回油、盐、酱、醋、针线布匹等生活必需品，这条官道是土著人生活的"保障线"。随着年代的推移，官道被称为了古官道。

各位游客，古官道旁的山间有一座很大的坟墓，墓的前面立有一座很是雄伟的牌坊。牌坊每块石头是用青石雕琢而成的，每块重约400斤，在牌坊的前面有一青石供桌，整座墓是用青石垒成。青石每块长宽50~80厘米，层层叠叠，没有墓碑，在大墓的后面约有500米深处，建有一座两进头的道庵，道庵的屋面很特别，全是朱红色琉璃瓦，道庵的东面有个小水塘，水面不大，但很神奇，常年往外流动着清泉，当地人称此塘为小荷花仙子塘。这里，还流传着一段有关朱元璋的故事。相传，明代皇帝朱元璋微服出城私访，沿着官道途经黄龙岘时遭遇了一场暴雨，便前往村边一农户家避雨。这农户父子见朱元璋气宇不凡，以为是躲雨的徽商，便起了贼心，准备天黑时就下手劫财，谁知农户家的女儿心地善良，得知自己的家人要加害朱元璋后，趁父兄不备，偷偷地告诉了朱元璋，让他趁黑夜逃走，就这样救了朱元璋一命。朱元璋回城后，念这姑娘救命之恩，便派人把她接到南京城的皇宫，并册封她做了娘娘。很多年过后，这位娘娘死了，朱元璋把她送回故地，安葬在右边的这座山上，并建了一座娘娘庵，还竖了一座牌坊，周围安放着许多石人、石马、石狮。可惜，后来这些都被毁掉了。几百年来，娘娘坟几番被盗，我们当地的一个村民小时候还在自家地头拾到一枚凤头钗，据说是娘娘坟的陪葬品之一，后来被收藏于南京朝天宫博物馆。

　　各位游客，请向远处看，距离古官道不远，就是黄龙岘童趣部落，坐落在整个茶山和竹海中，是一个回归自然、感知童趣的游玩空间。那里游乐项目齐全，包含碰碰车、乐吧车、金刚侠、旋转木马、蹦床、秋千等，绝对是小朋友们的游乐天堂。

　　各位游客，现在我们要回到游客中心，沿途我为大家介绍几处黄龙岘民宿，下次可以带家人一起过来小住。黄龙岘民宿风格不一，各具特色，融合了徽派建筑与苏式园林的精髓，一砖一瓦无不透露出淡雅简朴。装修风格上，有江南水乡式民宿，也有中国古典式民宿，古色古香的民宿也都秉承"回归自然，返璞归真"的理念。西部客栈，坐落在景色秀美的黄龙潭边，整栋客栈包含 3 个单间，1 个套间，还配备了棋牌室、露天阳台，站在露天阳台上可以欣赏整个黄龙潭的美景。茶乡农家民宿，共有 5 间房，包含 3 个单间和 2 个标间，最大的亮点在于庭院的精心设计和布局，院内手工凿刻的民俗浮雕画，多肉植物墙等景观让整个民宿增色不少。仙竹小居，以黄龙仙竹取名，配备了书房、棋牌室、2 个亲子间、2 个单间，适合 2~3 家人入住，经济实用。房间装饰古朴温馨，家具布置简洁大方，墙壁上的画也很有诗意，让人感觉韵味十足。岘里人家，有 5 个不同格局的房间，其中精致湖景房 2 间，单间 1 间，标间 1 间，亲子间 1 间，后院与仙竹小居相通，为游客提供了一个更加开阔舒适的活动空间。龙潭苑，有 6 间客房，是一家集会议、餐饮、住宿于一体的综合性客栈，没有奢华的装饰，只有普通农户家的淡雅，一切以生活的态度作为出发点，提供给您家的舒适感。

　　各位游客，现在我们已经到了游客中心，为大家介绍黄龙岘文创土特产品，可以酌情选购。这里有"岘里如愿""小茶龙"系列文创产品，将这方土地的文化符号转化为岘里本土文化 IP，让茶乡文化与茶乡人家的精神更加富有生命力。远山楠茶竹垫，采用原生态楠竹与立体 3D 工艺制作，盘面刻画出远山境界，集美感与创新于一体。岘里如愿古风手炉，品茗待客时，熏一片檀香，其味清爽张扬；阅读学习时，放一粒炭团，温暖手心手背。岘里如愿香囊，香囊以上品锦缎缝制，其上绣以茶花等秀美团，其内填充有秘制香料，清香弥久，茶香氤氲，是居家自用、赠予亲朋的绝佳选择。小茶龙钥匙扣，以"小茶龙会炒茶为主题"产品，包括采茶、炒茶、筛茶、品茶4款小茶龙，将黄龙岘茶文化元素与之巧妙结合，精巧易携带。古典风耕读金属铜书签字钢笔，手握笔杆，感受内心的安宁，愿岘里乡学的祝福，能为你插上飞翔的翅膀，不畏风雨的挫折。茶乡特色冰箱贴，古色古韵的黄龙阁，特色标志性的大茶壶，风景旖旎的茶乡美景，通过茶乡特色景点外观提炼，采用强力磁铁，将其隐藏于冰箱贴内，不易掉落，防腐防水，为家而生。黄龙岘牌龙针、龙毫，每一份成品茶凝聚的都是黄龙岘茶人的匠人匠心，用最原生态的方式，凝固住茶叶的香醇，给您最好的舌尖体验。"黄龙四宝"，分别是茶干、笋干、鱼干、萝卜干，是农户自营的土特产，佐餐的小菜。

游客朋友们，花开、茶香、鸟鸣、日落，时间流转，万物复苏，在这个远离城市喧嚣的地方，你们有没有享受一份独属于心灵的宁静。希望这次的游览能给大家留下美好的回忆，也期待大家在未来的日子里再次光临。谢谢大家!

8.4 浦口区江浦街道不老村

8.4.1 总体情况

2019年7月28日，不老村入选第一批全国乡村旅游重点村名单和中国最美村镇50强。

不老村隶属于南京市浦口区江浦街道，位于浦口区江浦街道珍七路103号，地处老山国家森林公园南麓，与宁滁快速道相连，三面环山、一面临湖（香山湖），自然资源独特，是浦口区着力打造的美丽乡村八颗"珍珠"之一。老山因是形成年代较久的山脉而得名，具体也没有什么典故或历史故事，而不老村却有着一段神话传说。据传说，玉皇大帝感念"老山"脚下一对恋人的爱情，设法让老树不老、泉水永不干涸。居住在这里的人们渐渐发现自己的身体越来越好，生活也越来越幸福。消息传开，许多人都慕名而来。听说，凡是看过不老树、饮过不老泉的人都会延年益寿、幸福美满，"不老村"由此得名。不老村毗邻象山湖公园、古刹七佛寺，周边景色风光秀丽，尤其是在这深秋季节，漫山遍野的红叶、黄叶交织在一起，绿中带黄、黄中透红，俨然一幅浓墨重彩的油墨画，热情奔放又气势磅礴，风景美不胜收。

不老村虽然坐拥着优越的自然生态资源，但由于交通设施落后，村民生活等配套设施缺乏，居住的 42 户村民多次到街道反映，要求拆迁。2013 年，街道启动了美丽乡村建设工程，先后投资 1 亿余元对该组实施村庄环境整治提升工程，本着"去留自愿"的原则，34 户村民易地搬迁安置进城，8 户村民同意按照村庄规划进行房屋改造出新。2015 年 10 月，街道引进南京一德文化旅游发展有限公司委托专业运营，打造"南京·不老村"特色民宿村；引导自愿留下的村民共享美丽乡村建设成果，发展农家乐"家门口"自主创业增收。整个不老村共分成三期建设，其中一期以民宿客栈群为主，辅之以特色餐饮、文创纪念品等内容；二期共包含山地房车营地、集装箱酒店、树屋、帐篷酒店以及水上项目等；而三期主要打造不老村特色生态农场，目的是要成为老山脚下一个全新的度假社交区域。目前，已建成并运营各类商业运营空间 38 家，其中：特色民宿 14 家，接待床位多达 150 张；村民自营农家乐和便利店 8 家；各类餐饮、酒吧、茶社、乡创集市等配套商业空间 10 家。截至 2023 年年底，全年村客流量达 60 万人次，全村经营收入约 4200 万元，实现了"美丽生态"向"美丽经济"的成功转型。

不老村是浦口区近年来重点打造的美丽乡村之一，依托老山生态资源和当地的村落风貌，从内容设置、文化呈现、业态产品等方面进行升级，将原有村落进行全新规划，打造以各式主题民宿客栈为主，集食、住、游、购、娱于一体的度假社交空间。从偏僻村小组到中国最美村镇，从山洼小村落到南京市美丽乡村示范村，短短几十年，不老村发生翻天覆地的变化，也折射出背后浦口区坚持生态优先，引导村民共享高质量发展成果的理念。

8.4.2 景点特色——南京民宿第一村

不老村是全国首批乡村旅游重点村，是长三角知名民宿群，建有各式主题民宿客栈，其打造的民宿客栈群，满足众多人的"民宿情怀"。截至 2023 年 6 月，不老村已开业特色民宿、精品客栈 15 家，客房数 100 多间，每家民宿都有自己的美学体系，将设计、器物摆件、人文景观的美感发挥到了极致。15家独具特色的民宿集落，春风、夏萤、秋叶、冬雪。一年四季，这儿皆有不同的季节之美。

侘寂·不老堂：建邺、建康、应天、金陵、集庆、秣陵……走进这里，每个房间的名字似乎都能代表一部南京史，270°全景套房，部分房间还配有独立小院，让你奢享一份属于自己的宁静。

侘寂·沐澜堂：侘寂·沐澜堂为二期，整体侧重于水文化度假产品开发，庭院、泳池、温泉、户外观景台及花园面积约600平方米，它还拥有首创玻璃星空房，躺在床上看星星不再是想象。

己居：难得悦己之居，是为"己居"。观云、悟心、咏梅、燕归、听竹、椿舍……己居中的每一间屋子都有自己独有的风格和相应的名字，脱离一尘不变的生活状态，享受不同风情的曼妙，在山间庭院或露天泡池内，观云听竹悟心，任思绪纷飞。

老友记客栈："君子务本，本立而道生"，敦厚而有礼是老友记客栈的待客之道，温馨的田园小院，别致的餐包，充满设计感的精致……在这里，一个名字、一处景致都蕴含着君子之道。

原舍：它就像是一座精致的四合院缩影，被搬进了村落之间，尽显优雅自然。四合院内装饰精致，整体呈现出新中式风格，内有4间双人大床房，可供8~10人居住，是家庭出游、朋友休闲、避暑聚会的首选。

洗铅华：整个民宿由九间客房、中式茶餐厅、中式茶座和五百平庭院组成。九间客房装修设计简约、明快，细节上着重从使用角度出发，最具特色的花海复式大床房里还有隐蔽性极佳的私汤泡池。

立里·逸度山居：立里·逸度山居属于三进庭院之传统中式建筑，显宋明之风，其家居简约，布陈颐然，线条之凝练引人遐思。11间房分为四种房型，标准、舒适、雅致和豪华，每间房都有独立的小院子，每个院子都能看到山，早晨起来，伸手就能摸到山。

云里拾光帐篷酒店：十二顶帐篷，白色的穹顶，流线型的帆布屋顶从中间悬挂下来，在绿色的山谷里显得格外醒目，独立的露台、卧室、卫生间……功能齐全、不同户型的帐篷，尽可能地满足不同客户的住宿需要，完美地呈现出"野奢"一词的真正含义。

悠山客栈：整个民宿由两个院落构成，前院由咖啡馆、书吧、餐厅组成，后院有四间客房，配备中央空调、地暖，别具一格的阁楼设计，增添了居住的趣味，家具、床具、布草是由店家精心挑选的材质，不输于任何一家高端酒店。

不老传说：这是一家主打"六艺"主题特色民宿酒店，提供轻食餐饮、怀石料理，可体验感受书法、古琴、插花、茶道的文化熏陶，还可以进行射箭等户外休闲运动，融合了乡野和现代的优点。

云上温泉酒店：共设客房 16 间、包间 3 间，其中 11 间客房配置私汤温泉泡池，5 间客房拥有私家小院，配有露天泳池、阳光餐厅、多功能厅、书廊等，现代空间碰撞庭院文化，那感觉似游离在古今之间。

凤桐院："家有梧桐树，自有凤来栖"，若有若无的音乐，惬意而舒缓，趿拉着拖鞋在院里散步聊天，远望森林和农场，等待清晨清亮细碎的鸟鸣把耳朵叫醒，没有刻意做作，一切自然而然，自在如风。

不老书院：不老书院是一座古典浪漫的纯中式院落，传统风格装饰搭配新派中式家具，木质结构的客房每一间都散发着独有的江南韵味，同时书院内还设豪华宴会包间、KTV、棋牌等空间，身处酒店却又无限接近自然。

逸舍：逸舍是怡然自得的院落生活式酒店，酒店整体两层，地面全部采用素水泥铺装，干净敞亮的客房有着玉石加海浪灰的台面板、毛竹片加水泥板的床背景、树桩圆茶几……古朴与现代汇聚成一份宁静和素雅。

不老村农乐园房车露营基地：房车营地在农乐园内借景而居，既不会破坏生态，又能最大限度满足游人对田园诗意栖居的需求，整个基地共有 3 个房车庭院，标准的两室一厅一卫，生活设施等一应俱全。

这些民宿坐落于老山脚下，或拥湖光、或附山色，绿意光影婆娑，没有喧嚣和霓虹的耀眼，只有村落特有的烟火气息。民宿内每个细节无不讲究，推开窗子就能捕捉到山间的风与月，枕着星辰入梦，充满着钢筋水泥给不了的诗情画意，充分满足人们对田园生活的向往。远离城市的喧嚣，挣脱世俗的牵绊，诗意不再是遥不可及的"远方"，在不老村就可以实现。

8.4.3 导游词

遇见民宿慢时光，到不老村相约"不老"

各位游客，大家好！欢迎来到江苏省南京市浦口区江浦街道不老村，我是你们的导游。今天我们将一同游览美丽乡村不老村，感受这里独一份的清雅和自在。

不老村隶属于南京市浦口区江浦街道，地处老山国家森林公园南麓，是浦口区着力打造的美丽乡村八颗"珍珠"之一。它依托老山生态资源和当地的村落风貌，从内容设置、文化呈现、业态产品等方面进行升级，将原有村落进行全新规划，打造以各式主题民宿客栈为主，集食、住、游、购、娱于一体的度假社交空间。

各位游客，来到不老村，是不是大家想知道不老村名称由来啊？相传，一位家境殷实姓苏的年轻人，为了能和相爱之人在一起，两人来到老山的一个小山沟，在一处泉水边搭建茅屋居住了下来。夫妻俩恩爱勤劳，昼出夜归，打造了一片小家园，陆续又接济、收留了不少逃难人。渐渐地，这里形成了一个20多户人家、世外桃源般的小山村。然而，一场突如其来的瘟疫席卷了小村庄，略懂医理的苏家夫妇每天进山采药给大家诊治，劳累过度的两人在一次采药时踏空坠下了悬崖，悲痛的村民将他们葬在了泉水边，玉皇大帝被他们二人的故事所感动了，于是施法，第二天泉边就长出了一棵小树，树枝努力伸向泉水似乎暗示着什么，村民取了泉水煎药后便陆续痊愈了。为了感谢救命之恩，小树取名不老树，泉水取名不老泉。上百年过去了，这里树木不老，泉水不竭，据说喝过不老泉的村民们，都能活到百岁，夫妻在不老树下成礼，都能相守到白头，"不老村"便由此得名。

"不老村"的名字很美，"不老"更是所有人的梦寐以求——无论是爱情的不老、身体的不老、还是心灵的不老，而所谓"不老良药"，可能就藏在这里的一草一木一花一人中。置身于山村中，可以环顾老山高峰的奇险俊美，岗阜跌宕起伏，茂林休竹滴翠，青山绿水怡人风景，感受人与自然的和谐之乐，感受返璞归真的自然境界。晨光初照时，可见山峦起伏、芳草茵茵，可闻蛙声蝉鸣、鸟语花香，可观绿树绕山庄、水流小桥旁。夕阳西下时，穿行于阡陌交错的乡间小路，汩汩清泉山涧淌，落日余晖映山梁，一幅美妙的田园山水画跃然眼前。在这里，建筑与自然的有机融合，身居其中，沉浸于悠闲的山居岁月，仿佛时间在这里按下了暂停键。

各位游客，漫步在村中，可以看到这里建筑的风格及内部装饰极具东方文化色彩，中式与西式并存，古典和浪漫结合。长长的石板路在不老村蜿蜒，一侧是徽派风格的白墙灰瓦，一侧是盎然的草木山林，房屋的墙角下还种满了绿植，路边慵懒的猫咪也出来晒着太阳，时而低低地嘤嘤几句，时而伸伸懒腰踱踱猫步，迈着悠闲的步子踏在石板上，无论行至何处都能感受浓郁的原生态气息。

沿着石板路左拐就到了我们的第一个目的地——鬏憩工作室，在快餐式时尚流行的当下，总有一些小店和被生活折磨得焦头烂额但仍有些执念的人，让我们产生共鸣，不老村的鬏憩就是这样。它敞开着店门，为步入其中的客人，带来美好回忆和新希望，致力于金缮修复，借由"令物品再生"这样颇具仪式感的行为与"品四季风物之滋"的诗意方式，达到"修复精神，进行自我治愈"的生活态度。

众所周知，我国自古就有女娲炼石补天的传说，而相传金缮工艺就是女娲在冶炼五色石过程偶然诞生的。女娲成功补天之后，自己过劳泣血而死，临终前将种种技巧传给了人类，金缮工艺就这样一代一代传承了下来。金缮也被称为"漆缮"，漆艺贴金工艺是用于漆器上的装饰，而金缮则是为了补缀，将残缺的部位掩盖并美化。金缮的修复范围很广，不仅仅用于陶瓷和紫砂的修复，还可以应用于对竹、木、牙、紫砂、玉器的修复，如果采用得当的手法、优雅的设计，不但可以还原本已破碎的原作，反而还能增加另一种难以言喻的"残缺的美"。

各位游客，大家知道金缮的基本流程吗？首先以不伤害器物表面的温柔方式将碎片按照原本的位置一一以生漆组合回去，等待阴干的过程长达十天。接着用细砂纸磨去多余的干漆，确保每个碎片紧密地附着在一起再也不分开，后再以细毛笔沿着破损处涂上一层黑漆。干燥一周后再次慢慢打磨刮去多余的线条边缘，此时黑漆就像是给器物涂上一层天然保护防水层。最后再以最细的毛笔沿着黑漆涂上一层薄薄的色漆，只要等上半天的时间就可以撒上一层绚丽的金粉，再等待三天后擦去多余的金粉就可以让器物回到手中正常使用了。传统生漆耐热高达200℃，即使盛装热水也不怕，用纯金粉装饰后的器物表面入口食用也完全没问题，只要器物用过之后用手洗，避免菜瓜布或钢刷将金粉层刮伤就可以了。

如果单从工艺上讲，金缮技术其实并不复杂，但每个人对于美的呈现和追求都是不一样的，故金缮工艺的价值在于，考验的是修复之人的艺术审美能力。当然，还有一个前提是，无论是金缮还是漆工艺，首先都要对大漆的漆性有所了解，其次你得不怕漆过敏，不怕辛苦，所以想要彻底掌握这门技艺，这需要一个长时间的过程。因此，那些在默默传承发扬金缮工艺的匠人们，他们手作价值和技艺本身的价值，都值得我们去认真尊重。

继续沿着道路往前走，大家看这家民宿——原舍，它就像是一座精致的四合院缩影，被搬进了村落之间，尽显优雅自然。四合院内装饰精致，整体呈现出新中式风格，这是由民宿主亲自设计改造与监督完工，以专业人士的挑剔眼光打造舒适休闲度假的优美环境，也是度假休闲的理想之处。

原舍旁边就是不老村的网红小店——小满，这里也是许多人田园度假、放松心灵的休憩之所。小满是二十四节气中的第八个节气，夏季的第二个节气。小满的店名其实寄托了店主人对美好生活的畅想——"如果我们都要被淹没在生活里，也愿我们保有的梦烟火不熄。"小满提倡简洁丰盈的精神内在，让生活回归本真，这一点大家在迈入院子的时候就能感受到。走进小满，整个花园宽阔幽静，仿佛集齐了美的两面，一面通透一面聚气。因院内院外的花海而不乏生机，600平方米的花园居住着80多种植物，它就像是一个时间的容器，每一时，每一刻，各不相同，野然成趣。小满的菜园，承载着明媚的阳光、清新的空气、无污染的水土等乡村生态资源，是小满艺术空间对田园慢生活的转换。在这里可以体验农耕，翻土、种菜、采摘、浇水等多种田园项目，享受返璞归真的田园生活。小满的鱼塘，结合了不老村优美的水环境和山林资源，积极探索"玩水边、食水鲜"的休闲渔业模式，聚力打造集垂钓、餐饮、休闲、度假、艺术于一体的艺术空间。木栈道、观景台等一个个水上主体结构与湖水相互映衬，烘托出一种田园休闲氛围，让游客在垂钓或喝茶欣赏美景、体验舒适和轻松的同时，也体验一回乡野闲人的惬意。移步室内的茶饮空间，柜子里、横架上器物一一排列整齐，衬以几株绿植，娇柔淡去，清丽依然。"一方庭院深幽处，半卷闲书一壶茶"，在绿意朦朦的老山脚下安静地读书饮茶，远可见山林，近可见花园，似乎这样就会忘了自己身处哪里，时间瞬间定格，享受田园片刻的慢时光。

各位游客，这里是小满的餐厅，五个独立包间分别是小满、盛夏、浅山、闲庭、原乡，呈现了五种不同类型的诗意空间。包间由一条艺术长廊串联，伴着脚步的挪动，心境也随之发生变化，仿佛停留住了一段时光。独特的庭院设计，模糊了内与外的空间感，让整个包间不失私密感。在绿意环绕中品美食、赏音乐，体会田园慢节奏的生活方式，就是小满对休闲慢生活最高的追求。另外，在菜品上既保留了一些南京当地特色美味，又增加一些创意的时尚潮流美食。它一直秉持着休闲情调、时尚好吃、特色定制的理念，每一道传统与创意碰撞的淮扬菜系，于微小之处体现小满对于出品的尽心，使菜品每个瞬间都以最美好的样子绽放。凭借对食材的坚守和对平常日子的热爱，小满已经长时间占领江浦大众点评餐厅第一名。接下来的时间交给大家，细细品味每一道菜，享受美好时光。

各位游客，享受美食之后让我们一起去小满艺术长廊看一看。小满提倡让生活回归本真，艺术走廊以去风格化的设计，将自然人文以艺术化的形式，赋予空间独特且美好的感官体验。设计从材质与线条的多元形态中营造出空间趣味，勾勒出乡村壮阔又质朴的自然人文意境，简洁丰盈的精神内在，空间流线与原生态自然相互映衬互动。这里，经常会邀请并策划各类艺术家的创作作品展，包括绘画、雕塑、非遗、书法等，同时也会开展主题性的文化沙龙及展览活动，涵盖非遗文化、艺术作品等，展示南京乃至全国美丽乡村优秀的文化艺术和传统经典，可以说小满艺术空间是不老村面向大众的一扇文化之窗。其实不仅是对美学艺术的传递，小满倡导的更多是一种生活方式和精神内在。从自然、音乐、美食、艺术等角度切入，在众多的田园室内外空间中营造出不同的体验场景，与众多热爱乡村、热爱田园生活的伙伴们一起，探索美好的无限可能。其实网红很容易让人有种转瞬即逝的误解，但是小满的"长红"来自主理人心底不懈的努力，这种努力已经无关柴米油盐，但是又在日日柴米油盐的餐厅里实现生活的"小满"。

大家跟随我一起步行出发前往下一个地点吧。漫步在不老村的街头巷尾，很容易就想起老舍先生《春风》里的那句话："所谓春风，似乎应当温柔，轻吻着柳枝，微微吹皱了水面，偷偷的传送花香，同情的轻轻掀起禽鸟的羽毛。"①大家看我们两侧就是不老村的花海，大片大片粉紫色的格桑花细腻而又风情万种，花瓣绽放如少女的裙摆蓬蓬，微风荡漾下，满是浪漫的心动怦然。花海中间还有一个不老泉，对面正对不老泉的就是不老桥，走过不老桥就是悠山客栈，整个民宿由两个院落构成，一动一静，前院由咖啡馆、书吧、餐厅组成，后院由住店客人独享，不受外界打扰。悠山客栈只有四间客房，"喜悦、圆满、月圆、福气"，寄托了对入住客人的祝福。

大家看这边，这两边的民宿都属于侘寂，这边的不老堂属于一期，总面积约1600平方米，包括建筑面积700平方米以及庭院、户外观景台与花园面积700平方米。建邺、建康、应天、金陵、集庆、秣陵……这里的每个房间的名字似乎都在为你翻开一部南京史，270°全景套房，让你在屋中也能随时享受看山的乐趣。在不老堂对面的是沐澜堂，沐澜堂整体侧重于水文化度假产品开发，总度假面积约1300平方米，庭院、泳池、温泉、户外观景台及花园面积约600

---

① 选自老舍《春风》原文。

平方米。它拥有首创玻璃星空房，可以躺在床上看星星，这里的亲子房也非常适合一大家子一起度假，部分房间的阁楼是榻榻米设计，深受小朋友的喜爱。

往旁边走就是另一家民宿——己居，难得悦己之居，是为"己居"。随睡莲叶下嬉戏的锦鲤，踏上斑驳的青石小径，小径那端，柴门半掩，白墙黛瓦清晰可见，氤氲在竹篱中的质朴清韵，己居总给人一种误入山野人家的错觉。观云、悟心、咏梅、燕归、听竹、椿舍……己居中的每一间屋子都有自己独有的风格和相应的名字，脱离一成不变的生活状态，享受不同风情的曼妙，在山间庭院或露天泡池内，观云听竹悟心，任思绪纷飞。

己居旁边也是一家民宿——不老传说，这是一家主打"六艺"主题特色的民宿酒店，提供轻食餐饮、怀石料理，可体验感受书法、古琴、插花、茶道的文化熏陶，还可以进行射箭等户外休闲运动，融合了乡野和现代的优点。每个房间的构架不同，装饰风格也迥异。民宿有 7 间客房，每一间的名字都特别诗意，来自苏轼赏心十六事：柳荫、清溪、藤枕、抚琴、花坞、竹窗与登楼。

大家跟着我走，右拐就能看见这边还有一家民宿——象山湖·逸舍。"逸"同音"一"，既是起点，也是原点，有初心回归之意，也有无限延伸，时间拉长之意。逸舍是怡然自得的院落生活式酒店，一种生活方式的表达和渗透。这不只是一个落脚歇息的地方，更是一个待您走进的趣味空间。所谓"小隐在山林，大隐于市朝"，逸舍就像是穿越时空的净土，给人们带来内心的平静。

介绍了这么多的民宿，大家是不是觉得这里的民宿各具特点，让人忍不住地想去体验一下。放心，今天晚上就安排大家住在这里。其实这些民宿客栈群就是不老村最大的特色，民宿小隐于野，让游客于老山脚下尽享水泥森林给不了的诗情画意。这里不仅有风光旖旎的山景为悠悠岁月增色，丰富的文化底蕴也浸染了每个角落。

各位游客，我们现在来到的是不老书院，它曾经是一个书院，后来因为时代更迭，现在的主营业务已经变成了民宿。它是一座古典浪漫的纯中式院落，三进院格局，整齐大气，传统风格装饰搭配新派中式家具，身处酒店却又无限接近自然，这让不老书院提供了一种独特、有趣的归隐生活。江城子、倚西楼、苏幕遮、如梦令……木质结构的客房每一间都散发着独有的江南韵味。丰富的文化底蕴浸染了不老书院的每个角角落落，让游客于老山脚下尽享水泥森林给不了的诗情画意。

不老书院对面就是兔布洛主题乐园了，这是南京新晋大型户外滑步车主题亲子乐园。整个乐园以户外风光为自然基底，致力于打造集户外训练、休闲娱乐、自然科普、露营研学、赛事训练、定制派对等特色服务产品为一体的个性化服务。拥有户外休闲区、亲子乐园区、露营研学区、骑行泵道区四大功能区，近 6000 平方米户外乐园配备 1000 平方米专业级滑步车体验泵道。它不仅仅是兼顾游戏玩乐与素质养成的综合型游乐场所，更是有体验、有探险、有成长的沉浸式氛围空间。

一进门，我们就能看到在入口处的斜对面就是萌宠互动区，这里有传说中的鸭中"爱马仕"——柯尔鸭，园内还有小松鼠、孔雀、小兔子可近距离接触。沿着景区的主干道走，往前看就是兔布洛主题乐园的中心区域，这个户外儿童滑步车泵道是这里的人气游乐项目，赛道占地面积超 1000 平方米，适合儿童滑步车、轮滑、滑板、小轮车和山地自行车等十多项轮式驱动的体育项目。还有无限泵道，随着自由式小轮车越野赛首次亮相东京奥运会，泵道运动作为一种新潮的群众性体育运动，在城市中流行起来，通过设计修筑起伏变化的赛道，借助动能和势能来回转换，车手完全不用踩踏就能骑完全程，让车手体会运动的乐趣，逐渐掌握飞跃的快感。除泵道之外，这边还配有骑行山车、趣味过山车、丛林绳网、跑跑卡丁车等多种项目，给孩子们提供一个超级有体验、有探险、有成长的沉浸式氛围空间。

如果您对这些项目都没有兴趣也没关系，兔布洛主题乐园还提供围炉煮茶服务。在宁静的午后，静静地坐在这里围一方天地、生一炉烟火、饮一壶清茶，烤着红薯、板栗，吃着点心，也颇有一番闹中取静、闲云野鹤的感觉。话不多说，下面给大家两个小时自由活动，希望大家在这里玩得开心。

各位游客，请大家跟我走，出了这个兔布洛主题乐园，对面就是我们今天晚上住宿的地方——云上温泉酒店。它在不老村的最里面，这里水汽氤氲、万木吐翠、远山如黛、瓦舍洁白，所谓田园乡居不过如此，时间在这里按下 0.5 倍速，充满野趣的田园美景无处不在。从早到晚，无论来此之前的人们如何匆忙烦乱，在这里都能享受到极致的悠闲。

云上温泉酒店是一座面积超 1200 平方米的山居庭院，整体建筑依山势而建，晨起薄雾环绕，夜伴温暖而眠，这里就像是文人笔墨下的一幅山水画。院落外，亭、廊、景、植物的完美结合，静与境的巧妙融合，让人不出院落就能喜获山水之怡。酒店有高端客房 17 间、包间 3 间，其中 11 间客房配置私汤温泉泡池，4 间客房拥有私家小院。在这里，足不出户就能实现泡汤自由，带给你或畅快或闲适的私汤体验，抚平一天的疲惫。酒店还配套餐饮、室外音乐啤酒花园、室外泳池、室内冰壶、台球桌、KTV 多功能会议厅等公共设施，是大家小别城市喧嚣，和家人、朋友享受静谧闲暇时光的好地方。这个就是酒店的露天泳池了，近 100 平方米的露天泳池与不老村的山景连接，古老与现代，自然与人文在此有了呼应。除了泳池，云上温泉酒店还将阳光餐厅搬进了庭院，在庭院里呈现出舌尖上的山水田园。而多功能厅、书廊等半现代化的空间又拽了你一把，当现代空间碰撞庭院文化，那感觉似游离在古今之间。酒店的服务也是非常不错的，整个民宿的人都特别热心，真正做到把民宿当成家一样在维护。这里的厨师是湖南人，烧得一手好菜，在温泉度假区很难得有这样美味可口的餐食。

各位游客，不老村凭借隐逸文化的优秀底蕴，依托老山高价值的生态旅游资源和自身良好的村落风貌，已经成为都市繁忙人群的"隐逸"休闲体验胜地。大家可以在不老村尽情享受宁静的桃源般生活，体验"日出而作，日落而息"和"采菊东篱下，悠然见南山"的惬意。祝大家晚安！

8.5 溧水区白马镇李巷村

8.5.1 总体情况

2020 年 8 月，溧水区白马镇李巷村被文化和旅游部确定为第二批全国乡村旅游重点村。

北宋末年，金兵南下，大量的难民从北方逃到南方躲避战乱，李氏先祖们先来到溧水芝山一带定居。不知道过了多少年，芝山的李氏家族因为人口过于繁盛，不得不另找生路。有李氏弟兄三人踏上了漂泊之路，他们来到了回峰山下一个叫荆墩头的村子。他们看到这里的村民待人热情，为人和善，又见这一带村子小，但村子四周的荒山荒地比较多，可供他们开垦种地，于是他们决定在这里定居下来。过了多年以后，他们的子孙后代繁衍得越来越多，建造的房子也越来越多，他们所居住的村子也变得越来越大。因为李姓三兄弟的子孙们盖的房子都挨在一起，形成了一条又长又窄的巷子，所以他们就把自己所居住的村子分别更改为带有"巷"的字眼的村名，这就是李巷名称的由来。

李巷村位于南京主城南部、溧水东南部白马镇石头寨社区，距溧水城区26千米，距南京中心城区60千米。李巷自然村所属的石头寨村属丘陵山区，青山环绕、风景秀丽，为溧水一级生态红线管控区。村域面积16.7平方千米，耕地1.2万亩，山林3200亩，辖18个自然村。李巷周边三山环抱、两水交汇，地处群山腹地、利于隐蔽；村落东有古石牛潭，村内沟塘相连，村旁林田环绕；村落傍水而立、中字路网、街渠并行；建筑呈现自由有机的布局肌理及"毛石下碱，夯土叠砌、青砖斗墙"的乡土建筑风貌。

在抗战时期，李巷是中共苏皖区委、苏南区行政公署领导机关和新四军第六师十六旅旅部驻地，被称为"苏南小延安"。同时，这里也是茅山新四军根据地的重要组成，红色文化底蕴深厚，具有"红色李巷、水美乡村、美丽乡村"三大特色。李巷在苏南抗战中具有重要的战略地位，是溧水地区第一个农村党支部成立地，陈毅、粟裕、江渭清、钟国楚等新四军领导曾在此生活过、战斗过。

李巷村以"两莓"产业为基础，以"红色李巷"为切入点，打造红色"文旅融合"新地标，是远近闻名的"两莓第一村"。因地制宜，依托丰富的山林资源，发展以黑莓、蓝莓为主的特色林果，其中黑莓、蓝莓于1986年通过中山植物所从美国引种种植。全村建有蓝莓基地4700亩、黑莓基地1900亩，蓝莓获评全国一村一品，黑莓获原农业部颁发的国家地理标志。

2016 年，溧水区产业集团对李巷实施收储、改造和运营。2017 年 10 月 3 日，红色李巷正式开村，运营仅 9 个月，接待游客已超过 15 万人次。由南京市委宣传部、市规划局、市建委联合主办的"南京十大地标评选活动"子榜单出炉，对外开放仅 9 个月的溧水红色李巷成功入选"南京十大红色文化地标"，与雨花台烈士陵园、渡江胜利纪念馆等知名红色场馆共获此殊荣。红色李巷堪称"红色文化地标界"的后起之秀。2018 年，石头寨村全部脱贫。2019 年入选首批江苏省乡村旅游重点村，2020 年入选第二批全国乡村旅游重点村。红色李巷自开村运营以来，累计获得中国美丽乡村百佳村、南京十大红色文化地标、南京市廉政教育示范基地、南京市青少年教育基地等 20 余项国家及省、市、区荣誉，党性教育基地、廉政教育基地、爱国主义教育基地在此挂牌。

8.5.2 景点特色——红色旧居，"莓"好生活

红色李巷被称为苏南"小延安"。李巷群山环绕、隐蔽偏僻，既便于部队长期驻扎，又便于及时转移，因而成为新四军开辟苏南抗日根据地的落脚点。塘马战斗后，新四军十六旅旅部和苏南党政领导机关转移来到李巷及周边地区，溧水成为中国共产党领导苏南人民抗日斗争的战略中心，李巷则成为苏南抗战的指挥中心。当时，李巷地区形成了指挥中心、训练班、兵工厂等完善的组织体系，颁布了《苏南施政纲领》等一系列重要政策法令，开展了减租减息运动，恢复了许多中小学，各方面建设都得到长足的发展。

红色旧居是李巷红色旅游村的核心部分，抗战时期，陈毅、李坚真、江渭清、梅章、钟国楚等新四军高级将领曾居住在这里。重修后的陈毅等旧居，生动地再现了当年新四军驻扎在李巷时军民鱼水情的画面。这里还有红色书店，您可以徜徉书海，看到那个战火年代的溧水。在游览观光之后，可以前往李巷红色餐厅，您可以吃到不同风味的本地特色、农家菜肴，别有一番风味。

李巷村是南京周边著名的两莓（蓝莓、黑莓）产业基地，李巷每年一度的蓝莓节已经小有名气。加上稻田风光、四面环山的自然条件，李巷所在的石头寨村吸引了众多游客前来采摘、休闲、观光。溧水的蓝莓采摘全市负有盛名，蓝莓树上，都缀满了珍珠般的蓝果实，圆润可爱，散发着纯天然的清香。李巷

建有蓝莓基地 4700 亩，黑莓基地 1900 亩，一年一度的蓝莓采摘节吸引了数万游客前来观光旅游，李巷村所属的石头寨社区被誉为全国黑莓"第一村"，蓝莓"第一村"。到了七月，黑莓、葡萄、桃子等水果都会上线。多年来，石头寨主动对接江苏省中科院植物研究所、江苏省农科院等科研单位，邀请国内外专家授课，组织培训种植专业技术，推广应用了至少 30 个两莓优良品种。同时，依托石头寨电商服务点，帮助农户搭上电商快车；举办溧水采摘季蓝莓采摘节，发展蓝莓为主题的休闲农业；引进冷藏、加工和物流企业加盟发展，拓宽两莓产业链。

李巷村，用红色旅游带动经济发展，为传统农业插上科技的翅膀，在发展过程中不断放大自身的生态优势，把绿水青山真正变成了金山银山。

8.5.3 导游词

红色李巷，遗址旧居，苏南小延安

大家好，我是你们的导游。今天我们将一同前往南京溧水区白马镇李巷村，走进昔日苏南抗战"小延安"的深处，寻访红色足迹。陈毅旧居、江渭清旧居、钟国楚旧居……听一间间老屋无声诉说着那段烽火连天的峥嵘岁月。

大家知道李巷村为什么会被称为"红色李巷"吗？是因为在抗战时期，李巷是中共苏皖区委、苏南区行政公署领导机关和新四军第六师十六旅旅部驻地，也是溧水地区第一个农村党支部成立地，陈毅、粟裕、陶勇、江渭清、钟国楚等新四军领导曾在此生活过、战斗过。红色李巷见证了新四军在这里战斗、生产、生活的历史，也是许多革命先烈曾经工作和战斗过的地方。这里有许多历史遗迹和文物，如新四军指挥部、兵工厂、被服厂、医院等，都是中国革命历史上的珍贵遗产。

在李巷村有 7 处具有较高价值的红色文化遗址遗迹，包括李氏宗祠（溧水人民抗日斗争纪念馆、苏南党政军首脑机关驻地旧址）、陈毅暂住地旧址、李坚真居住地旧址、江渭清居住地旧址、钟国楚居住地旧址、梅章居住地旧址、地下交通总站遗址。

游客朋友们，现在我们所处的位置是游客中心，第一站我们先去李氏宗

祠。已经有一百多年历史的李氏宗祠是当年新四军第十六旅指挥部所在地，陈毅曾在这儿主持召开苏皖区党委和十六旅干部会议。重修后的李氏祠堂保留着原祠堂的风貌，总面积 657 平方米，是三进三间院落建筑结构，复建是根据原先的建筑形式和风格再现抗日战争中新四军十六旅旅部指挥战斗的历史场景。

复建的李氏宗祠，集苏南党政军首脑机关驻地旧址和溧水人民抗日斗争纪念馆于一体。1941 年年底至 1943 年 4 月，中共苏皖区委、苏南区行政公署、新四军十六旅旅部等苏南党政军首脑机关驻扎在李巷李氏宗祠。1941 年 11 月 28 日，日军出动 3000 余人，对新四军十六旅旅部和苏南党政领导机关驻地溧阳塘马进行大规模"扫荡"。十六旅指战员与日军激战终日，旅长罗忠毅、政委廖海涛壮烈牺牲。29 日晚，新四军十六旅旅部和苏南党政领导机关转移到溧水白马桥地区，与在李巷一带行动的四十六团团部会合，驻于李巷李氏宗祠。李巷成为苏南抗战的指挥中心。苏南党政军领导机关驻扎李巷期间，组织召开了苏南民运工作会议等一系列重要会议，发布了《苏南施政纲领》等一系列政策法令，组织开展了减租减息等一系列工作，指挥了苏南反顽战役等一系列战役战斗。1943 年 4 月苏南反顽战役后，苏南党政军首脑机关暂时撤离溧水。

位于李氏宗祠的溧水人民抗日斗争纪念馆，主要展示 1938 年至 1945 年中国共产党及其领导的新四军组织带领溧水人民开展艰苦卓绝的抗日斗争的伟大历程和光辉业绩。展陈内容包括溧水三大抗日根据地的建立和发展、复杂的溧水斗争形势、溧水成为苏南人民抗日斗争的中心区、苏南人民抗日斗争中心区的全面建设和溧水军民抗日斗争的胜利等五个板块，展陈面积 400 平方米，涉及 122 张图片资料及 2 万余字的文字资料。其中，有从中央档案馆查阅的毛泽东确立溧阳、溧水为苏南抗战中心的三封电文的复制件。

沿着石板路直走，经过苏南小延安牌坊，在前往钟国楚旧居前，我们先去中国新四军历史研究馆。中国新四军历史研究馆建成于 2021 年 6 月，由中国新四军和华中抗日根据地研究会、江苏新华报业传媒集团和溧水区三方共建。这是中国新四军和华中抗日根据地研究会在溧水红色李巷设立的一处研究机构，它不仅是详细记录新四军从诞生到改编全过程历史的"军功簿"，现如今更发展为红色李巷思政研学、理论创新的"孵化器"。

走进馆内，一组组对照鲜明的数字、一张张破损泛黄的照片，无不向我们展示着这支铁军"不怕困难、不畏艰险，敢于斗争、敢于胜利"的革命精神。馆内第一组雕塑讲述的是"新桥会师"的故事。1938 年 6 月 8 日，陈毅率第一支队在溧水新桥与粟裕的先遣支队胜利会师，正式揭开了新四军东进抗日的序幕。同时，陈粟组合这对中国军事史上的黄金组合也由此诞生。

"千古奇冤，江南一叶；同室操戈，相煎何急！"短短十六字题词出现在馆内的醒目位置。1941 年，国民党反动派 8 万余人在皖南围袭新四军，9000名新四军指战员血战七昼夜，除约 2000 人突围外，大部分壮烈牺牲。当《新华日报》揭露皖南事变真相的报道和社论被国民党当局扣押后，周恩来立即写下这段题词，登报见刊，对国民党顽固派反动行径进行有力声讨。

苏南区行政公署公布的一则则法律条例、苏南人民参与"豆选"的场景复原、宋公堤故事的生动讲述……馆内以不同形式生动再现了抗战烽火中的军民鱼水情，新四军坚定的人民至上立场，筑起了华中人民的长城！

研究馆内的最后一面红墙上，金色的文字、跳动的音符，《新四军军歌》化为锋利的文化武器，鼓舞军民斗志，传承革命精神。红色李巷文工团也化身新时代"战地服务团"，将《新四军军歌》《石臼渔歌》《白菜心》等广为流传的新四军歌曲，唱响红色大地。

现在我们来到了第三站钟国楚故居。故居位于李巷村李子发家，建筑占地面积 100 平方米，保护范围面积 220 平方米。旧居内设有钟国楚雕像，雕像目光如炬、栩栩如生。旧居内设置了 4 块展板，分别介绍了钟国楚的生平、在溧水的主要抗日活动及影像资料等。

抗战年代，党就开始了群众路线的实践，在李巷战斗过的钟国楚就是这样一位优秀的共产党员。他依靠群众，从群众中来到群众中去，与群众结下了深厚感情。钟国楚戎马一生，是抗战时期在溧水战斗时间最长的新四军将领。1938 年 7 月，政治处主任钟国楚所在的第二支队三团进驻溧水西部的江当溧地区，开展抗日活动。1939 年年初，为适应秘密斗争的需要，加强阳溧高和江溧句两块抗日根据地的通讯联络，新四军建立了南起高淳漆桥、北至句容郭庄的南北地下交通线，总站设在白马镇李巷村。1941 年 10 月，四十六团政委钟国楚奉命率部恢复溧水抗日根据地。1942 年年初，谭震林不再兼任十六旅旅长，由钟国楚任旅长，江渭清任政委。1943 年 2 月，原二旅和十六旅合编为十六旅，王必成任旅长，江渭清任政委，钟国楚任副旅长。1955 年，钟国楚被授予少将军衔；1977 年，任江苏省委书记。钟国楚曾很坦然地说过："我们干革命不是为了当官的，在什么岗位能发挥最大的作用，就是最好的。"这就是钟国楚将军的高风亮节。离休后，长期生活在南京。因为在溧水战斗时间长，钟国楚对溧水人民和这片抗战热土怀有深厚的感情。1996 年逝世后，按照他的遗愿，将其安葬在溧水中山烈士陵园。

我们现在来到第四站廉政教育馆，这里曾是新四军苏南抗战的重要指挥中心。苏南新四军廉政教育馆以"立足溧水、放眼苏南的新四军廉政建设"为主线，以新四军的廉洁思想"崇高坚定的信仰、守纪如铁的作风、严于律己的风范、惩治腐败的决心、亲民爱民的情怀、艰苦奋斗的精神"为主题展开，用充满革命情怀、与溧水息息相关的一个个新四军廉洁自律的故事，结合党的十九大关于全面从严治党的新部署、新要求，串联起整个展览。展馆分为四个展区，分别是"以上率下、率先垂范""教育整风、不忘初心""制度建设、钢纪似铁""军民团结、情深似海"。每个展区都是一个课堂，从全方位对人们警示教育；展板图文并茂、内容丰富，可以为大家带来一次难忘的党性学习。通过一组组图片、一个个案例，解读落马官员背后的沉沦故事，可以让参观人员做到时刻紧绷反腐倡廉之弦，筑牢拒腐防变防线，真正做到不忘初心、砥砺奋进，秉公用权、廉洁自律。

各位游客，再步行几分钟我们就来到了此行的第五站，位于李巷村芮学德家的江渭清旧居。建筑占地面积 100 平方米，保护范围面积 240 平方米。旧居为砖木结构的两层老式楼房，有一个小院，院西为一组群雕，是根据村民回忆江渭清等人开会的场景创作而成。整座雕像生动活泼，旁边一个小男孩"芮必赢"和一只小狗的设计极富生活趣味，体现了浓厚的田园气息。旧居内设有江渭清雕像，十分逼真，其子江旅安看后夸赞雕像很传神。内部还设置有 5 块展板，记述了江渭清生平、在溧水的主要抗日活动及影像资料等内容。

江渭清是湖南省平江县人，1926 年加入中国共产主义青年团参加革命，1929 年转为中国共产党党员，从此走上了革命道路。抗战时期，江渭清在溧水战斗时间较长。1938 年 7 月，新四军第一支队一团在团长傅秋涛、副团长江渭清率领下进驻李巷地区，江渭清便长期住在芮学德家。抗日战争爆发后，江渭清率部奋战在江苏大地、长江两岸，打击日本侵略军，历任新四军十八旅旅长、十六旅政委和苏南区党委书记，率部在高淳、当涂、溧水边界地区开展敌后游击战争。1941 年年初，任新四军皖南第一纵队副政委兼政治部主任。皖南事变后，任新四军第六师十八旅旅长，率部在江苏南部地区参加反日伪军的"扫荡""清乡"，并击退国民党顽固派军队的进攻。解放战争期间，江渭清参加了苏中七战七捷、涟水保卫战、淮海战役、渡江战役等战斗。华中局第一次扩大会议后，1942 年年初，新四军第六师政治部主任兼十八旅旅长江渭清被任命为十六旅政委，4 月 21 日至 5 月 4 日在李巷地区召开中共苏皖区委扩大会议，为了加强党的一元化领导，江渭清担任中共苏皖区委书记。1943 年 3 月 18 日，苏南区行政公署在李巷地区成立，江渭清任主任。江渭清与李巷村民结下了深厚的友谊，住芮学德家期间，曾为房东和邻居的孩子取名，谐音"抗胜""必赢"。1985 年 10 月，苏南反顽战役阵亡将士纪念塔落成典礼后，江渭清专程前往李巷看望村民。2000 年 6 月 16 日，江渭清在南京逝世，享年 91 岁。

经过老李匠理发店，我们来到第六站梅章旧居。位于李巷村李敬国家，建筑占地面积 50 平方米，保护范围面积 120 平方米，分东、西两间。旧居东间内设有梅章简历、梅章回忆在溧水的抗日活动、梅章影像资料等，西间主要还原了梅章当时的生活场景。1943 年，梅章先后担任新桥区委书记、韩胡区委书记等职，1944 年 1 月再次接任新桥区委书记，直至 1945 年随新四军北撤。期间，梅章在新桥中心区积极开展党建工作，注重发挥党员先锋模范作用，深入基层了解民情、解决民忧，深受李巷及溧水百姓尊敬。梅章与李广在李巷喜结连理的故事，被传为美谈，直至今日仍为李巷人所传诵。大家请看，门外是梅章和当地妇女群众在交谈时平易近人的样子。

参观完梅章旧居，我们就来到隔壁的公安馆。该馆于 2020 年 5 月 1 日开馆，以苏南抗日根据地中心区保卫工作为主要内容，通过图片、文字、雕塑等形式，展现抗战时期以溧水为中心的三块抗日根据地的建立、溧水地区公安保卫部门的发轫、苏南区行政公署公安局的成立，以及抗战期间溧水地区各公安保卫部门所开展的主要工作。该馆的建立旨在激励全体民警传承红色基因，坚定理想信念，不忘初心使命，锐意进取、创新实干，不断推动公安工作高质量发展走在前列，为建设"强富美高"新溧水贡献公安智慧与力量。

各位游客，现在我们看到的是陈毅旧居，也是李巷村李光保家老宅。建筑占地面积 110 平方米，保护范围面积 130 平方米。旧居由一进两厢组成，主屋三间，厢房各一间。当年，陈毅居住在主屋西间。2017 年修缮后，主屋现为陈毅生平事迹展区，东厢房展出了陈毅铜像和部分事迹。

陈毅在 1938 年 6 月至 1939 年 10 月曾三次在此居住。1938 年 6 月 8 日，新四军第一支队司令员陈毅率部与粟裕领导的先遣支队在溧水新桥会师后，陈毅到达李巷村，住在李光保家。1939 年 4 月，为进一步了解苏南地区抗日斗争的形势，陈毅到李巷村视察第二支队四团防区，住在李光保家。1939 年 10 月，陈毅再次来到李巷村视察工作，并参加了匪首徐大山的公审大会，在大会上作了讲话。其间，陈毅仍住在李光保家。红色李巷的一栋平房曾经是陈毅战斗和生活过的地方。"投身革命即为家，血雨腥风应有涯，取义成仁今日事，人间遍种自由花。"正是陈毅在 1936 年深处危难之时写下的。

第九站李坚真旧居，和陈毅旧居靠在一起。位于李巷村李光保家，建筑占地面积 25 平方米，保护范围面积为 30 平方米。1942 年至 1944 年 1 月李坚真在此居住。旧居内设有李坚真生平、李坚真在溧水的主要抗日活动两块展板，并树有李坚真半身雕塑。

1907 年，李坚真在广东省出生，因为生活所迫被卖做童养媳。当时农民运动蓬勃发展，李坚真受著名农民运动领袖彭湃影响，接受了革命思想，1927年6月加入了中国共产党。李坚真是溧水第一位女县委书记，也是中共历史上第一位女县委书记。早在1931年她就担任了中共长汀县委书记。1943年10月，李坚真任中共溧水县委书记，1944年1月离开溧水。其间，李坚真以强大的人格魅力、严谨的工作态度、细腻的工作方式赢得了基层干部和溧水人民的爱戴。她即将调离溧水时，新桥区委书记徐若冰作诗留念："大姐，她要南去了。心儿好像被什么东西塞住，说不出的难受，说不出的依恋……"

在长征途中，干部休养连遭到敌人的突然袭击。李坚真果断地指挥警卫员还击，突然她发现被锯掉一条腿的团政委钟赤兵坐在地上走不得。钟赤兵在夺取娄山关的激烈战斗中，右腿被子弹打伤，到干部休养连后，做了截肢手术。敌人的枪声一响，负责抬他的担架员惊惶失措，扔下钟赤兵自己跑了。钟赤兵喊警卫员把枪拿给他，他准备和敌人决一死战。李坚真见状奋不顾身，喊来一位警卫员，抬起钟赤兵就跑。敌人在后头不断射击，子弹从头顶、身边呼啸而过，而她全然不顾。最后，他们跑进大深沟，才脱离了危险。此情此景，让钟赤兵这位在没有麻药的情况下锯掉腿都没流一滴眼泪的硬汉子，也忍不住热泪盈眶。

1935年10月，中央红军胜利到达陕北瓦窑堡，年底，李坚真和红军战友邓振询在陕北瓦窑堡结婚。1942年，她带领中共苏皖区委党校学员在李巷地区组织开展减租减息试点工作，使溧水县成为苏南减租减息工作的模范县。1943年7月，邓振询率领新四军第四十六团转移到苏南横山地区活动，8月3日，部队在江宁县冯潭庄宿营时遭遇敌情，在转移过程中渡秦淮河时，邓振询不幸牺牲。突如其来的噩耗，使李坚真悲痛万分。从此，李坚真再未婚嫁，并悉心把邓振询和前妻所生的独子邓东林抚养成人。

新中国成立后，李坚真历任中共粤中（现佛山市）区委第一书记，一生清正廉洁。1992年3月30日，李坚真在广州病逝，享年85岁。

现在我们来到最后一站地下交通总站，位于李巷村李孝廉家，也是抗战时期溧水第一个农村基层党支部旧址。旧址占地面积200平方米，保护范围面积

300 平方米，分南、北两个厅。南厅内设有展板，主要介绍李巷地下交通总站的形成背景及分布情况；北厅主要展示大李巷党支部的情况和李孝廉生平，厅内有反映地下党开会的群雕。

1938 年 10 月，新四军第二支队四团驻防溧水李巷地区后，活动范围扩大，在溧武路南北分别形成了阳溧高、江溧句两块抗日根据地。为加强通信联络、互通情报信息、传递文件指示、护送干部来往，逐步建成了递步哨、交通站等交通情报系统。到 1939 年春，建成了地方组织的情报网，交通总站设在李巷村。1938 年 7 月，新四军第一支队一团进驻李巷地区，在岗上村举办青年抗日救国训练班，在班上发展的党员曹明梁等迅速深入广大农村，发展党员，建立党组织。10 月，成立大李巷党支部，李子元任书记，李孝廉任副书记。不久后，李孝廉接任党支部书记。大李巷党支部是抗战时期溧水境内最早的农村基层党支部。

"红色李巷"从历史中走来，这里每一座山、每一条河，甚至一砖一瓦、一草一木，都记载着军民抗战的光辉足迹。"红色李巷"是波澜壮阔抗战史中的一朵浪花，折射出万丈光芒——那赓续至今的革命精神和优良传统，是激发我们奋进的不竭动力。

各位游客，参观完红色李巷，我相信大家都能深刻感受到革命先烈们的英勇奋斗和无私奉献。他们为了民族独立和人民幸福，舍生忘死，不畏艰难险阻，这种精神值得我们永远铭记和学习。谢谢大家！

8.6 高淳区东坝街道三条垄田园慢村

8.6.1 总体情况

2020 年 8 月，南京市高淳区东坝街道三条垄田园慢村入选第二批全国乡村旅游重点村。

三条垄田园慢村因其特殊的自然环境和资源特色而得名。三条垄，相传地藏菩萨金乔觉前往九华山路经此地，空中俯瞰三龙卧息，便将此地取名为"三条垄"，谐音"三条龙"。田园慢村民风淳朴，历史文化底蕴丰厚，民俗特色鲜明，村庄周边有成片茶园、果园、早园竹，是名副其实的田园慢村。

三条垄田园慢村坐落在风景秀丽的游子山脚下，毗邻桠溪国际慢城，处太湖流域上游，南临固城湖，是东坝街道的北大门，含小茅山、小茅山脚、周泗涧、大仁凹、垄上五个自然村。这里曾长期戴着贫困帽，但如今这里已破茧成蝶，一跃成为全国生态文化村，并荣获"首批江苏省传统村落"称号和"2019年江苏人居环境范例奖"。

三条垄田园慢村秉承高淳"慢城理念"，独具"山、水、田、园、村、文"特色，是名副其实的"田园慢村"，拥有各色民宿、农家乐。周围环境优雅，交通便利，气候宜人，是一个保留传统建筑风格、发扬茶文化的旅游乡村。田园慢村农房依地势布置其中，原生态环境和山地特色明显。村民房前屋后普遍栽植了大量的桃树、橘树、柿树、蔬菜等，充满了乡间野趣的气息。村庄周边境内有万亩茶园，竹林2000亩，松林1000亩，森林面积48000亩，松繁竹茂，水体清洁，空气清新。

三条垄村域内万亩茶园、青山水库、生态湿地等自然资源丰富，古墩墓遗址、泉水庵、百年朴树、廉政船板栈道等历史文化资源众多，独具"山、水、田、园、村、文"特色，其中淳青万亩茶园被评为"中国最美茶园"；开元芳草地酒店融轻奢、度假、休闲于一体；慕青精品民宿、正福草堂民宿、得半度假庄园、银林休闲山庄、武家嘴风情谷人气满满。

总体而言，三条垄田园慢村是一个集自然风光和历史文化于一身的美丽乡村。如果您偶尔厌倦了忙碌的生活节奏，如果您向往"采菊东篱下"的生活，如果您想全身心地放松自己、感受自然，那么三条垄田园慢村一定是一个不容错过的好去处。

8.6.2 景点特色——漫步田园慢村，观赏最美茶园

三条垄田园慢村，自然资源丰富，文化底蕴深厚，有万亩茶园、小茅山、青山水库、有机稻田、生态湿地、早园竹、古墩墓遗址、泉水庵、九星塘等旅游资源，独具"山、水、田、园、村、文"特色。宋朝诗人范成大留下足迹，写下"雨归陇首云凝黛，日漏山腰石渗金"的赞美诗句。

　　漫步田园慢村，外观保持六七十年代的原汁原味风貌，巧妙的内部改造让这些湮没在岁月里的闲置老房焕发出了新活力。人工雕琢加上自然之美，改造后三条垄田园慢村不仅有民宿，还有茶室、咖啡厅、传统文化展示厅等公共空间，干净的青石板路连接到家家户户门口，游客和村民可以共享。走到哪里都是绿意盎然，就连基础设施都被打造成了景观与实用性相结合的一步一景一特色，舒适、惬意之感迎面扑来。这就是依据世界慢城联盟的规定打造的中国首个"国际慢城"。根据世界慢城联盟的规定，获评的城镇、村庄或社区必须人口在五万以下，追求绿色生活方式，反污染，反噪声，支持都市绿化，支持传统手工方法作业，不设快餐区和大型超市等。

　　三条垄田园慢村地处丘陵地带，旱地多，不适合种粮。当地村民世代种茶，茶园连片面积 4000 多亩，品种以碧螺春、金陵春、雨花茶为主，采茶的手工技艺和茶文化是传承下来的文脉。田园慢村淳青茶园，它被称为"中国三十座最美茶园之一""中国十佳茶旅路线"，它的味道被高淳人称为"乡愁"。淳青茶园远离市区，规避喧嚣，万亩茶园延绵似海，仿佛纯天然的"大氧吧"。置身于茶田之中，望之满眼皆绿，被清新的负氧离子包围，惬意深呼吸一口，尽情享受大自然的褒奖。行走在茶园中，目光所到之处皆是慢城深处最幽静的景色。这里安宁、闲适的慢生活，是一种放松的生活方式和生活态度。这里也是电视剧《人民的名义》中，达康书记陪同沙瑞金书记视察万亩茶园的取景地，绿波荡漾，层峦叠嶂中，如一块巨大的翡翠铺陈在蓝天下。淳青茶园的茶，汇聚了高淳的山水灵气，来这儿，亲自感受自然与手工结合的魅力。在茶园的路边还有不少茶文化体验馆，在这里驻步，煮上一壶茶，清风伴随茶香吟唱，连呼吸里都弥漫着茶香，实在是美妙极了。

　　2017 年，三条垄田园慢村在确定了依托青山茶文化，打造生态茶乡慢村的发展思路后，各自然村以货币收购和置换的形式，从村民手上收购了数栋闲置房，本着"修旧如旧"的初衷，在简单改造后，转交第三方——南京漫耕投资发展有限公司进行整体包装，再植入产业运营，着力打造慢村茶文化。

　　在三条垄田园慢村，推窗见绿，抬头赏景，起步闻香。茶林生产、休闲养生、旅游观光的良性互动，绘出了一幅"采茶游子山，悠然居垄上"的田园画，游客在这里寻得了诗和远方。

8.6.3 导游词

田园慢村，世外茶源

尊敬的游客们，大家好！欢迎来到南京市高淳区东坝街道三条垄田园慢村，我是你们的导游。今天我们将一同领略三条垄田园慢村的独特魅力，体验这里的自然风光，品味深厚的历史文化。

我先给大家简单介绍一下田园慢村。高淳区东坝街道游子山行政村三条垄田园慢村坐落在风景秀丽的游子山脚下，毗邻桠溪国际慢城，处太湖流域上游，南临固城湖，是东坝街道的北大门，含小茅山、小茅山脚、周泗涧、大仁凹、垄上五个自然村，今天我们将对其进行游览参观。田园慢村邻青山水库、泉水庵水库，村域内万亩茶园、小茅山、有机稻田、生态湿地、早园竹等自然资源丰富，农房依地势布置其中，原生态环境和山地特色明显。

三条垄田园慢村注重田园文化彰显，深入农耕文化、民俗文化、传统文化、地域茶竹等特色文化，传承茶艺、竹编等民间手艺，运用村规家训、牌匾楹联、俗语格言等开展乡风教化。

人工雕琢搭配自然之美，这里已经成了"网红打卡地"，每年节假日村里的民宿可谓"一房难求"。田园慢村区域内的青山万亩茶园被评为"中国最美茶园"，也是电视剧《人民的名义》取景地。游子山行政村三条垄田园慢村作为全国生态文化村，区域内古墩墓遗址、泉水庵、百年朴树、十里古船板廉政栈道等历史文化资源众多，独具"山、水、田、园、村、文"特色。大城市里，想要找这样的自然美景，已经少之又少！

下面我就带领大家一一去领略，感受田园慢村的独特魅力。

沿慢城南路北上，茶仙谷、沁心谷、《人民的名义》取景地等标牌在路边清晰展示，三条垄田园慢村的自然风光缓缓映入我们的眼帘。大片的茶园与金黄的稻田交织，白墙灰瓦的农房在山地中渐隐渐显。三条垄田园慢村通过美丽乡村建设已经成为全国生态文化村，三条垄田园慢村拥有各色民宿、农家乐。

这里的建筑外观大多都保留古早的模样，家家户户门口还被青石板路所连接，内部进行现代化改造，闲置住宅改造成特色民宿、茶室、咖啡厅、传统文化展示厅等公共空间。屋外目光所到之处皆是绿意，扑面而来的闲适惬意。

好，各位游客，我们首先来到的是垄上村，垄上村坐落于南京市高淳区国际慢城南部，与国家 4A 级旅游景区游子山相邻，是一片丘陵上错落排列的苏式田园乡村。在山水的滋润下，垄上村不仅保留了清秀完整的民居风格，更形成了深厚的文化底蕴——特色民宿、手工作坊等，给垄上村赋予了新的生活方式。因此，在垄上村不仅能看到淡雅的田园村景，还能全身心融入乡村产业园，在一个个特色建筑中感受真正的古朴民居。

随着时代变迁，垄上村已不再只是一个落后偏僻的乡村人家，村民们在与茶相伴生活的基础上，大力发展地方文化和旅游业，用智慧文创巧妙地发扬了自身静谧闲适的气质，吸引了许许多多向往隐逸生活的游客前来打卡，村民们也步入了小康生活。

垄上村作为"打造美好乡村"的先行者，在经过道路修整，环境整治等一系列改造之后，焕发出新时代美好乡村的活力。在 2019 年和 2020 年，先后被评为"江苏省特色田园乡村"以及"全国乡村旅游重点村"。垄上村在保留原住民的生活状态之外，还大力发展乡村旅游业。引进了丰富的业态，包括民宿、咖啡厅、书店、工艺空间等等，来扩宽乡村生活的多样性。建设了现代化的游客服务中心，这里不仅仅是一个普通休息场所，而且在展区中了解村庄的历史信息与乡村美景，并能点一盏清茶坐上一下午。开设了各式各样的茶室，走到村落中就可以闻到沁人心脾的茶香，大家可以品茶、撸猫，体验乡村生活的悠闲时光。

在这个世外桃源般的乡村里，我还要向大家推荐几个好去处，大家可以自行参观。第一个就是我们现在来到的物外咖啡厅，这是一间由 20 世纪 60 年代老屋改造而成的文艺咖啡馆，置身其中，能真正感受到城市生活无法比拟的轻松与清闲。除此之外，还提供奶茶、果汁、酒水等等。第二个是不语品牌设计工作室，不语是一个集服装、陶艺、手工为一体的品牌设计工作室。在这里你可以购买手工艺品，体验陶艺的制作。第三个是隐舍书室，隐舍是垄上的书店，对游客和村里居民都开放，让大家在闲暇的时间能感受到阅读的乐趣。第四个是茶裡，垄上周围有万亩茶园，当地人以茶为生，这里的茶文化也是源远流长，来这里游玩可以在茶室品尝到村里特色的垄上品红，静享茶滋味。第五个是村理食堂，它是垄上对外营业的餐厅，这里的特色是没有菜单，所有菜品会根据口味提前搭配好。菜品都是当地的特色食材，主打健康、绿色以及原生态。

垄上村的民宿也很有特色。我给各位游客介绍介绍。第一个是漫居，垄上最早的一栋民宿，两层楼一共有 3 个房间，装修风格偏向乡村休闲风。住在这里，面朝竹林，听鸡鸣鸟语，怡然自得。第二个是家和隐舍，是一个双层的独栋院子民宿，一共有 3 个房间。民宿里配有冰箱、浴缸、望远镜，还有定制的 1:1 漫威模型，设备齐全，整体风格是现代时尚风。二楼还配有一个室外露台直通房间，适合一家人一起居住。第三个是凡涧，垄上一栋极具设计感的民宿，以星空为主题。一楼是宽敞的客厅厨房区域，客厅配有一个壁炉，适合在这里围炉夜话。二楼房间是星空主题，墙壁上映出星光，顶部遮挡可以打开，躺在床上就能看风景和夜晚的星空。住在凡涧，就好像枕着星河入眠。

各位游客，现在我们一起乘车前往十里古船板儒家廉文化栈道，位于高淳区游子山国家森林公园垄上行景区。在我们眼前的这条用古船板铺成的"十里古船栈道"，全长十余里，用 1 万多块已废弃并经过防腐处理的古旧船板铺设而成，栈道两端各矗立 3 吨左右轮船锚锭，这让早些年木船的生命在万亩茶园上得以延续。栈道穿梭在淳青茶园当中，也是茶园的观景通道，在这里可以将茶园的绿意尽收眼底，做一次来自大自然的眼保健操。

进入文化古栈道，我们可以看到，栈道两边竖立着以廉洁漫画和儒家廉政格言为主要内容的廉政宣传板。这里创新廉政文化载体，推进廉政文化进景区，使廉政元素与游子山秀美环境融为一体、相得益彰，建设了以古船板儒家廉文化为主题的栈道系列廉景观。栈道围绕明德修身、为政以德、勤政爱民、立身处世、亲仁善邻、仁爱万物等主题，通过 80 余幅格言警句、70 余幅廉洁漫画、100 余块立牌和多幅廉洁楹联等形式，立体式展现了中华传统文化和高淳本土文化的精华，大家行走其间，可追思先哲，可品味山水，更可感受到儒风廉雨的沐浴和"观景思廉，身心俱乐"的意境。

栈道贯穿茶园，现在我们跟随栈道路线，观赏茶园的极致景观。栈道旁的这片淳青茶园，曾被评为"中国 30 座最美茶园"，也是江苏首个"中国最美茶园"。淳青茶园集聚区面积为 5000 亩，茶山总面积达万亩，盛产雨花茶、碧螺春和自主品牌金陵春等。游客朋友们，这里也是《人民的名义》部分场景的取景地，剧中达康书记陪同沙瑞金到这片万亩茶园中视察。茶园内还有青茶空间体验馆，大家可以进去参观体验。

各位游客，在我们边走边看的途中，我再给大家重点介绍一下淳青茶园的主产茶，也是我们南京的名茶雨花茶。雨花茶的生产历史十分悠久，南京在唐代就已种茶，不仅在陆羽的《茶经》中有记载，更有陆羽南京栖霞寺采茶的传说为证，栖霞寺后山仍有试茶亭旧迹。陆羽在《茶经》中曾经记述了《广陵耆老传》的故事。晋元帝时，有一个老妇人，每天早晨提着一壶茶沿街叫卖，百姓都争先恐后地买她的"雨花茶"汤来喝。奇怪的是，这老妇人自一清早叫卖到晚上，壶中茶汤不减。老妇人把卖茶所得的钱全部分给孤苦贫穷的人，贫穷的人都很感激她。这个消息被当时官吏知道，派人把老妇人抓了起来，关进牢里。第二天一清早，老妇人不见了。后来，雨花台一带开始遍布葱郁碧绿的茶园。至清代，南京种茶范围已扩大到长江南北。中华人民共和国成立后，集中了当时江苏省内的茶叶专家和制茶高手于中山陵园，选择南京上等茶树鲜叶，经过数十次反复改进，制成"形如松针，翠绿挺拔"的茶叶产品，以此来意喻革命烈士忠贞不屈、万古长青，并定名为"雨花茶"，使人饮茶思源，表达对雨花台革命烈士的崇敬与怀念。1958 年，江苏省为向中华人民共和国成立十周年献礼而成立专门委员会开始研制新品种绿茶，1959 年春创制成功，正式定名为雨花茶，蕴含着深厚的历史文化内涵。目前，南京雨花茶的产区，已由原产地南京中山陵和雨花台扩大到高淳、栖霞、江宁、溧水等各区。

雨花茶外形短圆，色泽幽绿，条索紧直，锋苗挺秀，带有白毫。干茶香气浓郁，冲泡后香气清雅，如清月照林，意味深远。茶汤绿透银光，毫毛丰盛。滋味醇和，回味持久。雨花茶，分为特级一等雨花茶、特级二等雨花茶、一级雨花茶、二级雨花茶四个等级。雨花茶采摘的鲜叶应大小匀称、整齐。不带单片叶、对夹叶、鱼叶、虫伤叶、紫叶、红芽、空心芽等。

雨花茶炒制是工艺性很强的制茶技术，包括精采茶叶、轻度萎凋、适度揉捻、整形干燥等环节。精采茶叶是指雨花茶"采摘"对炒制好茶非常重要，一般在清明前后采摘，鲜嫩匀度要求高，采摘的茶叶为一芽一叶或一芽二叶初展，茶叶长度为2~3厘米。采摘时的方法是提手采摘，即掌心向下，用拇指和食指夹住鲜叶上的嫩茎，向上轻提，芽叶折落掌心，投入茶篮中。不得捋采、抓采，也不得带老叶杂物。轻度萎凋是指"萎凋"对于雨花茶增加香气，改善滋味，提高品质起到重要作用。萎凋的目的主要是为了减少鲜叶水分，散发青草气。鲜嫩茶叶采回，挑选以后，要尽快薄摊于光洁的竹垫上。经过适度的摊放．使芽叶内的水分轻度散发，有清香气产生时即可炒制。"杀青"的目的是高温钝化鲜叶中酶活性，蒸发部分水分。鲜叶刚入锅会有"噼啪"的爆声，如鲜叶含水量高，杀青温度可适当高一些，鲜叶含水量低，杀青温度要相对低一些。适度揉捻是指杀青叶经过摊放降温2~3分钟后，进入"揉捻"程序。在杀青叶没有完全冷却时开始揉捻，采用双手揉捻法，即双手握住茶叶在细篾竹筐上来回推滚，动作先轻后稍重，先慢后稍快，力度要掌握"来轻去稍重"，将经过揉捻的茶叶入锅"毛火紧条"。锅温在85℃左右，有利于散发水分和做形。毛火紧条是雨花茶外形制作关键的一环，双手揉搓、摊、撒、一直反复要在20分钟左右把叶子搓成条形状。整形干燥是形成雨花茶独特外形的关键工序。经过此道工序加工，使茶叶"紧、细、圆、直"，白毫显露。茶叶达到九成干时，即可起锅摊凉，此时的茶即为毛茶。

雨花茶的作用非常多。它有利尿的功效，茶叶中的咖啡碱和茶碱具有利尿作用。雨花茶有减肥的作用，茶多酚能减少体内血脂的含量，能消除肠道的油腻，帮助消化，起到减肥的功效。雨花茶还有提神的作用，春夏是最容易引起睡眠不足的时候，饮用雨花茶有提神的作用。雨花茶有防龋齿作用，用隔夜的雨花茶进行漱口有美白牙齿的作用。

科学地饮用雨花茶才能发挥雨花茶的功效与作用。饭前饭后，不能空腹饮用雨花茶，冲泡时间过长的雨花茶不能饮用，科学饮茶才能起到保健的功效。雨花茶的冲泡也是有讲究的。冲泡南京雨花茶可选用透明玻璃杯或青花瓷盖碗，采用"上投法"冲泡。先向杯中注入约七分满的开水，待水温凉至80℃左右时，再投入雨花茶。雨花茶便如朵朵雪花飘于碗中，水面顿显白毫，如白云翻滚，雪花纷飞，煞是好看；芽芽直立，上下沉浮，犹如翡翠；汤色碧绿而清澈，香气清雅，滋味醇厚，回味甘甜。

各位游客，我再给大家讲一讲雨花茶的荣誉。1982年，在原商业部召开的全国名茶评选会上，雨花茶被评为全国30种名茶之一。1983年，获江苏省优质产品奖。1985年，由农牧渔业部在南京召开的全国优质名茶评选会上，再次被评为11种优质名茶之一。1986年、1990年在全国名茶评选会上，又接连两届被评为全国名茶。2003年，获"中茶杯"全国名茶特等奖。2004年，成为南京市第一个地理标志保护产品。2006年，在全省第八届"陆羽杯"名特优评比中获得一等奖。2020年，雨花茶入选中欧地理标志第二批保护名单。2021年，绿茶制作技艺（雨花茶制作技艺）入选"第五批国家级非物质文化遗产代表性项目名录"。2022年，被联合国教科文组织列入"人类非物质文化遗产代表作名录"。

各位游客，现在我们继续乘车前往小茅山田园综合体景区，位于高淳区河滨路附近。高淳区通过整合资源，以特色休闲的乡村旅游推动高淳乡村现代化建设，建成集住、食、娱、购、游于一体的生态休闲农业工程漆桥小茅山田园综合体。茅山村田园综合体核心区包括了上城、下城、丁家、小吴家、高岗五个自然村，逐年进行美丽乡村打造升级，开展了全域耕地质量提升工程，打造了多片油菜花、马鞭草花海，并对全域的水环境进行提升。

各位游客，现在请跟我从马路走入茵茵小道，丢下一切烦恼走入马鞭草花海中，感受这令人沉醉的紫色花海。从主路走入村中的阡陌，纵横交错的小路上充满了乡土气息，敞开的院门、三五成群的老人、晒太阳的小狗，大家可以走入一处农家乐，不论是去摸几个鸡蛋，还是尝一尝大灶台上新鲜出炉的米饭，或者是钓几条鱼，这里的一切能满足你对乡间生活的所有期盼。

大家跟着我走入村子里面，这里有一个高岗清华耕读公社，是清华大学与高淳区人民政府签约，选址高岗村建设的江苏省第一家清华大学乡村振兴工作站，是以高岗耕象和读意为主体的耕读公社项目。耕读公社寓教于乐，倡导人们亲近大自然，集餐饮、住宿、休闲于一体。在这里，老师会向孩子们讲述节气、农事、农谚的相关知识，将孩子们带到田间，引导他们挖地、松土、播种、填土、浇水，真正地融入大自然。

走到这里，我不得不给大家推荐一下这里特色的农家乐，也是高淳的网红餐厅村理食堂。村理食堂与小茅山脚民宿配套，主打高淳土菜。高淳土菜在原料选择、菜品取名、烹制工艺、风味特色上自成体系。蒜香菜，选马耳朵大青菜心，先晾干，再晒半干，用盐揉搓，放入蒜末、红椒、五香粉、芝麻等拌匀，装罐压紧，封存一个多月即可食用。千里香，是高淳缸腌菜中自然发酵的汁水，生臭熟香，俗菜雅名，千里香可炖豆腐、烧豇豆等，当地人喜爱配上高淳炒饭，拌食。高淳咸货多，风味别致，香肠、咸肉、鸭脚包、排骨肠等有特色。红烧划水，选用螺蛳青鱼取尾，烹制时放高淳辣椒酱，红烧而成。蒜椒毛豆蒸黄鳝，做法有别于其他地区，鳝鱼切小段，加高淳辣椒酱、蒜仔、葱把、油、盐、糖、料酒旺火蒸熟，拣去葱把再摆盘。农家老母鸡汤，配上锅巴，找回儿时的记忆。红烧老鹅，大盆盛装，才有气势，且一盆之中，鹅肉、鹅头、鹅爪、鹅心、鹅肝、鹅肠、鹅肫、鹅血均要上席。

到村理食堂的食客，必点一锅香和油渣青菜，应了"豆腐青菜保平安"的俗语。一锅香，以高淳油炸胖豆腐、农家豆腐圆子和蛋饺在村理食堂的灶头大锅炖制而成。上席时从大锅中盛出炖好的胖豆腐、豆腐圆、蛋饺，盛锅肉原汤卤，上撒葱花而成。高淳豆腐制成至今仍保留了古老的传统工艺，大都用石膏或盐卤点卤方法。高淳豆制品种类丰富，香干，咸淡适宜，咀嚼鲜滴滴、甜丝丝、油蜡蜡；臭干，呈黑色，名臭实香；胖豆腐，油炸三角形，油炸后可直接蘸酱油、辣酱吃，也可作为"一锅香"的食材之一。农家豆腐圆子，将沥干胖豆腐挤碎，加入盐、姜末、鸡蛋调和，搓成圆形，炸至金黄浮于油面捞起。

村理食堂是农耕文化庭院餐饮的代表，乡土风味，制作讲究，守得住寂寞，留下了经典，了却了乡愁。柴火大灶一锅香，一碗温暖熟悉的烟火气息，构成食物的温度，成全了生活的滋味。坐在被茶山和竹林包围起来的餐厅里面，好似到了陶渊明笔下的世外桃源，满载生活的烟火气，一切仿佛都在此刻静下来。

各位游客，三条垄田园慢村"茶香慢村"之旅就要接近尾声了，希望通过这次游览，您能对这里陶渊明式的东方田园慢生活的艺术文化和自然风光有一个更加深入的了解和认识。同时，也希望您能在这里度过愉快的时光，留下美好的回忆。我的讲解到此结束，非常感谢大家的聆听。

参考文献

[1] Pearce P L. Farm tourism in New Zealand: A social situation analysis [J]. Annals of Tourism Research, 1990, 17 (3): 337–352.

[2] Mette H A. Agricultural diversification into tourism: Evidence of a European Community development programme [J]. Tourism Management, 1996, 17 (2): 103–111.

[3] Fleischer A, Felsenstein D. Support for rural tourism: Does it make a difference? [J]. Annals of Tourism Research, 2000, 27 (4): 1007–1024.

[4] Johnston R J, Tyrrell T J. A dynamic model of sustainable tourism [J]. Journal of Travel Research, 2005, 44 (2): 124–134.

[5] Choi H C, Sirakaya E. Sustainability indicators for managing community tourism [J]. Tourism Management, 2006, 27 (6): 1274–1289.

[6] Stern M J, Adams A E, Elsasser S. Digital Inequality and place: The effects of technological diffusion on internet proficiency and usage across rural, suburban, and urban counties [J]. Sociological Inquiry, 2009, 79 (4): 391–417.

[7] Garcia F A. A comparative study of the evolution of tourism policy in Spain and Portugal [J]. Tourism Management Perspectives, 2014, 21 (11): 34–50.

[8] Bramwell B. Sustainability and rural tourism policy in Britain [J]. Tourism Recreation Research. 2014, 16 (2): 49–51.

[9] Hashemi N, Ghaffary G. A Proposed Sustainable Rural Development Index (SRDI): Lessons from Hajij village, Iran [J]. Tourism Management, 2017, 59: 130–138.

[10] Panzer-Krause S. The lost rural idyll? Tourists' attitudes towards sustainability and their influence on the production of rural space at a rural tourism hotspot in Northern Ireland [J]. Journal of Rural Studies, 2020, 80: 235–243.

[11] AD Kovács, P Gulyás, Farkas J Z. Tourism Perspectives in National Parks—A Hungarian Case Study from the Aspects of Rural Development [J]. Sustainability, 2021, 13.

[12] Zhang S, Wu Z, Ma Z, et al. Wasserstein distance-based probabilistic linguistic TODIM

method with application to the evaluation of sustainable rural tourism potential［J］. Economic Research Ekonomska Istraživanja，2022，35（1）：409-437.

［13］Nafiah A，Akhmad F. Pathways toward the Transformation of Sustainable Rural Tourism Management in Central Java，Indonesia［J］. Sustainability，2023，15（3）：1-19.

［14］张建雄.关于乡村旅游若干问题的思考［J］.大理学院学报：综合版，2003（4）：11-16.

［15］程道品，梅虎.桂林市郊农业旅游开发模式研究［J］.广西社会科学，2004（12）：117-119.

［16］李德明，程久苗.乡村旅游与农村经济互动持续发展模式与对策探析［J］.人文地理，2005（3）：84-87.

［17］单新萍，魏小安.乡村旅游发展的公共属性、政府责任与财政支持研究［J］.经济与管理研究，2008（2）：64-68.

［18］刘孝蓉，胡明扬.基于产业融合的传统农业与乡村旅游互动发展模式［J］.贵州农业科学，2013，41（3）：219-222.

［19］赵华，于静.新常态下乡村旅游与文化创意产业融合发展研究［J］.经济问题，2015（4）：50-55.

［20］杨柳.我国乡村旅游与文化创意产业融合发展模式研究［J］.农业经济，2017（4）：57-58.

［21］宋慧娟，陈明.乡村振兴战略背景下乡村旅游提质增效路径探析［J］.经济体制改革，2018（6）：76-81.

［22］仇叶.乡村旅游产业的过密化及其对乡村振兴的影响——对乡村产业振兴路径的反思［J］.贵州社会科学，2020（12）：155-162.

［23］肖黎明，王彦君，郭瑞雅.乡愁视域下乡村旅游高质量发展的空间差异及演变——基于黄河流域的检验［J］.旅游学刊，2021，36（11）：13-25.

［24］吴坚平，李鹏飞，吴春明，等.数智赋能乡村旅游［J］.中外文化交流，2022（3）：25-29.

［25］耿松涛，张伸阳.乡村振兴视域下乡村旅游高质量发展的理论逻辑与实践路径［J］.南京农业大学学报（社会科学版），2023，23（1）：61-69.

［26］杜江，向萍.关于乡村旅游可持续发展的思考［J］.旅游学刊，1999，16（1）：15-18.

［27］冯淑华，沙润.乡村旅游的乡村性测评模型——以江西婺源为例［J］.地理研究，2007，16（3）：616-624.

［28］何景明，李立华.关于"乡村旅游"概念的探讨［J］.西南师范大学学报：人文社会科学版，2002，28（5）：125-128.

［29］刘德谦.关于乡村旅游、农业旅游与民俗旅游的几点辨析［J］.旅游学刊，2006，36
（3）：12-19.

［30］王兵.从中外乡村旅游的现状对比看我国乡村旅游的未来［J］.旅游学刊，1999，32
（2）：51-53.

［31］刘少华.乡村旅游推动乡村振兴机理与实效作用研究——以济南市马套村乡村旅游为
例［D］.青海：青海师范大学，2022.

［32］庞邵玺，苏勇军.乡村文化与乡村旅游可持续发展研究［J］.现代化农业，2014，36
（9）：46-47.

［33］杨琴.乡村旅游业高质量发展研究［D］.湖南：湖南科技大学，2020.

［34］王中华.推介诠释创意——浅析导游词的三个层次［J］.南平师专学报，2007，26
（3）：68-71.

［35］王铭杰，孟凯，张世泽，李雯婕，唐佳欣，王辰露.乡村性和乡村旅游吸引力：基
于游客感知视角的要素结构辨识和认知机制解析［J］.热带地理，2021，41（6）：
1325-1337.

［36］张小林.乡村概念辨析［J］.地理学报，1998（4）：79-85.

［37］邹统钎.乡村旅游发展的围城效应与对策［J］.旅游学刊，2006，21（3）：8-9.

［38］吴丽娟，李洪波.乡村旅游目的地乡村性非使用价值评估：以福建永春北溪村为例
［J］.地理科学进展，2010，29（12）：1606-1612.

［39］尤海涛，马波，陈磊.乡村旅游的本质回归：乡村性的认知与保护［J］.中国人口·资
源与环境，2012，22（9）：158-162.

［40］刘敬华.乡村旅游地的乡村性概念辨析［J］.山西农业大学学报（社会科学版），
2018，17（11）：38-43.

［41］朱运海，曹诗图.论乡村旅游的乡村性及其景观表达［J］.湖湘论坛，2020（6）：
134-143.

［42］李志飞，吴锦超，张晨晨.从乡村性到后乡村性：乡村旅游的理论展望［J］.旅游导
刊，2021，5（6）：24-42.

［43］王公为，王一丁，乌铁红.景观社会视角下网红村的乡村性生产与重构：以呼和浩特
恼包村为例［J］.干旱区资源与环境，2022，36（6）：202-208.

［44］唐文跃.地方感研究进展及研究框架［J］.旅游学刊，2007，22（11）：70-77.

［45］王靖雯.地方感视角下广州西关景观意象研究［D］.广东：暨南大学，2018.

［46］张朝枝.原真性理解：旅游与遗产保护视角的演变与差异［J］.旅游科学，2008（1）：
1-8.

［47］董霞，高燕，马建峰.近二十年国内旅游"真实性"研究述评与展望［J］.重庆工商
大学学报（社会科学版），2017（10）：64-73.

［48］王瑜，崔峰.中国旅游原真性研究进展——基于文献计量分析视角［J］.无锡商业职业技术学院学报，2019（6）：52-59.

［49］刘文杰.原真性视角下成都市佛寺园林遗产评价与保护利用策略研究［D］.四川：四川农业大学，2023.

［50］王佳丽.乡土文学在山西乡村旅游中的作用和意义［D］.山西：山西大学，2018.

［51］沈晨阳.乡村美学视域下的民族村寨规划研究——以北川县玉皇山村为例［D］.四川：西南科技大学，2022.

［52］杨守森.中国乡村美学研究导论［J］.文史哲，2022（1）：131-144.

［53］Vos W，Meekes H. Trends in European cultural landscape development：perspectives for a sustainable future［J］. Landscape and Urban Planning，1999，46（1）：3-14.

［54］Ewald K C. The neglect of aesthetics in landscape planning in Switzerland［J］. Landscape and Urban Planning，2001，54（1）：255-266.

［55］Arriaza M，Cañas-Ortega J F，Cañas-Madueño J A，et al. Assessing the visual quality of rural landscapes［J］. Landscape and Urban Planning，2004，69（1）：115-125.

［56］Howley P. Landscape aesthetics：Assessing the general publics' preferences towards rural landscapes［J］.Ecological Economics，2011，72：161-169.

［57］A L R K，B W G H，C V I L，et al. Linking ecology and aesthetics in sustainable agricultural landscapes：Lessons from the Palouse region of Washington，U.S.A.［J］. Landscape and Urban Planning，2015，134：195-209.

［58］Zoderer B M，Tasser E，Carver S，et al. An integrated method for the mapping of landscape preferences at the regional scale［J］. Ecological Indicators，2019，106.

［59］曾菊新.空间经济：系统与结构［M］.武汉：武汉出版社，1996.

［60］简德彬.乡土何谓？［J］.吉首大学学报（社会科学版），2006（3）：22-27.

［61］高建平.美学的围城：乡村与城市［J］.四川师范大学学报（社会科学版），2010（5）：34-43.

［62］郭昭第.乡村美学：基于陇东南乡俗的人类学调查及美学阐释［M］.北京：人民出版社，2018.

［63］Copp J. Rural sociology and rural development［J］. Rural Sociology，1972（37）.

［64］CLOKE P. An Index of Rurality for England and Wales［J］. Regional Studies，1977（11）：31-46.

［65］Mormont M. Who is rural? Or，how to be rural：Towards a sociology of the rural［M］. David Fulton Publishers，（1990）：21-44.

［66］Halfacree K. Landscapes of rurality：Rural others/other rurals［M］. London：Arnold，2003：141-169.

［67］Halfacree K. Rural Space：Constructing a Three-fold Architecture Handbook of Rural Studies［M］.London：Sage，2006：44-62.

［68］李旭旦，金其铭.江苏省农村聚落的整治问题［J］.经济地理，1983（2）：132-135.

［69］郭焕成.乡村地理学的性质与任务［J］.经济地理，1988（2）：125-129.

［70］张小林，盛明.中国乡村地理学研究的重新定向［J］.人文地理，2002（1）：81-84.

［71］陈晓华，张小林，马远军.快速城市化背景下我国乡村的空间转型［J］.南京师大学报（自然科学版），2008（1）：125-129.

［72］单卓然，黄亚平.“新型城镇化”概念内涵、目标内容、规划策略及认知误区解析［J］.城市规划学刊，2013（2）：16-22.

［73］申明锐，张京祥.新型城镇化背景下的中国乡村转型与复兴［J］.城市规划，2015，39（1）：30-34，63.

［74］房亚明，刘远晶.软治理：新时代乡村公共文化空间的拓展［J］.长白学刊，2019（6）：138-145.

［75］汪竹馨.空间生产理论视角下的乡村公共文化空间建构研究——基于“农家书屋”工程的考察［D］.上海：华东师范大学，2023.

［76］Paul Rosenstein-Rodan. The International Development of Economically Backward Areas［J］.International Affairsv.1944：157–165.

［77］马克斯·韦伯.儒教与道教［M］.江苏人民出版社，2008.

［78］阿玛蒂亚·森.贫困与饥荒［M］.北京：商务印书馆，2000.

［79］詹姆斯·C.斯科特.弱者的武器［M］.译林出版社出版，2011.

［80］阿尔基尔：贫困的缺失维度［M］.刘民权，韩华，译.科学出版社，2010.

［81］邓维杰.精准扶贫的难点、对策与路径选择［J］.农村经济，2014（6）.

［82］莫光辉.中国扶贫开发模式的内生变革与治理突破［J］.中国特色社会主义研究，2016，（2）.

［83］邢中先.民族地区70年扶贫政策回顾与展望［J］.湖北民族学院学报（哲学社会科学版），2019，37（5）.

［84］鲁萧萱.民族地区“第一书记”扶贫的理论与实践研究——基于湘西地区T村的分析［D］.湖南：吉首大学，2022.

［85］常颖舒.习近平精准扶贫理论研究［D］.黑龙江：佳木斯大学，2021.

［86］斐迪南·滕尼斯.共同体与社会［M］.商务印书馆，1999.

［87］Seekings J. Pro bono public：The case for a systematic system. Washington University，1980.

［88］Murphy P. Tourism：ACommunityApproach. New York：Methuen，1985.

［89］Keogh B. Public participation in community tourism planning. Annals of Tourism Research，

1990，17（3）：449-465.

［90］Taylor G. The community approach：does it really work?. Tourism Management，1995，16（7）.

［91］Wahab S. Balancing culture heritage conservation and sustainable development through tourism. Tourism and Heritage Management，1997（37）201-203.

［92］Mitchella R E，Reidb D G. Community Integration：Island Tourism in Peru. Annals of Tourism Research，2001，28（1）：113-139.

［93］Anahita Khazaei，Statia Elliot，Marion Joppe. An application of stakeholder theory to advance community participation in tourism planning：the case for engaging immigrants as fringe stakeholders［J］. Journal of Sustainable Tourism，2015，23（7）.

［94］Rasoolimanesh S M，Ringle C M，Jaafar M. Urban vs. rural destinations：Residents'perceptions，community participation andsupport for tourism development［J］. Tourism Management，2017，60：147-158.

［95］ Gohori O，Merwe P V. Limitations to community participation in tourism from local people's perspectives：Manicaland Province，Zimbabwe. Development Southern Africa，2021（2）：1-15.

［96］唐顺铁.旅游目的地的社区化及社区旅游研究［J］.地理研究，1998（2）：145-149.

［97］黎洁，赵西萍.社区参与旅游发展理论的若干经济学质疑［J］.旅游学刊，2001（4）：44-47.

［98］王春雷，周霄.从人类学视角探析区域旅游规划的社区参与［J］.规划师，2003，19（3）：71-74.

［99］孙九霞.守土与乡村社区旅游参与——农民在社区旅游中的参与状态及成因［J］.思想战线，2006（5）：59-64.

［100］杜宗斌，苏勤.社区归属感对乡村旅游地居民社区参与的影响——以浙江安吉为例［J］.旅游科学，2013，27（3）：61-71.

［101］张耀一.乡村旅游社区参与开发模式与利益分配机制研究［J］.农业经济，2017（3）：65-66.

［102］罗玉婵.乡村旅游中社区的权能困境及增权路径［J］.农业经济，2020（4）：63-64.

［103］李涛，王磊，王钊，陶卓民，刘家明.乡村旅游：社区化与景区化发展的路径差异及机制——以浙江和山西的两个典型村落为例［J］.旅游学刊，2022（3）：96-107.

［104］沈佳佳.社区参与下大运河淮安段文化遗产旅游活动研究［D］.黑龙江：黑龙江大学，2023.

［105］邹嘉.社区参与到社区增权：乡村旅游主体参与性研究——以贾家庄村为例［D］.山西：山西大学，2021.

［106］高婷 . 网络自媒体对青年旅游决策的影响研究［D］. 山东：中国海洋大学，2010.

［107］徐铭泽 . 自媒体平台对旅游行为影响统计调查研究［D］. 天津：天津财经大学，
2017.

［108］刘梦冉 . 社会化媒体时代"网红"的现状和发展研究［D］. 江西：南昌大学，2018.

［109］何知书 . 微博平台网红营销传播研究［D］. 湖北：武汉体育学院，2018.

［110］台雪纯 . 社交媒体时代"意见领袖"的互动模式及影响力研究——以微博平台为例
［J］. 艺术科技，2019，32（10）：91-92.

［111］姜琳琳 . 三农短视频还缺什么——乡村振兴背景下的反思［J］. 当代电视，2021，
401（9）：22-25.

［112］肖胜男 . 连州市龙潭村旅游达人营销效果研究［D］. 湖南：中南林业科技大学，
2021.

［113］洪艳 . 乡村振兴视域下三农短视频价值及提升策略的研究——以浙江山区 S 县为例
［D］. 浙江：浙江工商大学，2023.

［114］上海市崇明区融媒体中心官方抖音账号 .

［115］上海市崇明区人民政府官网，https://www.shcm.gov.cn.

［116］文汇网，https://wenhui.whb.cn/third/zaker/202102/23/393076.html）.

［117］中华人民共和国文化和旅游部，https://zhuanti.mct.gov.cn/dhxlsfn2022/shanghai/
detail/2430.html.

［118］上海市经济和信息化委员会官网，https://www.sheitc.sh.gov.cn/djjcdt/20231106/9a3e3e
e5b5cc494fadc3d6ee98e75f7f.html.

［119］知乎 https://zhuanlan.zhihu.com/p/629449040.

［120］腾讯新闻 https://new.qq.com/rain/a/20240207A0188V00.

［121］搜狐网 https://www.sohu.com/a/426101694_659998.

［122］澎拜网 https://www.thepaper.cn/newsDetail_forward_14267674.

［123］澎湃网 https://www.thepaper.cn/newsDetail_forward_15372228.

［124］上海市农业农村委员会网站，https://nyncw.sh.gov.cn/tpxw/20210831/fcb87b88933b481
dab32a50a12e1c821.html）.

［125］澎湃网 https://m.thepaper.cn/newsDetail_forward_13858760.

［126］上海市崇明区人民政府，https://www.shcm.gov.cn/xwzx/002005/20221129/ce3cafe0-
673b-45ce-bfff-a857e95a3a73.html.

［127］澎湃新闻 -The Paperhttps://www.thepaper.cn/newsDetail_forward_20795545.

［128］https://mp.weixin.qq.com/s/cR0qyB5Q60wNf0qshmiQwQ.

［129］https://zjnews.zjol.com.cn/zjnews/202301/t20230102_25251838.shtml.

［130］https://mp.weixin.qq.com/s/zXP6K8M06-qxFa-DfBbaBQ.

［131］知乎 https://zhuanlan.zhihu.com/p/661134058.

［132］东极丨游岛攻略（qq.com）https://mp.weixin.qq.com/s/S5byxdceL-kpbUd3xvLwFg.

［133］知乎 https://zhuanlan.zhihu.com/p/371346347.

［134］搜狐网 https://www.sohu.com/a/325568922_120177763.

［135］百度网 https://baijiahao.baidu.com/s?id=1615935833888822009.

［136］马蜂窝 https://www.mafengwo.cn/gonglve/ziyouxing/407974.html.

［137］知乎 https://www.zhihu.com/tardis/zm/art/535192029?source_id=1005.

［138］马蜂窝 https://www.mafengwo.cn/gonglve/ziyouxing/407975.html.

［139］腾讯网 https://mp.weixin.qq.com/s/XYIgXsfGwETZyMApWF6Dmw.

［140］黄龙岘景区 huanglongxian.com）http://huanglongxian.com.

［141］搜狐网 https://www.sohu.com/a/326788903_120209044.

［142］腾讯网 https://mp.weixin.qq.com/s/an8sWY5klA9NFcsB7gOUKQ.

［143］南京市农业农村局 https://nyncj.nanjing.gov.cn/.

［144］https://baijiahao.baidu.com/s?id=1627145406500534499.

［145］https://baike.baidu.com/item/%E9%BB%84%E9%BE%99%E5%B2%98%E8%8C%B6%E6%96%87%E5%8C%96%E6%9D%91/18034709.

［146］https://mp.weixin.qq.com/s/ghNFjbd8JiwcsVYE9JKvMg.

［147］https://mp.weixin.qq.com/s/UlKFqNnQv9ouohGyyJU8ew.

［148］https://mp.weixin.qq.com/s/NKfvGIUhQNTncE3gc7WLpg.

［149］https://mp.weixin.qq.com/s/YvtZsznsaGOLHb_aYOzCvg.

［150］https://mp.weixin.qq.com/s/lg0MeRLWyCWGkRdbE4ti7A.

［151］http://njdaily.cn/news/2022/1109/4965615581732870932.html.

［152］https://www.163.com/dy/article/G9VMMBVT051280NA.html.

［153］https://baike.baidu.com/item/%E4%B8%89%E6%9D%A1%E5%9E%84%E7%94%B0%E5%9B%AD%E6%85%A2%E6%9D%91/24119176.

［154］https://news.jstv.com/a/20200810/a22431c8a1614181865a55ebec395635.shtml.

［155］http://www.njgc.gov.cn/gcqrmzf/gcqwhgdj/201910/t20191017_1679790.html.

［156］https://jiangsu.sina.com.cn/weixin/jiangsutour/2019-11-19/detail-iihnzhfz0321834.shtml.

［157］https://www.archiposition.com/items/20180525115833.

［158］https://new.qq.com/rain/a/20200727A04N7V00?pc.

［159］https://you.ctrip.com/travels/gaochun3084/3956042.html.

［160］https://baike.baidu.com/item/%E6%9D%8E%E5%B7%B7%E6%9D%91/24119174.

［161］https://jsnews.jschina.com.cn/2021/bnhhexxd/zxbdyw/202105/t20210521_2785368.shtml.

［162］https://new.qq.com/rain/a/20210531A01VY200.

［163］https://wm.jschina.com.cn/zt2021/txxd/dsjyjd/nj/202103/t20210324_7022088.shtml.

［164］https://baike.baidu.com/item/%E8%8C%85%E5%B1%B1%E9%95%87/12729.

［165］https://baike.baidu.com/item/%E8%8C%85%E5%B1%B1%E9%A3%8E%E6%99%AF%
E5%90%8D%E8%83%9C%E5%8C%BA/10566093.

［166］茅山景区官网 https://www.maoshanchina.com.cn/.

［167］茅山镇官网 https://jrmsz.jszwfw.gov.cn/.

［168］https://baijiahao.baidu.com/s?id=1754720017324405059&wfr=spider&for=pc.

［169］https://t.m.youth.cn/transfer/index/url/wenhua.youth.cn/whyw/202204/t20220428_13653217.
htm.

［170］https://baijiahao.baidu.com/s?id=1716641807377529774&wfr=spider&for=pc.

［171］http://gd.people.com.cn/GB/407451/index.html.

［172］https://baijiahao.baidu.com/s?id=1666036227784339353&wfr=spider&for=pc.

［173］http://www.szthly.com/detail.aspx?Id=8272.

［174］https://www.sohu.com/a/294874511_205298.

［175］https://www.jianshu.com/p/a5d999cd6aef.

［176］http://www.hengbeicun.com/intro.asp?id=13&xid=3.

［177］http://www.njsw.org.cn/contents/6/14386.html.

［178］https://www.sohu.com/a/396321805_818546.

［179］https://www.sohu.com/a/127855293_606106.

［180］https://baijiahao.baidu.com/s?id=1788212438332879357&wfr=spider&for=pc.

［181］https://www.fx361.com/page/2020/1201/7733752.shtml.

［182］https://baijiahao.baidu.com/s?id=1735593853436778412&wfr=spider&for=pc.

［183］https://www.ndrc.gov.cn/fggz/nyncjj/xczx/202011/t20201126_1251354.html.

责任编辑：王欣艳　石赜睿
责任印制：冯冬青
封面设计：中文天地

图书在版编目（ＣＩＰ）数据

乡村旅游景点导游词创作理论与实践 / 李玲，尚群
著 . -- 北京 ：中国旅游出版社，2024. 11. -- ISBN 978-
7-5032-7378-0

Ⅰ．K928.9

中国国家版本馆 CIP 数据核字第 2024EE6487 号

书　　名：乡村旅游景点导游词创作理论与实践

作　　者：李玲　尚群著
出版发行：中国旅游出版社
　　　　　（北京静安东里 6 号　邮编：100028）
　　　　　https://www.cttp.net.cn　E-mail:cttp@mct.gov.cn
　　　　　营销中心电话：010-57377103，010-57377106
　　　　　读者服务部电话：010-57377107
排　　版：北京旅教文化传播有限公司
经　　销：全国各地新华书店
印　　刷：三河市灵山芝兰印刷有限公司
版　　次：2024 年 11 月第 1 版　2024 年 11 月第 1 次印刷
开　　本：710 毫米 × 1000 毫米　1/16
印　　张：20.5
字　　数：322 千
定　　价：49.80 元
ＩＳＢＮ　978-7-5032-7378-0